꿈틀 중학 문학

꿈틀 중학 문학 Ⅲ

교재 개발에 도움을 주신 모든 선생님들께 깊이 감사드립니다.

꿈틀
중학 문학

Ⅲ

이 책의 구성

"중학교 문학 공부의
길잡이가 되는 책"

갈래별 알짜 개념을 익히며 단기간에 문학의 기초를 완성!	중학생이 읽어야 할 대표적이고 필수적인 작품들 총정리!	문제를 풀고 핵심을 정리하며 내신과 수능을 대비!

필수 개념 학습

알자! 알짜 개념
작품 감상에 꼭 필요한 갈래별 알짜 개념을 다양한 예시와 함께 익힘으로써 문학의 기초를 빠르게 완성할 수 있습니다.

개념 확인 문제
공부한 개념을 확인 문제를 통해 바로바로 확인하고 점검할 수 있습니다.

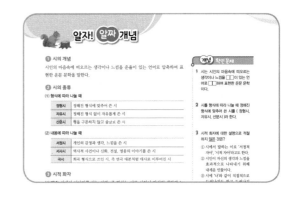

대표 작품 학습

작품 감상
교과서에 수록되었거나 수능 및 모의고사에 출제된 작품들을 감상하며 작품 감상의 폭을 넓히고, 빈칸 문제를 통해 내용을 정확히 이해했는지 파악할 수 있습니다.

작품 핵심
작품의 핵심 내용을 요약적으로 살펴봄으로써 작품을 깊이 있게 이해하고 분석할 수 있습니다.

문제 풀며 확인

실전 문제
중요, 수능형, 서술형을 포함한 다양한 유형의 문제를 풀어 보며 실전에 대한 자신감을 기르고, 내신과 수능에 대비할 수 있습니다.

문제 속 어휘&개념
문제 속에 나오는 어휘와 개념을 정리하여 문제 해결력을 향상시킬 수 있습니다.

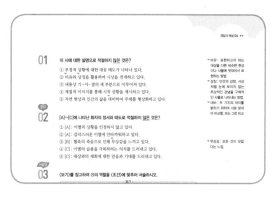

작품 한눈에 보기

작품별 핵심 포인트를 한눈에 파악하고 빈칸 문제를 풀어 봄으로써 작품의 중요 내용을 머릿속에 완벽히 정리하고 기억할 수 있습니다.

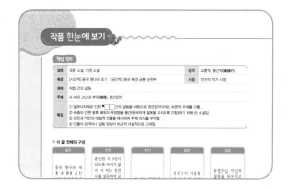

어휘력 다지기

작품과 문제에 나오는 어휘를 활용한 테스트 문제를 통해 어휘의 의미와 쓰임을 자연스럽게 익혀 국어 어휘력의 바탕을 다질 수 있습니다.

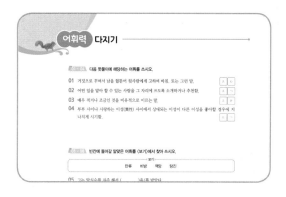

정답과 해설

문제에 대한 해설과 오답 풀이를 살펴봄으로써 학습한 내용을 다시 한번 점검하고 잘못 이해한 부분을 바로잡을 수 있습니다.

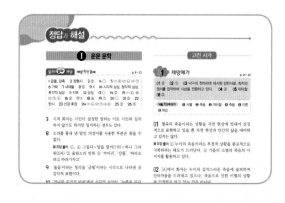

이 책의 차례

I 운문 문학

Ⅱ 산문 문학

중학생이라면
반드시 알아 두어야 할
작품을 재미있게
공부해 보자.

I

운문 문학

알자! 알짜 개념

① 시의 개념

시인의 마음속에 떠오르는 생각이나 느낌을 운율이 있는 언어로 압축하여 표현한 운문 문학을 말한다.

② 시의 종류

(1) 형식에 따라 나눌 때

정형시	정해진 형식에 맞추어 쓴 시
자유시	정해진 형식 없이 자유롭게 쓴 시
산문시	행을 구분하지 않고 줄글로 쓴 시

(2) 내용에 따라 나눌 때

서정시	개인의 감정과 생각, 느낌을 쓴 시
서사시	역사적 사건이나 신화, 전설, 영웅의 이야기를 쓴 시
극시	희곡 형식으로 쓰인 시, 즉 연극 대본처럼 대사로 이루어진 시

③ 시적 화자

(1) **개념**: 시에서 이야기를 하는 사람, 즉 말하는 이로 시인이 자신의 생각과 느낌을 효과적으로 나타내기 위해 내세운 인물이다. '서정적 자아', '시적 자아'라고도 한다.

(2) **특징**

① 주제를 효과적으로 전달하며 시의 어조와 분위기를 형성하는 역할을 한다.

② 시인과 일치하지 않는 가공의 인물이자 허구적 대리인인 경우도 있고, 시인 자신과 일치하는 경우도 있다.

③ 시의 표면에 드러나기도 하고 드러나지 않기도 한다.

④ 시의 어조

(1) **개념**: 시적 화자에 의해 나타나는 목소리로, 화자 특유의 말하는 방식이나 억양, 말투를 의미한다.

(2) **특징**

① 시적 화자의 태도와 정서, 시의 분위기를 형성하는 역할을 한다.

② 시어의 이미지나 느낌, 시의 문체, 서술어의 종결 어미 등으로 드러난다.

⑤ 시어의 특성

(1) **음악성**: 시어는 시를 읽을 때 느껴지는 말의 가락인 운율을 가지고 있으며, 이를 통해 시에 음악적인 효과가 나타난다.

(2) **함축성**: 시어는 지시적·사전적 의미만이 아닌 시인이 새롭게 만들어 낸 의미를 담고 있으며, 같은 시어라도 문맥과 상황에 따라 각기 다른 함축적 의미를 드러낸다.

(3) **회화성**: 시어는 심상(이미지)을 통해 마음속에 어떤 모습이나 느낌을 떠오르게 한다.

개념 확인 문제

1 시는 시인의 마음속에 떠오르는 생각이나 느낌을 ☐☐이/가 있는 언어로 ☐☐하여 표현한 운문 문학이다.

2 시를 형식에 따라 나눌 때 정해진 형식에 맞추어 쓴 시를 (정형시, 자유시, 산문시)라 한다.

3 시적 화자에 대한 설명으로 적절하지 <u>않은</u> 것은?

① 시에서 말하는 이로 '서정적 자아', '시적 자아'라고도 한다.

② 시인이 자신의 생각과 느낌을 효과적으로 나타내기 위해 내세운 인물이다.

③ 시에 '나'와 같이 직접적으로 드러나기도 하고 드러나지 않기도 한다.

④ 시의 주제를 효과적으로 전달하며 어조와 분위기를 형성하는 역할을 한다.

⑤ 시인이 만들어 낸 가공의 인물이므로 시적 화자가 시인과 일치하는 경우는 없다.

4 시의 어조는 시적 화자 특유의 말하는 방식이나 말투로, 시적 화자의 태도와 정서를 형성한다.

(○, X)

5 다음 설명에 해당하는 시어의 특성을 〈보기〉에서 찾아 기호를 쓰시오.

┌─── 보기 ───┐
㉠ 음악성 ㉡ 함축성 ㉢ 회화성
└─────────┘

(1) 시어는 심상을 통해 마음속에 어떤 모습이나 느낌을 떠오르게 한다. (　　　)

(2) 시어는 시인이 새롭게 만들어 낸 의미를 지니고 있으며 문맥과 상황에 따라 다양하게 해석된다. (　　　)

(3) 시어는 시를 읽을 때 느껴지는 말의 가락인 운율을 지니고 있다. (　　　)

⑥ 운율

(1) 개념: 시를 읽을 때 느껴지는 말의 가락, 리듬

(2) 운율의 종류

내재율	일정한 규칙이 겉으로 뚜렷하게 나타나지 않고 시 속에서 은근하게 느껴지는 운율
외형률	규칙적인 리듬이 겉으로 뚜렷하게 나타나는 운율. 주로 정형시에서 나타남.

(3) 운율을 형성하는 요소

① 유사하거나 같은 음운의 반복

　　예 갈래갈래 갈린 길 / 길이라도 → 'ㄱ', 'ㄹ'의 반복

② 일정한 글자 수의 반복

　　예 나 보기가 역겨워 / 가실 때에는 / 말없이 고이 보내 드리오리다.
　　　　　7　　　　　　7　　　　　5 → 7자, 5자의 반복(7·5조)

③ 일정한 끊어 읽기의 반복

　　예 엄마야∨누나야∨강변 살자.
　　　　뜰에는∨반짝이는∨금모래빛 ┐ 3음보

④ 일정한 위치에서 같은 말 반복

　　예 돌담에 속삭이는 햇발같이 / 풀 아래 웃음 짓는 샘물같이 → '는', '같이'의 반복

⑤ 같거나 유사한 문장 구조의 반복

　　예 내를 건너서 숲으로 / 고개를 넘어서 마을로 → '~를 -서 ~로'의 구조 반복

⑥ 음성 상징어(의성어, 의태어)의 사용

　　예 • 연분홍 송이송이 하도 반가워 / 나비는 너훌너훌 춤을 춥니다. → 의태어 사용

　　　• 철썩, 처얼썩, 철썩, 처얼썩, 철썩 / 제비 날아들 듯 물결 사이사이로 춤을 추어 → 의성어 사용

⑦ 심상(=이미지)

(1) 개념: 시를 읽을 때 마음속에 떠오르는 느낌이나 모습

(2) 심상의 종류

시각적 심상	눈으로 모양이나 빛깔을 보는 듯이 떠오르는 느낌 예 하늘 밑 푸른 바다가 가슴을 열고 / 흰 돛단배가 곱게 밀려서 오면
후각적 심상	코로 냄새를 맡는 듯이 떠오르는 느낌 예 흙이 풀리는 내음새
청각적 심상	귀로 소리를 듣는 듯이 떠오르는 느낌 예 산새도 오리나무 / 위에서 운다
미각적 심상	혀로 맛을 보는 듯이 떠오르는 느낌 예 메마른 입술에 쓰디쓰다
촉각적 심상	피부로 감촉을 느끼는 듯이 떠오르는 느낌 예 꽃가루와 같이 부드러운 고양이의 털
공감각적 심상	하나의 감각을 다른 감각으로 옮겨 표현하여 둘 이상의 감각이 동시에 떠오르게 하는 느낌 예 나비 허리에 새파란 초생달이 시리다

---

6 시를 읽을 때 느껴지는 말의 □□, 리듬을 운율이라고 한다.

7 일정한 규칙이 겉으로 뚜렷하게 나타나지 않고 시 속에서 은근하게 느껴지는 운율을 (내재율, 외형률)이라고 한다.

8 다음 시의 운율 형성 요소로 적절하지 않은 것은?

> 그립다 / 말을 할까
> 하니 그리워
>
> 그냥 갈까 / 그래도
> 다시 더 한 번……
>
> 저 산에도 까마귀, 들에 까마귀 / 서산에는 해 진다고
> 지저귑니다.
>
> 앞 강물, 뒤 강물,
> 흐르는 물은
> 어서 따라오라고 따라가자고
> 흘러도 연달아 흐릅디다려.
> ─ 김소월, 〈가는 길〉

① 3음보로 끊어 읽을 수 있다.
② 같은 음운을 반복하고 있다.
③ 동일한 시어를 반복하고 있다.
④ 일정한 글자 수를 반복하고 있다.
⑤ 소리를 흉내 낸 말을 사용하고 있다.

9 '금빛 게으른 울음'은 시각을 청각적으로 나타내어 공감각적 심상이 느껴진다. (○, X)

10 다음에서 느껴지는 심상을 모두 쓰시오.

> 전나무 우거진 마을
> 집집마다 누룩을 디디는 소리, 누룩이 뜨는 내음새……

8 시의 표현 방법(수사법)

(1) 비유: 본래 표현하려고 하는 대상(원관념)을 그와 유사한 특성을 지닌 다른 대상(보조 관념)에 빗대어 표현하는 방법

은유	원관념을 보조 관념에 연결어 없이 빗대어 표현하는 방법('A는 B이다.'의 형태로 표현됨.) 예 나는 나룻배 / 당신은 행인
직유	연결어(~같이, ~처럼, ~인 양 등)를 사용하여 원관념을 보조 관념에 직접 빗대어 표현하는 방법 예 아아, 늬는 산ㅅ새처럼 날아갔구나!
의인	사람이 아닌 대상에 감정과 인격을 부여하여 사람처럼 표현하는 방법 예 흰 점 꽃이 인정스레 웃고
대유	부분으로 전체를 나타내거나, 사물의 속성이나 특징으로 그 사물 전체를 나타내는 방법 예 지금은 남의 땅—빼앗긴 들에도 봄은 오는가 _{└ 조국, 국토의 의미}

(2) 상징: 추상적인 사물이나 관념을 구체적인 대상으로 대신하여 나타내는 방법. 원관념은 드러내지 않은 채 보조 관념만으로 나타낸다.

> 예 죽는 날까지 하늘을 우러러 / 한 점 부끄럼이 없기를 / 잎새에 이는 바람에도 / 나는 괴로워했다. / 별을 노래하는 마음으로 / 모든 죽어 가는 것을 사랑해야지. → • '하늘': 이상향, 윤리적 삶의 기준 상징 • '별': 희망, 순수한 소망과 양심 상징

(3) 변화: 문장이 단조롭고 평범하게 진행되지 않도록 변화를 주어 표현하는 방법

반어	실제로 말하고자 하는 의도와 반대로 진술하는 표현 방법 예 먼 후일 당신이 찾으시면 / 그때에 내 말이 "잊었노라."
역설	겉으로는 이치에 맞지 않는 말이지만 그 속에 진리를 담아 표현하는 방법 예 님은 갔지마는 나는 님을 보내지 아니하였습니다.
도치	문장의 정상적인 배열 순서를 바꾸어 표현하는 방법 예 나는 아직 기다리고 있을 테요, 찬란한 슬픔의 봄을.
설의	당연한 사실이나 분명한 결론을 의문의 형식으로 표현하여 독자가 스스로 판단하도록 하는 방법 예 두어라 이 다섯밖에 또 더하여 무엇하리
대구	비슷한 문장 구조를 나란히 배열하는 방법 예 구름 빛이 좋다 하나 검기를 자주 한다. / 바람 소리 맑다 하나 그칠 적이 많구나.

(4) 강조: 표현하고자 하는 내용을 강렬하게 드러내어 표현하는 방법

반복	같거나 비슷한 단어, 어구, 문장 등을 되풀이하는 방법 예 별 하나에 추억과 / 별 하나에 사랑과 / 별 하나에 쓸쓸함과
영탄	감탄하는 말을 사용하여 놀라움, 슬픔, 감동 등의 감정을 나타내는 방법 예 산산이 부서진 이름이여! / 허공중에 헤어진 이름이여!
과장	대상을 실제보다 지나치게 크거나 작게 표현하는 방법 예 모란이 지고 말면 그뿐, 내 한 해는 다 가고 말아, / 삼백예순 날 하냥 섭섭해 우옵내다.
점층	문장의 뜻을 점점 강하게, 크게, 정도가 높아지게 표현하는 방법 예 이 몸이 죽고 죽어 일백 번 고쳐 죽어, / 백골이 진토 되어 넋이라도 있고 없고

11 원관념을 '같이', '처럼'과 같은 연결어를 사용하여 보조 관념에 직접 빗대어 표현하는 방법을 □□법이라고 한다.

12 나타내려고 하는 추상적인 사물이나 관념을 드러내지 않은 채, 구체적인 대상으로 대신하여 표현하는 방법을 (비유, 상징)(이)라고 한다.

13 실제로 말하고자 하는 의도와 반대로 진술하여 의도를 강조하는 표현 방법은 '반어'이다. (○, X)

14 다음 시에 쓰인 표현 방법에 대한 설명으로 적절하지 않은 것은?

> 더우면 꽃 피고 추우면 잎 지거늘 / 솔아 너는 어찌 눈서리를 모르느냐.
> 구천(九泉)의 뿌리 곧은 줄을 그로 하여 아노라.
> – 윤선도, 〈오우가〉

① '솔'을 사람처럼 표현하고 있다.
② 대상을 실제보다 과장하여 나타내고 있다.
③ 비슷한 문장 구조를 나란히 배열하고 있다.
④ 서로 다른 자연물의 속성을 대조하고 있다.
⑤ 당연한 사실을 의문 형식으로 표현하고 있다.

15 다음 시구에 쓰인 표현 방법을 〈보기〉에서 모두 찾아 기호를 쓰시오.

보기
㉠ 도치법　　㉡ 역설법
㉢ 의인법　　㉣ 직유법

(1) 돌담에 속삭이는 햇발같이 풀 아래 웃음 짓는 샘물같이
(　　　)

(2) 나는 아직 기다리고 있을 테요, 찬란한 슬픔의 봄을.
(　　　)

9 고대 가요

(1) 개념: 향가가 나타나기 이전까지의 시기에 우리 민족이 영위하던 시가. 원시 종합 예술의 형태를 띤 집단 서사적 내용에서부터 개인적이고 서정적인 내용으로 분화된 시가까지를 총칭한다.

(2) 특징

① 전승: 배경 설화 속에 삽입된 형태로 구전되다가 후대에 한역(漢譯)되었다.
한문으로 번역함

② 형식: 4구체의 한역시, 한글 노래 등의 형태로 전해지거나 구전되다가 후대에 기록되는 과정에서 원래 형태가 많이 변형되었을 것으로 추정된다.

③ 변천: 초기의 의식요, 노동요의 성격을 지닌 집단 가요에서 점차 개인적 감정이나 정서를 노래한 개인 서정 가요로 변천하였다.

(3) 주요 작품과 내용

〈공무도하가〉(백수광부의 처)	임과의 사별을 슬퍼함.
〈구지가〉(작자 미상)	임금의 강림을 기원함.
〈황조가〉(유리왕)	짝을 잃은 슬픔과 외로움.
〈정읍사〉(작자 미상)	행상 나간 남편의 안전을 기원함.
〈해가〉(작자 미상)	수로 부인의 귀환을 기원함.

(4) 의의

① 우리 시가의 초기 형식과 국문학사상 최초의 서정 시가 형태를 알 수 있다.

② 집단 서사시로부터 개인 서정시로의 변천 과정을 알 수 있다.

10 향가

(1) 개념: 신라 때 생겨나 고려 때까지 이어진 노래로, 오늘날에는 향찰로 표기한 신라의 노래를 말한다.
한자의 음과 뜻을 빌려 문장을 우리말 어순대로 적는 표기법

(2) 특징

① 작가: 승려나 화랑과 같은 귀족 계층이 주류를 이루었다.

② 형식: 4구체, 8구체, 10구체 등이 있다. 4구체 향가는 민요가 정착된 노래이고, 8구체 향가는 향가의 발전 과정에서 생긴 과도기 형태의 노래이다. 10구체 향가는 가장 정제된 형태의 노래로, '사뇌가'라 불린다.
'4구＋4구＋2구'로 이루어져 있으며, 마지막 2구인 낙구에서 시상의 집약, 전환이 나타남

(3) 주요 작품과 내용

〈서동요〉(백제 무왕)	4구체	민요, 동요, 예언적 노래
〈처용가〉(처용)	8구체	축사(逐邪)의 노래 요사스러운 기운이나 귀신을 물리쳐 내쫓음
〈제망매가〉(월명사)	10구체	죽은 누이를 추모하며 명복을 비는 노래
〈찬기파랑가〉(충담사)	10구체	화랑에 대한 추모와 예찬의 노래
〈안민가〉(충담사)	10구체	치국안민(治國安民)의 노래 나라를 잘 다스리고 백성을 평안하게 함
〈원왕생가〉(광덕)	10구체	불교 신앙의 노래

(4) 의의

① 국문학사상 최초의 정형화된 서정시이다.

② 향가의 표기 형태(향찰)는 고어 연구의 귀중한 자료이다.

---

16 고대 가요에 대한 설명으로 적절하지 **않은** 것은?

① 배경 설화 속에 삽입된 형태로 전한다.
② 4구체로 된 간결한 형식으로 후렴이 나타난다.
③ 구전되다가 후대에 한자나 한글로 기록되었다.
④ 국문학 역사상 최초의 서정 시가 형태를 보여 준다.
⑤ 원시 종합 예술의 형태를 띤 의식요, 노동요가 있다.

17 '향가'는 신라 시대부터 조선 시대까지 우리말로 불린 노래이다.
(○, X)

18 다음 중 향가에 해당하지 **않는** 것은?

① 〈서동요〉
② 〈처용가〉
③ 〈안민가〉
④ 〈정읍사〉
⑤ 〈찬기파랑가〉

19 향가에 대한 설명으로 적절하지 **않은** 것은?

① 국문학 역사상 최초로 나타난 서정 시가이다.
② 주된 작가층은 승려나 화랑 등의 귀족 계층이었다.
③ 한자의 음과 뜻을 빌려 문장을 우리말 어순대로 적는 향찰로 표기하였다.
④ 민요가 정착된 4구체와 과도기 형태인 8구체, 가장 정제된 형식인 10구체가 있다.
⑤ 축사(逐邪), 화랑에 대한 추모, 치국안민, 불교 신앙 등 다양한 내용을 노래하였다.

알자! 알짜 개념

11 고려 가요

(1) 개념: 고려 시대 때 향가의 쇠퇴 후 평민층에 새로이 나타나 널리 향유된 노래(민요적 시가)로, '속요', '고속가(古俗歌)', '여요', '장가'라고도 한다.

(2) 특징

① 작가: 구전되다가 한글 창제 후에 문자로 기록되어 정확한 저작 연대, 작가 등을 알기 어렵다.

② 내용: 사랑, 이별, 자연 등을 소재로 하여 소박하고 풍부한 서민들의 정서가 진솔하게 드러난다.

③ 형식: 대체로 분절체이고, 독특한 후렴구가 발달하였다. └─ 몇 개의 연이 중첩되어 한 작품을 이루는 형식

④ 운율: 율격이 고정된 것은 아니지만 3·3·2조, 3음보가 많이 나타난다.

(3) 주요 작품과 내용

〈가시리〉	이별의 안타까움과 임에 대한 사랑
〈동동〉	각 달의 세시 풍속과 임에 대한 연모
〈서경별곡〉	서경을 배경으로 임과 이별하는 여인의 심정
〈정석가〉	임에 대한 영원한 사랑
〈청산별곡〉	힘든 삶의 현실에 대한 도피와 고뇌, 비애
〈만전춘별사〉	남녀 간의 진솔한 사랑

(4) 의의: 아름다운 우리말 표현, 율조의 유려함, 소박하고 꾸밈없는 감정의 표출 등으로 국문학 갈래의 백미로 평가받는다.

12 한시

(1) 개념: 한문으로 이루어진 정형시로, 원래 중국의 시가 양식이지만 한글 창제 이전에 우리나라 사람이 지었거나 한문을 주로 사용하던 계층이 지은 한시는 우리 문학에 포함된다.

(2) 특징

① 형식

• 절구: 4행. 5언 절구, 7언 절구. '기−승−전−결'의 구성 └─ 한 구가 다섯 자 └─ 한 구가 일곱 자

• 율시: 8행. 5언 율시, 7언 율시. '수련−함련−경련−미련'의 구성

• 배율: 5언이나 7언 율시를 열 구 이상으로 늘어놓은 한시

② 시상 전개 방식

• 기승전결: 시상의 제시[기] → 시상의 발전, 심화[승] → 시상의 고조, 전환[전] → 시상의 마무리, 정서 제시[결]

• 선경 후정: 시의 앞부분에서는 풍경을 그리듯이 보여 주고, 뒷부분에서는 화자의 정서를 표현

(3) 주요 작품: 최치원의 〈제가야산독서당〉, 〈촉규화〉, 정지상의 〈송인〉, 이색의 〈부벽루〉, 이황의 〈만보〉, 정약용의 〈보리타작〉, 〈고시〉 등

(4) 의의: 한글이 널리 쓰이기 전까지 한문을 주로 사용하던 양반층의 가치관과 문학 세계를 담고 있다.

개념 확인 문제

20 고려 가요는 고려 시대 때 구전되어 오다가 한글 창제 이후에 문자로 기록되었다. (○, X)

21 다음 작품에 대한 설명으로 적절하지 <u>않은</u> 것은?

> 가시리 가시리잇고 나는
> 버리고 가시리잇고 나는
> 위 증즐가 대평성대
>
> 날러는 어찌 살라 하고
> 버리고 가시리잇고 나는
> 위 증즐가 대평성대
>
> 잡사와 두어리마나는
> 선하면 아니 올세라
> 위 증즐가 대평성대
>
> 설온 님 보내옵나니 나는
> 가시는 듯 돌아오소서 나는
> 위 증즐가 대평성대
> – 작자 미상, 〈가시리〉

① 3·3·2조, 3음보가 나타난다.
② 연마다 후렴구가 반복되고 있다.
③ 고려 시대 귀족층의 가치관이 담겨 있다.
④ 간결한 형식과 소박한 표현이 나타난다.
⑤ 이별의 감정을 진솔하게 드러내고 있다.

22 다음 설명에 해당하는 국문학의 갈래를 쓰시오.

> • 한문으로 된 정형시이다.
> • 절구, 율시 등의 형식이 있다.
> • 삼국 시대부터 조선 시대에 이르기까지 한문을 주로 사용하던 계층에서 창작되었다.

23 한시의 시상 전개 방식 중 시의 앞부분에서는 풍경을 그리듯이 보여 주고, 뒷부분에서는 화자의 정서를 표현한 것을 (기승전결 , 선경 후정)이라고 한다.

⑬ 시조

(1) 개념: 고려 중엽에 발생하여 말엽에 완성된 후 현재까지 창작되고 있는 우리나라 고유의 정형시이다.

(2) 특징

① 형성 배경과 발전: 고려 후기 신흥 사대부들이 유교적 관념과 정서를 표현하기에 적합한 양식을 찾는 과정에서 창안된 것으로 본다. 처음에는 사대부들이 주로 창작·향유하다가 점차 향유층이 확대되었다.

② 작가: 임금부터 양반, 평민, 기녀에 이르기까지 다양하다.

③ 형식: 3장 6구 45자 내외(일반적인 평시조의 형식)로 이루어져 있다. 종장의 첫 음보는 반드시 3음절로 고정되어 있다.

④ 운율: 각 장은 3·4조 또는 4·4조의 음수율이 기본이며 1, 2음절의 가감이 가능하고, 4음보가 나타난다.

(3) 종류

① 평시조: 3장 6구 45자 내외로 구성된 시조의 기본 형태이다. 주된 작자층은 양반 사대부 계층으로 유교적 내용이나 자연 친화 등의 내용이 많다.

② 연시조: 평시조가 2수 이상이 모여 한 작품을 이룬 것이다.
   예 윤선도의 〈오우가〉, 이황의 〈도산십이곡〉 등

③ 엇시조: 평시조의 형식에서 종장의 첫 구절을 제외하고 어느 한 구절이 평시조보다 길어진 형태이다.

④ 사설시조: 평시조의 형식에서 두 구절 이상이 길어진 형태이다. 조선 중기 이후 발생하였으며 평민들의 삶의 모습과 진솔한 감정을 담고 있다.

(4) 의의: 우리나라 고유의 정형시 형태이며, 현대 시조로 계승되었다.

⑭ 민요

(1) 개념: 예부터 민중들 사이에서 자연 발생하여 구전으로 불리어 온 소박한 노래이다.

(2) 특징

① 성격: 입에서 입으로 전승되는 구전성, 정서를 직접적으로 표출하는 서정성, 서민의 일상생활을 바탕으로 하는 서민성 등을 지니고 있다.

② 작자와 내용: 작사가·작곡가가 따로 없으며 서민들의 삶의 모습과 진솔하고 소박한 정서가 담겨 있다.

③ 율격: 2음보, 3음보, 4음보 등이 나타나며 이 중 4음보가 가장 많다.

④ 길이: 2행으로 끝나는 것도 있고 100행 이상으로 긴 것도 있다. 연속체의 긴 노래는 후렴을 경계로 하여 연을 나눈다.

(3) 종류

① 기능에 따라: 노동요, 의식요, 유희요 등의 기능요와 비기능요
   예 기능요: 〈논매기 노래〉(노동요), 〈강강술래〉(유희요) 등
   비기능요: 〈아리랑〉, 〈시집살이 노래〉 등

② 부르는 사람에 따라: 남요(男謠), 부요(婦謠), 동요(童謠) 등

개념 확인 문제

24 다음 설명에 해당하는 갈래를 〈보기〉에서 찾아 기호로 쓰시오.

┤ 보기 ├
㉠ 고려 가요 ㉡ 시조 ㉢ 민요

(1) 고려 중엽에 발생하여 현재까지 창작되고 있는 우리나라의 정형시이다. (   )

(2) 고려 때 평민층에서 향유된 노래로 '속요', '여요', '장가'라고도 한다. (   )

(3) 민중들 사이에서 자연 발생하여 불려 온 노래로 기능에 따라 노동요, 의식요, 유희요 등으로 나뉜다. (   )

25 시조의 특징으로 적절하지 않은 것은?

① 기본 형태는 3장 6구 45자 내외이다.

② 종장의 첫 음보는 3음절로 고정되어 있다.

③ 3·4조 또는 4·4조의 음수율과 3음보가 나타난다.

④ 평시조 2수 이상이 한 작품을 이룬 것은 연시조라 한다.

⑤ 양반층에서 주로 창작하다가 점차 향유층이 확대되었다.

26 다음 작품에 대한 설명으로 적절하지 않은 것은?

> 형님 온다 형님 온다 분고개로 형님 온다 / 형님 마중 누가 갈까 형님 동생 내가 가지
> 형님 형님 사촌 형님 시집살이 어떱뎁까? / 이애 이애 그 말 마라 시집살이 개집살이
> – 작자 미상, 〈시집살이 노래〉

① 서민의 삶을 소재로 한다.

② 4음보, 4·4조가 나타난다.

③ 소박한 정서가 직접 표출되어 있다.

④ 입에서 입으로 전승되어 온 노래이다.

⑤ 후렴구를 통해 연을 나누고 운율을 형성하고 있다.

제망매가(祭亡妹歌) _ 월명사

[A]
　　㉠*생사(生死) 길은

　　예 있으매 ㉡머뭇거리고
　　여기

　　㉢나는 간다는 말도

　　못다 이르고 어찌 갑니까.　　　　　　　▶ 기: 죽은 누이에 대한 ❶□□□□

[B]
　　어느 가을 이른 바람에

　　이에 저에 ㉣떨어질 잎처럼
　　여기저기에

　　㉤한 가지에 나고

　　가는 곳 모르는구나.　　　　　　　　▶ 서: 인생의 ❷□□함

[C]
　　㉮아아, *미타찰(彌陀刹)에서 만날 나

　　도(道) 닦아 기다리겠노라.　　　　　　▶ 결: 슬픔의 ❸□□□ 승화

작품 핵심

✿ 시적 화자와 시적 상황

시적 화자
'나'

시적 상황
누이의 갑작스러운 죽음에 안타까움과 슬픔을 느낌. ↓ 슬픔을 종교적으로 극복하려 함.

✿ 시어의 의미

① 생사 길: 삶과 죽음의 갈림길
② 이른 바람: 누이의 때 이른 죽음
③ 떨어질 잎: 죽은 누이
④ 한 가지: 같은 부모

✿ 작품에 사용된 표현 방법

① 비유와 상징
• "이른 바람", "떨어질 잎", "한 가지": 혈육의 갑작스러운 죽음을 '한 가지'에서 난 '잎'이 '이른 바람'에 떨어지는 것으로 표현함.
② 하강 이미지
• "이에 저에 떨어질 잎처럼": 누이의 죽음을 잎이 떨어지는 것에 빗대어 하강 이미지로 나타냄.

💧💧 어휘 쏙쏙

• **생사**: 삶과 죽음을 아울러 이르는 말.
• **미타찰**: 아미타불이 살고 있는 정토(淨土)로, 괴로움이 없으며 지극히 안락하고 자유로운 세상.
• **도**: 종교적으로 깊이 깨친 이치. 또는 그런 경지.

❶ 정답 확인
❶ 추모 ❷ 무상함 ❸ 종교적

01 이 시에 대한 설명으로 적절하지 <u>않은</u> 것은?

① 부정적 상황에 대한 대응 태도가 나타나 있다.
② 비유와 상징을 활용하여 시상을 전개하고 있다.
③ 내용상 기-서-결의 세 부분으로 이루어져 있다.
④ 계절적 이미지를 통해 시적 상황을 제시하고 있다.
⑤ 자연 현상과 인간의 삶을 대비하여 주제를 형상화하고 있다.

♥ 비유 : 표현하고자 하는 대상을 다른 비슷한 현상이나 사물에 빗대어서 표현하는 방법.
♥ 상징 : 인간의 감정, 사상처럼 눈에 보이지 않는 추상적인 관념을 구체적인 사물로 나타내는 방법.
♥ 대비 : 두 가지의 차이를 밝히기 위하여 서로 맞대어 비교함. 또는 그런 비교.

02 [A]~[C]에 나타난 화자의 정서와 태도로 적절하지 <u>않은</u> 것은?

① [A] : 이별의 상황을 인정하지 않고 있다.
② [A] : 갑작스러운 이별에 안타까워하고 있다.
③ [B] : 혈육의 죽음으로 인해 무상감을 느끼고 있다.
④ [C] : 이별의 슬픔을 극복하려는 의지를 드러내고 있다.
⑤ [C] : 대상과의 재회에 대한 믿음과 기대를 드러내고 있다.

♥ 무상감 : 모든 것이 덧없다는 느낌.

서술형
03 〈보기〉를 참고하여 ㉮의 역할을 〈조건〉에 맞추어 서술하시오.

┤ 보기 ├

〈제망매가〉는 10구체 향가 중 문학성이 가장 뛰어난 작품으로 평가받는다. 10구체 향가는 '4구＋4구＋2구'로 이루어지는데, 마지막 2구를 '낙구'라고 한다. 낙구의 첫머리에는 주로 감탄사가 배치되어 시상을 집약, 전환하는 역할을 한다.

┤ 조건 ├

• ㉮가 무엇인지 구체적으로 밝힐 것
• 이 시의 시상 전개를 바탕으로 ㉮의 역할을 제시할 것

♥ 집약 : 한데 모아서 요약함.
♥ 전환 : 다른 방향이나 상태로 바뀌거나 바꿈.

04 ㉠~㉤에 대한 설명으로 알맞지 <u>않은</u> 것은?

① ㉠ : 삶과 죽음의 갈림길로 대상과 화자 사이의 경계이다.
② ㉡ : 멀리 있지 않은 죽음에 대한 두려움이 드러나 있다.
③ ㉢ : 대상이 화자에게 남긴 말로 화자의 애상을 심화한다.
④ ㉣ : 대상의 죽음을 하강적 이미지에 빗대고 있다.
⑤ ㉤ : 대상과 화자가 같은 부모에서 난 혈육임을 나타낸다.

♥ 애상 : 슬퍼하거나 가슴 아파함.
♥ 심화 : 정도나 경지가 점점 깊어짐. 또는 깊어지게 함.
♥ 하강 : 높은 곳에서 아래로 향하여 내려옴.

05 이 시에서 다음 설명에 해당하는 시어를 찾아 쓰시오.

화자가 죽은 누이와 재회할 수 있는 공간으로 슬픔을 종교적으로 승화하려는 태도를 보여 준다.

♥ 승화 : 어떤 현상이 더 높은 상태로 발전하는 일.

이 시의 '바람'(ⓐ)과 〈보기〉의 '바람'(ⓑ)을 비교하여 이해한 내용으로 적절하지 <u>않은</u> 것은?

| 보기 |

바람 불어 쓰러진 나무 비 온다 싹이 나며
임 그려 든 병이 약 먹다 나을쏘냐
저 임아 널로 든 병이니 네 고칠까 하노라

▣ 〈바람 불어 쓰러진 나무〉 임에 대한 그리움으로 병이 든 화자를 바람이 불어 쓰러진 나무에 빗대어, 임에 대한 간절한 그리움을 노래한 시조

① ⓐ는 '잎', ⓑ는 '나무'에 영향을 미치고 있다.
② ⓑ와 달리 ⓐ는 죽음의 이미지와 연결되고 있다.
③ ⓐ와 달리 ⓑ는 긍정적인 자연 현상을 의미하고 있다.
④ ⓐ, ⓑ 모두 화자에게 시련을 주는 상황을 나타내고 있다.
⑤ ⓐ, ⓑ 모두 어떤 결과를 가져오는 원인으로 작용하고 있다.

작품 한눈에 보기

핵심 정리

갈래	10구체 향가	성격	애상적, 서정적, 종교적
주제	죽은 누이에 대한 추모		
특징	① 정제되고 세련된 비유와 표현 기교를 사용함. ② 혈육과의 ❶ ☐☐ 에서 오는 슬픔을 종교적으로 승화함.		

◈ 이 시의 구성

기(1~4구)		서(5~8구)		결(9~10구)
누이의 ❷ ☐☐ 직면	➡	누이와의 속세에서의 인연	➡	누이와의 ❸ ☐☐☐ 에서의 재회 희망

◈ 시상 전개에 따른 화자의 정서

기		서		결
누이의 죽음을 슬퍼하고 안타까워함.	➡	혈육의 ❹ ☐☐ 앞에서 인생의 무상감을 느낌.	➡	슬픔을 종교적으로 승화해 극복하고자 하며, 누이와의 재회에 대한 소망과 기대를 드러냄.

◈ 시구의 의미와 표현 방법

가을, ❺ ☐☐ 바람	누이의 때 이른 죽음	—	누이의 요절을 소멸의 이미지와 상징적 표현으로 암시함.
떨어질 잎	죽은 누이	—	죽은 누이를 바람에 떨어진 잎에 빗댐(직유법), ❻ ☐☐ 이미지
한 가지	같은 부모	—	화자와 누이가 같은 부모에게 난 혈육임을 빗댐(은유법).

01 ~ 03 다음 뜻풀이에 해당하는 어휘를 쓰시오.

01 종교적으로 깊이 깨친 이치. 또는 그런 경지. `ㄷ`

02 슬퍼하거나 가슴 아파함. `ㅇ` `ㅅ`

03 모든 것이 덧없다는 느낌. `ㅁ` `ㅅ` `ㄱ`

04 ~ 07 빈칸에 들어갈 알맞은 어휘를 〈보기〉에서 찾아 쓰시오.

┤ 보기 ├
대비 상징 심화 하강

04 태극기는 우리 겨레의 민족정신의 (   )(이)다.

05 빈부 격차로 인한 사회적 갈등이 (   )되고 있다.

06 이 시에는 흰색과 푸른색의 (   )이/가 나타나 있다.

07 꽃잎이 떨어지는 (   ) 이미지로 계절의 변화를 표현하고 있다.

08 ~ 10 다음의 문맥에 어울리는 어휘에 ○표 하시오.

08 이 논문은 수년간의 연구를 (혼합 / 집약)한 결과물이다.

09 지난날의 고뇌를 (승화 / 순화)하여 예술 작품을 탄생시켰다.

10 시험이 끝난 뒤 기분 (교환 / 전환)을 위해 여행을 가기로 했다.

11 ~ 14 밑줄 친 어휘의 뜻을 〈보기〉에서 찾아 기호를 쓰시오.

┤ 보기 ├
㉠ 무엇이라고 말하다.
㉡ 어떤 정도나 범위에 미치다.
㉢ 대중이나 기준을 잡은 때보다 앞서거나 빠르다.
㉣ 어떤 대상을 무엇이라고 이름 붙이거나 가리켜 말하다.

11 올해는 지난해보다 무더위가 <u>이르게</u> 찾아왔다. (   )

12 선생님이 복도에서 뛰는 아이들에게 주의하라고 <u>일렀다</u>. (   )

13 회의를 거듭한 끝에 모두가 동의할 만한 결론에 <u>이르렀다</u>. (   )

14 인간은 생각하는 사람이라는 뜻에서 '호모 사피엔스'라고 <u>이른다</u>. (   )

02 청산별곡(靑山別曲) _ 작자 미상

살어리 살어리랏다 청산(靑山)에 살어리랏다.
① 살고 싶구나(소망) ② 살아야만 하는구나(한탄) ③ 살았으면 좋았을 것을(후회, 아쉬움) ④ 살 것이다(의지)

머루랑 다래랑 먹고 청산(靑山)에 살어리랏다.

㉮ 얄리얄리 얄랑셩 얄라리 얄라

▶ 1연: ☐☐에 대한 동경

우러라 우러라 ㉠새여 자고 일어나 우러라 새여.

너보다 시름 많은 나도 자고 일어나 울고 있노라.
근심과 걱정

얄리얄리 얄라셩 얄라리 얄라

▶ 2연: 삶의 고독과 ❷☐☐

가던 새 가던 새 본다 ㉡물 아래 가던 새 본다.
① 갈던 밭이랑 ② 떠나는 임 ③ 날아가던 새

이끼 묻은 쟁기 가지고 물 아래 가던 새 본다.
① 녹슨 쟁기 ② 녹슨 은장도 ③ 녹슨 병기

얄리얄리 얄라셩 얄라리 얄라

▶ 3연: ❸☐☐에 대한 미련

이렇게 저렇게 하여 낮이란 지내왔건만

올 이도 갈 이도 없는 ㉢밤이란 또 어찌 하리오.

얄리얄리 얄라셩 얄라리 얄라

▶ 4연:절망적인 ❹☐☐과 비탄

어디다 던지던 ㉣돌인가 누구를 맞히던 돌인가.

미워할 이도 사랑할 이도 없이 맞아서 울고 있노라.

얄리얄리 얄라셩 얄라리 얄라

▶ 5연: 운명에 대한 ❺☐☐

살어리 살어리랏다 바다에 살어리랏다.

나문재와 굴 조개를 먹고 바다에 살어리랏다.
해초의 일종

얄리얄리 얄라셩 얄라리 얄라

▶ 6연: ❻☐☐에 대한 동경

가다가 가다가 듣노라 외딴 부엌 가다가 듣노라.

사슴이 장대에 올라서 해금(奚琴)을 켜는 것을 듣노라.

얄리얄리 얄라셩 얄라리 얄라

▶ 7연: ❼☐☐을 바라는 절박한 삶

가다 보니 배부른 독에 진한 ㉤술을 빚는구나.
배가 불룩한 독

조롱박꽃 *누룩이 매워 붙잡으니 내 어찌 하리오.

얄리얄리 얄라셩 얄라리 얄라

▶ 8연: ❽☐을 통한 고뇌 해소

작품 핵심

❀ 시적 화자와 시적 상황

시적 화자
'나'

시적 상황
• 절망적이고 절박한 상황에 처해 있음. • 청산, 바다를 동경함. • 슬픔, 고독을 느끼며 운명에 체념함.

❀ 시어의 의미

① 청산, 바다: 이상향, 현실 도피처, 속세와 대비되는 공간
② 머루, 다래, 나문재, 굴, 조개: 소박한 음식
③ 새: 동병상련의 대상
④ 물 아래: 속세, '청산'·'바다'와 대비되는 공간
⑤ 밤: 고독과 절망의 시간
⑥ 돌: 피할 수 없는 인간의 운명
⑦ 술: 현실의 괴로움을 일시적으로 잊게 하는 매개체

❀ 작품에 사용된 표현 방법

① 반복법, a – a – b – a 구조
• 1연, 2연, 3연, 6연의 첫 행: a – a – b – a 구조를 사용, 운율을 형성함.
② 감정 이입
• "우러라 우러라 새여 자고 일어나 우러라 새여": 화자의 괴로움, 고독감을 '새'에 이입함.
③ 대칭 구조
• 5연과 6연의 위치를 바꾸면 1~4연과 5~8연이 대칭 구조를 이룸.

💧 어휘 쏙쏙

• 누룩: 술을 빚는 데 쓰는 발효제.

정답: ■ 청산 ❷ 비애 ❸ 속세 ❹ 고독 ❺ 체념 ❻ 바다 ❼ 평화 ❽ 술

01

이 노래에 대한 설명으로 적절하지 <u>않은</u> 것은?

① 'a-a-b-a' 구조를 반복하여 운율을 형성하고 있다.
② 대상에 감정을 이입하여 화자의 정서를 표현하고 있다.
③ 영탄적 어조를 활용하여 화자의 심정을 드러내고 있다.
④ 글자 수가 대체로 3·3·2자로 반복되며 3음보를 이루고 있다.
⑤ 후렴구를 사용하여 화자의 정서를 직설적으로 나타내고 있다.

02 중요

이 노래의 화자에 대한 설명으로 적절하지 <u>않은</u> 것은?

① 화려하지 않고 소박한 삶을 지향하고 있다.
② 자신의 처지에 대해 깊은 슬픔을 느끼고 있다.
③ 체념적인 정서를 극복하려는 적극성을 보이고 있다.
④ 현실에서 벗어나 이상적인 공간에서 살고 싶어 한다.
⑤ 기적과 같은 일이 일어나기를 바라는 절박한 상황에 처해 있다.

03

이 노래에서 화자가 동경하는 이상향을 모두 찾아 쓰시오.

_____

04

㉠~㉤에 대한 이해로 적절하지 <u>않은</u> 것은?

① ㉠: 화자와 동일시되는 존재로 화자에게 기쁨의 정서를 불러일으킨다.
② ㉡: 청산과 대조되지만 화자에게 미련을 느끼게 하는 공간이다.
③ ㉢: 화자의 고독과 절망감이 극대화되는 시간이다.
④ ㉣: 피할 수 없는 인간의 모진 운명을 상징하는 소재이다.
⑤ ㉤: 화자에게 삶의 고뇌를 일시적으로 잊게 해 주는 대상이다.

05 서술형

㉮의 기능을 〈조건〉에 맞추어 서술하시오.

┤ 조건 ├

• ㉮가 반복되어 나타나는 효과를 제시할 것
• ㉮에 사용된 음운이 주는 느낌과 효과를 제시할 것
• ㉮의 명칭을 포함하여 한 문장으로 쓸 것

_____

감정 이입: 시적 화자의 감정을 다른 대상에 이입하여 대상이 화자의 정서를 함께 느끼는 것처럼 표현하는 방법
'a-a-b-a' 구조: 같은 구절(a)이 반복된 후 다른 구절(b)이 나오고 다시 앞과 같은 구절(a)이 나오는 구조로, 운율을 형성함.
영탄적: 기쁨·슬픔·놀라움과 같은 감정을 강하게 나타내는 것.
직설적: 바른대로 또는 있는 그대로 말하는 것.
체념적: 품었던 생각, 희망을 아주 버리고 더 이상 기대하지 않는 것.
절박하다: 어떤 일이나 때가 가까이 닥쳐서 몹시 급하다.
동경: 어떤 것을 간절히 그리워하여 그것만을 생각함.
이상향: 인간이 생각할 수 있는 최선의 상태를 갖춘 완전한 사회.
동일시: 둘 이상의 것을 똑같은 것으로 여김.
극대화: 아주 커짐. 또는 아주 크게 함.

06 〈보기〉를 고려하여 이 노래를 영상물로 만들기 위해 구상한 내용 중 적절하지 <u>않은</u> 것은?

┤ 보기 ├

이 노래의 화자는 삶의 터전을 잃은 유랑민, 실연당한 사람, 현실에서 소외된 지식인 등으로 해석할 수 있다. 한편 이 노래가 불렸던 고려 시대가 외적의 침입이 잦았던 때임을 감안하면, 화자를 전쟁에 동원되었다가 생명을 보전하기 위해 청산으로 도피한 농민으로 볼 수도 있다.

*BGM: 배경 음악, SE: 음향 효과

♥ 도피: 도망하여 몸을 피함.

①	②	③	④	⑤
장면1	장면2	장면3	장면4	장면5
초췌한 모습의 주인공이 산으로 피신하는 장면	주인공이 자고 일어나 새소리를 들으며 눈물을 흘리는 장면	주인공이 산 아래의 밭을 물끄러미 바라보는 장면	주인공이 밤에 가족을 떠올리며 혼자서 우두커니 앉아 있는 장면	누군가가 날아가는 새를 향해 던진 돌에 새가 맞아 아파하는 장면
카메라가 산으로 들어가는 주인공의 모습을 따라간다.	*BGM:느린 장단의 음악 *SE:새 울음소리	과거에 평화롭게 밭을 갈며 살던 모습 (O.L.)	가족과의 단란했던 시절 (O.L.) *BGM:슬픈 곡조의 음악	고통스러워하는 얼굴(C.U.)

♥ O.L.: 오버랩(overlap). 하나의 화면이 끝나기 전에 다음 화면이 겹치면서 먼저 화면이 차차 사라지게 하는 기법.
♥ C.U.: 클로즈업(close-up). 촬영 대상의 중요 부분을 강조하기 위해 화면에 크게 나타나도록 찍음.

작품 한눈에 보기

핵심 정리

갈래	고려 가요	성격	애상적, 현실 ❶ ⬚⬚ 적	주제	삶의 비애와 고통

특징	① 8연으로 이루어진 분연체 형식으로 3·3·2조의 음수율과 ❷ ⬚음보의 율격을 보임. ② ❸ ⬚⬚⬚⬚를 사용한 후렴구로 연을 구분하고, 구조적 안정감과 통일감을 줌. ③ a−a−b−a 형태의 반복 표현이 사용됨. ④ '청산'과 '바다'가 대칭을 이루는 구조가 나타남. ⑤ 상징적 시어를 사용하여 삶의 비애와 고통을 진솔하게 드러냄.

◈ 이 노래의 구성과 대칭 구조

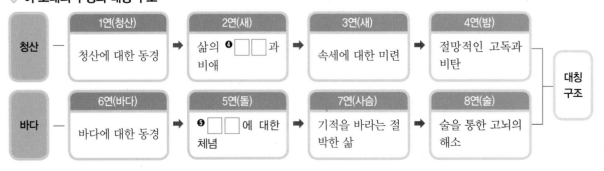

청산	1연(청산) 청산에 대한 동경	➡	2연(새) 삶의 ❹⬚⬚과 비애	➡	3연(새) 속세에 대한 미련	➡	4연(밤) 절망적인 고독과 비탄	대칭 구조
바다	6연(바다) 바다에 대한 동경	➡	5연(돌) ❺⬚⬚에 대한 체념	➡	7연(사슴) 기적을 바라는 절박한 삶	➡	8연(술) 술을 통한 고뇌의 해소	

01 ~ 04 다음 어휘와 그 뜻풀이를 바르게 연결하시오.

01 극대화 •　　　　　　　• ㉠ 품었던 생각, 희망을 아주 버리고 더 이상 기대하지 않는 것.

02 동일시 •　　　　　　　• ㉡ 기쁨·슬픔·놀라움과 같은 감정을 강하게 나타내는 것.

03 영탄적 •　　　　　　　• ㉢ 둘 이상의 것을 똑같은 것으로 여김.

04 체념적 •　　　　　　　• ㉣ 아주 커짐. 또는 아주 크게 함.

05 ~ 08 제시된 초성과 뜻풀이를 참고하여 다음의 빈칸에 알맞은 어휘를 쓰시오.

05 ㄷ ㅍ : 도망하여 몸을 피함.
　　예 사기 행각을 벌이다 해외로 (　　　　)한 일당이 붙잡혔다.

06 ㄷ ㄱ : 어떤 것을 간절히 그리워하여 그것만을 생각함.
　　예 그는 고향을 떠나 도시에서 화려하게 사는 것을 (　　　　)했다.

07 ㅅ ㄹ : 마음에 걸려 풀리지 않고 항상 남아 있는 근심과 걱정.
　　예 취업난으로 (　　　　)에 잠긴 청년들이 많다.

08 ㅈ ㅂ 하다 : 어떤 일이나 때가 가까이 닥쳐서 몹시 급하다.
　　예 홍수로 큰 피해를 입은 주민들은 식량 문제부터 (　　　　)한 상황이다.

09 ~ 11 다음의 문맥에 어울리는 어휘에 ○표 하시오.

09 눈싸움은 뭉친 눈을 서로 던져 상대편을 (맞히는 / 맞추는) 놀이이다.

10 그는 스트레스를 받으면 바이올린을 (키는 / 켜는) 습관이 있다.

11 금주령으로 술을 (빗는 / 빚는) 것도 금지되었다.

12 ~ 14 밑줄 친 어휘의 뜻을 〈보기〉에서 찾아 기호를 쓰시오.

┤ 보기 ├
㉠ 생명을 지니고 있다.
㉡ 어떤 생활을 영위하다.
㉢ 어느 곳에 거주하거나 거처하다.

12 제주도에 <u>사는</u> 친구를 만나러 갔다.　　　　　　　　　　　(　　　)

13 내일부터는 성실한 삶을 <u>살기</u>로 결심했다.　　　　　　　　　(　　　)

14 바다거북은 최소 80년 이상 <u>산다</u>고 알려져 있다.　　　　　　(　　　)

까마귀 눈비 맞아 _박팽년 | 까마귀 싸우는 골에 _영천 이씨 | 눈 맞아 휘어진 대를 _원천석

가 ㉠까마귀 눈비 맞아 희는 듯 검노매라.

㉡*야광명월(夜光明月)이 밤인들 어두우랴.

임 향(向)한 *일편단심(一片丹心)이야 고칠 줄이 있으랴.

▶ 변함없는 지조와 ❶☐☐

> 까마귀가 눈과 비를 맞아 흰 듯 검구나.
> 밤에 밝게 빛나는 달이 밤이 된들 어둡겠느냐.
> (마찬가지로) 임 향한 일편단심이 변할 일이 있겠느냐.

나 까마귀 싸우는 골에 백로야 가지 마라.
_{골짜기}

성낸 까마귀 ㉢흰빛을 새오나니
_{시기하나니, 질투하나니}

㉣*청강(淸江)에 좋이 씻은 몸을 더럽힐까 하노라.
_{깨끗이}

▶ 나쁜 무리와 어울리는 것을 ❷☐☐함

> 까마귀 싸우는 골짜기에 백로야 가지 마라.
> 성낸 까마귀가 (백로의) 흰빛을 시기하여
> 맑은 물에 깨끗이 씻은 몸을 더럽힐까 걱정이구나.

다 눈 맞아 휘어진 ㉤대를 뉘라서 굽다턴고.

굽을 절(節)이면 눈 속에 푸를쏘냐.
_{절개}

아마도 *세한고절(歲寒孤節)은 너뿐인가 하노라.

▶ 고려 왕조에 대한 굳은 ❸☐☐

> 눈 맞아 휘어진 대나무를 누가 굽었다고 했던가?
> (쉽게) 굽어질 절개면 눈 속에서 푸르겠는가?
> 아마도 극심한 한겨울 추위 속에서 홀로 절개를 지키는 이는 너뿐인가 하노라.

📌 **작품 핵심**

가 까마귀 눈비 맞아

✿ **화자의 정서와 태도**
임(단종)에 대한 충성심을 드러냄.

✿ **시어의 의미와 역할**

까마귀		야광명월
간신, 수양 대군	⬌	충신

→ 수양 대군의 왕위 찬탈이 일어날 때 단종에 대한 충성심을 강조함.

나 까마귀 싸우는 골에

✿ **화자의 정서와 태도**
아들이 나쁜 무리와 어울릴까 봐 염려, 걱정함.

✿ **시어의 의미와 역할**

까마귀		백로
간신배, 이성계 무리	⬌	충신, 정몽주

→ 대상의 특성에 빗대어 시류에 휩쓸리는 것에 대한 염려를 드러냄.

다 눈 맞아 휘어진 대를

✿ **화자의 정서와 태도**
변함없는 충성심을 드러냄.

✿ **시어의 의미와 역할**

눈		대
조선 건국에 협력을 강요 하는 무리들	⬌	고려 왕조에 절개를 지키 려는 충신들

→ 눈 속에서도 변함없이 푸른 대나무를 예찬하면서 변함없는 충성심을 간접적으로 드러냄.

💧 **어휘 쏙쏙**
- **야광명월**: 밤에 밝게 빛나는 달.
- **일편단심**: 한 조각의 붉은 마음, 진심에서 우러나오는 변치 않는 마음.
- **청강**: 맑은 물이 흐르는 강.
- **세한고절**: 추운 계절에도 혼자 푸르른 대나무.

01 (가)~(다)의 공통점으로 가장 적절한 것은?

① 자연물을 활용하여 화자의 정서를 드러내고 있다.
② 현재의 삶에 대한 화자의 만족감이 표출되어 있다.
③ 시적 대상에 대한 화자의 부정적 인식이 나타나 있다.
④ 잘못된 선택을 경계하려는 화자의 의도가 반영되어 있다.
⑤ 불합리한 현실을 극복하려는 화자의 의지가 나타나고 있다.

♥ 표출: 겉으로 나타냄.
♥ 경계: 옳지 않은 일이나 잘못된 일들을 하지 않도록 타일러서 주의하게 함.
♥ 불합리: 이론이나 이치에 합당하지 아니함.

중요
02 (가)~(다)의 표현 방식에 대한 이해로 적절하지 않은 것은?

① (가)~(다) 모두 상징적인 시어를 통해 시상을 전개하고 있다.
② (가)~(다) 모두 대조적 소재를 활용하여 주제를 강조하고 있다.
③ (가)와 (나)는 색채 대비를 통해 대상을 두드러지게 하고 있다.
④ (나)와 (다)는 자연물에 인격적 특성을 부여하여 표현하고 있다.
⑤ (가)는 (다)와 달리 의문문의 형식으로 독자의 판단을 유도하고 있다.

03 ㉠~㉤이 의미하는 바로 적절하지 않은 것은?

① ㉠: 부정적인 세력에 협력하는 무리
② ㉡: 임에게 충성을 지키는 신하
③ ㉢: 권력이나 이익
④ ㉣: 군자의 깨끗한 도리
⑤ ㉤: 충신의 지조와 절개

♥ 군자: 행실이 점잖고 어질며 덕과 학식이 높은 사람.
♥ 지조: 원칙과 신념을 굽히지 아니하고 끝까지 지켜 나가는 꿋꿋한 의지. 또는 그런 기개.
♥ 절개: 신념, 신의 따위를 굽히지 아니하고 굳게 지키는 꿋꿋한 태도.

 04 (가)에서 화자의 정서를 직설적으로 드러낸 시어를 찾아 4음절로 쓰시오.

_____

 05 (나)와 〈보기〉에 공통적으로 사용된 소재의 의미상 차이점을 〈조건〉에 맞추어 서술하시오.

┤ 보기 ├

까마귀 검다 하고 **백로**야 웃지 마라.
겉이 검은들 속조차 검을쏘냐.
아마도 겉 희고 속 검을손 너뿐인가 하노라.

– 이직

┤ 조건 ├

• (나)와 〈보기〉에 나타난 '까마귀, 백로'의 의미상 차이점을 각각 비교할 것
• '긍정적, 부정적'이라는 단어를 사용하여 한 문장으로 쓸 것

■ 이직, 〈까마귀 검다 하고〉 고려 유신으로 조선 개국에 참가한 작가가 자신의 행위를 정당화하면서, 겉으로 고고한 척하는 이들을 비판하려는 의도를 드러낸 시조. '까마귀'는 조선 개국 공신을, '백로'는 고려 유신을 빗댐.

_____

〈보기〉를 바탕으로 (다)를 감상한 내용으로 적절하지 <u>않은</u> 것은?

┤ 보기 ├

　(다)의 작가 원천석은 고려 말의 문인이다. 이성계가 새로운 왕조를 세우려 하자, 고려의 신하들은 그에 협력하는 사람과 저항하는 사람으로 나뉘었다. 이때 원천석은 새 왕조에 반대하여 치악산에 은거하였고, 조선 건국 후 태종이 즉위한 뒤 여러 차례 벼슬을 내리고 그를 불렀으나 끝내 응하지 않았다. (다)는 이런 상황을 바탕으로 한다.

♥은거: 세상을 피하여 숨어서 삶.
♥즉위: 임금이 될 사람이 예식을 치른 뒤 임금의 자리에 오름.

① 초장의 '눈'은 새로운 왕조에 협력을 강요하는 세력을 의미한다고 볼 수 있겠군.
② 초장의 '휘어진'은 당시 상황에서 은거를 택한 작가의 삶과 관련지을 수 있겠군.
③ 중장의 '절(節)'은 작가가 고려의 신하로서 끝내 벼슬을 거절한 태도와 연결되는군.
④ 중장의 '눈 속에 푸를쏘냐'는 새 왕조의 협력자들에 대한 원망을 드러내는군.
⑤ 종장의 '너'는 조선 건국 과정에서 작가가 보인 태도와 유사한 특성을 지녔군.

작품 한눈에 보기

핵심 정리

가 까마귀 눈비 맞아

갈래	평시조
성격	풍자적, 의지적
주제	변함없는 지조와 절개
특징	① 대비적인 자연물('까마귀' ↔ '야광명월')을 이용해 주제를 우의적으로 제시함. ② 색채 ❶□□가 나타남. ③ 설의법을 통해 화자의 변함없는 의지를 강조함.

└ 다른 사물에 빗대어 비유적인 뜻을 나타내거나 풍자하는 것

나 까마귀 싸우는 골에

갈래	평시조
성격	교훈적, 경세적(警世的)┐세상 사람들을 깨우치려고 하는 것
주제	나쁜 무리와 어울리는 것에 대한 경계
특징	① '까마귀'(간신)와 '백로'(충신)를 대비함. ② 상징적인 시어('흰빛, 청강')를 이용해 주제를 우의적으로 제시함.

다 눈 맞아 휘어진 대를

갈래	평시조
성격	절의적, 예찬적
주제	고려 왕조에 대한 굳은 절개
특징	① 의미와 색채가 대비되는 시어('눈' ↔ '대')를 사용해 주제를 드러냄. ② 상징적 표현, 설의법, 의인법을 사용해 대나무의 ❷□□를 강조함.

◈ **(가)의 구성**

초장
혼란한 시대 속 간신들의 속성

↓

중장
부정적 현실에도 빛나는 충성심

↓

종장
❸□을 향한 변함없는 충성심

◈ **(나)의 구성**

초장
간신배들과의 어울림을 경계함.

↓

중장
절개를 시기하는 간신배의 속성

↓

종장
올바른 도리를 잃을까 염려함.

◈ **(다)의 구성**

초장
❹□이 쌓여 휘어진 대나무

↓

중장
절개를 굽힐 것이면 푸르지 않음.

↓

종장
추위 속에서도 변함없는 대나무의 절개를 예찬함.

어휘력 다지기

01 ~ 03 다음 어휘와 그 뜻풀이를 바르게 연결하시오.

01 경계 •
• ㉠ 이론이나 이치에 합당하지 아니함.

02 지조 •
• ㉡ 원칙과 신념을 굽히지 아니하고 끝까지 지켜 나가는 꼿꼿한 의지.

03 불합리 •
• ㉢ 옳지 않은 일이나 잘못된 일들을 하지 않도록 타일러서 주의하게 함.

04 ~ 07 빈칸에 들어갈 알맞은 어휘를 〈보기〉에서 찾아 쓰시오.

┤ 보기 ├

군자   은거   절개   표출

04 그는 연예계 활동을 중단한 뒤 고향으로 돌아가 (   )하고 있다.

05 용의자는 경찰의 심문에 감정을 (   )하지 않은 채 덤덤히 답했다.

06 이육사는 가혹한 탄압에도 (   )을/를 지키며 일제에 끝까지 저항했다.

07 (   )은/는 남이 자신을 알아주지 않아도 실망하거나 화를 내지 않는다.

08 ~ 10 다음 뜻풀이에 해당하는 한자 성어를 쓰시오.

08 밤에 밝게 빛나는 달. ㅇ ㄱ ㅁ ㅇ

09 추운 계절에도 혼자 푸르른 대나무. ㅅ ㅎ ㄱ ㅈ

10 한 조각의 붉은 마음이라는 뜻으로, 진심에서 우러나오는 변치 아니하는 마음을 이르는 말. ㅇ ㅍ ㄷ ㅅ

11 ~ 14 밑줄 친 어휘의 뜻을 〈보기〉에서 찾아 기호를 쓰시오.

┤ 보기 ├

㉠ 병 따위를 낫게 하다.
㉡ 모양이나 내용 따위를 바꾸다.
㉢ 잘못되거나 틀린 것을 바로잡다.
㉣ 본디의 것을 손질하여 다른 것이 되게 하다.

11 용왕은 고치기 힘든 병에 걸려 죽게 되었다. (   )

12 낡은 화장실을 고쳐서 최신식으로 만들었다. (   )

13 중학생이 되어서도 지각하는 버릇을 고치지 못했다. (   )

14 거울을 보며 화장을 조금 고치고 머리 모양도 가다듬었다. (   )

04 매암이 맵다 울고 _이정신 | 말 없는 청산이요 _성혼 | 강산 좋은 경을 _김천택

가 매암이 맵다 울고 쓰르람이 쓰다 우니,
　　　매미　　　　　　　　　매밋과의 곤충

산채(山菜)를 맵다는가 박주(薄酒)를 쓰다는가.
산나물　　　　　　　　맛이 좋지 못한 술

우리는 •초야(草野)에 묻혔으니 맵고 쓴 줄 몰라라.

▶ ❶ ☐☐에 묻혀 사는 즐거움

　　　매미가 맵다고 울고 쓰르라미가 쓰다고 우니
　　　산나물이 맵다고 우는 것인가, 변변치 못한 술이 쓰다고 우는 것인가?
　　　우리는 시골의 궁벽한 곳에 묻혀 살고 있으니 맵고 쓴 줄을 모르겠노라.

나 말 없는 청산(靑山)이요 태(態) 없는 유수(流水)로다.
　　　　　　　　　　　　　　모양　　　　　흐르는 물

값 없는 청풍(淸風)이요 임자 없는 명월(明月)이로다.
　　　　　부드럽고 맑은 바람　물건을 소유한 사람　밝은 달

이 중에 병(病) 없는 이 몸이 •분별(分別) 없이 늙으리라.

▶ ❷ ☐☐을 벗 삼는 즐거움

　　　말이 없는 청산이요, 모양이 없는 흐르는 물이로다.
　　　값이 없는 맑은 바람이요, 주인이 없는 밝은 달이로다.
　　　이 가운데 병 없는 이 몸이 아무 걱정 없이 늙으리라.

다 강산(江山) 좋은 경(景)을 힘센 이 다툴 양이면,
　　　　　　　　　　경치

내 힘과 내 •분(分)으로 어이하여 얻을쏘냐.
　　　　　　　　　어떻게

진실(眞實)로 금(禁)할 이 없을새 나도 두고 노니노라.
　　　　　　　금지할 사람

▶ ❸ ☐☐을 즐기는 삶

　　　자연의 아름다운 경치를 힘센 사람들이 (자기 것으로 하고자) 다툴 양이면,
　　　내 힘과 내 분수로 (자연을) 어떻게 얻겠는가.
　　　진실로 (자연을 사랑하고 즐기는 것을) 금할 사람이 없으므로 나도 두고 즐기노라.

작품 핵심

가 매암이 맵다 울고

❀ **화자의 정서와 태도**
초야(전원)에서의 삶에 만족하고 있음.

❀ **시어의 대조적 의미**

매미, 쓰르라미	우리
세속적인 일에 얽매인 사람들	초야에 묻혀 안분지족하는 사람들

나 말 없는 청산이요

❀ **화자의 정서와 태도**
자연을 벗 삼으며 세속적인 근심을 잊으려 함(달관적).

❀ **시어의 의미와 역할**

말, 태, 값, 임자	청산, 유수, 청풍, 명월
인위적 가치, 유한성	자연적 가치, 무한성

→ 있는 그대로의 자연과 자연이 지닌 미덕을 강조함.

다 강산 좋은 경을

❀ **화자의 정서와 태도**

> 자연 속에서의 삶을 즐김.
> ↓
> 속세에서는 자신의 처지 때문에 제약이 있지만 자연 속에서는 마음껏 자연을 즐길 수 있다며 만족감을 드러내고, 약육강식의 세태를 은근히 비판함.

❀ **시어의 의미**
• 힘센 이: 부귀와 권력을 가진 사회적, 경제적 강자를 의미함.

어휘 쏙쏙
• 초야: 풀이 난 들이라는 뜻으로, 궁벽한 시골을 이르는 말.
• 분별: 1. 서로 다른 일이나 사물을 구별하여 가름. 2. 세상 물정에 대한 바른 생각이나 판단.
• 분: 분수(자기 신분에 맞는 한도).

정답 ❶ 초야 ❷ 자연 ❸ 자연

01 **(가)~(다)의 공통점으로 가장 적절한 것은?**

① 이별한 임을 향한 그리움의 정서를 표현하고 있다.
② 자연 속에서의 삶에 대한 만족감을 나타내고 있다.
③ 유교적 충의 사상을 바탕으로 절개를 드러내고 있다.
④ 관조적인 태도를 바탕으로 자신의 삶을 성찰하고 있다.
⑤ 자신이 처한 환경에 대해 한탄하는 정서를 표현하고 있다.

♥ 충의: 충성과 절의를 아울러 이르는 말.
♥ 관조적: 고요한 마음으로 사물이나 현상을 관찰하거나 비추어 보는 것.

02 **(가)의 표현상 특징에 대한 설명으로 알맞지 않은 것은?**

① 발음의 유사성을 활용한 언어유희가 나타나 있다.
② 시어의 대비를 통해 화자의 정서를 드러내고 있다.
③ 문장의 어순을 바꾸어 시적 의미를 강조하고 있다.
④ 자연물에 인격적 속성을 부여하여 친근하게 표현하고 있다.
⑤ 비슷한 문장 구조를 나란히 배치하여 의미를 강조하고 있다.

03 **(가)에서 안분지족의 삶의 태도를 드러내는 소재 두 가지를 찾아 쓰시오.**

_____

♥ 안분지족: 편안한 마음으로 제 분수를 지키며 만족할 줄을 앎.

04 **(나)의 화자에 대한 이해로 적절하지 않은 것은?**

① 자연과 하나가 되어 살아가고자 하고 있다.
② 세속적 근심에서 벗어난 달관적 태도를 보이고 있다.
③ '청산', '유수'보다 '청풍', '명월'을 가치 있게 여기고 있다.
④ 자연을 평화로운 삶을 즐길 수 있는 공간으로 생각하고 있다.
⑤ 자연적 가치와 인위적 가치가 서로 상반된다고 인식하고 있다.

♥ 세속적: 세상의 일반적인 풍속을 따르는 것.
♥ 달관적: 사소한 사물이나 일에 얽매이지 않고 세속을 벗어난 활달한 식견이나 인생관에 이른 것.
♥ 인위적: 자연의 힘이 아닌 사람의 힘으로 이루어지는 것.

05 **(다)의 화자의 현실에 대한 인식과 삶의 태도를 〈조건〉에 맞추어 서술하시오.**

┤ 조건 ├
• 현실에 대한 인식을 '약육강식', '세태'라는 단어를 사용하여 제시할 것
• 화자가 긍정적으로 여기는 것을 바탕으로 삶의 태도를 제시할 것

_____

♥ 약육강식: 강한 자가 약한 자를 희생시켜서 번영하거나, 약한 자가 강한 자에게 끝내는 멸망됨을 이르는 말.
♥ 세태: 사람들의 일상생활. 풍습 따위에서 보이는 세상의 상태나 형편.

(다)와 〈보기〉를 비교하여 이해한 내용으로 가장 적절한 것은?

┤ 보기 ├

십 년을 경영하여 초려삼간 지어 내니
나 한 간 달 한 간에 청풍 한 간 맡겨 두고
강산은 들일 데 없으니 둘러 두고 보리라.

― 송순

① (다)와 〈보기〉는 모두 시선의 이동에 따라 시상을 전개하고 있다.
② (다)와 〈보기〉는 모두 설의적 표현을 통해 화자의 태도를 강조하고 있다.
③ (다)와 〈보기〉는 모두 특정 어미를 이용하여 화자의 의지를 표현하고 있다.
④ (다)와 달리 〈보기〉는 영탄법을 활용하여 화자의 정서를 나타내고 있다.
⑤ 〈보기〉와 달리 (다)는 대조적 시어를 사용하여 화자의 처지를 드러내고 있다.

▣ 송순, 〈십 년을 경영하여〉
자연 속에서 안분지족하며
자연과 하나가 되어 풍류를
즐기는 태도를 노래한 시조
♥ 경영하다: 계획을 세워 집
을 짓다.
♥ 초려삼간: 초가삼간. 세
칸밖에 안 되는 초가라는
뜻으로, 아주 작은 집을
이르는 말.
♥ 설의적 표현: 쉽게 판단
할 수 있는 사실을 의문
의 형식으로 표현하여 상
대편이 스스로 판단하게
하는 표현.

작품 한눈에 보기

핵심 정리

가 매암이 맵다 울고

갈래	평시조
성격	한정가 ─한가로운 정취를 담은 노래
주제	초야에 묻혀 지내는 한가로운 삶
특징	① 음의 유사성을 이용한 언어유희가 나타남. ② 대조적 의미의 시어와 대구법, 의인법을 활용함.

나 말 없는 청산이요

갈래	평시조
성격	풍류적, 전원적, 한정가
주제	자연과 더불어 사는 삶의 즐거움
특징	① ❶□□□, 반복법을 사용해 운율적 효과를 높임. ② 의인화를 통해 자연의 속성을 드러냄.

다 강산 좋은 경을

갈래	평시조
성격	비판적, 한정가
주제	자연을 즐기는 삶
특징	① 설의법을 통해 자연을 즐기려는 태도를 드러냄. ② ❷□□□을 통해 누구나 자연을 마음껏 즐길 수 있음을 강조함.

◆ **(가)의 구성**

초장
매미와 쓰르라미의 울음소리

↓

중장
세속적인 사람들의 불만

↓

종장
❸□□에 묻혀 지내는 삶의 만족감

◆ **(나)의 구성**

초장
의연하고 꾸밈없는 자연

↓

중장
누구나 마음껏 즐길 수 있는 자연

↓

종장
❹□□ 속에서 근심 없이 살고자 함.

◆ **(다)의 구성**

초장
힘센 사람들과 자연을 가지려고 다툼.(가정)

↓

중장
보잘것없는 화자는 자연을 얻을 수 없음.

↓

종장
금하는 사람이 없어서 화자도 자연을 즐길 수 있음.

어휘력 다지기

01 ~ 04 다음 뜻풀이에 해당하는 어휘를 쓰시오.

01 맛이 좋지 못한 술.　　　　　　　　　　　　　　　　　　ㅂ ㅈ

02 물건을 소유한 사람.　　　　　　　　　　　　　　　　　　ㅇ ㅈ

03 부드럽고 맑은 바람.　　　　　　　　　　　　　　　　　　ㅊ ㅍ

04 풀이 난 들이라는 뜻으로, 궁벽한 시골을 이르는 말.　　　　　ㅊ ㅇ

05 ~ 08 제시된 초성과 뜻풀이를 참고하여 다음의 빈칸에 알맞은 어휘를 쓰시오.

05 ㅂ : 자기 신분에 맞는 한도.
　　📖 아빠는 최신 스마트폰이 학생의 (　　　　)에 맞지 않는다며 사 주지 않으셨다.

06 ㅂㅂ : 서로 다른 일이나 사물을 구별하여 가름.
　　📖 예전에는 사람의 귀천에 (　　　　)이/가 있다고 여겼다.

07 ㅊ ㅇ : 충성과 절의를 아울러 이르는 말.
　　📖 그의 조국에 대한 (　　　　)은/는 적에게도 감탄을 불러일으켰다.

08 ㅊ ㄹ ㅅ ㄱ : 세 칸밖에 안 되는 초가라는 뜻으로, 아주 작은 집을 이르는 말.
　　📖 집안 형편이 기울어 재물이 모두 없어지고 (　　　　)만 남았다.

09 ~ 12 다음의 문맥에 어울리는 어휘에 ○표 하시오.

09 앞으로 내가 살 집은 내가 직접 (경영 / 배치)하여 마련하고자 한다.

10 유행어에는 그 말이 유행한 당시의 (세속 / 세태)이/가 반영되어 있다.

11 나이가 들면서 나타나는 몸의 변화를 (관조적 / 인위적)으로 막기는 어렵다.

12 새 학기 시작이 어제 같은데 벌써 기말고사라니 세월이 참 (유수 / 청산) 같다.

13 ~ 14 다음 뜻풀이에 해당하는 한자 성어를 쓰시오.

13 편안한 마음으로 제 분수를 지키며 만족할 줄을 앎.　　　　　　　ㅇ ㅂ ㅈ ㅈ

14 약한 자가 강한 자에게 먹힌다는 뜻으로, 강한 자가 약한 자를 희생시켜서 번영하거나, 약한
자가 강한 자에게 끝내는 멸망됨을 이르는 말.　　　　　　　　　ㅇ ㅇ ㄱ ㅅ

㉠산수간(山水間) 바위 아래 **띠집**을 짓노라 하니
띠로 지붕을 올린 집. 초가

그 모른 **남들**은 웃는다 한다마는

어리고 **향암(鄕闇)**의 뜻에는 내 분(分)인가 하노라.　　　　〈제1수〉

▶ 자연 속에서 ❶ ☐☐☐☐ 하는 삶

　산수 간 바위 아래에 움막을 지으려 하니
　나의 뜻을 모르는 남들은 비웃는다지만
　어리석고 세상 물정 모르는 내 생각에는 이것이 내 분수인가 하노라.

보리밥 풋나물을 **알마초** 먹은 후에
알맞게

㉡바위 끝 물가에 **슬카지** 노니노라.
실컷

그 남은 **여남은 일**이야 부럴 줄이 있으랴.　　　　〈제2수〉

▶ 자연 속에서 ❷ ☐☐☐☐ 하는 삶

　보리밥과 풋나물을 알맞게 먹은 후에
　바위 끝 물가에서 실컷 노니노라.
　그 밖의 다른 일이야 부러워할 까닭이 있으랴.

잔 들고 혼자 앉아 ㉢먼 뫼를 바라보니

㉣그리던 님이 오다 반가움이 이러하랴.

말씀도 웃음도 아녀도 못내 좋아하노라.　　　　〈제3수〉

▶ ❸ ☐☐ 속에서 느끼는 한정(閑情)

　잔 들고 혼자 앉아 먼 산을 바라보니
　그리워하는 임이 온들 반가움이 이 정도이랴?
　말도 없고 웃음도 없지만 마냥 좋아하노라.

누군가 삼공(三公)보다 낫다 하더니 **만승(萬乘)**이 이만하랴.
삼정승

이제로 헤어든 소부 허유(巢父許由)가 약았더라.
자연에 은거한 고대 중국의 인물

아마도 **임천한흥(林泉閑興)**을 비길 곳이 없어라.　　　　〈제4수〉
자연 속에서 느끼는 한가한 흥취

▶ 자연 속에서 느끼는 한가한 ❹ ☐☐

　누가 (자연이) 삼정승보다 낫다더니 만승천자가 이만하겠는가?
　이제 와서 생각해 보니 소부와 허유가 영리했구나.
　아마도 자연 속에서 한가롭게 지내는 흥취는 비할 데가 없으리라.

㉤**강산(江山)**이 좋다 한들 내 분(分)으로 누웠느냐.

임금 은혜를 이제 더욱 아노이다.

아무리 갚고자 하여도 해올 일이 없어라.　　　　〈제6수〉
할 수 있는 일

▶ 임금의 ❺ ☐☐ 에 대한 감사

　강산이 좋다고 한들 나의 분수로 누워 있겠는가.
　임금의 은혜를 더욱 알 것 같구나.
　아무리 갚고자 하여도 (임금을 위해) 할 수 있는 일이 없구나.

작품 핵심

☺ 시적 화자와 시적 상황

시적 화자
'나'

시적 상황
• 자연 속에서 소박하고 한가롭게 지내며 만족감을 드러냄. • 임금의 은혜에 감사함.

☺ 시어의 의미

① 산수간 바위 아래, 바위 끝 물가, 먼 뫼, 임천, 강산: 자연

② 띠집, 보리밥 풋나물: 소박한 삶

③ 그 남은 여남은 일, 삼공, 만승: 세속적 가치

☺ 작품에 사용된 표현 방법

① 자연과 속세의 대비
• 〈제1수〉, 〈제2수〉, 〈제4수〉에서 자연 속 삶과 세속적 가치를 나타내는 시어를 대비함.

② 설의법
• "부럴 줄이 있으랴", "반가움이 이러하랴", "만승이 이만하랴": 자연 속 삶의 만족감과 즐거움을 의문문 형식으로 표현함으로써 강조함.

💧 어휘 쏙쏙

• **만흥**: 저절로 일어나는 흥취.
• **산수**: 산과 물이라는 뜻으로, 경치를 이르는 말.
• **향암**: 시골에서 지내 온갖 사리에 어둡고 어리석은 사람.
• **만승**: 만 대의 수레라는 뜻으로, 천자 또는 천자의 자리를 이르는 말.
• **임천**: 세상을 버리고 은둔하기 알맞은 곳을 비유적으로 이르는 말.
• **강산**: 강과 산이라는 뜻으로, 자연의 경치를 이르는 말.

01 다음에서 이 시의 표현상 특징을 바르게 골라 묶은 것은?

> ㄱ. 계절의 변화를 바탕으로 시상을 전개하고 있다.
> ㄴ. 대조적 의미의 시구를 사용하여 주제를 부각하고 있다.
> ㄷ. 설의적 표현을 활용하여 화자의 정서를 강조하고 있다.
> ㄹ. 다양한 감각적 이미지를 통해 대상의 특성을 묘사하고 있다.

① ㄱ, ㄴ   ② ㄱ, ㄷ   ③ ㄴ, ㄷ   ④ ㄴ, ㄹ   ⑤ ㄷ, ㄹ

♥ 감각적 이미지: 시각, 후각, 청각, 미각, 촉각 등에 의해 시를 읽을 때 마음 속에 떠오르는 느낌이나 모습.

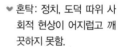

02 각 수에 대한 설명으로 적절하지 <u>않은</u> 것은?

① 〈제1수〉: 자연 속 삶을 자신의 분수로 여기며 만족하는 태도가 드러난다.
② 〈제2수〉: 화자가 떠나온 현실이 어느 때보다 혼탁하다는 인식이 나타난다.
③ 〈제3수〉: 화자가 자연과 물아일체의 경지에서 한가로운 정취를 느끼고 있다.
④ 〈제4수〉: '소부 허유'의 고사를 통해 화자가 추구하는 삶을 제시하고 있다.
⑤ 〈제6수〉: 자연 속에 머물면서도 군신의 도리를 잊지 않는 태도가 드러난다.

♥ 혼탁: 정치, 도덕 따위 사회적 현상이 어지럽고 깨끗하지 못함.
♥ 물아일체: 외물(外物)과 자아, 객관과 주관, 또는 물질계와 정신계가 어울려 하나가 됨.
♥ 정취: 깊은 정서를 자아내는 흥취.
♥ 고사: 유래가 있는 옛날의 일. 또는 그런 일을 표현한 어구.

03 이 시에 나타난 자연에 대한 인식을 〈조건〉에 맞추어 서술하시오.

> ─┤ 조건 ├─
> • 자연과 속세의 관계가 어떠한지 밝힐 것
> • 〈제1수〉와 〈제3수〉의 내용을 바탕으로 화자에게 자연이 어떤 공간인지 제시할 것
> • '자연은 ~ 공간으로, ~ 공간이다.' 형식의 한 문장으로 쓸 것

♥ 속세: 불가에서 일반 사회를 이르는 말.

04 ㉠~㉤ 중, 성격이 나머지와 <u>다른</u> 하나는?

① ㉠   ② ㉡   ③ ㉢   ④ ㉣   ⑤ ㉤

05 이 시에서 다음 설명에 해당하는 시구를 찾아 쓰시오.

> 소박한 음식을 의미하는 시구로 화자가 자연 속에서 검소하면서도 청빈한 삶을 추구했음을 짐작하게 한다.

♥ 청빈: 성품이 깨끗하고 재물에 대한 욕심이 없어 가난함.

〈보기〉를 참고하여 이 시를 감상한 내용으로 적절하지 <u>않은</u> 것은?

─┤ 보기 ├─

이 작품은 작가가 고향인 전라도 해남에 은거할 때 지은 연시조이다. 작가는 혼탁한 정치적 상황으로 인해 정적들로부터 숱하게 탄핵과 모함을 받아 수십 년 간이나 유배와 낙향을 반복했다. 이러한 영향으로 작가는 은둔의 삶을 추구하였는데, 그 속에서 순우리말을 잘 살린 작품을 다수 창작하였다.

♥ **정적**: 정치에서 대립되는 처지에 있는 사람.
♥ **탄핵**: 죄상을 들어서 책망함.
♥ **낙향**: 시골로 거처를 옮기거나 이사함.
♥ **은둔**: 세상일을 피하여 숨음.

① '띠집'은 작가가 은둔하면서 살아가던 삶의 공간으로 볼 수 있군.
② '남들'에는 작가를 탄핵하고 모함했던 정적들이 포함될 수 있겠군.
③ '향암'은 유배와 낙향을 반복하면서 세상 물정에 어두워진 모습이군.
④ '알마초', '슬카지' 등에서 순우리말을 잘 살려 쓴 점이 드러나는군.
⑤ '여남은 일'은 당시의 혼란한 정치적인 상황과 관련된 것이겠군.

작품 한눈에 보기

핵심 정리

갈래	평시조, 연시조(전 6수)	성격	한정가, 자연 친화적
주제	자연에 묻혀 사는 즐거움		
특징	① 자연과 세속적 가치를 ❶◻◻해 주제를 부각함. ② 안분지족하는 삶의 자세와 자연 ❷◻◻◻ 태도가 드러남.		

◆ 이 시의 구성

제1수	제2수	제3수	제4수	제6수
안분지족하는 삶 ➡	안빈낙도하는 삶 ➡	자연 속에서 느끼는 한정 ➡	자연 속에서 느끼는 한가한 흥취 ➡	임금의 은혜에 대한 ❸◻◻

◆ 자연과 현실에 대한 화자의 인식

자연	화자가 지향하는 이상적인 공간

⬍ 대비

현실(속세)	부귀공명의 세속적 가치를 추구하는 공간

➡ 부귀공명의 ❹◻◻◻ 가치를 추구하는 삶보다는 자연에 묻혀 사는 삶이 더 낫다는 가치관을 드러냄.

◆ 화자의 태도

제1수~제4수		제6수
• 속세를 벗어나 자연에 묻혀 지내며 ❺◻◻◻◻, 안빈낙도함. • 자연 속에서 자연 친화적 태도로 한가한 흥취를 드러냄.	+	임금의 은혜에 감사를 나타냄. → 유교적 충의

어휘력 다지기

01 ~ 04 다음 어휘와 그 뜻풀이를 바르게 연결하시오.

01 강산 •

02 만승 •

03 임천 •

04 향암 •

• ㉠ 강과 산이라는 뜻으로, 자연의 경치를 이르는 말.

• ㉡ 세상을 버리고 은둔하기 알맞은 곳을 비유적으로 이르는 말.

• ㉢ 시골에서 지내 온갖 사리에 어둡고 어리석음. 또는 그런 사람.

• ㉣ 만 대의 수레라는 뜻으로, 천자 또는 천자의 자리를 이르는 말.

05 ~ 08 빈칸에 들어갈 알맞은 어휘를 〈보기〉에서 찾아 쓰시오.

┤ 보기 ├

산수   속세   은둔   정적

05 여름이면 (   )이/가 좋은 곳을 찾아 경치를 즐기며 놀았다.

06 적들의 위협을 피하기 위해 장소를 옮겨 다니며 (   ) 생활을 했다.

07 학창 시절 친구였던 두 사람이 각각 야당과 여당을 대표하며 (   )이/가 되었다.

08 ㄱ가 온갖 시련 끝에 (   )와/과의 인연을 끊고 절에 들어간 지도 10년이 지났다

09 ~ 12 다음의 문맥에 어울리는 어휘에 ○표 하시오.

09 각종 비리로 (의탁 / 혼탁)한 공직 사회에 대한 비판 여론이 높다.

10 온 세상이 눈에 덮인 하얀 풍경이 겨울의 (정세 / 정취)를 자아냈다.

11 조선 시대 선비들은 학문에만 전념하는 (청빈 / 청승)의 삶을 지향했다.

12 임금에게 간신의 (탄원 / 탄핵)을 간청하는 글을 올렸으나 소용이 없었다.

13 ~ 14 다음 뜻풀이에 해당하는 한자 성어를 쓰시오.

13 가난한 생활을 하면서도 편안한 마음으로 도를 즐겨 지킴. | ㅇ | ㅂ | ㄴ | ㄷ |

14 외물(外物)과 자아, 객관과 주관, 또는 물질계와 정신계가 어울려 하나가 됨.

| ㅁ | ㅇ | ㅇ | ㅊ |

06 도산십이곡(陶山十二曲) _ 이황

가 이런들 어떠하며 저런들 어떠하료.

초야 *우생(草野愚生)이 이렇다 어떠하료.
시골에 사는 어리석은 사람

하물며 *천석고황(泉石膏肓)을 고쳐 무엇하료. 〈제1수〉
▶ ❶[   ]을 사랑하는 마음

이런들 어떠하며 저런들 어떠하랴.
시골에 파묻혀 있는 어리석은 사람이 이렇게 산들 어떠하랴.
하물며 자연을 사랑하는 병을 고쳐서 무엇하랴.

나 **연하(煙霞)**로 집을 삼고 **풍월(風月)**로 벗을 삼아,
안개와 노을   맑은 바람과 밝은 달

*태평성대(太平聖代)에 **병(病)**으로 늙어 가네.

이 중에 바라는 일은 **허물**이나 없고자. 〈제2수〉
          잘못 저지른 실수. 남에게 비웃음을 살 만한 거리
▶ 자연 동화와 ❷[   ] 없는 삶의 추구

안개와 노을을 집으로 삼고 바람과 달을 친구로 삼아.
태평성대에 병으로 늙어 가네.
이 중에서 바라는 일은 사람의 허물이나 없었으면 하는 것이구나.

다 **고인(古人)**도 날 못 보고 나도 고인 못 뵈네.
      학문과 덕이 높은 성현

고인을 못 봐도 **가던 길** 앞에 있네.

가던 길 앞에 있거든 아니 가고 어찌할까. 〈제9수〉
▶ ❸[   ]의 삶을 따르려는 의지

성현도 날 못 보고 나 또한 성현을 뵙지 못하네.
성현을 못 뵈어도 그분들이 가던 길이 앞에 있네.
가던 길이 앞에 있는데 아니 가고 어찌할 것인가?

라 당시(當時)에 가던 길을 몇 해를 버려 두고,

어디 가 다니다가 이제야 돌아왔는고.

이제야 돌아왔으니 **딴 데 마음** 말으리. 〈제10수〉
▶ ❹[   ] 수양에 대한 다짐

당시에 가던 길(학문 수양에 힘쓰던 길)을 몇 해 동안 버려 두고,
어디 가 다니다가(벼슬길에 헤매다가) 이제야 돌아왔는가?
이제 돌아왔으니 다른 데 마음 두지 않으리라.

마 **청산(靑山)**은 어찌하여 **만고(萬古)**에 푸르르며
                        아주 오랜 세월

유수(流水)는 어찌하여 **주야(晝夜)**에 그치지 않는고.
흐르는 물

우리도 그치지 말아 *만고상청(萬古常靑) 하리라. 〈제11수〉
▶ 학문 수양에 대한 변함없는 ❺[   ]

푸른 산은 어찌하여 오랜 세월 동안 푸르며
흐르는 물은 어찌하여 밤낮으로 그치지 아니하는가?
우리도 그치지 마라 영원히 푸르리라.

작품 핵심

❖ 시적 화자와 시적 상황

시적 화자
'나'

시적 상황
자연 속에서 동화되어 지내며 인격 도야와 학문 수양에 힘쓰려 함.

❖ 시어(시구)의 의미

① 초야 우생, 천석고황, 연하로 집을 삼고 풍월로 벗을 삼아: 자연 속에서 살아가는 화자의 모습, 자연 친화적 태도

② 가던 길~가고 어찌할까, 딴 데 마음 말으리, 만고상청하리라: 학문 수양에 대한 의지

❖ 작품에 사용된 표현 방법

① 대구법
• "이런들~어떠하료", "연하로~벗을 삼아", "고인도~못 뵈네", "청산은 어찌하여~그치지 않는고": 비슷한 문장 구조를 나란히 배열함.

② 설의법
• "어떠하료", "무엇하료", "어찌할까", "그치지 않는고": 의문형 진술로 의도를 강조함.

③ 대유법
• "연하", "풍월": 자연을 의미함.

④ 연쇄법
• "나도 고인~앞에 있거든", "어디가 다니다가~이제야 돌아왔으니": 앞 구절의 일부를 뒤 구절에서 반복하여 연결함.

어휘 쏙쏙

• **우생**: 어리석은 사람이라는 뜻으로, 말하는 이가 자기를 낮추어 이르는 일인칭 대명사.
• **천석고황**: 자연의 아름다운 경치를 몹시 사랑하고 즐기는 버릇.=연하 고질(煙霞痼疾)
• **태평성대**: 어진 임금이 잘 다스리어 태평한 세상이나 시대.
• **만고상청**: 아주 오랜 세월 동안 변함없이 푸름.

❹ 학문 ❺ 의지
❶ 자연 ❷ 허물 ❸ 성현
정답 확인

01

이 시의 화자에 대한 이해로 가장 적절한 것은?

① 외롭게 홀로 지내면서 이별한 임을 그리워하고 있다.
② 가난한 시골 생활에서 벗어나기 위해 학문에 힘쓰고 있다.
③ 자연 속에서의 삶에 만족하며 학문 수양에 정진하고 있다.
④ 한가롭게 자연을 즐기면서 유교적 충의 사상을 추구하고 있다.
⑤ 떠나온 속세를 아쉬워하며 세속적인 삶에 대한 미련을 드러내고 있다.

♥ 수양: 몸과 마음을 갈고
닦아 품성이나 지식, 도덕
따위를 높은 경지로 끌어
올림.
♥ 정진: 힘써 나아감.
♥ 세속적: 세상의 일반적인
풍속을 따르는 것.

중요

02

(가)~(마)에 대한 이해로 알맞지 않은 것은?

① (가): 자신에 대한 겸손함과 삶에 대한 달관적인 태도가 나타나 있다.
② (나): 당대에 대한 개인적 평가를 바탕으로 사회적 소망을 표현하고 있다.
③ (다): 옛 성현들이 추구했던 삶의 방식을 따르려는 결심을 드러내고 있다.
④ (라): 벼슬을 했던 과거를 성찰하고 앞으로의 삶에 대한 다짐을 드러내고 있다.
⑤ (마): 자연과 인간의 대조적인 속성을 활용하여 변함없는 의지를 강조하고 있다.

♥ 달관적: 사소한 사물이나
일에 얽매이지 않고 세속
을 벗어난 활달한 식견이
나 인생관에 이른 것.
♥ 성현: 성인(지혜와 덕이
매우 뛰어나 길이 우러러
본받을 만한 사람)과 현인
(어질고 총명하여 성인에
다음가는 사람)을 아울러
이르는 말.

수능형

03

〈보기〉를 바탕으로 이 시를 감상한 내용으로 적절하지 않은 것은?

┤ 보기 ├

〈도산십이곡〉은 '언지' 6수와 '언학' 6수로 이루어진 연시조로서, 창작 의도를 밝힌 발문이 함께 전해진다. 이에 따르면 '언지'인 제1수~제6수에는 자연 속에 살며 인간의 선한 본성을 회복하기를 바라는 뜻이, '언학'인 제7수~제12수에는 선한 본성의 회복을 위해 학문에 힘쓰겠다는 의지가 나타나 있다. 이황은 이 시조를 제자들에게 향유하게 하여, 지향할 만한 삶의 방식과 바람직한 가치를 마음에 새기도록 했다.

① '연하'와 '풍월'을 가까이하며 '허물'이 없기를 바라는 것은 자연 속에 살며 선한 본성을 회복하기를 바라는 것으로 볼 수 있겠군.
② 화자가 '딴 데'에 '마음'을 두지 않으려는 것은 학문에 열중하겠다는 것으로 볼 수 있겠군.
③ '천석고황'을 고치지 않으려는 것은 이황이 제자들에게 지향할 만한 삶의 방식으로 제시한 것으로 볼 수 있군.
④ 화자가 '고인'이 '가던 길'을 가려는 것은 이황이 제자들에게 마음에 새길 바람직한 가치로 제시한 것으로 볼 수 있군.
⑤ '청산'과 '우리'를 구분하는 것은 이황이 제자들에게 '우리'를 본받아야 함을 강조하려 한 것으로 볼 수 있군.

♥ 발문: 책의 끝에 본문 내
용의 대강(大綱)이나 간행
경위에 관한 사항을 간략
하게 적은 글.
♥ 향유: 누리어 가짐.
♥ 지향: 어떤 목표로 뜻이
쏠리어 향함. 또는 그 방
향이나 그쪽으로 쏠리는
의지.

04

(나)와 (마)에 드러난 자연의 속성을 〈조건〉에 맞추어 비교하여 서술하시오.

┤ 조건 ├

• (나), (마)에서 각각 자연을 의미하는 시어를 제시할 것
• '(나)의 ~은/는 ~ 대상인 반면 (마)의 ~은/는 ~ 대상이다.'의 형식으로 쓸 것

05 (다)와 (라)에 대한 설명으로 적절하지 <u>않은</u> 것은?

① (다)는 유사한 문장 구조를 활용하여 운율감을 형성하고 있다.

② (라)는 시간과 관련된 표현을 활용하여 상황 변화의 기점을 강조하고 있다.

③ (다)와 (라)는 모두 부정 표현을 사용하여 반성하는 자세를 드러내고 있다.

④ (다)와 (라)는 모두 의문형 어구를 활용하여 화자의 태도를 드러내고 있다.

⑤ (다)와 (라)는 모두 앞 구절의 일부를 다음 구절에서 반복하여 내용을 연결하고 있다.

06 이 시에서 병(病) 을 구체적으로 드러낸 시어를 찾아 4음절로 쓰시오.

작품 한눈에 보기

핵심 정리

갈래	평시조, 연시조(전 12수)	성격	교훈적, 예찬적
주제	자연 친화적 삶의 추구와 학문 수양에 대한 의지		
특징	① ❶□□□을 활용하여 화자가 지향하는 삶을 드러냄. ② 낯설고 관념적인 한자어를 많이 사용함. ③ 대구법, 설의법, 대유법, 연쇄법 등을 사용하여 시적 의미를 강조함.		

◈ 이 시의 구성

제1수	제2수	제9수	제10수	제11수
자연을 ❷□□하는 마음	→ 자연 동화와 허물 없는 삶의 추구	→ 성현의 삶을 따르려는 의지	→ 학문 수양에 대한 다짐	→ 학문 수양에 대한 변함없는 의지

◈ 작품 전체의 구조와 세계관

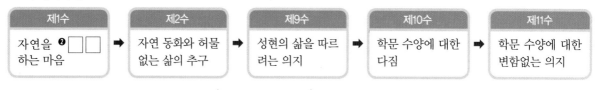

언지 (제1수~제6수) | ❸□□에 대한 사랑

언학 (제7수~제12수) | ❹□□ 수양에 대한 의지

당시 사대부들이 추구한 이상적인 삶의 태도를 보여 줌.

◈ 화자의 태도와 자연의 속성

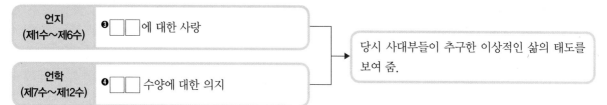

〈화자의 태도〉

제2수	자연 속에서 살아가는 즐거움을 드러냄.
제11수	자연을 본받아 변함없이 학문 수양을 하려는 의지를 드러냄.

〈자연을 의미하는 시어와 그 속성〉

'연하', '풍월'	향유와 풍류의 대상
'청산', '유수'	화자에게 ❺□□을 주는 존재

어휘력 다지기

01 ~ 04 다음 어휘와 그 뜻풀이를 바르게 연결하시오.

01 성현 •

02 연하 •

03 우생 •

04 풍월 •

• ㉠ 맑은 바람과 밝은 달.

• ㉡ 안개와 노을을 아울러 이르는 말.

• ㉢ 성인(聖人)과 현인(賢人)을 아울러 이르는 말.

• ㉣ 어리석은 사람이라는 뜻으로, 말하는 이가 자기를 낮추어 이르는 말.

05 ~ 08 제시된 초성과 뜻풀이를 참고하여 다음의 빈칸에 알맞은 어휘를 쓰시오.

05 ㅁㄱ : 아주 오랜 세월 동안.
예 책 속에 길이 있다는 것은 (   )의 진리처럼 여겨진다.

06 ㅅㅇ : 몸과 마음을 갈고닦아 품성이나 지식, 도덕 따위를 높은 경지로 끌어올림.
예 정신 (   )을 위해 명상을 했다.

07 ㅎㅁ : 잘못 저지른 실수.
예 어머니는 나를 꾸중하며 내 지난날의 (   )을 자꾸 들추어냈다.

08 ㅎㅇ : 누리어 가짐.
예 현대 사회에서는 많은 이들이 물질적 부의 (   )를 추구한다.

09 ~ 11 다음의 문맥에 어울리는 어휘에 ○표 하시오.

09 그는 (세속적 / 유교적)인 삶에서 벗어나 도를 추구했다.

10 이 시에는 생사를 초월한 (달관적 / 이성적) 태도가 담겨 있다.

11 친구들과의 만남도 줄이고 오직 공부에만 (동화 / 정진)했다.

12 ~ 14 다음 뜻풀이에 해당하는 한자 성어를 쓰시오.

12 아주 오랜 세월 동안 변함없이 언제나 푸름.
| ㅁ | ㄱ | ㅅ | ㅊ |

13 어진 임금이 잘 다스리어 태평한 세상이나 시대.
| ㅌ | ㅍ | ㅅ | ㄷ |

14 자연의 아름다운 경치를 몹시 사랑하고 즐기는 버릇.
| ㅊ | ㅅ | ㄱ | ㅎ |

홍진(紅塵)에 묻힌 분네 이내 생애 어떠한고
_{붉은 먼지라는 뜻으로 속세를 의미함}

옛사람 풍류에 미칠까 못 미칠까
　　　　_{멋스럽고 풍치가 있는 일}

천지간(天地間) 남자 몸이 나만 한 이 많건마는
_{하늘과 땅 사이라는 뜻으로 세상을 의미함}

산림(山林)에 묻혀 있어 지락(至樂)을 모르는 것인가
　　　　　　　　　　_{더할 나위 없는 즐거움}

수간모옥(數間茅屋)을 벽계수(碧溪水) 앞에 두고
_{몇 칸 안 되는 작은 초가}　　_{물빛이 맑아 푸르게 보이는 시냇물}

송죽(松竹) 울울리(鬱鬱裏)에 **풍월주인(風月主人)** 되
_{소나무와 대나무} _{빽빽하게 우거진 속}

었어라
　　　　　　　　　　▶ 서사: **❶**□□에 묻혀 사는 즐거움

엊그제 겨울 지나 새봄이 돌아오니

도화 행화(桃花杏花)는 석양(夕陽) 속에 피어 있고
_{복숭아꽃과 살구꽃}

녹양방초(綠楊芳草)는 세우(細雨) 중에 푸르도다
_{푸른 버드나무와 향기로운 풀}　_{가랑비}

칼로 마름질했는가 붓으로 그려 냈는가

조화신공(造化神功)이 물물(物物)마다 야단스럽다
_{만물을 창조한 신의 신비스러운 능력}

수풀에 우는 새는 춘기(春氣)를 못내 겨워 소리마다
　　　　　　　　　_{봄의 기운}

교태로다
_{아양을 부리는 태도}

물아일체(物我一體)이니 흥(興)이야 다를쏘냐
_{외물(外物)과 자아, 객관과 주관, 또는 물질계와 정신계가 어울려 하나가 됨}

시비(柴扉)에 걸어 보고 **정자(亭子)**에 앉아 보니
_{사립문}

소요음영(逍遙吟詠)하여 산일(山日)이 적적한데
_{자유롭게 이리저리 슬슬 거닐며 나지막이 시를 읊조림}　_{조용하고 쓸쓸한데}

한중진미(閒中眞味)를 알 이 없이 혼자로다
_{한가한 가운데서 맛보는 참된 즐거움}

〈중략〉

어른은 막대 짚고 아이는 술을 메고

미음완보(微吟緩步)하여 **시냇가**에 혼자 앉아
_{작은 소리로 읊으며 천천히 거닒}

청류(淸流)를 굽어 보니 떠오는 것이 도화(桃花)로다
_{맑게 흐르는 물}

무릉(武陵)이 가깝도다 저 산이 그곳인가

송간 세로(松間細路)에 두견화를 붙잡아 들고
_{소나무숲 사이로 난 좁은 길}　_{진달래꽃}

봉두(峰頭)에 급히 올라 구름 속에 앉아 보니
_{산봉우리}

천촌만락(千村萬落)이 곳곳에 벌여 있네
_{수많은 마을}

연하일휘(煙霞日輝)는 금수(錦繡)를 펼쳐 놓은 듯
　　　　　　　_{수를 놓은 비단}

엊그제 검은 들이 봄빛도 **유여(有餘)**할사
　　　　　　　　　　▶ 본사: 봄의 아름다운 **❷**□□와 풍류

　┌ 공명(功名)도 날 꺼리고 부귀도 날 꺼리니
　│
　│ 청풍명월(淸風明月) 외에 어떤 벗이 있을까
[A]│ _{맑은 바람과 밝은 달}
　│ **단표누항(單瓢陋巷)**에 헛된 생각 아니하네
　│
　└ 아무튼 **백년행락(百年行樂)**이 이만한들 어찌하리
　　　　　　　　▶ 결사: 안빈낙도의 삶에 대한 **❸**□□과 자부심

속세에 묻혀 사는 분들이여, 나의 생활이 어떠한가?

(내가) 옛사람들의 풍류에 미칠까 못 미칠까?

세상에 남자로 태어나 나만 한 사람이 많지만,

자연에 묻혀 사는 지극한 즐거움을 모르는 것인가?

몇 칸짜리 작은 초가집을 맑은 시냇물 앞에 지어 놓고,

소나무와 대나무가 우거진 속에 자연의 주인이 되었구나.

엊그제 겨울 지나 새봄이 돌아오니,

복숭아꽃과 살구꽃은 저녁 햇빛 속에 피어 있고,

푸른 버들과 향기로운 풀은 가랑비 속에 푸르도다.

칼로 재단해 내었는가, 붓으로 그려 내었는가?

조물주의 신비스러운 솜씨가 사물마다 야단스럽구나!

수풀에서 우는 새는 봄기운을 이기지 못하여 소리마다 아양을 떠는 모습이로다.

자연과 내가 한 몸이니 흥겨움이야 다르겠는가?

사립문 주변을 걷고 정자에 앉아 보기도 하니,

천천히 거닐며 시를 읊조려 산속의 하루가 적적한데,

한가로운 가운데 참된 즐거움을 아는 사람이 없이 혼자로구나.

〈중략〉

어른은 지팡이 짚고 아이는 술을 메고,

나직이 읊조리며 천천히 걸어 시냇가에 혼자 앉아,

맑은 시냇물을 굽어 보니 떠내려오는 것이 복숭아꽃이로다.

무릉도원이 가까이 있구나. 저 산이 바로 그곳인가?

소나무 사이 좋은 길로 진달래꽃을 붙잡아 들고,

산봉우리에 급히 올라 구름 속에 앉아 보니,

수많은 촌락들이 곳곳에 벌여 있네.

안개와 노을과 빛나는 햇살은 수놓은 비단을 펼쳐 놓은 듯.

엊그제까지 검은 들판이 이제 봄빛이 넘치는구나.

공명도 나를 꺼리고 부귀도 나를 꺼리니

아름다운 자연 외에 어떤 벗이 있을까.

가난한 처지에 헛된 생각 아니 하네.

아무튼 한평생 즐거움을 누리는 것이 이만하면 족하지 않은가?

작품 핵심

✪ 시적 화자와 시적 상황

시적 화자
'나'

시적 상황
자연 속에서 봄 경치를 즐기며 사는 삶에 대해 만족감과 자부심을 느끼고 있음.

✪ 시어의 의미

① 홍진: 속세(대유법)

② 산림, 풍월: 자연(대유법)

③ 물아일체: 자연과 하나가 된 경지

④ 소요음영, 한중진미: 한가롭게 자연의 아름다움을 즐기는 모습

✪ 작품에 사용된 표현 방법

① 대구법
　• "도화행화~푸르도다", "칼로 마름질~그려 냈는가"

② 설의법
　• "못 미칠까", "모르는 것인가", "다를쏘냐", "어떤 벗이 있을까", "이만한들 어찌하리"

③ 대조법
　• "홍진"(속세) ↔ "산림"(자연)
　• "단표누항" ↔ "헛된 생각"(공명, 부귀)

④ 감정 이입
　• "수풀에 우는 새는~소리마다 교태로다": '새'에 감정 이입함.

⑤ 주객이 전도된 표현
　• "공명도 날 꺼리고 부귀도 날 꺼리니": 화자가 공명과 부귀를 멀리하려는 태도를 주객을 뒤바꿔 드러냄.

어휘 쏙쏙

• **풍월주인**: 맑은 바람과 밝은 달 따위의 아름다운 자연을 즐기는 사람.

• **연하일휘**: 안개와 노을과 빛나는 햇살이라는 뜻으로, 아름다운 자연 경치를 비유적으로 이르는 말.

• **유여하다**: 여유가 있다.

• **단표누항**: 누항에서 먹는 한 그릇의 밥과 한 바가지의 물이라는 뜻으로, 선비의 청빈한 생활을 이르는 말.

• **백년행락**: 한평생 잘 놀고 즐겁게 지냄.

┌─────────────────────────┐
│ ■ 빈칸 정답 | ❶ 자연 ❷ 경치 ❸ 만족감 │
└─────────────────────────┘

중요
01 이 시의 표현상 특징에 대한 설명으로 적절하지 <u>않은</u> 것은?

① 의문문을 사용하여 화자의 정서를 효과적으로 드러내고 있다.
② 비슷한 문장 구조를 나란히 배치하여 운율감을 부여하고 있다.
③ 대조적인 시어를 제시하여 화자가 지향하는 가치관을 드러내고 있다.
④ 추상적 관념에 인격적 속성을 부여하여 화자의 태도를 드러내고 있다.
⑤ 말을 건네는 방식의 어투를 활용하여 청자에 대한 동질감을 드러내고 있다.

02 이 시의 화자에 대한 이해로 적절하지 <u>않은</u> 것은?

① 봄 경치의 아름다움에 동화되어 흥취를 즐기고 있다.
② 석양 무렵 가랑비 속에 드러난 풍경에 감탄하고 있다.
③ 검소하게 살아가면서도 속세에 대한 헛된 생각을 하지 않고 있다.
④ 옛사람들의 풍류에 미치지 못하는 자신의 처지를 안타까워하고 있다.
⑤ 자연이 주는 지극한 즐거움을 아는 자신을 자연의 주인으로 인식하고 있다.

03 이 시의 정경을 그림으로 표현하려 할 때, 고려할 내용으로 적절하지 <u>않은</u> 것은?

① 작은 초가를 그려서 청빈한 삶을 표현해야겠어.
② 꾀꼬리가 울고 있는 모습을 넣어 청각적 이미지도 살려야겠어.
③ 시를 주고받는 인물들을 배치해 풍류를 즐기는 선비의 모습을 나타내야겠어.
④ 초가 주위에는 소나무와 대나무를 둘러 세속과 단절된 분위기를 드러내야겠어.
⑤ 복사꽃과 살구꽃이 만발한 모습을 통해 봄날의 화사한 분위기를 자아내야겠어.

♥ 청빈: 성품이 깨끗하고 재물에 대한 욕심이 없어 가난함.

수능형
04 화자의 이동 경로를 〈보기〉와 같이 도식화할 때, 각 공간이 지니는 의미로 적절하지 <u>않은</u> 것은?

♥ 도식화: 사물의 구조, 관계, 변화 상태 따위를 그림이나 양식으로 만듦.

┌─────────── 보기 ───────────┐

수간모옥	⇨	정자	⇨	시냇가	⇨	봉두
㉮		㉯		㉰		㉱

① ㉮는 자연과 어우러져 소박한 생활을 영위하는 공간이다.
② ㉯는 나직이 시를 읊조리며 한중진미를 느끼는 공간이다.
③ ㉰는 술을 마시면서 무릉도원으로 떠날 준비를 하는 공간이다.
④ ㉱는 산 아래로 펼쳐진 아름다운 자연 경치를 감상하는 공간이다.
⑤ ㉱는 자연을 벗하며 소박하게 지내는 삶에 만족감을 드러내는 공간이다.

♥ 영위: 일을 꾸려 나감.

05 이 시에서 자연에 대한 화자의 정서가 투영되어 있는 자연물을 찾아 쓰시오.

♥ 투영: 어떤 일을 다른 일에 반영하여 나타냄.

_____

[A]에 드러난 화자의 삶의 태도를 〈조건〉에 맞추어 서술하시오.

┤ 조건 ├

'청풍명월, 단표누항, 헛된 생각'이라는 단어를 사용하여 서술할 것

작품 한눈에 보기

핵심 정리

갈래	가사	성격	서정적, 자연 친화적
주제	봄 경치를 즐기는 강호가도와 안빈낙도 ┌ 현실에서 벗어나 자연을 벗 삼아 지내는 태도		
특징	① 3(4)·4조, 4음보의 율격을 지님. ② 화자의 ❶□□의 이동에 따라 시상을 전개함. ③ 대구법, 설의법, 대유법, 감정 이입 등 다양한 표현 기법을 사용함. ④ 속세(현실 정치)에서 벗어나 자연 속에 묻혀 사는 즐거움을 노래한 은일 가사의 첫 작품으로, 이후 사대부 가사에 영향을 줌.		

◈ 이 시의 구성

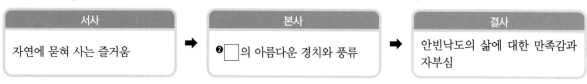

서사	본사	결사
자연에 묻혀 사는 즐거움	❷□의 아름다운 경치와 풍류	안빈낙도의 삶에 대한 만족감과 자부심

◈ 공간 이동에 따른 시상 전개

수간모옥	정자	시냇가	❸□□
자연에 묻혀 사는 즐거움	혼자서 한중진미를 즐김.	술 마시며 봄 경치를 즐김.	산 위에서 봄의 경치를 조망함.

• 이동에 따라 좁은 공간에서 넓은 공간으로 점차 공간이 확대됨.
• 속세로부터 점점 멀어지면서 봄에 느끼는 정서를 표현함.

◈ 대비되는 시어와 화자의 태도

❹□□	속세, 부귀와 공명을 누리는 공간

↕

산림	자연, 아름다움을 누리며 풍류를 즐기는 공간

• '옛사람 풍류에 미칠까 못 미칠까'
• '산림에 묻혀 있어 지락을 모르는 것인가'
• '아무튼 백년행락이 이만한들 어찌하리'
↓
자연 속에서 ❺□□를 즐기는 삶에 만족감과 자부심을 드러냄.

어휘력 다지기

01 ~ 04 다음 어휘와 그 뜻풀이를 바르게 연결하시오.

01 천지간 •

02 미음완보 •

03 백년행락 •

04 한중진미 •

• ㉠ 한평생 잘 놀고 즐겁게 지냄.

• ㉡ 한가한 가운데 깃드는 참다운 맛.

• ㉢ 작은 소리로 읊으며 천천히 거닒.

• ㉣ 하늘과 땅 사이라는 뜻으로, 이 세상을 이르는 말.

05 ~ 08 빈칸에 들어갈 알맞은 어휘를 〈보기〉에서 찾아 쓰시오.

┤ 보기 ├

교태　　　지락　　　풍류　　　홍진

05 그는 은근히 (　　　　)을/를 부려 상대방의 환심을 사려 했다.

06 신윤복의 그림에는 우리 조상들의 멋과 (　　　　)이/가 담겨 있다.

07 선생님은 은퇴 후에 (　　　　)에서 벗어나 세상일을 잊고 살겠다고 하셨다.

08 다이어트 중 일주일에 한 번 먹고 싶은 것을 마음껏 먹는 날은 (　　　　)을/를 주었다.

09 ~ 11 다음의 문맥에 어울리는 어휘에 ○표 하시오.

09 (봉두 / 시비) 바깥에서 인기척이 들려왔다.

10 촉촉이 내리는 (세우 / 청류)가 내 얼굴을 적셨다.

11 (수간모옥 / 천촌만락)이지만 맘 편히 지낼 수 있는 내 집이라 만족했다.

12 ~ 14 다음 뜻풀이에 해당하는 한자 성어를 쓰시오.

12 누항에서 먹는 한 그릇의 밥과 한 바가지의 물이라는 뜻으로, 선비의 청빈한 생활을 이르는 말.

ㄷ	ㅍ	ㄴ	ㅎ

13 안개와 노을과 빛나는 햇살이라는 뜻으로, 아름다운 자연 경치를 비유적으로 이르는 말.

ㅇ	ㅎ	ㅇ	ㅎ

14 맑은 바람과 밝은 달 따위의 아름다운 자연을 즐기는 사람.

ㅍ	ㅇ	ㅈ	ㅇ

08 속미인곡(續美人曲) _정철

저기 가는 저 *각시 본 듯도 하구나.

㉠천상(天上) *백옥경(白玉京)을 어찌하여 이별하고

해 다 져 저문 날에 누굴 보러 가시는고.　▶ 서사 1: 갑녀의 ❶□□

어와 너로구나 내 *사설 들어 보오.

내 얼굴 이 거동이 임에게 사랑받음 직한가마는
　　　　모습, 형체

어쩐지 날 보시고 너로구나 여기실새 / 나도 임을 믿어 군뜻이 전혀 없어
　　　　　　　　생각하시기에　　　　　　　딴 생각

㉡*아양이야 교태야 어지럽게 굴었던지

반기시는 낯빛이 옛날과 어찌 다르신고.

누워 생각하고 일어나 앉아 헤아리니

내 몸의 지은 죄 산같이 쌓였으니 / 하늘이라 원망하며 사람이라 허물하랴

㉢서러워 풀어서 헤아리니 *조물주의 탓이로다.　▶ 서사 2: 을녀의 ❷□□

〈중략〉

초가집 차가운 잠자리에 한밤중에 돌아오니

㉣벽 가운데 걸린 등불은 누구를 위하여 밝아 있는가.

오르며 내리며 헤매며 방황하니

그 사이에 힘이 지쳐서 풋잠을 잠깐 드니
　　　　　　　　잠든 지 얼마 안 되어 깊이 들지 못한 잠

정성이 지극하여 꿈속에서 임을 보니

㉤옥(玉)과 같은 얼굴이 반이 넘게 늙으셨구나.

마음속에 품은 말을 실컷 말하려고 하니

눈물이 연달아 흐르니 말인들 어찌하겠으며

정(情)을 못 다 풀어 목조차 메이니

방정맞은 닭 울음소리에 잠은 어찌 깨었던가.　▶ 본사: 을녀의 ❸□□□

어와 허사(虛事)로다 이 임이 어디 갔는가.
　　　　헛된 일. 보람을 얻지 못하고 쓸데없이 한 노력

잠결에 일어나 앉아 창을 열고 바라보니

㉥가엾은 그림자만이 나를 좇을 뿐이로구나

차라리 죽어서 낙월(落月)이나 되어서
　　　　　　　지는 달

임 계신 창 안에 환하게 비취리라.　▶ 결사 1: 을녀의 ❹□□

각시님 달은커녕 *굳은비나 되소서.　▶ 결사 2: 갑녀의 ❺□□, 위로

작품 핵심

✿ 시적 화자와 시적 상황

시적 화자
갑녀('너', 보조적 화자), 을녀('각시', 중심 화자)

시적 상황
갑녀의 질문에 을녀가 임과의 이별을 자책하면서 임을 애틋하게 그리워하는 심정을 드러냄.

✿ 시어의 의미

① 닭 울음소리: 꿈속에서나마 임을 보고자 하는 화자의 노력을 방해하는 존재

② 낙월: 멀리서 임을 바라보기만 하는 소극적인 사랑

③ 굳은비: 임의 옷을 적시며 가까이 갈 수 있는 적극적인 사랑

✿ 작품에 사용된 표현 방법

① 대화 형식
• "저기 가는~보러 가시는고", "어와 너로구나~들어 보오": 질문을 하는 보조 화자와 사연을 털어놓는 중심 화자의 대화 형식이 나타남.

② 설의법
• "사람이라 허물하랴", "누구를 위하여 밝아 있는가"

③ 객관적 상관물(화자가 어떤 사물의 특징에 의미를 부여하여 자신의 정서를 간접적으로 나타낼 때 사용한 사물)
• "벽 가운데 걸린 등불": 임이 오지 않기에 필요가 없어진 것으로 화자의 외로움을 부각함.

어휘 쏙쏙

• 각시: 아내. 갓 결혼한 여자. 여기서는 '젊은 여자'의 의미.

• 백옥경: 하늘 위에 옥황상제가 산다고 하는 곳. 여기서는 의미상 임금이 계시는 한양의 경복궁.

• 사설: 늘어놓는 말이나 이야기.

• 아양: 귀염을 받으려고 알랑거리는 말. 또는 그런 짓.

• 조물주: 우주의 만물을 만들고 다스리는 신.

• 굳은비: 날이 흐리어 어두침침하게 오랫동안 내리는 비.

❶ 질문 ❷ 자책 ❸ 그리움 ❹ 헌신 ❺ 조언

01

이 시에 대한 설명으로 적절하지 않은 것은?

① 시간의 흐름과 계절의 변화에 따라 시상을 전개하고 있다.
② 우리말을 효과적으로 구사하여 표현의 아름다움을 높이고 있다.
③ 설의적 표현을 사용하여 화자의 간절한 정서를 잘 드러내고 있다.
④ 3(4)·4조, 4음보와 유사한 통사 구조의 반복으로 운율을 형성하고 있다.
⑤ 두 화자의 대화 형식을 통해 이별로 인한 슬픔과 그리움을 드러내고 있다.

● 구사: 말이나 수사법, 기교, 수단 따위를 능숙하게 마음대로 부려 씀.
● 통사 구조: 문장의 구성 요소들이 문장을 이루는 구조.

02 중요

㉠~㉤에 대한 이해로 알맞지 않은 것은?

① ㉠: 임과 이별한 상황을 하늘나라에서 인간 세상으로 온 것에 비유하고 있다.
② ㉡: 이별의 원인이 화자의 잘못된 행동이 지나쳤던 것에 있다고 생각하고 있다.
③ ㉢: 사랑하는 임과 이별하게 된 상황을 운명이라고 인식하면서 체념하고 있다.
④ ㉣: 만나지 못하는 임에 대한 근심으로 늙어 버린 화자의 상황이 나타나 있다.
⑤ ㉤: 꿈에서 깬 후 화자가 느끼는 쓸쓸한 정서가 간접적으로 드러나 있다.

03

저 각시에 대한 설명으로 적절하지 않은 것은?

① 상대방으로부터 대화의 화제를 이끌어 내고 있다.
② 작품 전체의 정서와 분위기를 조성하는 역할을 하고 있다.
④ 상대방의 질문에 대답하면서 자신의 처지를 하소연하고 있다.
③ 작품의 중심인물로, 주제를 구체적으로 드러내는 데 기여하고 있다.
⑤ 죽어서라도 임에 대한 사랑은 변치 않을 것이라는 의지를 보이고 있다.

● 하소연: 억울한 일이나 잘못된 일, 딱한 사정 따위를 말함.

04 수능형

ⓐ와 〈보기〉의 ⓑ의 시적 기능에 대한 이해로 적절한 것은?

┤ 보기 ├

산은 길고 길고 물은 멀고 멀고
어버이 그리운 뜻은 많고 많고 하고 하고
어디서 ⓑ외기러기는 울고 울고 가느니.

– 윤선도, 〈견회요(遣懷謠)〉

① ⓐ는 대상의 마음을 화자에게 전달하고 있다.
② ⓑ는 화자가 추구하는 대상을 상징하고 있다.
③ ⓐ와 ⓑ는 화자의 정서를 심화시켜 주고 있다.
④ ⓐ와 ⓑ는 자신의 상황에서 벗어나려는 소망을 의미한다.
⑤ ⓐ는 긍정적 분위기를, ⓑ는 부정적 분위기를 조성하고 있다.

■ 윤선도, 〈견회요〉
귀양지에서 부모와 임금을 그리워하는 마음을 노래한 전 5수의 연시조
● 하고 하고: 많고 많고.
● 외기러기: 짝이 없는 한 마리의 기러기.

05

이 시에서 다음 설명에 해당하는 소재를 찾아 2어절로 쓰시오.

• 화자와 임이 꿈에서나마 만나는 것을 방해하는 존재이다.
• 화자에게 임이 부재하는 현실을 일깨워 준다.

06 '낙월'과 '궂은비'의 의미를 〈조건〉에 맞추어 서술하시오.

┤ 조건 ├

- 소재의 시간적 속성을 바탕으로 해석의 근거를 밝힐 것
- '소극적, 적극적'이라는 표현을 사용하여 의미를 비교할 것

♥ 속성: 사물의 특징이나 성질.

작품 한눈에 보기

핵심 정리

갈래	가사		성격	서정적, 연모적, 충신연주지사
주제	임에 대한 변함없는 사랑(연군지정)			
특징	① 두 여성 화자의 ❶☐☐ 형식으로 내용을 전개함. ② 3(4)·4조, 4음보의 율격과 대구법 등으로 운율을 형성함. ③ 객관적 상관물을 활용하여 화자의 정서를 표현함. ④ 우리말을 절묘하게 구사하여 아름다움을 잘 살림. ⑤ 임금을 향한 충성심을 임을 사랑하는 여인의 목소리로 표현한 〈사미인곡〉의 속편임.			

◈ 이 시의 구성

서사	본사	결사
• 갑녀의 질문: ❷☐☐☐을 떠난 이유를 물음. • 을녀의 대답: 임과 이별한 이유는 자신과 조물주에게 있음.	• 갑녀의 위로: 그런 생각을 하지 말기를 바람. • 을녀의 하소연: 임의 안부가 걱정되고, 임의 소식이 궁금함.	• 을녀의 소망: 죽어서라도 임을 따르고 싶음. • 갑녀의 조언: 낙월보다는 궂은비가 되길 바람.

◈ 두 화자의 역할과 대화 형식의 효과

갑녀 (='너')	• '저기 가는 저 각시 ~ 누굴 보러 가시는고' • '각시님 달은커녕 궂은비나 되소서.' → 보조적 화자로 작품의 전개를 도움.
을녀 (='저 각시')	• '어와 너로구나 내 사설 들어 보오. ~ 임 계신 창 안에 환하게 비취리라.' → 작가의 처지를 대변하는 ❸☐☐ 화자로, 정서와 분위기를 주도하며 작품의 주제를 구현함.

- 대화하는 형식을 통해 중심인물인 을녀의 사연을 더욱 생생하고 절실하게 느낄 수 있게 함.
- 여성 화자인 을녀의 목소리로 이별의 안타까움을 절실하게 노래하고 임을 향한 사랑은 변치 않을 것임을 강조함으로써 공감을 불러일으킴.

◈ '꿈'과 '닭 울음소리'의 의미와 기능

꿈	임과의 ❹☐☐을 가능하게 하는 매개체 → 간절한 그리움에 대한 심리적 보상

↑ 깨움

닭 울음소리	임과의 만남을 방해하는 장애물 → 임이 부재하는 현실을 화자에게 확인시켜 안타까움과 허무함의 정서를 불러일으킴.

어휘력 다지기

---

01 ~ 04   다음 뜻풀이에 해당하는 어휘를 쓰시오.

01 '아내'를 달리 이르는 말. 또는 갓 결혼한 여자.   ㄱ | ㅅ

02 날이 흐리어 어두침침하게 오랫동안 내리는 비.   ㄱ | ㅇ | ㅂ

03 하늘 위에 옥황상제가 산다고 하는 가상적인 서울.   ㅂ | ㅇ | ㄱ

04 우주의 만물을 만들고 다스리는 신.   ㅈ | ㅁ | ㅈ

---

05 ~ 08   제시된 초성과 뜻풀이를 참고하여 다음의 빈칸에 알맞은 어휘를 쓰시오.

05 ㅅㅅ : 늘어놓는 말이나 이야기.
   예 그는 본론을 말하기 전에 쓸데없는 (　　　　)이/가 긴 편이었다.

06 ㅇㅇ : 귀염을 받으려고 알랑거리는 말. 또는 그런 짓.
   예 동생은 용돈을 좀 올려 달라며 엄마에게 (　　　　)을/를 떨었다.

07 ㅎㅅ : 보람을 얻지 못하고 쓸데없이 한 노력.
   예 지각으로 시험장에 들어가지 못해 그간 해온 노력이 (　　　　)이/가 되었다.

08 ㅎㅅㅇ : 억울한 일이나 잘못된 일, 딱한 사정 따위를 말함.
   예 언니는 기숙사 룸메이트의 코골이가 심해 잠을 잘 수 없다며 (　　　　)했다.

---

09 ~ 11   다음의 문맥에 어울리는 어휘에 ○표 하시오.

09 그의 계속되는 거짓말에 불신이 (싸이고 / 쌓이고) 있었다.

10 김치가 얼마나 (맛있던지 / 맛있든지) 밥을 두 공기나 먹었다.

11 아이의 시선은 밭 위를 날아다니는 나비를 (좇고 / 쫓고) 있었다.

---

12 ~ 14   밑줄 친 어휘의 뜻을 〈보기〉에서 찾아 기호를 쓰시오.

> ┤ 보기 ├
> ㉠ 다른 것으로 바뀌거나 변하다.
> ㉡ 어떤 때나 시기, 상태에 이르다.
> ㉢ 어떤 재료나 성분으로 이루어지다.

12 나는 올해로 여섯 살이 <u>되었지요</u>.   (　　　)

13 돌을 맞은 조카에게 순금으로 <u>된</u> 반지를 선물했다.   (　　　)

14 장난으로 주고받던 대화가 말싸움이 <u>되고</u> 말았다.   (　　　)

09 창 내고자 창을 내고자 _작자 미상 | 잠노래 _작자 미상

가 창 내고자 창을 내고자 이내 가슴에 창 내고자

고모*장지 세살장지 들장지 열장지 암톨쩌귀 수톨쩌귀 *배목걸쇠 크나큰 *장도
가는 살을 가로세로로 좁게 대어 짠 장지
고무래 들창   들어 올리게 된 장지와 좌우로 여는 장지 문기둥에 박는 돌쩌귀(쇠붙이)와 문짝에 박는 돌쩌귀

리로 뚝딱 박아 이내 가슴에 창 내고자

이따금 하 답답할 제면 여닫아 볼까 하노라   ▶ 가슴에 ❶□을 내고 싶은 소망

창을 내고 싶구나 창을 내고 싶구나 이내 가슴에 창을 내고 싶구나.
고모장지, 세살장지, 들장지, 열장지에 암톨쩌귀 수톨쩌귀, 배목걸쇠를 큰 장도리로 뚝딱 박아서 이내 가슴에 창 내고 싶구나.
이따금 몹시 답답할 때면 여닫아 볼까 하노라.

나 잠아 잠아 짙은 잠아 이내 눈에 쌓인 잠아

㉠염치 불구 이내 잠아 검치 두덕 이내 잠아
욕심 언덕. 잠의 욕심이 언덕처럼 쌓였다는 뜻

어제 간밤 오던 잠이 오늘 아침 다시 오네   ▶ 1~3행: 염치없이 자꾸 찾아오는 ❷□

㉡잠아 잠아 무삼 잠고 가라 가라 멀리 가라
무슨 잠이냐?

세상 사람 무수한데 구태 너는 간 데 없어
구태여

㉢원치 않는 이내 눈에 이렇듯이 자심하뇨
점점 더 심해지는가?

주야에 한가하여 월명 동창 혼자 앉아
달이 밝은 동쪽의 창

삼사경 깊은 밤을 헛되이 보내면서
밤 11시~새벽 3시

잠 못 들어 한하는데 ㉣그런 사람 있건마는

무상불청(無常不請) 원망 소리 온 때마다 듣난고니
청하지 않은   듣는 것이냐
                                                        ▶ 4~10행: 바쁜 자신을 찾아오는 잠에 대한 ❸□□

석반을 거두치고 황혼이 되듯마듯
저녁밥   거두어 치워 버리고   되자마자

낮에 못한 남은 일을 밤에 할랴 마음먹고

언하당(言下當) 황혼이라 섬섬옥수 바삐 들어
말을 마치자마자 바로   여인의 고운 손

등잔 앞에 고개 숙여 실 한 바람 불어 내어

드문드문 질긋 **바늘** 두어 땀 뜨듯 마듯
실을 꿴 바늘로 한 번 뜬 자국을 세는 단위

㉤난데없는 이내 잠이 소리 없이 달려드네   ▶ 11~16행: ❹□□을 시작하자마자 또 찾아드는 잠

눈썹 속에 숨었는가 눈알로 솟아 온가

이 눈 저 눈 왕래하며 무삼 요수 피우든고
요망한 수단

맑고 맑은 이내 눈이 절로 절로 희미하다   ▶ 17~19행: 잠이 와서 맑았던 ❺□이 희미해짐

작품 핵심

가 창 내고자 창을 내고자

화자의 정서와 태도

삶의 답답함으로부터 벗어나고 싶은 심정을 해학적으로 드러냄.

시어의 의미와 역할

① 창: 내면의 답답함을 해소해 주는 매개체
② 고모장지~배목걸쇠: 장지문의 종류와 부속품들. 답답함을 해소하고 싶은 화자의 절실함을 강조함.

나 잠노래

화자의 정서와 태도

늦은 밤까지 가사 노동에 시달리는 고달픈 삶을 익살과 해학의 긍정적 태도로 극복하려 함.

시어의 의미와 역할

① 잠: 청자. 원망의 대상
② 섬섬옥수, 바늘: 화자가 여성임을 드러내는 소재

작품에 사용된 표현 방법

① 의인법
· "잠아", "잠이~달려드네": '잠'을 의인화함.
② 대구법
· "염치 불구~이내 잠아", "눈썹 속에~솟아 온가"
③ 반복법
· "잠아 잠아~멀리 가라": a-a-b-a 구조를 통해 운율을 형성함.
④ 대조법
· "삼사경~그런 사람": 화자의 상황과 대조되는 인물을 제시하여 화자의 처지를 부각함.

어휘 쏙쏙

· **장지**: 방과 방 사이, 또는 방과 마루 사이에 칸을 막아 끼우는 문.
· **장도리**: 한쪽은 뭉뚝하여 못을 박는 데 쓰고, 다른 한쪽은 넓적하고 둘로 갈라져 있어 못을 빼는 데 쓰는 연장.
· **배목걸쇠**: 문고리를 걸거나 자물쇠를 채우기 위하여 둥글게 구부려 만든 고리 걸쇠.
· **염치**: 체면을 차릴 줄 알며 부끄러움을 아는 마음.

❶ 창 ❷ 잠 ❸ 원망 ❹ 바느질 ❺ 눈

01

(가)와 (나)의 공통점으로 가장 적절한 것은?

① 시상의 전환을 통해 화자의 정서 변화를 드러내고 있다.
② 하루 종일 가사 노동에 시달리는 삶의 모습이 그려져 있다.
③ 부재하는 대상에 대한 간절한 그리움의 정서가 나타나 있다.
④ 현재의 처지에서 벗어나고 싶은 마음을 해학적으로 표현하고 있다.
⑤ 구체적인 해결 방안을 찾아 고달픔을 이겨 내려는 태도가 드러나 있다.

♥ 부재: 그곳에 있지 아니
  함.
♥ 해학적: 익살스럽고도 품
  위가 있는 말이나 행동이
  있는 것.

02

(가)의 표현상 특징으로 적절하지 않은 것은?

① 나열을 통해 리듬감을 형성하고 있다.
② 일상어를 사용하여 상황을 표현하고 있다.
③ 같은 말을 반복하여 의미를 강조하고 있다.
④ 대립적인 시어를 통해 주제를 형상화하고 있다.
⑤ 답답한 심정을 사방이 막힌 방에 비유하고 있다.

♥ 일상어: 평소에 늘 쓰는
  언어.

♥ 대립: 의견이나 처지,
  속성 따위가 서로 반대되
  거나 모순되는 것.

03

(가)에서 화자의 답답함을 해소해 줄 수 있는 매개체로 설정된 시어를 찾아 쓰시오.

♥ 매개체: 둘 사이에서 어떤
  일을 맺어 주는 것.

_____

04

〈보기〉를 바탕으로 (나)를 감상할 때, 적절하지 않은 것은?

┤ 보기 ├

〈잠노래〉는 농사일이나 집안일 등 바쁜 낮의 일과를 보내고 나서도 밤늦게까지 남은 집안일을 해야 했던 여인들의 애환이 담겨 있는 노래로, 여러 지역에서 다양하게 불리던 민요이다. (나)의 화자는 의인화를 통해 원하지 않음에도 불구하고 계속하여 자신을 찾아오는 '잠'을 원망하고 있다. 그러나 자신의 신세를 한탄만 하지 않고 해학적인 태도로 노래를 부르면서 '잠'을 쫓아내고 해야 할 일을 마치려는 의지를 보이고 있다.

① '잠'을 청자로 설정하여 이야기하는 것으로 볼 때 대상을 의인화하고 있군.
② '잠 못 들어 한하는데'를 통해 '잠'을 쫓으려는 화자의 의지를 엿볼 수 있군.
③ '낮에 못한 남은 일을 밤에 할려 마음먹고'를 통해 화자의 애환을 알 수 있군.
④ '바늘'이라는 소재를 통해 이 노래가 여인들 사이에서 불렸음을 짐작할 수 있군.
⑤ '눈썹 속에 숨었는가 눈알로 솟아 온가'를 통해 해학적 태도를 엿볼 수 있군.

♥ 애환: 슬픔과 기쁨을 아
  울러 이르는 말.

♥ 한탄: 원통하거나 뉘우치
  는 일이 있을 때 한숨을
  쉬며 탄식함. 또는 그 한
  숨.

05

(나)에 드러난 화자의 상황을 〈조건〉에 맞추어 서술하시오.

┤ 조건 ├

• 화자의 성별을 밝히고 이를 드러내는 4음절의 단어를 제시할 것
• 화자가 하려는 일과 현재 상황을 구체적으로 서술할 것

_____

(나)의 ㉠~㉤에 대한 이해로 적절하지 않은 것은?

① ㉠: 대상에 화자의 감정을 이입하여 화자가 졸린 것은 '잠'이 염치가 없고 욕심이 많기 때문이라고 말하고 있다.

② ㉡: a-a-b-a 구조의 반복을 통해 잠을 쫓고 싶은 화자의 정서를 운율감 있게 강조하고 있다.

③ ㉢: 말을 건네는 어투를 활용하여 쏟아지는 잠에 대해 원망의 정서를 드러내고 있다.

④ ㉣: 화자의 상황과 대조되는 인물을 제시하여 잠을 참으며 일해야 하는 화자의 처지를 부각하고 있다.

⑤ ㉤: 졸음이 몰려오는 상황을 대상에 인격적인 속성을 부여하여 역동적으로 표현하고 있다.

> ♥ a-a-b-a 구조: 같은 구절(a)이 반복된 후 다른 구절(b)이 나오고 다시 앞과 같은 구절(a)이 나오는 구조로, 운율을 형성함.

> ♥ 역동적: 힘차고 활발하게 움직이는 것.

작품 한눈에 보기

핵심 정리

가 창 내고자 창을 내고자

갈래	사설시조
성격	해학적, 의지적
주제	삶의 답답함으로부터 벗어나고 싶은 소망
특징	① 가슴에 창을 내겠다는 기발한 발상이 돋보임. ② 반복법, 열거법 등을 사용하여 화자의 절실한 정서를 강조함.

나 잠노래

갈래	민요, 노동요, 부요(婦謠) ─ 부인들이 부르던 노래
성격	해학적, 서민적
주제	밤에도 노동에 시달리는 삶의 고달픔
특징	① '잠'을 ❶□□□하여 잠이 오는 상황을 해학적으로 표현함. ② 의인법, 반복법, 대구법, 대조법 등을 사용함.

◈ **(가)의 구성**

초장		중장		종장
창을 내고 싶은 소망	→	창을 내는 데 필요한 ❷□□와 제작 과정	→	창을 내려고 한 이유

◈ **(나)의 구성**

1~3행	염치없이 자꾸 찾아오는 잠
4~10행	바쁜 자신을 찾아오는 잠에 대한 원망
11~16행	바느질을 시작하자마자 또 찾아드는 잠
17~19행	잠이 와서 맑았던 눈이 희미해짐

◈ **(가)의 발상과 태도**

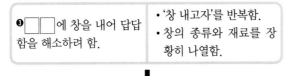

❸□□에 창을 내어 답답함을 해소하려 함.	• '창 내고자'를 반복함. • 창의 종류와 재료를 장황히 나열함.

↓

참신한 발상과 해학적 태도로 삶의 답답함을 극복하려 함.

◈ **(나)의 시상 전개 방식**

가사 노동에 시달리는 여성	말 건넴. 원망 →	의인화된 '잠'

↓

잠잘 시간이 없어 졸린 화자가 의인화된 청자인 '잠'에게 ❹□□의 말을 건네는 방식으로 전개됨.

어휘력 다지기

01 ~ 04 다음 어휘와 그 뜻풀이를 바르게 연결하시오.

01 땀 •

02 장지 •

03 장도리 •

04 섬섬옥수 •

• ㉠ 가냘프고 고운 여자의 손을 이르는 말.

• ㉡ 바느질할 때 실을 꿴 바늘로 한 번 뜸. 또는 그런 자국.

• ㉢ 방과 방 사이, 또는 방과 마루 사이에 칸을 막아 끼우는 문.

• ㉣ 한쪽은 뭉뚝하여 못을 박는 데 쓰고, 다른 한쪽은 넓적하고 둘로 갈라져 있어 못을 빼는 데 쓰는 연장.

05 ~ 08 빈칸에 들어갈 알맞은 어휘를 〈보기〉에서 찾아 쓰시오.

┤ 보기 ├

삼경   석반   염치   자심

05 그는 (   )이/가 지난 시간에 달빛을 따라 길을 떠났다.

06 용왕은 (   )도 없이 처음 본 토끼에게 간을 달라고 했다.

07 점심에 먹은 것이 소화가 되지 않아 (   )은/는 거르기로 했다.

08 각오를 단단히 하고 유학을 왔지만 고생이 (   )하니 집이 그리웠다.

09 ~ 11 다음의 문맥에 어울리는 어휘에 ○표 하시오.

09 소리꾼이 들려주는 '흥부가'의 (한탄 / 해학)에 웃음이 났다.

10 간호사의 (부재 / 애환)을/를 생생하게 담은 웹툰이 화제를 모으고 있다.

11 댄서들은 빨라지는 음악에 맞춰 점점 더 (대립적 / 역동적)으로 움직였다.

12 ~ 14 밑줄 친 어휘의 뜻을 〈보기〉에서 찾아 기호를 쓰시오.

┤ 보기 ├

㉠ 길, 통로, 창문 따위를 만들다.

㉡ 어떤 현상이나 사건을 일으키다.

㉢ 돈이나 물건 따위를 주거나 바치다.

12 졸음운전을 하다 교통사고를 <u>내고</u> 말았다.   (   )

13 야생 동물들이 안전하게 다닐 수 있는 통행로를 <u>냈다</u>.   (   )

14 요즘에는 은행에 가지 않고 인터넷을 통해 공과금을 <u>낸다</u>.   (   )

°절정(絕頂) _이육사 | °교목(喬木) _이육사

가 매운 계절(季節)의 ⓐ채찍에 갈겨

마침내 북방(北方)으로 휩쓸려 오다.

▶ 1연: 현실의 ❶□□적 한계 상황(기)

하늘도 그만 지쳐 끝난 ㉠°고원(高原)

㉡°서릿발 칼날 진 그 위에 서다.

▶ 2연: 현실의 ❷□□적 한계 상황(승)

어데다 무릎을 꿇어야 하나

한 발 재겨 디딜 곳조차 없다.
촘촘한 틈을 비집고 찔러 넣어

▶ 3연: ❸□□ 상황에 대한 인식(전)

이러매 눈 감아 생각해 볼밖에

겨울은 강철로 된 무지갠가 보다.

▶ 4연: 극한 상황에 대한 극복 ❹□□(결)

나 푸른 하늘에 닿을 듯이

세월에 불타고 ㉢우뚝 남아 서서

차라리 봄도 꽃피진 말아라.

▶ 1연: 굽힐 수 없는 신념과 ❺□□

낡은 거미집 휘두르고

끝없는 꿈길에 혼자 설레이는

마음은 아예 뉘우침 아니라

▶ 2연: ❻□□ 없는 삶의 결의

㉣검은 그림자 쓸쓸하면

마침내 호수 속 깊이 거꾸러져

차마 ㉤바람도 흔들진 못해라.

▶ 3연: ❼□□마저 불사하는 단호한 의지

작품 핵심

가 절정

☸ **화자의 상황 및 태도**
한계 상황에서 강인한 의지와 대결 의식을 드러냄.

☸ **시어의 의미**
① 북방: 수평적 한계
② 고원: 수직적 한계
③ 칼날 진 그 위: 절정의 상황
④ 겨울은 강철로 된 무지개: 극한 상황에 대한 극복 의지

☸ **작품에 사용된 표현 방법**
① 역설적 표현
• "강철로 된 무지개": '강철'과 '무지개'의 모순된 이미지가 결합됨.

나 교목

☸ **화자의 정서와 태도**
안락한 삶을 거부하고 이상을 향한 의지를 굽히지 않음.

☸ **시어의 의미**
① 세월: '불'의 이미지와 결합하여 고통, 시련을 의미
② 낡은 거미집: 어렵고 힘든 현실
③ 검은 그림자: 암담한 시대 상황
④ 호수: 죽음의 이미지
⑤ 바람: 화자에게 영향을 미치는 유혹이나 외부의 힘, 일제의 탄압

☸ **작품에 사용된 표현 방법**
① 부사어와 부정어 사용
• "차라리, 아예, 마침내, 차마": 부사어 사용
• "말아라", "아니라", "못해라": 부정 명령형 종결 어미 사용
→ 암울한 현실에 대한 단호한 저항 의지를 드러냄.

어휘 쏙쏙

• **절정**: 1. 산의 맨 꼭대기. 2. 사물의 진행이나 발전이 최고의 경지에 달한 상태.
• **교목**: 줄기가 곧고 굵으며 높이가 8미터를 넘는 나무.
• **고원**: 보통 해발 고도 600미터 이상에 있는 넓은 벌판.
• **서릿발**: 땅속의 물이 얼어 기둥 모양으로 솟아오른 것. 또는 그것이 뻗는 기운.

01 **(가), (나)에 공통적으로 드러난 화자의 태도로 가장 적절한 것은?**

① 비극적 상황을 관조적인 자세로 극복하려고 하고 있다.
② 극한적 상황에 직면하여 현실 도피적 태도를 나타내고 있다.
③ 부정적인 현실에 굴복하지 않겠다는 강한 의지를 드러내고 있다.
④ 자신의 선택에 후회하지 않는 삶을 살겠다는 결의를 보이고 있다.
⑤ 절박한 처지에서 희망을 떠올림으로써 정신적으로 극복하려 하고 있다.

* 관조적: 고요한 마음으로 사물이나 현상을 관찰하거나 비추어 보는 것.
* 극한: 궁극의 한계. 사물이 진행하여 도달할 수 있는 최후의 단계나 지점을 이른다.
* 직면: 어떠한 일이나 사물을 직접 당하거나 접함.
* 결의: 뜻을 정하여 굳게 마음을 먹음. 또는 그런 마음.

중요 02 **〈보기〉의 ㉮의 관점에서 (가), (나)를 감상한 내용으로 가장 적절한 것은?**

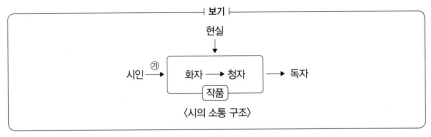
〈시의 소통 구조〉

① (가)의 공간적 배경은 일제 강점기의 냉혹한 현실을 나타내고 있어.
② (가), (나)의 화자처럼 나도 삶을 보다 치열하게 살아야겠다고 결심했어.
③ (나)는 부정어로 문장을 종결하여 화자의 의지적 태도를 잘 표현하고 있어.
④ (가)는 역설적인 표현을 통해 암담한 현실을 이겨 내려는 의지를 드러냈군.
⑤ (가), (나) 모두 일제에 영합하지 않고 고난의 길을 걸었던 작가의 삶이 반영되어 있어.

* 냉혹하다: 차갑고 혹독하다.
* 역설적: 어떤 주장이나 이론이 겉보기에는 모순되는 것 같으나 그 속에 중요한 진리가 함축되어 있는 것.
* 암담하나: 어두컴컴하고 쓸쓸하다. 희망이 없고 절망적이다.
* 영합: 사사로운 이익을 위하여 아첨하며 좇음.

03 **(가), (나)가 일제 강점기에 쓰인 것을 고려하여, ⓐ와 유사한 의미의 시어를 (나)에서 찾아 쓰고 그 의미를 2어절로 쓰시오.**

수능형 04 **㉠~㉤에 대한 이해로 적절하지 않은 것은?**

① ㉠: 화자의 의지와 무관하게 다다르게 된 공간이다.
② ㉡: 화자가 처한 상황의 위태로움을 강조한 표현이다.
③ ㉢: 상승 이미지의 부사어로 화자의 굳은 의지를 드러낸다.
④ ㉣: 죽음의 이미지와 관련되는 표현으로 암울한 현실 상황을 암시한다.
⑤ ㉤: 부정적인 상황 속에서 화자의 내면에서 일어나고 있는 내적 갈등을 뜻한다.

* 암울하다: 어두컴컴하고 답답하다. 절망적이고 침울하다.

서술형 05 **(나)의 화자가 추구하는 바를 〈조건〉에 맞추어 서술하시오.**

├ 조건 ┤
• 일제 강점기라는 시대 상황을 반영해 서술할 것
• '꽃'의 의미와 그에 대한 태도를 포함할 것

06 (나)의 표현상 특징으로 적절하지 <u>않은</u> 것은?

① 하강적 이미지의 시어를 사용하여 화자의 결의를 드러내고 있다.

② 긍정과 부정의 대비적인 시어들을 활용하여 시적 의미를 강조하고 있다.

③ 강렬한 의미의 부사어를 사용하여 화자의 단호한 의지를 드러내고 있다.

④ 전반부에 외적 상황을 묘사한 뒤 후반부에서 의식 세계를 드러내고 있다.

⑤ 자연물을 통해 부정적 현실에 ♥굴복하지 않겠다는 화자의 각오를 제시하고 있다.

♥ 단호하다: 결심이나 태도, 입장 따위가 과단성 있고 엄격하다.
♥ 굴복: 힘이 모자라서 복종함.

작품 한눈에 보기

핵심 정리

가 절정

갈래	자유시, 서정시
성격	상징적, 지사적
주제	극한의 현실 상황을 초극하려는 강한 의지
특징	① 기승전결의 시상 전개가 나타남. ② ❶ ☐☐☐ 표현으로 주제를 형상화함. ③ 강렬한 상징어와 단호한 어조로 화자의 의지를 강조함.

나 교목

갈래	자유시, 서정시
성격	의지적, 상징적, 저항적
주제	암담한 현실에도 굴하지 않는 강인한 의지
특징	① 자연물(교목)을 통해 삶의 자세를 드러냄. ② 상징적 표현과 시어의 대비가 나타남. ③ 각 연을 ❷ ☐☐로 종결하여 저항 의지를 강조함.

◈ **(가)의 구성**

1연(기)	2연(승)	3연(전)	4연(결)
현실의 수평적 한계 상황	현실의 수직적 한계 상황	극한 상황에 대한 인식	극한 상황에 대한 극복 의지

◈ **(나)의 구성**

1연	2연	3연
굽힐 수 없는 신념과 의지	후회 없는 삶의 결의	죽음마저 불사하는 단호한 ❸ ☐☐

◈ **역설적 표현과 현실 극복 의지**

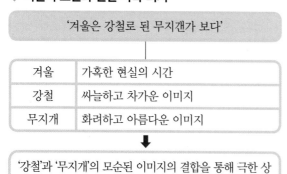

'겨울은 강철로 된 무지갠가 보다'	
겨울	가혹한 현실의 시간
강철	싸늘하고 차가운 이미지
무지개	화려하고 아름다운 이미지

↓

'강철'과 '무지개'의 모순된 이미지의 결합을 통해 극한 상황에 대한 화자의 ❹ ☐☐ 의지를 역설적으로 드러냄.

◈ **'교목'의 모습과 화자의 태도**

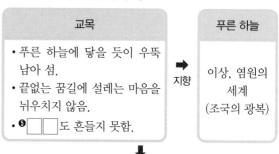

교목		푸른 하늘
• 푸른 하늘에 닿을 듯이 우뚝 남아 섬. • 끝없는 꿈길에 설레는 마음을 뉘우치지 않음. • ❺ ☐☐도 흔들지 못함.	지향 →	이상, 염원의 세계 (조국의 광복)

↓

자신과 동일시되는 교목을 통해 바람직한 삶의 자세를 드러냄.

어휘력 다지기

01 ~ 04 다음 뜻풀이에 해당하는 어휘를 쓰시오.

01 줄기가 곧고 굵으며 높이가 8미터를 넘는 나무.   ㄱ ㅁ

02 보통 해발 고도 600미터 이상에 있는 넓은 벌판.   ㄱ ㅇ

03 사물의 진행이나 발전이 최고의 경지에 달한 상태.   ㅈ ㅈ

04 땅속의 물이 얼어 기둥 모양으로 솟아오른 것. 또는 그것이 뻗는 기운.   ㅅ ㄹ ㅂ

05 ~ 08 빈칸에 들어갈 알맞은 어휘를 〈보기〉에서 찾아 쓰시오.

┤ 보기 ├
| 결의 | 극한 | 영합 | 직면 |

05 고집을 피우다 위험한 상황에 (   )하자 후회가 되었다.

06 그는 대중 취향에 (   )하는 웹소설을 써 인기를 끌었다.

07 두 진영 간의 갈등이 (   )에 이르러 전쟁이 벌어지고 말았다.

08 국가 대표팀은 이번 대회에서 반드시 우승하겠다는 굳은 (   )을/를 밝혔다.

09 ~ 11 다음의 문맥에 어울리는 어휘에 ○표 하시오.

09 사기를 당해 전 재산을 잃고 (단호 / 암담)한 처지가 되었다.

10 어렵게 한 부탁을 단칼에 거절하는 친구가 (냉혹 / 암울)하게 느껴졌다.

11 지는 게 이기는 거라는 (관조적 / 역설적) 표현 속에는 삶의 교훈이 담겨 있다.

12 ~ 14 밑줄 친 어휘의 뜻을 〈보기〉에서 찾아 기호를 쓰시오.

┤ 보기 ├
㉠ 부피를 가진 어떤 물체가 땅 위에 수직의 상태로 있게 되다.
㉡ 어떤 곳에서 다른 곳으로 가던 대상이 어느 한 곳에서 멈추다.
㉢ 사람이나 동물이 발을 땅에 대고 다리를 쭉 뻗으며 몸을 곧게 하다.

12 버스에 자리가 없어 내내 <u>서서</u> 왔다.   (   )

13 목적지에 도착한 기차가 서서히 <u>섰다</u>.   (   )

14 공원 한 가운데는 장군의 동상이 <u>서</u> 있다.   (   )

길 _윤동주

잃어버렸습니다.

무얼 어디다 잃었는지 몰라

두 손이 ㉠주머니를 더듬어

길에 나아갑니다.

▶ 1연: 참된 ☐☐의 상실과 자아 탐색의 시작

돌과 돌과 돌이 끝없이 ˙연달아

길은 ㉡돌담을 끼고 갑니다.

담은 쇠문을 굳게 닫아

길 위에 긴 ㉢그림자를 ˙드리우고

길은 아침에서 저녁으로

저녁에서 아침으로 통했습니다.

▶ 2~4연: 참된 자아를 찾는 ☐☐

돌담을 더듬어 눈물짓다

쳐다보면 ㉣하늘은 부끄럽게 푸릅니다.

▶ 5연: 자아 성찰을 게을리한 것에 대한 ☐☐☐☐

㉤풀 한 ˙포기 없는 이 길을 걷는 것은

담 저쪽에 ⓐ내가 남아 있는 까닭이고,

ⓑ내가 사는 것은, 다만,

잃은 것을 찾는 까닭입니다.

▶ 6~7연: 참된 자아의 회복과 현실 ☐☐에 대한 의지

작품 핵심

✿ 시적 화자와 시적 상황

시적 화자
'나'

시적 상황
화자는 담 저쪽에 있는 잃어버린 본질적 자아를 찾기 위해 끝없이 이어진 돌담길을 걷고 있음.

✿ 시어의 의미

① 길: 본질적 자아를 찾으려는 공간, 자아 성찰의 과정
② 돌담: 현실적 자아와 이상적 자아를 단절시키고 자아 탐색을 방해하는 장애물, 일제 감점기의 암울한 시대 현실
③ 쇠문: 담 이쪽과 저쪽을 연결하는 통로이자 소통을 막고 있는 장애물
④ 그림자: 참된 자아를 찾지 못해 절망하는 현실적 자아의 모습
④ 하늘: 자아 성찰의 매개체

✿ 작품에 사용된 표현 방법

① 상징적인 시어
• "길", "돌담", "쇠문", "그림자", "하늘"
② 반복법
• "돌과 돌과 돌": 자아 탐색 과정이 길고 고됨을 나타냄.
③ 대조법
• 담 이쪽("풀 한 포기 없는 이 길") ↔ "담 저쪽": 대조적 공간 설정으로 화자의 지향점을 강조함.
④ 경어체
• '-ㅂ니다'의 종결 어미 사용: 자아를 탐색하는 성찰적 분위기를 형성함, 어미 반복으로 각운을 형성함.

어휘 쏙쏙

• **연달다**: 어떤 물체가 다른 물체의 뒤를 이어 따르다.
• **드리우다**: 빛, 어둠, 그늘, 그림자 따위가 깃들거나 뒤덮이다.
• **포기**: 뿌리를 단위로 한 초목의 낱개를 세는 단위.

01 이 시의 표현상 특징으로 적절하지 <u>않은</u> 것은?

① 대조적 공간 설정을 통해 화자의 지향점을 강조하고 있다.
② 특정 종결 어미를 문장 끝에 반복하여 운율을 형성하고 있다.
③ 서술어만으로 시를 시작하여 독자의 주의를 집중시키고 있다.
④ 자연물에 인격을 부여하여 대상의 부정적 속성을 부각하고 있다.
⑤ 경어체의 독백적 어조를 사용하여 차분한 성찰의 분위기를 조성하고 있다.

♥ 부각: 어떤 사물을 특징 지어 두드러지게 함.
♥ 경어체 : 상대에 대하여 공경의 뜻을 나타내기 위해 사용하는 문체.
♥ 성찰 : 자기의 마음을 반성하고 살핌.

02 ㉠~㉤에 대한 이해로 적절하지 <u>않은</u> 것은?

① ㉠ : 화자가 찾고자 하는 것이 내면과 관련되어 있음을 암시한다.
② ㉡ : 화자를 가로막고 있는 장애물로, 자아 탐색에 어려움을 준다.
③ ㉢ : 화자가 현실 상황으로 인해 절망하고 고뇌하고 있음을 보여 준다.
④ ㉣ : 화자에게 부끄러움을 느끼게 하여 화자가 성찰을 지속하도록 한다.
⑤ ㉤ : 화자가 처한 암담한 현실로, 화자의 자아 탐색 시도를 끝내 좌절시킨다.

♥ 탐색: 드러나지 않은 사물이나 현상 따위를 찾아내거나 밝히기 위하여 살피어 찾음.
♥ 고뇌: 괴로워하고 번뇌함.
♥ 암담하다 : 어두컴컴하고 쓸쓸하다. 희망이 없고 절망적이다.

03 이 시에서 돌담의 이쪽과 저쪽을 단절시키는 장애물인 동시에 연결을 위한 통로의 역할을 하는 시어를 찾아 쓰시오.

♥ 단절: 유대나 연관 관계를 끊음.

04 ⓐ, ⓑ를 중심으로 시의 내용을 파악한 것으로 적절하지 <u>않은</u> 것은?

① ⓐ를 찾는 것이 ⓑ의 삶의 목적이라고 할 수 있다.
② ⓐ는 참된 자아, ⓐ는 부끄러움을 느끼는 현실적 자아를 의미한다.
③ ⓑ가 '주머니를 더듬어' 찾으려고 한 것은 결국 ⓐ라고 할 수 있다.
④ ⓑ는 길을 걷는 동안 '담 저쪽'에 있는 ⓐ의 존재를 인식하게 된다.
⑤ ⓐ는 '풀 한 포기 없는' 길을, ⓑ는 '긴 그림자'가 드리운 길을 걷고 있다.

05 이 시에서 '길'의 상징적 의미를 <조건>에 맞추어 서술하시오.

┌─── 조건 ├───
• 1연, 6연, 7연의 화자의 행위를 바탕으로 '길'의 의미를 쓸 것
• 이 시에 드러난 화자의 태도를 나타내는 단어를 포함할 것
• '길은 ~ 공간으로, ~을/를 상징한다.'의 형태로 쓸 것
└──────────

〈보기〉는 이 시에 대한 수업의 일부이다. 학생들의 대답으로 적절하지 <u>않은</u> 것은?

┤ 보기 ├

선생님 : 1연에서 화자는 잃어버린 자아를 찾기 위해 '길'로 나가고 있습니다. 2연부 터 어떻게 해석될 수 있는지 발표해 볼까요?

① 2연에서 '돌과 돌과 돌이 끝없이 연달아' 있다는 것은 잃어버린 자아를 찾고자 하는 화자의 의지가 ♥확고하다는 것을 보여 줍니다.

② 3연에서 돌담에 '쇠문'이 굳게 닫혀 있다는 것은 화자가 ♥본질적 자아를 찾는 과정이 쉽지 않다는 것을 뜻합니다.

③ 4연에서 길이 '아침에서 저녁으로', '저녁에서 아침으로' 통한다는 것은 잃어버 린 자아를 찾기 위한 화자의 노력이 ♥지속적임을 의미합니다.

④ 5연에서 화자는 본질적 자아를 찾지 못해 '눈물'지으며 자신에게 부끄러움을 느낍니다.

⑤ 6연, 7연에서 화자는 '풀 한 포기 없는' 상황 속에서도 잃어버린 자아를 찾는 것이 살아가는 이유임을 분명히 하고 있습니다.

♥확고하다 : 태도나 상황 따위가 튼튼하고 굳다.

♥본질적 : 본디부터 가지고 있는 사물 자체의 성질이 나 모습에 관한 것.

♥지속적 : 어떤 상태가 오 래 계속되는 것.

작품 한눈에 보기

핵심 정리

갈래	자유시, 서정시	성격	의지적, 고백적, 상징적	제재	길
주제	참된 자아의 회복과 현실 극복에 대한 의지				
특징	① 상징적인 시어를 통해 내면세계를 형상화함. ② 독백적 어조로 차분한 성찰의 분위기를 형성함. ③ ❶□□을 걷는 여정을 통해 현실을 극복하려는 화자의 의지를 드러냄.				

◈ 이 시의 구성

1연		2~4연		5연		6~7연
참된 자아의 ❷□□□과 자아 탐색의 시작	→	참된 자아를 찾는 과정	→	자아 성찰을 게을리한 것에 대한 부끄러움	→	참된 자아의 회복과 현실 극복에 대한 의지

◈ 담 이쪽과 담 저쪽의 '나'

담 이쪽의 '나'	----|----	담 저쪽의 '나'
부끄러운 자아, ❸□□□ 자아, 현실의 세계	돌담, 쇠문 (장애물)	참된 자아, ❹□□□ 자아, 지향하는 세계

• 담 저쪽의 '나'를 찾기 위해 끝없이 이어진 돌담길을 걷고 있음.
• 닫힌 쇠문으로 인해 좌절하지만 하늘을 바라보며 참된 자아의 회복에 대한 의지를 다짐.

◈ '길을 걷는 행위'의 의미

담 너머에 있는 '참된 자아'를 만나기 위해 길을 걸음.	→	길을 걷는 것은 잃은 것을 찾는 과정으로, 본질적 자 아를 회복하기 위한 화자의 노력, ❺□□를 의미함.

어휘력 다지기

01 ~ 04 다음 어휘와 그 뜻풀이를 바르게 연결하시오.

01 드리우다 •
02 암담하다 •
03 연달다 •
04 확고하다 •

• ㉠ 희망이 없고 절망적이다.
• ㉡ 태도나 상황 따위가 튼튼하고 굳다.
• ㉢ 어떤 물체가 다른 물체의 뒤를 이어 따르다.
• ㉣ 빛, 어둠, 그늘, 그림자 따위가 깃들거나 뒤덮이다.

05 ~ 08 제시된 초성과 뜻풀이를 참고하여 다음의 빈칸에 알맞은 어휘를 쓰시오.

05 ㄷㅈ : 유대나 연관 관계를 끊음.
　　 예 전염병에 걸려 외부와 (　　　　)된 채 2주를 보냈다.

06 ㅂㄱ : 어떤 사물을 특징지어 두드러지게 함.
　　 예 이 옷의 형태는 마른 체형의 단점을 (　　　　)하는 면이 있다.

07 ㅅㅊ : 자기의 마음을 반성하고 살핌.
　　 예 매일 일기를 쓰며 그날 있었던 일을 돌아보고 (　　　　)한다.

08 ㅌㅅ : 드러나지 않은 사물이나 현상 따위를 찾아내거나 밝히기 위하여 살피어 찾음.
　　 예 다양한 직업에 대해 알아보며 나에게 맞는 진로를 (　　　　)했다.

09 ~ 11 다음의 문맥에 어울리는 어휘에 ○표 하시오.

09 김장을 하느라 배추 스무 (쪽 / 포기)을/를 절였다.

10 문기는 자기 때문에 친구가 누명을 쓰자 죄책감으로 (고뇌 / 고찰)에 빠졌다.

11 체중을 적정 수준으로 유지하기 위해서는 (대조적 / 지속적)인 식단 조절과 운동이 필요하다.

12 ~ 14 밑줄 친 어휘의 뜻을 〈보기〉에서 찾아 기호를 쓰시오.

┤ 보기 ├
㉠ 곁에 두거나 가까이 하다.
㉡ 때나 먼지 따위가 엉겨 붙다.
㉢ 무엇에 걸려 있도록 꿰거나 꽂다.

12 그는 항상 결혼반지를 <u>끼고</u> 다닌다. 　　　　　　　　　(　)

13 소매에 <u>낀</u> 때를 없애기 위해 솔로 문질렀다. 　　　　　(　)

14 해변을 <u>끼고</u> 난 도로를 자전거를 타고 달렸다. 　　　　(　)

들길에 서서 _신석정

푸른 산이 흰 구름을 지니고 살 듯

내 머리 위에는 항상 ㉠푸른 하늘이 있다

하늘을 향하고 *삼림처럼 두 팔을 드러낼 수 있는 것이 얼마나 *숭고한 일이냐.

▶ 1, 2연: 이상과 희망을 지닌 삶의 ❶ ☐☐☐

두 다리는 비록 연약하지만 젊은 산맥으로 삼고

*부절히 움직인다는 둥근 지구를 밟았거니…….

푸른 산처럼 든든하게 지구를 디디고 사는 것이 얼마나 기쁜 일이냐.

▶ 3, 4연: 굳센 의지로 발 디디고 살아가는 삶의 ❷ ☐☐

㉮뼈에 저리도록 생활은 슬퍼도 좋다.

저문 들길에 서서 푸른 별을 바라보자!

푸른 별을 바라보는 것은 하늘 아래 사는 *거룩한 나의 일과이거니…….

▶ 5, 6연: 고통스러운 현실에서도 희망을 잃지 않는 삶의 ❸ ☐☐☐

작품 핵심

✿ 시적 화자와 시적 상황

시적 화자
'나'

시적 상황
고통스러운 현실 속에서 이상과 희망을 지니고 살아가려 함.

✿ 시어의 의미

① 푸른 산: 화자가 자신과 동일시하는 대상

② 푸른 하늘, 푸른 별: 미래에 대한 이상과 희망

③ 저문 들길: 화자를 둘러싼 고통스럽고 암울한 현실

✿ 작품에 사용된 표현 방법

① 이미지의 대비
• "저문 들길" ↔ "푸른 하늘", "푸른 별": 어둠과 밝음의 이미지가 대비됨.

② 색채 이미지
• "흰 구름" - "푸른 산", "푸른 하늘", "푸른 별": 흰색과 푸른색의 색채 이미지로 맑고 희망적인 분위기를 조성함.

③ 설의법
• "얼마나~일이냐": 화자의 의지적 태도를 강조함.

💧 어휘 쏙쏙

• 삼림: 나무가 많이 우거진 숲.

• 숭고하다: 뜻이 높고 고상하다.

• 부절히: 끊이지 아니하고 계속.

• 거룩하다: 뜻이 매우 높고 위대하다.

01

이 시에 대한 설명으로 적절하지 <u>않은</u> 것은?

① 감각의 전이를 통해 화자의 소망을 형상화하고 있다.
② 색채 이미지를 사용하여 시적 분위기를 조성하고 있다.
③ 설의적 표현으로 삶에 대한 화자의 의지를 드러내고 있다.
④ 독백적 어조로 화자가 추구하는 삶의 모습을 드러내고 있다.
⑤ 상징적 시어를 통해 현실을 극복하고자 하는 태도를 나타내고 있다.

02

이 시의 시상 전개 방식에 대한 설명으로 적절하지 <u>않은</u> 것은?

① '산'과 '나'의 유사성을 바탕으로 시상을 전개하고 있다.
② 홀수 연은 2행, 짝수 연은 1행으로 이루어져 형태적 안정감을 주고 있다.
③ 공간의 이동에 따라 화자의 정서가 변화하면서 시적 의미가 심화되고 있다.
④ 1~2연은 '하늘', 3~4연은 '지구', 5~6연은 '푸른 별'을 통해 연결되고 있다.
⑤ 1~2연은 '숭고함', 3~4연은 '기쁨', 5~6연은 '거룩함'으로 삶의 소중함을 표현하고 있다.

03

〈보기〉를 바탕으로 이 시를 감상한 내용으로 적절하지 <u>않은</u> 것은?

| 보기 |

〈들길에 서서〉는 일제 강점기에 발표된 작품이다. 이 시에서 화자는 자연과 마주하며 자신과 자연을 동일시하고, 숭고하고 거룩한 이상을 지향하고 있다. 당대의 어두운 역사에서 벗어날 수 있다는 희망과 의지를 자연물 속에서 찾아내고 있는 것이다.

① '머리 위에는 항상 푸른 하늘이 있다'는 표현에서 미래에 대한 희망을 엿볼 수 있군.
② '삼림처럼 두 팔을 드러'내는 것은 화자가 자연과 자신을 동일시하는 태도로군.
③ '푸른 산처럼 든든하게' 살면서 자연으로 도피하여 시대적 고통을 잊고자 하는군.
④ '저문 들길'이라는 표현에는 부정적 현실에 대한 화자의 인식이 담겨 있군.
⑤ '별을 바라보는 것'은 자연과 마주하며 이상을 지향하는 태도로 볼 수 있군.

04

이 시에 사용된 시구를 다음과 같이 도식화했을 때, 빈칸에 들어갈 내용을 각각 2어절로 쓰시오.

어둠의 이미지		밝음의 이미지
저문 들길	⇔	( ), ( )

05

㉮에서 드러나는 화자의 태도를 〈조건〉에 맞추어 서술하시오.

| 조건 |

㉮에 사용된 표현 방법을 포함하여 쓸 것

감각의 전이: 어떤 감각이 다른 종류의 감각으로 바뀌어 나타나는 것.
형상화: 형체로는 분명히 나타나 있지 않은 것을 어떤 방법이나 매체를 통하여 구체적이고 명확한 형상으로 나타냄.
조성: 분위기나 정세 따위를 만듦.
독백적 어조: 화자가 자신의 이야기를 혼잣말하는 듯한 억양으로 진술하는 것.

지향: 어떤 목표로 뜻이 쏠리어 향함. 또는 그 방향이나 그쪽으로 쏠리는 의지.

06 이 시의 ㉠과 〈보기〉의 ㉡을 비교한 내용으로 적절한 것은?

┤ 보기 ├

죽는 날까지 ㉡<u>하늘</u>을 우러러

한 점 부끄럼이 없기를,

잎새에 이는 바람에도 / 나는 괴로워했다.

— 윤동주, 〈서시〉 중에서

▣ 윤동주, 〈서시〉
부정적 현실을 살아가는 화자의 고뇌와, 부끄러움 없는 삶에 대한 소망과 의지를 노래한 현대시

① ㉠, ㉡ 모두 화자의 갈등을 유발하고 있다.

② ㉠, ㉡ 모두 화자의 현실 상황을 나타낸다.

③ ㉠은 화자의 현재, ㉡은 미래와 관련 있다.

④ ㉠은 긍정적, ㉡은 부정적 의미를 함축한다.

⑤ ㉠은 이상을, ㉡은 윤리적 삶의 기준을 의미한다.

♥ 함축: 표현의 의미를 한 가지로 나타내지 아니하고 문맥을 통하여 여러 가지 뜻을 암시하거나 내포하는 일.

작품 한눈에 보기

핵심 정리

갈래	자유시, 서정시	성격	의지적, 희망적, 상징적
주제	이상과 희망을 가지고 살아가는 삶의 가치		
특징	① 상징적 의미의 시어와 이미지의 ❶□□를 통해 주제를 강조함. ② 화자의 정서와 태도를 직설적으로 드러냄.		

◇ 이 시의 구성

1~2연		3~4연		5~6연
이상과 ❷□□을 지닌 삶의 숭고함	➡	굳센 의지로 현실에 발 디디고 살아가는 삶의 기쁨	➡	고통스러운 현실에서도 희망을 잃지 않는 삶의 거룩함

◇ 화자가 처한 상황과 그에 대한 태도

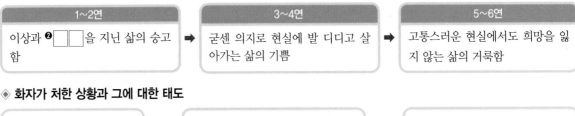

'저문 ❸□□'	→	푸른 하늘로 팔을 드러냄.	—	삶의 숭고함
		두 다리로 둥근 지구를 밟음.	—	삶의 기쁨
		푸른 별을 바라봄.	—	삶의 거룩함

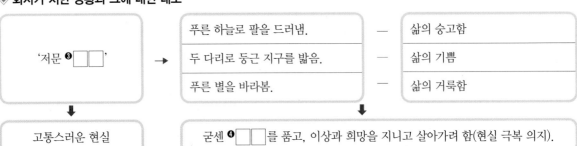

고통스러운 현실	굳센 ❹□□를 품고, 이상과 희망을 지니고 살아가려 함(현실 극복 의지).

◇ 이미지의 대비와 그 표현 효과

저문 들길	어두운 이미지

⬍ 대비

푸른 하늘, 푸른 별	밝은 이미지

➡ 고통스러운 현실 상황을 어둠의 이미지로, 이상과 ❺□□을 밝음의 이미지로 나타내어 대비함으로써 화자의 삶의 태도를 강조함.

어휘력 다지기

---

01 ~ 04 다음 뜻풀이에 해당하는 어휘를 쓰시오.

01 나무가 많이 우거진 숲. | ㅅ | ㄹ |

02 끊이지 아니하고 계속. | ㅂ | ㅈ | ㅎ |

03 뜻이 매우 높고 위대하다. | ㄱ | ㄹ | ㅎ | ㄷ |

04 뜻이 높고 고상하다. | ㅅ | ㄱ | ㅎ | ㄷ |

---

05 ~ 08 빈칸에 들어갈 알맞은 어휘를 〈보기〉에서 찾아 쓰시오.

┤ 보기 ├
조성   지향   함축   형상화

05 우리는 전쟁을 반대하고 평화를 (   )해야 한다.

06 인터넷 게시판의 댓글은 여론을 (   )하는 역할을 하기도 한다.

07 시어에 (   )되어 있는 의미는 문맥에 따라 여러 가지로 해석할 수 있다.

08 이 소설은 어느 하층민의 삶을 통해 일제 강점기하 민중의 고달픈 삶을 (   )하고 있다.

---

09 ~ 11 다음의 문맥에 어울리는 어휘에 ○표 하시오.

09 얼어붙은 눈길 위를 한 발 한 발 조심스레 (디뎌 / 딛어) 가며 걸었다.

10 돌아가신 어머니를 생각하면 가슴이 (저리고 / 절이고) 눈물이 맺혔다.

11 신나게 뛰어놀던 아이들은 날이 (저물고 / 저믈고) 나서야 집으로 돌아갔다.

---

12 ~ 14 밑줄 친 어휘의 뜻을 〈보기〉에서 찾아 기호를 쓰시오.

┤ 보기 ├
㉠ 무엇을 무엇으로 가정하다.
㉡ 무엇을 무엇이 되게 하거나 여기다.
㉢ 어떤 대상과 인연을 맺어 자기와 관계있는 사람으로 만들다.

12 우리 반은 '성실'을 급훈으로 <u>삼고</u> 있다. (   )

13 부모를 모두 잃은 조카를 양자로 <u>삼았다</u>. (   )

14 인형을 친구 <u>삼아</u> 속 이야기를 털어놓았다. (   )

04 껍데기는 가라 _ 신동엽

껍데기는 가라.

4월도 알맹이만 남고
1960년 일어난 4·19 혁명
껍데기는 가라.

▶ 1연: 4·19 혁명의 ❶ ☐☐한 정신 추구

껍데기는 가라.
　　　　　충청남도 공주의 옛 이름. 동학 농민 운동의 진원지
동학년 곰나루의, 그 *아우성만 살고
동학 농민 운동이 일어난 1894년
껍데기는 가라.

▶ 2연: ❷ ☐☐ 농민 운동의 순수한 민중 정신 추구

그리하여, 다시

껍데기는 가라.

이곳에선, 두 가슴과 그곳까지 내논

아사달 아사녀가

㉠*중립의 *초례청 앞에 서서

부끄럼 빛내며

*맞절할지니

▶ 3연: 우리 민족의 ❸ ☐☐에 대한 소망

껍데기는 가라.

한라에서 백두까지

향그러운 **흙 가슴**만 남고

그, 모오든 **쇠붙이**는 가라.

▶ 4연: 불의에 대한 ❹ ☐☐와 분단 현실의 극복에 대한 소망

작품 핵심

✿ 시적 화자와 시적 상황

시적 화자
4·19 혁명과 동학 농민 운동의 순수한 정신을 추구하는 이

시적 상황
'껍데기'를 거부하고 참다운 민족의 삶(민주주의와 통일)에 대한 의지와 열망을 드러냄.

✿ 시어의 의미

① 껍데기: 거짓, 허위, 가식, 불의, 외세 등
② 알맹이, 아우성, 흙 가슴: 진실, 순수, 순결 등
③ 아사달 아사녀: 순수한 우리 민족
④ 쇠붙이: 무력, 군사적 긴장감 – '껍데기'와 유사한 의미

✿ 작품에 사용된 표현 방법

① 명령적 어조 반복
  • "껍데기는 가라", "쇠붙이는 가라": '~ 가라'라는 명령형 표현을 반복하여 화자의 단호한 의지를 강조함.
② 상징적 시어의 대비
  • "껍데기", "쇠붙이" ↔ "알맹이", "아우성", "흙 가슴": 불의와 부정을 상징하는 시어와 순수를 상징하는 시어가 대립적 구조를 이룸.
③ 대유법
  • "한라에서 백두까지": 한반도 전체, 즉 우리나라를 표현함.

어휘 쏙쏙

• **아우성**: 떠들썩하게 기세를 올려 지르는 소리.
• **중립**: 어느 편에도 치우치지 아니하고 공정하게 처신함.
• **초례청**: 초례(전통적으로 치르는 혼례식)를 치르는 장소
• **맞절**: 서로 동등한 예를 갖추어 마주하는 절.

❶ 순수 ❷ 동학 ❸ 통합 ❹ 저항

01 이 시에 대한 설명으로 적절하지 <u>않은</u> 것은?

① 대조적인 시어를 사용하여 주제를 형상화하고 있다.
② 시적 허용을 활용한 표현으로 의미를 강조하고 있다.
③ 유사한 문장 구조를 반복하여 운율감을 형성하고 있다.
④ 말을 건네는 방식으로 대상과의 친밀감을 드러내고 있다.
⑤ 상징적 시어를 통해 현실의 부정적 측면을 나타내고 있다.

▼ 시적 허용: 시에서만 특별히 허용하는 비문법성. 띄어쓰기나 맞춤법에 어긋나는 표현, 비문법적인 문장 따위가 있음.

중요
02 이 시에 사용된 다음 시어 중 성격이 나머지 넷과 <u>다른</u> 것은?

① 알맹이　　② 아우성　　③ 아사달 아사녀
④ 흙 가슴　　⑤ 쇠붙이

수능형
03 〈보기〉를 참고하여 이 시를 감상한 내용으로 적절하지 <u>않은</u> 것은?

┤ 보기 ├

　신동엽 시인은 인간 생명의 원초적 본질인 대지에서 우리 민족 공동체가 함께 살기를 소망했다. 하지만 당시 우리 사회는 외세의 개입으로 인한 사회적 모순과 부조리가 가득했고 남과 북은 이념 대립으로 분단되어 있는 상태였다. 시인은 이런 문제를 해결하기 위해서 외세와 봉건주의에 저항했던 동학 혁명이나 불의에 저항했던 4월 혁명과 같은 정신이 필요하다고 생각했다.

① '껍데기'는 현실의 문제를 유발하는 외세와 그 추종 세력을 의미하는 것으로 볼 수 있겠군.
② '아우성'은 외세와 봉건주의에 저항했던 동학 혁명이 남긴 문제를 청각적으로 나타낸 것 같아.
③ '맞절할지니'에는 남과 북이 하나의 공동체로 화합되기를 소망하는 마음이 반영되어 있어.
④ '흙 가슴'은 우리 민족이 추구해야 할 인간 생명의 원초적 본질을 형상화한 것이라 볼 수 있겠어.
⑤ '쇠붙이'는 남과 북을 갈라놓은 부정적인 대상을 나타낸 것으로 보여.

▼ 원초적: 일이나 현상이 비롯하는 맨 처음이 되는 것.
▼ 외세: 외국의 세력.
▼ 모순: 어떤 사실의 앞뒤. 또는 두 사실이 이치상 어긋나서 서로 맞지 않음을 이르는 말.
▼ 부조리: 이치에 맞지 않거나 도리에 어긋남.
▼ 이념: 이상적인 것으로 여겨지는 생각이나 견해.
▼ 봉건주의: 상위에 있는 자가 절대적 권력을 가지고 하위에 있는 자를 종속시켜 다스리는 방식.
▼ 불의: 의리, 도의, 정의 따위에 어긋남.

04 이 시에서 '우리나라'를 의미하는 시구를 찾아 쓰시오.

_____

05 이 시에 나타난 화자의 태도를 〈조건〉에 맞추어 쓰시오.

┤ 조건 ├

• '껍데기'의 상징적 의미와 그에 대한 태도를 제시할 것
• 어조의 특징과 그로 인한 효과를 밝힐 것

▣ 시의 어조: 시의 화자의 목소리에 나타나는 특징으로 대상이나 독자에게 취하는 언어적 태도를 말함.

_____

06

㉠에 대한 설명으로 적절하지 <u>않은</u> 것은?

① 민족 화합의 공간
② 분단을 극복하는 공간
③ 외세의 간섭이 없는 공간
④ 모순된 현실이 드러나는 공간
⑤ 이념의 대립을 뛰어넘은 공간

💗 화합: 화목하게 어울림.

작품 한눈에 보기

핵심 정리

갈래	자유시, 서정시, 참여시	성격	현실 ❶☐☐☐, 저항적
주제	참다운 민족의 삶에 대한 열망		
특징	① 상징적 시어와 대립적 구조를 바탕으로 시상을 전개함. ② 동일한 구절과 명령형 표현의 ❷☐☐으로 주제를 강조함.		

◇ 이 시의 구성

1연	2연	3연	4연
4·19 혁명의 순수한 정신 추구	동학 농민 운동의 순수한 민중 정신 추구	우리 민족의 통일에 대한 소망	불의에 대한 거부와 ❸☐☐ 현실의 극복에 대한 소망

◇ 시어의 상징적 의미와 대립적 구조

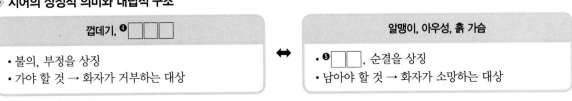

껍데기, ❹☐☐☐	알맹이, 아우성, 흙 가슴
• 불의, 부정을 상징 • 가야 할 것 → 화자가 거부하는 대상	• ❺☐☐, 순결을 상징 • 남아야 할 것 → 화자가 소망하는 대상

◇ 명령적 어조와 화자의 태도

'껍데기는 가라' '그, 모오든 쇠붙이는 가라' '~ 가라'라는 명령형 표현의 반복	→	부정한 세력(허위, 가식, 무력 등)을 단호히 거부하고 참다운 민족의 삶(민주주의와 통일)을 열망함.

어휘력 다지기

01 ~ 04 다음 어휘와 그 뜻풀이를 바르게 연결하시오.

01 모순 •

02 불의 •

03 원초적 •

04 봉건주의 •

• ㉠ 의리, 도의, 정의 따위에 어긋남.

• ㉡ 일이나 현상이 비롯하는 맨 처음이 되는 것.

• ㉢ 상위에 있는 자가 절대적 권력을 가지고 하위에 있는 자를 종속시켜 다스리는 방식.

• ㉣ 어떤 사실의 앞뒤, 또는 두 사실이 이치상 어긋나서 서로 맞지 않음을 이르는 말.

05 ~ 08 제시된 초성과 뜻풀이를 참고하여 다음의 빈칸에 알맞은 어휘를 쓰시오.

05 ㅁㅈ : 서로 동등한 예를 갖추어 마주 하는 절.
㉖ 고인의 영정 앞에 향을 올리고 난 뒤 상주와 (   )을 했다.

06 ㅇㅇㅅ : 떠들썩하게 기세를 올려 지르는 소리.
㉖ 축구 경기를 보는 양쪽 응원단이 번갈아 (   )을 쳤다.

07 ㅈㄹ : 어느 편에도 치우치지 아니하고 공정하게 처신함.
㉖ 절친한 두 친구의 싸움에 (   )을 지켰다.

08 ㅎㅎ : 화목하게 어울림.
㉖ 사회의 발전과 안정을 위해서는 계층 간의 (   )이 필요하다.

09 ~ 11 다음의 문맥에 어울리는 어휘에 ○표 하시오.

09 민주주의의 기본 (상념 / 이념)은 인간의 존엄성에 있다.

10 우리 조상들은 (외세 / 외척)의 침략을 빈번하게 겪었다.

11 조개 (껍데기 / 껍질)는 일반 쓰레기봉투에 넣어 배출해야 한다.

12 ~ 14 밑줄 친 어휘의 뜻을 〈보기〉에서 찾아 기호를 쓰시오.

┤ 보기 ├
㉠ 잊히지 않거나 뒤에까지 전하다.
㉡ 다른 사람과 함께 떠나지 않고 있던 그대로 있다.
㉢ 다 쓰지 않거나 정해진 수준에 이르지 않아 나머지가 있게 되다.

12 수행 평가 마감까지 남은 시간이 얼마 없다. (   )

13 지각을 한 사람은 수업 끝나고 남아서 청소를 해야 한다. (   )

14 어릴 적 꿈은 역사에 이름을 남기는 훌륭한 사람이 되는 것이었다. (   )

내가 그의 ㉠이름을 불러 주기 전에는

그는 다만

㉡하나의 *몸짓에 지나지 않았다.

▶ 1연: ❶☐☐을 인식하기 이전 무의미한 존재였던 '그'

내가 그의 이름을 불러 주었을 때,

그는 나에게로 와서

꽃이 되었다.

▶ 2연: ❷☐☐을 불러 줌으로써 의미를 부여받은 '그'

내가 그의 이름을 불러 준 것처럼

나의 이 ㉢빛깔과 향기에 알맞은

누가 나의 이름을 불러 다오.

그에게로 가서 ㉣나도

그의 꽃이 되고 싶다.

▶ 3연: 의미 있는 존재가 되고 싶은 '나'의 ❸☐☐

우리들은 모두

㉤무엇이 되고 싶다.

너는 나에게 나는 너에게

잊혀지지 않는 하나의 ㉥*눈짓이 되고 싶다.

▶ 4연: 존재의 의미를 인정받고 싶은 ❹☐☐의 소망

작품 핵심

✿ 시적 화자와 시적 상황

시적 화자
'나'

시적 상황
서로에게 의미 있는 존재가 되고 싶은 소망을 드러냄.

✿ 시어(시구)의 의미

① 이름을 불러 주기: 대상에 의미를 부여하여 대상을 인식하는 행위. 대상의 본질을 이해하는 행위이자 대상과 진정한 관계를 맺는 행위
② 몸짓: 무의미한 존재
③ 꽃: 이름을 불러 인식함으로써 의미 있는 대상이 된 존재(실재하는 감각적인 자연물로서의 대상은 아님.)
④ 빛깔과 향기: 존재의 본질
⑤ 눈짓: 서로 의미 있는 존재

✿ 작품에 사용된 표현 방법

① 시상의 점층적 심화, 확대

나	➡	그	➡	우리
(1연)		(3연)		(4연)

→ 인식 주체의 범위가 점층적으로 확대됨.

몸짓	—	무의미한 존재

⬇

꽃	—	의미 있는 존재

⬇

눈짓	—	서로 의미 있는 존재

→ 대상의 의미가 무의미한 존재에서 상호 의미 있는 존재로 점층적으로 심화, 확대됨.
② 유사한 시구의 반복, 변주
• "내가 그의 이름을 불러～", "～이 되고 싶다"

어휘 쏙쏙

• 몸짓: 몸을 놀리는 모양.
• 눈짓: 눈을 움직여서 상대편에게 어떤 뜻을 전달하거나 암시하는 동작.

정답 ❶ 이름 ❷ 이름 ❸ 소망 ❹ 우리

01

이 시의 표현상 특징으로 알맞지 않은 것은?

① 시상이 점층적으로 심화, 확대되면서 전개되고 있다.
② 간절함이 담긴 어조를 통해 화자의 소망을 부각하고 있다.
③ 유사한 시구를 반복, 변주하여 시적 의미를 강조하고 있다.
④ 추상적 관념을 구체적 자연물을 활용하여 형상화하고 있다.
⑤ 반어적 표현으로 현실 문제에 대한 비판 의식을 드러내고 있다.

♥ 점층적: 그 정도를 점점 강하게 하거나, 크게 하거나, 높게 하는 것.
♥ 심화: 정도나 경지가 점점 깊어짐. 또는 깊어지게 함.
♥ 변주: 색깔이나 모양 또는 내용을 다르게 바꿈.
♥ 추상적: 어떤 사물이 직접 경험하거나 지각할 수 있는 일정한 형태와 성질을 갖추고 있지 않은 것.
♥ 반어적: 표현의 효과를 높이기 위하여 실제와 반대되게 말을 하는 것.

02

이 시의 화자에 대한 이해로 가장 적절한 것은?

① 존재의 본질을 제대로 파악하지 못해 절망감에 빠져 있다.
② 자신을 진정으로 사랑해 줄 대상이 나타나기를 바라고 있다.
③ 대상이 지닌 존재의 의미를 다양한 관점에서 고찰하고 있다.
④ 일상에서 마주치는 자연물에 대해 깊은 애정을 드러내고 있다.
⑤ 진실한 관계 맺음으로 서로에게 의미 있는 존재가 되기를 소망하고 있다.

♥ 본질: 본디부터 가지고 있는 사물 자체의 성질이나 모습.
♥ 고찰: 어떤 것을 깊이 생각하고 연구함.

03

대상이 인식을 통해 화자에게 '의미 있는 존재'가 되었음을 뜻하는 시어를 2연에서 찾아 쓰시오.

_____

♥ 인식: 사물을 분별하고 판단하여 앎.

중요 04

㉠~㉤에 대한 설명으로 적절하지 않은 것은?

① ㉠: 대상의 본질을 인식하기 이전의 상황을 나타낸다.
② ㉡: 존재의 본질적 가치를 지니지 않은 무의미한 존재를 말한다.
③ ㉢: 존재가 지닌 외형적, 피상적인 모습을 의미한다.
④ ㉣: 인식 주체에서 인식의 대상으로 바뀐 '나'를 의미한다.
⑤ ㉤: 본질에 맞는 이름을 지닌 의미 있는 존재가 되고 싶은 소망이 드러난다.

♥ 외형적: 사물의 겉모양과 관련된 것.
♥ 피상적: 본질적인 현상은 추구하지 아니하고 겉으로 드러나 보이는 현상에만 관계하는 것.

서술형 05

㉮의 시적 의미를 〈조건〉에 맞추어 서술하시오.

┤ 조건 ├
2연의 '꽃'과 비교하여 인식 주체에 따른 차이를 구체적으로 설명할 것

_____

〈보기〉의 ⓐ~ⓒ를 이 시에 적용하여 이해한 것으로 적절하지 않은 것은?

─── 보기 ───

미국의 사진작가 어빙 펜은 담배꽁초 사진을 통해 ⓐ담배꽁초 그 자체가 아니라 ⓑ색다른 이미지를 발견하려 했다. 그의 사진에서 담배꽁초는 거리에서 밟혀 죽은 벌레나 현미경을 통해 바라본 미생물의 모습처럼 보인다. 무심히 밟고 지나칠 하찮은 담배꽁초가 땅바닥에서 사진 안으로 들어왔을 때, 사진 속의 담배꽁초는 본래 지니고 있던 성질에서 조금씩 벗어난다. 새로운 이미지의 발견은 노출이라는 특성이 만들어 내는 사진만의 독특한 표현이다. ⓒ노출을 통해 새로운 이미지를 발견하고 있는 사진들은 상징화된 '무엇'을 표현한 것이어서 어떤 것과 닮아 있거나 무엇인가를 연상하게 한다.

♥ 노출: 사진기에서, 렌즈로 들어오는 빛을 셔터가 열려 있는 시간만큼 필름이나 건판에 비추는 일.
♥ 연상: 하나의 관념이 다른 관념을 불러일으키는 현상.

① '하나의 몸짓'은 ⓐ에 머물러 있는 것으로 이해할 수 있어.
② '그'가 '꽃'이 된 것은 '그'를 ⓑ라고 인식한 거야.
③ ⓒ는 '꽃'이 되기 위해서 '이름'을 불러 주는 행위와 같은 역할을 하고 있어.
④ '나'와 '너'의 관계는 ⓐ와 ⓑ의 관계와 일치하는군.
⑤ '우리'가 '하나의 눈짓'이 되기 위해서는 ⓐ에서 ⓑ를 발견하려는 노력이 필요해.

작품 한눈에 보기

핵심 정리

갈래	자유시, 서정시	성격	관념적, 주지적, 상징적
주제	존재의 본질 구현에 대한 소망		
특징	① ❶□□을 간절한 어조를 사용하여 드러냄. ② 반복과 변주를 통해 주제를 점층적으로 강화함. ③ 인식의 주체(나 → 그 → 우리)와 인식의 내용(몸짓 → 꽃 → 눈짓)이 점차 ❷□□됨.		

◈ 이 시의 구성

1연	2연	3연	4연
본질을 ❸□□하기 이전 무의미한 존재였던 '그'	이름을 불러 줌으로써 의미를 부여받은 '그'	의미 있는 ❹□□가 되고 싶은 '나'의 소망	존재의 의미를 인정받고 싶은 우리의 소망

◈ 인식 상황에 따른 대상의 의미 변화

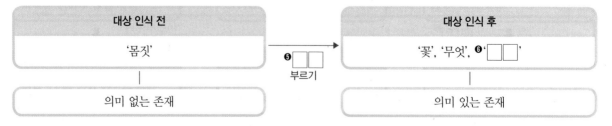

대상 인식 전		대상 인식 후
'몸짓'	❺□□ 부르기	'꽃', '무엇', ❻'□□'
의미 없는 존재		의미 있는 존재

01 ~ 04 다음 뜻풀이에 해당하는 어휘를 쓰시오.

01 색깔이나 모양 또는 내용을 다르게 바꿈.　　　　　　　　　| ㅂ | ㅈ |

02 표현의 효과를 높이기 위하여 실제와 반대되게 말을 하는 것.　| ㅂ | ㅇ | ㅈ |

03 사물의 겉모양과 관련된 것.　　　　　　　　　　　　　　　| ㅇ | ㅎ | ㅈ |

04 본질적인 현상은 추구하지 아니하고 겉으로 드러나 보이는 현상에만 관계하는 것.　　| ㅍ | ㅅ | ㅈ |

05 ~ 07 빈칸에 들어갈 알맞은 어휘를 〈보기〉에서 찾아 쓰시오.

┤ 보기 ├
눈짓　　　몸짓　　　연상

05 그의 가지런한 이는 옥수수를 (　　　　)하게 했다.

06 내 영어 실력으로는 말이 통하지 않아 (　　　　)으로 열심히 설명했다.

07 창문을 깬 것이 누구냐고 묻자 아이들은 자기들끼리 (　　　　)을 주고받았다.

08 ~ 10 다음의 문맥에 어울리는 어휘에 ○표 하시오.

08 일회용품 사용에 대한 (인식 / 인정)이 바뀌고 있다.

09 이 책은 과학과 예술의 관계에 대한 (고찰 / 관찰)을 담고 있다.

10 문제를 해결하기 위해서는 먼저 그것의 (본질 / 소질)을 파악해야 한다.

11 ~ 14 밑줄 친 어휘의 뜻을 〈보기〉에서 찾아 기호를 쓰시오.

┤ 보기 ├
㉠ 청하여 오게 하다.
㉡ 무엇이라고 가리켜 말하거나 이름을 붙이다.
㉢ 어떤 행동이나 말이 관련된 다른 일이나 상황을 초래하다.
㉣ 말이나 행동 따위로 다른 사람의 주의를 끌거나 오라고 하다.

11 우리 지방에서는 부추를 정구지라고 <u>부른다</u>.　　　　　　　(　　)

12 거짓말은 또 다른 거짓말을 <u>부르기</u> 마련이다.　　　　　　　(　　)

13 뒤에서 누군가 <u>부르는</u> 소리에 돌아보니 같은 반 친구였다.　(　　)

14 할머니의 팔순을 맞아 가까운 친척들을 <u>불러</u> 잔치를 열었다.　(　　)

06 담쟁이 _도종환

[A]
┌ 저것은 벽

어쩔 수 없는 벽이라고 우리가 느낄 때

그때

└ *담쟁이는 ㉠말없이 그 벽을 오른다. ▶ 1~4행: 말없이 벽을 오르는 ❶☐☐☐

[B]
┌ 물 한 방울 없고 씨앗 한 *톨 살아남을 수 없는

저것은 절망의 벽이라고 말할 때

└ 담쟁이는 ㉡서두르지 않고 앞으로 나아간다. ▶ 5~7행: 서두르지 않고 ❷☐을 오르는 담쟁이

[C]
┌ 한 *뼘이라도 ㉢꼭 여럿이 함께 손을 잡고 올라간다.

푸르게 절망을 다 덮을 때까지

└ 바로 ㉣그 절망을 잡고 놓지 않는다. ▶ 8~10행: ❸☐을 잡고 절망을 푸르게 덮는 담쟁이

[D]
┌ 저것은 ㉤넘을 수 없는 벽이라고 고개를 떨구고 있을 때

담쟁이 잎 하나는 담쟁이 잎 수천 개를 이끌고

└ 결국 그 벽을 넘는다. ▶ 11~13행: 하나의 잎이 수천 개의 잎을 이끌고 벽을 ❹☐☐ 담쟁이

작품 핵심

✿ 시적 화자와 시적 상황

시적 화자
'우리'

시적 상황
담쟁이가 함께 손을 잡고 말없이 벽을 오르고 결국 그 벽을 넘는 모습을 바라봄.

✿ 시어의 의미

① "벽": 현실의 한계, 장애물, 절망적 상황을 상징함.
② 담쟁이: 절망적 상황을 극복하려는 의지적 존재

✿ 작품에 사용된 표현 방법

① 상징적 소재
• "벽": 현실의 한계, 장애물, 절망적 상황을 상징함.
• "담쟁이": 일상적인 소재로 절망을 극복하는 의지를 형상화함.

② 의인법
• "담쟁이는 서두르지 않고 앞으로 나아간다.", "여럿이 함께 손을 잡고 올라간다.": 담쟁이에게 인격을 부여하여 의지적 태도를 드러냄.

③ 단호함을 드러내는 서술어
• "오른다", "나아간다", "올라간다" : 단호한 어조로 굳은 신념과 의지를 표현함.

어휘 쏙쏙

• 담쟁이: 포도과의 낙엽 활엽 덩굴나무. 줄기에 덩굴손이 있어 담이나 나무에 달라붙어 올라가며 심장 모양의 잎은 끝이 세 쪽으로 갈라지고 톱니가 있다. 흔히 담장이나 벽 밑에 심는다.
• 톨: 밤이나 곡식의 낱알을 세는 단위.
• 뼘: 길이의 단위. 비교적 짧은 길이를 잴 때 쓴다. 한 뼘은 엄지손가락과 다른 손가락을 한껏 벌린 길이이다.

정답 ❶
벽 오르기 ❷ 담쟁이 ❸ 담쟁이 ❹ 넘는

01

이 시의 표현상 특징으로 적절하지 않은 것은?

① 자연물을 의지를 지닌 존재로 형상화하고 있다.
② 시의 처음과 끝에 동일한 문장을 반복하고 있다.
③ 일상적인 소재에 상징적인 의미를 부여하고 있다.
④ 색채 이미지를 활용하여 추상적 개념을 시각화하고 있다.
⑤ 단호한 느낌의 서술어를 사용하여 대상의 태도를 드러내고 있다.

▼ 부여 : 사람에게 권리·명예·임무 따위를 지니도록 해 주거나, 사물이나 일에 가치·의의 따위를 붙여 줌.
▼ 추상적 : 어떤 사물이 직접 경험하거나 지각할 수 있는 일정한 형태와 성질을 갖추고 있지 않은 것.
▼ 단호하다 : 결심이나 태도, 입장 따위가 과단성 있고 엄격하다.

중요 02

[A]~[D]의 시상 전개에 대한 설명으로 적절하지 않은 것은?

① [A]와 [D]에서는 시적 화자와 대상의 태도를 대비하여 그려 내고 있다.
② [A]~[D]에서 담쟁이가 고난을 극복하는 모습을 점층적으로 드러내고 있다.
③ [A]와 [B]에는 말없이, 끈기 있게 벽을 오르는 담쟁이의 모습을 그리고 있다.
④ [C]에서는 담쟁이의 연대하는 모습을, [D]에서는 담쟁이의 선구자적 모습을 드러내고 있다.
⑤ [A]와 [B]에서는 담쟁이의 모습을, [C]와 [D]에서는 담쟁이에 대한 화자의 정서를 드러내고 있다.

▼ 점층적 : 그 정도를 점점 강하게 하거나, 크게 하거나, 높게 하는 것.
▼ 연대 : 여럿이 함께 무슨 일을 하거나 함께 책임을 짐.
▼ 선구자 : 어떤 일이나 사상에서 다른 사람보다 앞선 사람.

수능형 03

이 시에서 궁극적으로 말하려는 바를 고려할 때, 다음 중 현실 대응 태도가 이 시와 유사한 것은?

① 검은 그림자 쓸쓸하면 / 마침내 호수 속 깊이 거꾸러져 / 차마 바람도 흔들진 못해라. - 이육사, 〈교목〉
② 죽는 날까지 하늘을 우러러 / 한 점 부끄럼이 없기를, / 잎새에 이는 바람에도 / 나는 괴로워했다. - 윤동주, 〈서시〉
③ 어린 시절에 불던 풀피리 소리 아니 나고 / 메마른 입술에 쓰디쓰다 // 고향에 고향에 돌아와도 / 그리던 하늘만이 높푸르구나. - 정지용, 〈고향〉
④ 여보소, 공중에 / 저 기러기 / 열십자 복판에 내가 섰소. // 갈래갈래 갈린 길 / 길이라도 / 내게 바이 갈 길은 하나 없소. - 김소월, 〈길〉
⑤ 당신은 흙발로 나를 짓밟습니다. / 나는 당신을 안고 물을 건너갑니다. / 나는 당신을 안으면 깊으나 얕으나 급한 여울이나 건너갑니다. - 한용운, 〈나룻배와 행인〉

▼ 궁극적 : 더할 나위 없는 지경에 도달하는 것.

04

이 시에서 다음 빈칸에 들어갈 시어를 찾아 한 단어로 쓰시오.

> (   )은/는 극복하기 어려운 현실의 한계, 절망적 상황을 상징한다.

05

㉠~㉤ 중, 그 의미가 이질적인 것은?

① ㉠   ② ㉡   ③ ㉢   ④ ㉣   ⑤ ㉤

▼ 이질적 : 성질이 다른 것.

이 시에 나타난 '우리'와 '담쟁이'의 태도를 비교하여 〈조건〉에 맞추어 서술하시오.

┤ 조건 ├

• 마지막 행의 내용을 포함하여 '담쟁이'의 태도를 구체적으로 밝힐 것
• "'우리'는 ~만, '담쟁이'는 ~다." 형태의 한 문장으로 쓸 것

작품 한눈에 보기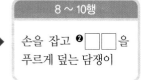

핵심 정리

갈래	자유시, 서정시	성격	상징적, 의지적, 교훈적	제재	담쟁이
주제	절망적인 상황을 극복하는 담쟁이의 의지				
특징	① 일상적인 소재에 상징적 의미를 부여함. ② 담쟁이를 의인화하여 벽을 넘는 과정을 점층적으로 제시함. ③ ❶□□한 어조를 사용하여 굳은 신념을 드러냄. ④ 현재형 어미('-ㄴ다/는다')를 사용해 생동감을 부여함.				

◈ 이 시의 구성

1 ~ 4행		5 ~ 7행		8 ~ 10행		11 ~ 13행
말없이 벽을 오르는 담쟁이	➡	서두르지 않고 벽을 오르는 담쟁이	➡	손을 잡고 ❷□□을 푸르게 덮는 담쟁이	➡	하나의 잎이 수천 개의 잎을 이끌고 벽을 넘는 담쟁이

◈ 이 시에 나타난 '벽'의 의미

• '어쩔 수 없는 벽'
• '물 한 방울 없고 씨앗 한 톨 살아남을 수 없는' '절망의 벽'
• '넘을 수 없는 벽'

➡ 어떠한 희망도 싹틀 수 없는 ❸□□□인 상황

◈ 이 시에 나타난 담쟁이의 모습

• 말없이 벽을 오름.
• 서두르지 않고 앞으로 나아감.
• 한 뼘이라도 꼭 여럿이 ❹□을 잡고 올라감.
• 절망을 잡고 놓지 않음.
• 잎 하나가 수천 개의 잎을 이끌고 벽을 넘음.

➡ 절망적인 상황에도 포기하지 않고 힘을 합하여 절망을 극복함.

↕

절망적인 상황에서 체념하는 '❺□□'와 대비됨.

어휘력 다지기

01 ~ 04 다음 어휘와 그 뜻풀이를 바르게 연결하시오.

01 궁극적 •

02 이질적 •

03 점층적 •

04 추상적 •

• ㉠ 성질이 다른 것.

• ㉡ 더할 나위 없는 지경에 도달하는 것.

• ㉢ 그 정도를 점점 강하게 하거나, 크게 하거나, 높게 하는 것.

• ㉣ 어떤 사물이 직접 경험하거나 지각할 수 있는 일정한 형태와 성질을 갖추고 있지 않은 것.

05 ~ 08 제시된 초성과 뜻풀이를 참고하여 다음의 빈칸에 알맞은 어휘를 쓰시오.

05 ㄷㅎ 하다 : 결심이나 태도, 입장 따위가 과단성 있고 엄격하다.
   예 선배의 부당한 요구를 (   )하게 거절했다.

06 ㅂㅇ : 사람에게 권리·명예·임무 따위를 지니도록 해 주거나, 사물이나 일에 가치·의의 따위를 붙여 줌.
   예 국회의원은 부당한 압력을 피할 수 있도록 몇 가지 특권을 (   )받는다.

07 ㅅㄱㅈ : 어떤 일이나 사상에서 다른 사람보다 앞선 사람.
   예 〈종의 기원〉을 쓴 다윈은 진화론의 (   ) 중 한 사람이다.

08 ㅇㄷ : 여럿이 함께 무슨 일을 하거나 함께 책임을 짐.
   예 여러 회사의 택배 노동자들이 (   )하여 파업을 벌였다.

09 ~ 11 다음의 문맥에 어울리는 어휘에 ○표 하시오.

09 쌀 한 (뼘 / 톨) 남기지 않고 그릇을 싹 비웠다.

10 내 동생은 나보다 키가 두 (뼘 / 톨) 정도 작다.

11 아이들은 선생님과 시선이 마주치자 바쁘게 눈을 (떨구었다 / 떨쳤다).

12 ~ 14 밑줄 친 어휘의 뜻을 〈보기〉에서 찾아 기호를 쓰시오.

┤ 보기 ├

㉠ 높은 부분의 위를 지나가다.
㉡ 어려움이나 고비 따위를 겪어 지나다.
㉢ 일정한 시간, 시기, 범위 따위에서 벗어나 지나다.

12 산을 <u>넘고</u> 고개를 건너 마을로 향했다. (   )

13 이번 위기만 잘 <u>넘기면</u> 성공할 수 있다. (   )

14 매일 자정이 <u>넘어서야</u> 잠자리에 들 수 있었다. (   )

길 _김소월 | '초부가 _작자 미상

가 어제도 하룻밤 / 나그네 집에

가마귀 가왁가왁 울며 새웠소. ▶ 1연: 화자의 ❶□□□인 현실 상황

오늘은 / 또 몇 십 리 / 어디로 갈까. ▶ 2연: 유랑으로 인한 방향성의 ❷□□

산으로 올라갈까 / 들로 갈까

오라는 곳이 없어 나는 못 가오. ▶ 3연: ❸□□ 없는 화자의 처지

말 마소, 내 집도 / 정주 곽산(定州郭山)
　　　　　　　　시인의 고향

차(車) 가고 배 가는 곳이라오. ▶ 4연: ❹□□에 갈 수 없는 안타까움

여보소, 공중에 / 저 ㉠기러기

공중엔 길 있어서 잘 가는가? ▶ 5연: 화자와 상반된 대상에 대한 ❺□□□

여보소, 공중에 / 저 기러기

열십자(十字) 복판에 내가 섰소. ▶ 6연: ❻□□ 상실로 인한 비애

갈래갈래 갈린 길 / 길이라도

내게 바이 갈 길은 하나 없소. ▶ 7연: 화자의 ❼□□□인 현실 상황
　　　아주 전혀

나 나무하러 가자 이히후후 에헤
　　　　　　나무를 할 때 내뱉는 한숨 소리

남 날 적에 나도 나고 나 날 적에 남도 나고

　┌ 세상 인간 같지 않아 *팔자 무슨 일고

　│ 지게 목발 못 면하고 어떤 사람 팔자 좋아

[A]│ 고대광실 높은 집에 *사모에 풍경 달고
　│ 　매우 크고 좋은 집　　　　사모에 다는 장식

　└ 만석록을 누리건만 이런 팔자 어이하리
　　　　만 석의 녹봉

[B] 항상 지게는 못 면하고 남의 집도 못 면하고

[C] 죽자 하니 청춘이요 사자 하니 고생이라

　┌ 세상사 사라진들 치마 짧은 계집 있나

[D]│
　└ *다박머리 자식 있나 광 넓은 논이 있나

사래 긴 밭이 있나 버선짝도 짝이 있고

토시짝도 짝이 있고 털먹신도 짝이 있는데
　　　　　　　　　굵고 거칠게 삼은 짚신, 털메기

*쳉이 같은 내 팔자야 *자탄한들 무엇하리

한탄한들 무엇하나 청천에 저 ㉡기럭아
　　　　　　　　　맑은 하늘

너도 또한 임을 잃고 임 찾아서 가는 길가

더런 놈의 팔자로다 이놈의 팔자로다

　┌ 언제나 면하고 오늘도 이 짐을 안 지고 가면

[E]│
　└ 어떤 놈이 밥 한 술 줄 놈이 있나 / 가자 이히후후

▶ 1~8행: ❽□□ 일과 머슴살이를 못 면하는 화자의 신세

▶ 9~19행: ❾□□와 자식도 없고 논밭도 없는 화자의 신세

작품 핵심

가 길

❖ 화자의 정서와 태도

갈 곳이 없는 절망적인 상황에서 방향성을 잃고 막막함과 비애를 드러냄.

❖ 시어의 의미와 역할

① 나그네: 유랑하는 화자의 처지, 일제 강점기 우리 민족을 상징함.

② 가마귀: 화자의 불안감이 반영된 감정 이입의 대상

③ 기러기: 화자의 처지와 상반되는 존재(객관적 상관물), 삶의 방향성을 지닌 존재

④ 열십자 복판: 갈 곳이 없는 화자의 괴로운 처지가 드러나는 공간

❖ 정서를 드러낸 표현 방법

① 하오체

· "새웠소.", "가오", "곳이라오", "섰소", "없소": 하소연하는 듯한 독백체를 형성함.

② 자문자답의 형식

· "어디로 갈까"(물음) - "오라는 곳이 없어 나는 못 가오"(답변): 나그네의 비애를 강조함.

나 초부가

❖ 화자의 정서와 태도

남의 집 머슴살이를 하며 고단하게 살아가야 하는 신세를 한탄함.

❖ 시어의 의미와 역할

① 지게 목발: 화자의 신분이 나무꾼임이 드러나는 소재

② 버선짝, 토시짝, 털먹신: 화자의 처지와 대조되는 사물들(객관적 상관물), 화자의 외로움 강조

③ 기러기: 화자의 외로움이 투영된 감정 이입의 대상

어휘 쏙쏙

· **초부**: 땔나무를 하는 사람. 나무꾼.

· **팔자**: 사람의 한평생의 운수.

· **사모**: 고려 말기에서 조선 시대에 걸쳐 벼슬아치들이 관복을 입을 때 쓰던 모자.

· **다박머리**: 다보록한(수염이나 머리털 따위가 짧고 촘촘하게 많이 나서 소담한) 머리털을 가진 아이.

· **쳉이**: 곡식을 까불러 쭉정이 등을 골라내는 '키'의 방언.

· **자탄**: 한숨을 쉬며 한탄함.

01 (가)와 (나)의 공통점으로 가장 적절한 것은?

① 시상이 전개됨에 따라 정서가 변화되고 있다.
② 대상과의 대화를 통해 심리적 위안을 얻고 있다.
③ 현실 상황에 대한 부정적인 인식이 나타나 있다.
④ 이상향에 도달하고자 하는 의지를 드러내고 있다.
⑤ 정처 없이 유랑하는 현실에 비애를 드러내고 있다.

♥ 이상향: 인간이 생각할 수 있는 최선의 상태를 갖춘 완전한 사회.
♥ 유랑: 일정한 거처가 없이 떠돌아다님.
♥ 비애: 슬퍼하고 서러워함. 또는 그런 것.

02 (가)의 표현상 특징으로 적절하지 <u>않은</u> 것은?

① 자연물에 감정을 이입하여 화자의 심리를 드러내고 있다.
② 청자를 설정하여 말을 건네는 어투로 시상을 전개하고 있다.
③ 종결 어미와 통사 구조의 반복을 통해 운율을 형성하고 있다.
④ 자문자답의 형식을 활용하여 화자가 처한 상황을 제시하고 있다.
⑤ 대조되는 대상과 공간을 설정하여 화자의 정서를 부각하고 있다.

♥ 통사 구조: 문장의 구성 요소들이 문장을 이루는 구조.
♥ 자문자답: 스스로 묻고 스스로 대답함.

서술형
03 (가)의 7연의 길의 의미를 〈조건〉에 맞추어 한 문장으로 서술하시오.

┤ 조건 ├
• 화자의 처지와 화자가 위치한 공간의 속성을 반영할 것
• '목적지', '유랑'이라는 단어를 사용하여 '길은 ~ 뜻한다.'의 형식으로 쓸 것

수능형
04 〈보기〉를 바탕으로 (나)의 [A]~[E]를 이해한 것으로 알맞지 <u>않은</u> 것은?

┤ 보기 ├
〈초부가〉는 산에 나무를 하러 가서 부르던 노동요로서 낙천적 성격의 집단 노동요와 달리 홀로 서러운 처지를 한탄하는 노래이다. 화자는 똑같이 사람으로 태어났음에도 자신과 대조되는 신분의 사람이 존재하는 불평등한 현실과 아무리 노력해도 고달픈 신세를 벗어나지 못하는 처지를 비관하면서 한탄한다. 또 함께 고통을 나눌 가족조차 없어서 고독감을 드러내기도 한다. 죽자니 젊은 나이라 아깝고 살자니 고생이 심할 것 같아 갈등하지만 결국 괴로운 현실을 체념적으로 수용하여 삶을 이어 나가려고 한다.

♥ 노동요: 일을 즐겁게 하고 공동체 의식을 높여서 일의 능률을 높이기 위하여 부르는 노래.
♥ 비관: 인생을 어둡게만 보아 슬퍼하거나 절망스럽게 여김.
♥ 체념적: 품었던 생각이나 기대, 희망 따위를 아주 버리고 더 이상 기대하지 않는 것.

① [A]: 팔자의 대조를 통해 불평등한 현실과 자신의 신세를 한탄하고 있다.
② [B]: 노력해도 머슴살이와 나무꾼 신세를 못 벗어나는 처지를 비관하고 있다.
③ [C]: 이러지도 저러지도 못하는 처지로 인해 내적 갈등이 일어나고 있다.
④ [D]: 가난 때문에 가족과 함께 못 지내는 자신의 처지에 외로움을 느끼고 있다.
⑤ [E]: 현실 인식을 바탕으로 고달픈 처지를 체념적으로 수용하고 있다.

05 (나)에서 '나'의 생계 방법을 짐작할 수 있는 구체적 소재를 찾아 쓰시오.

06 ㉠과 ㉡에 대한 설명으로 가장 적절한 것은?

① ㉠과 ㉡은 모두 화자에게 이질감을 느끼게 하는 대상이다.

② ㉠은 ㉡과 달리 화자가 동일한 처지라고 여기는 사물이다.

③ ㉠은 ㉡과 달리 화자의 정서가 투영되어 있는 자연물이다.

④ ㉠은 ㉡과 달리 화자에게 부러움을 불러일으키는 존재이다.

⑤ ㉠은 ㉡과 달리 화자에게 과거를 회상하게 하는 매개체이다.

> ♥ 투영: 어떤 일을 다른 일에 반영하여 나타냄을 비유적으로 이르는 말.

작품 한눈에 보기

핵심 정리

가 길

갈래	자유시, 서정시		
성격	전통적, 애수적, 민요적	운율	내재율
주제	나그네의 비애와 정한		
특징	① 말을 건네는 형식을 가미한 ❶◻◻◻로 시상을 전개함. ② 자연물에 감정을 이입하는 한편 대조되는 대상과 공간을 활용해 화자의 정서를 드러냄. ③ 'ㄱ, ㄹ' 음과 종결 어미의 반복, 3음보를 통해 운율을 형성함.		

나 초부가

갈래	민요(강원도, 영남 지방), 노동요		
성격	탄식적	운율	외형률(4음보)
주제	머슴살이하는 나무꾼의 신세 한탄		
특징	① 나무꾼들이 나무를 하며 부르던 노래(노동요)임. ② 화자의 처지와 ❷◻◻되는 상황과 소재를 제시하여 화자의 한탄을 강조함. ③ 감정 이입, 직유법, 열거법, 대구법을 활용함. ④ 현실에 대한 자조적, 체념적 태도가 드러남.		

◈ (가)의 구성

1연	화자의 비극적인 현실 상황
2연	유랑으로 인한 ❸◻◻◻의 상실
3연	갈 곳 없는 화자의 처지
4연	고향에 갈 수 없는 안타까움
5연	화자와 상반된 대상에 대한 부러움
6연	방향성 상실로 인한 비애
7연	화자의 절망적인 현실 상황

◈ (나)의 구성

1행~8행	지게 일과 ❹◻◻◻◻를 못 면하는 화자의 신세
9행~19행	아내와 자식도 없고 논밭도 없는 화자의 신세

◈ 화자와 대조되는 자연물과 공간

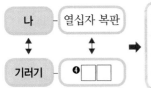

나 - 열십자 복판
↕ ↕
기러기 - ❹◻◻

→ 화자의 처지와 대조되는 자연물과 공간을 설정하여 화자의 막막한 정서를 드러냄.

◈ 대조적 상황과 소재

이놈 팔자
- '지게 목발', '남의 집': 나무꾼 일과 머슴살이를 벗어나지 못함.
- '논이 있나', '밭이 있나': 재산이 없음.
- '계집 있나', '자식 있나': 아내도 자식도 없음.

어떤 사람 팔자
'고대광실', '사모', '풍경', '만석록': 부유하고 귀함.

←→

버선짝, 토시짝, 털먹신
❻◻이 있음.

←→

01 ~ 04 다음 뜻풀이에 해당하는 어휘를 쓰시오.

01 고려 말기에서 조선 시대에 걸쳐 벼슬아치들이 관복을 입을 때에 쓰던 모자.　　ㅅ　ㅁ

02 굵고 거칠게 삼은 짚신. 털메기.　　ㅌ　ㅁ　ㅅ

03 매우 크고 좋은 집.　　ㄱ　ㄷ　ㄱ　ㅅ

04 다보록한 머리털을 가진 아이.　　ㄷ　ㅂ　ㅁ　ㄹ

05 ~ 08 빈칸에 들어갈 알맞은 어휘를 〈보기〉에서 찾아 쓰시오.

┤ 보기 ├
바이　　유랑　　자탄　　팔자

05 그는 계속되는 실패에 (　　　　)하며 무기력하게 지냈다.

06 친구가 섭섭해하고 있던 것을 (　　　　) 눈치 채지 못했다.

07 전국 각지를 (　　　　)하며 지역의 풍물과 민속을 연구했다.

08 사업에 성공해서 가난한 (　　　　)에서 벗어나겠노라고 다짐했다.

09 ~ 11 다음의 문맥에 어울리는 어휘에 ○표 하시오.

09 이루지 못한 사랑을 (비관 / 투영)하며 속세를 떠났다.

10 한국 전쟁으로 인한 동족상잔의 역사에 (비애 / 이질감)을/를 느꼈다.

11 그는 정치가로서 모든 사람이 자유롭고 평등한 사회라는 (매개체 / 이상향)을/를 추구했다.

12 ~ 14 밑줄 친 어휘의 뜻을 〈보기〉에서 찾아 기호를 쓰시오.

┤ 보기 ├
㉠ 관심이나 눈길 따위가 쏠리다.
㉡ 어떤 일에 대하여 납득이나 이해, 짐작 따위가 되다.
㉢ 지금 있는 곳에서 어떠한 목적을 가지고 다른 곳으로 옮기다.

12 아무리 설명을 들어도 도무지 이해가 <u>가지</u> 않았다.　　(　　　)

13 시험공부를 하러 도서관에 <u>갔는데</u> 빈자리가 없었다.　　(　　　)

14 그의 독특한 모자에 눈이 <u>가는</u> 것을 막을 수 없었다.　　(　　　)

II

산문 문학

알자! 알짜 개념

1 소설의 개념과 특성

(1) 개념: 현실에 있음 직한 일을 작가가 상상하여 꾸며 쓴 이야기를 말한다.

(2) 특성

- 허구성: 작가가 상상력을 통해 꾸며 낸 이야기이다.
- 개연성: 실제로 현실에서 있을 법한 이야기를 다룬다.
- 진실성: 허구의 내용이지만, 인생의 진실이 담겨 있다.
- 서사성: 인물, 사건, 배경 등을 갖추고 대체로 시간의 흐름에 따라 사건이 전개된다.
- 산문성: 서술, 묘사, 대화 등에 의해 표현되며 줄글의 형태이다.
- 예술성: 언어를 통해 형식과 표현의 아름다움을 드러내는 예술이다.

2 소설의 요소

(1) 소설의 3요소

주제	작가가 작품을 통해 말하고자 하는 중심 생각
구성	인과 관계에 따라 이야기를 짜임새 있게 배열하는 것
문체	작가의 개성이 드러나는 문장 표현 방식

(2) 소설 구성의 3요소

인물	작가가 창조한 인물로, 소설 속에 등장하여 사건 및 갈등을 일으키고 행동을 하는 사람
사건	등장인물이 겪거나 벌이는 일들(갈등, 행동)
배경	사건이 일어나는 시간과 장소, 사회적 상황

3 소설의 구성

(1) 구성 단계

┌ 일이나 사건을 풀어 나갈 수 있는 첫머리

발단	인물과 배경을 소개하며 사건의 실마리를 제시함.
전개	인물 간의 갈등이 시작되고 사건이 본격적으로 전개됨.
위기	갈등이 깊어지고 긴장감이 조성됨.
절정	갈등과 긴장감이 최고조에 이르며 사건 해결의 실마리가 드러남.
결말	갈등이 해소되고 사건이 마무리되며 인물의 운명이 결정됨.

(2) 구성의 유형

평면적 구성	사건을 '과거 – 현재 – 미래'의 시간적 흐름에 따라 구성하는 방법 = 순행적 구성
입체적 구성	사건을 시간이 흐르는 순서가 아니라 작가의 의도에 따라 뒤바꾸어 구성하는 방법. 시간의 역전이 일어남. = 역순행적 구성
액자식 구성	이야기 안에 또 다른 이야기가 들어 있는 구성. 보통 '외부 이야기 – 내부 이야기 – 외부 이야기'로 이루어짐.
일대기적 구성	인물이 태어나서 죽기까지 일생 동안 겪는 일로 내용을 전개하는 구성. 고전 소설에서 주로 나타남.

개념 확인 문제

1 소설에 대한 설명으로 적절하지 **않은** 것은?

① 작가가 상상력을 통해 꾸며 낸 이야기이다.
② 실제로 현실에 있을 법한 이야기를 다룬다.
③ 허구적인 내용이지만 인생의 진실이 담겨 있다.
④ 작가의 실제 경험이 담겨 있으며 교훈을 준다.
⑤ 서술, 묘사, 대화 등으로 표현되는 줄글 형식의 글이다.

2 소설은 인물, 사건, 배경으로 구성된다. (○, X)

3 다음에 주로 드러나는 소설의 구성 요소를 쓰시오.

> 새침하게 흐린 품이 눈이 올 듯하더니, 눈은 아니 오고 얼다가 만 비가 추적추적 내리는 날이었다.

4 다음 설명에 해당하는 소설의 구성 단계를 쓰시오.

(1) 갈등이 깊어지고 긴장감이 조성되는 단계이다. ( )
(2) 갈등이 해소되고 사건이 마무리되는 단계이다. ( )
(3) 인물과 배경을 소개하고 사건의 실마리가 드러나는 단계이다. ( )
(4) 인물 간의 갈등이 시작되고 사건이 본격적으로 진행되는 단계이다. ( )
(5) 갈등과 긴장감이 최고조에 이르고 사건 해결의 실마리가 드러나는 단계이다. ( )

5 사건을 시간이 흐르는 순서가 아니라 작가의 의도에 따라 뒤바꾸어 구성하는 방법을 (평면적, 입체적) 구성이라 한다.

❹ 소설의 인물

(1) 개념: 작가의 상상력으로 창조되어 소설 속에 등장하는 사람을 말한다.

(2) 특징: 작품 속에서 행동을 하는 이로, 다른 인물이나 주변의 상황과 갈등을 일으켜 사건을 전개하며 주제를 효과적으로 드러낸다.

(3) 유형

　① 중요도에 따라

중심인물	소설 속에서 주인공이나 그와 비슷한 역할을 하며 비중이 큰 인물
주변 인물	소설 속에서 부수적인 역할을 하며 비중이 크지 않은 보조적 인물

　② 역할에 따라

주동 인물	소설 속에서 사건을 이끌어 가는 중심인물
반동 인물	주동 인물과 대립하며 갈등을 일으키는 인물

　③ 성격 변화에 따라

평면적 인물	성격이 처음부터 끝까지 변하지 않는 인물
입체적 인물	사건의 전개에 따라 성격이 변하는 인물

　④ 집단의 대표성에 따라

전형적 인물	특정 계층이나 집단을 대표하는 인물
개성적 인물	한 개인만의 독특한 개성이 나타나는 인물

(4) 인물의 성격 제시 방법

직접 제시	서술자가 직접 인물의 성격이나 심리 상태를 말하는 방법
간접 제시	인물의 대화나 행동, 외양 묘사를 통해 독자가 인물의 성격, 심리를 짐작하도록 하는 방법

❺ 소설의 갈등

(1) 개념: 인물이 사건을 겪으며 갖게 되는 대립적인 심리 상태를 말한다.

(2) 역할

- 사건을 전개시키고 사건에 필연성을 부여한다.
- 갈등 상황과 그 해결 과정을 통해 인물의 성격과 주제를 드러낸다.
  <small>사물의 관련이나 일의 결과가 반드시 그렇게 될 수밖에 없는 요소나 성질</small>
- 긴장감을 불러일으키고 독자의 관심과 흥미를 이끌어 낸다.

(3) 종류

　① 내적 갈등: 인물의 마음속에서 일어나는 심리적 갈등

　② 외적 갈등: 인물과 인물, 혹은 인물과 인물을 둘러싼 외부적 요인 사이에서 일어나는 갈등

개인과 개인의 갈등	인물 사이의 성격, 가치관, 이해관계 등의 대립으로 인한 갈등
개인과 사회의 갈등	인물이 사회 제도나 윤리 등의 문제로 겪게 되는 갈등
개인과 운명의 갈등	인물이 타고난 운명 때문에 겪게 되는 갈등
개인과 자연의 갈등	인물이 자연 환경과 부딪쳐 싸우면서 겪는 갈등

개념 확인 문제

6 소설 속에서 사건을 이끌어 가는 중심인물을 ☐☐ 인물이라고 하고, 이와 대립하며 갈등을 일으키는 인물을 ☐☐ 인물이라고 한다.

7 특정 계층이나 집단을 대표하는 인물을 (개성적, 전형적, 평면적) 인물이라고 한다.

8 다음에 나타난 인물의 성격 제시 방법을 쓰시오.

> 여지껏 가무잡잡한 점순이의 얼굴이 이렇게까지 홍당무처럼 새빨개진 법이 없었다. 게다가 눈에 독을 올리고 한참 나를 요렇게 쏘아보더니 나중에는 눈물까지 어리는 것이 아니냐.

9 소설의 갈등에 대한 설명으로 적절하지 **않은** 것은?

① 갈등을 통해 사건에 필연성을 부여한다.
② 갈등의 해결 과정을 통해 주제가 드러난다.
③ 갈등은 긴장감을 불러일으키고 독자의 흥미를 이끌어 낸다.
④ 인물 간에 가치관 차이로 일어나는 갈등은 내적 갈등이다.
⑤ 외적 갈등은 인물과 인물을 둘러싼 외부적 요인 사이에서 일어나는 갈등이다.

10 밑줄 친 부분에 나타나는 갈등 유형을 〈보기〉에서 고르시오.

> 길동은 열 살이 넘도록 감히 부형을 부르지 못하고 종들로부터 천대받는 것을 뼈에 사무치도록 한탄하면서 마음 둘 바를 몰랐다.

┤ 보기 ├
㉠ 인물의 내적 갈등
㉡ 개인과 개인의 갈등
㉢ 개인과 운명의 갈등

⑥ 소설의 배경

(1) 배경의 종류

① 자연적 배경: 사건이 발생하고 인물의 행동이 일어나는 구체적인 시·공간

② 사회적 배경: 인물을 둘러싼 사회 현실과 역사적·시대적 상황

③ 심리적 배경: 인물의 심리적 상황이나 독특한 내면세계. 인물의 내면 심리 묘사를 중시하는 소설에서 주로 나타난다.

④ 상황적 배경: 인물이 처한 처지나 상황. 배경 자체가 상징적·암시적인 경우도 있어 주제를 형상화하는 데 깊게 관여한다.

(2) 배경의 기능

- 작품의 전반적인 분위기를 형성하는 역할을 한다.
- 구체적인 지역명이나 시대, 실제 있었던 사건을 제시하여 사실성을 높인다.
- 인물의 심리에 영향을 미치거나, 내면 심리를 간접적으로 드러낸다.
- 앞으로의 사건 전개 방향을 암시하는 복선의 기능을 한다.
  일어날 사건을 독자가 미리 짐작할 수 있도록 넌지시 알려 주는 장치

⑦ 서술자와 시점

(1) 서술자의 개념: 소설에서 인물의 성격이나 행위, 사건 등을 전달하는 사람이다.

(2) 시점의 개념: 서술자가 인물이나 사건을 어떻게 바라보면서 전달하느냐에 따른 서술자의 위치를 말한다.

(3) 시점의 유형

1인칭	1인칭 주인공 시점	작품 속 주인공인 '나'가 자신의 이야기를 서술함.
	1인칭 관찰자 시점	작품 속의 '나'가 관찰자의 입장에서 중심인물의 이야기를 서술함.
3인칭	작가 관찰자 시점	작품 밖의 서술자가 관찰자의 입장에서 인물의 말과 행동을 서술함.
	전지적 작가 시점	작품 밖의 서술자가 신과 같은 위치에서 인물의 성격과 심리까지 서술함.

⑧ 수필

(1) 개념: 글쓴이의 경험에서 우러나온 생각과 느낌을 형식이나 내용의 제한 없이 자유롭고 솔직하게 표현한 글을 말한다.

(2) 특징

- 경험과 체험이 담긴 글: 글쓴이가 실제로 겪었던 일을 바탕으로 한다.
- 개성적인 글: 글쓴이의 성격이나 인생관, 가치관 등이 그대로 드러난다.
- 자기 고백적인 글: 글쓴이의 개인적인 경험과 생각이 진솔하게 드러난다.
- 신변잡기적인 글: 일상생활 속 모든 것들이 소재와 주제가 될 수 있다.
- 형식이 자유로운 글: 일정한 형식의 제약 없이 자유롭게 쓴다.
- 비전문적인 글: 통찰력을 지닌 사람이라면 누구나 쓸 수 있다.
- 교훈적인 글: 글쓴이가 깨달은 삶의 의의, 교훈 등을 통해 독자는 감동을 느끼고 삶을 성찰할 수 있다.
- 멋과 운치가 있는 글: 유머와 위트를 통해 웃음과 지적인 감흥을 준다.

개념 확인 문제

11 소설에서 사건이 발생하고 인물의 행동이 일어나는 구체적인 시간과 공간은 (사회적 , 자연적) 배경에 해당한다.

12 소설의 배경은 작품의 전반적인 분위기를 형성하고 인물의 심리를 직접적으로 설명해 준다.
(○, X)

13 다음 설명에 해당하는 소설의 시점을 쓰시오.

(1) 작품 속에 '나'가 등장하여 자신의 이야기를 서술한다.
( )

(2) 작품 바깥의 서술자가 인물의 말과 행동은 물론 성격과 심리까지 서술한다.
( )

(3) 작품 속의 '나'가 관찰자의 입장에서 인물의 말과 행동, 사건을 서술한다.
( )

14 다음 글의 시점을 쓰시오.

"일 원 오십 전만 줍시오."
이 말이 저도 모를 사이에 불쑥 김 첨지의 입에서 떨어졌다. 제 입으로 부르고도 스스로 그 엄청난 액수에 놀랐다.

15 수필의 특징으로 적절하지 않은 것은?

① 누구나 쓸 수 있는 비전문적인 글이다.

② 내용이나 형식의 제한 없이 자유롭게 쓰는 글이다.

③ 글쓴이의 경험과 생각이 드러나는 자기 고백적인 글이다.

④ 글쓴이의 성격, 인생관과 같은 개성이 잘 드러나는 글이다.

⑤ 글쓴이가 겪은 일을 바탕으로 상상력을 더해 꾸며 쓴 글이다.

(3) 종류

구분	경수필	중수필
내용	글쓴이가 일상생활에서 경험한 느낌, 생각 등을 가볍게 표현한 수필	시사적·사회적 문제에 대한 글쓴이의 의견을 논리적이고 객관적인 근거를 들어 쓴 수필
특징	자기 고백적, 주관적, 감정적	논리적, 객관적, 사회적
종류	일기, 편지, 기행문 등	칼럼, 평론 등

(4) 수필과 소설의 차이점

구분	수필	소설
'나'	글쓴이 자신	작가가 만들어 낸 허구적 인물
소재	글쓴이의 일상적 경험	작가의 상상력으로 꾸며 낸 세계
형식	자유로운 형식	'발단 – 전개 – 위기 – 절정 – 결말'의 구성 단계
인생관	글쓴이의 인생관이 직접적으로 제시됨.	작가의 인생관이 인물의 대화, 행동을 통해 간접적으로 제시됨.

⑨ 희곡

(1) 개념: 무대 공연을 전제로 한 연극의 대본을 말한다.

(2) 특징
- 등장인물의 대사와 행동을 통해 사건이 전개된다.
- 시간적·공간적 배경과 등장인물의 수에 제약을 받는다.
- 사건을 현재형으로 제시하여 사건이 눈앞에서 일어나는 듯한 효과를 준다.

(3) 구성단위
① 막(幕): 무대의 막이 올랐다가 다시 내릴 때까지의 단위
② 장(場): '막'의 하위 단위. 장면이 변하지 않고 이루어지는 사건의 한 토막

(4) 구성 요소

해설		첫머리에서 등장인물, 무대 장치, 배경을 설명하는 글
대사	대화	등장인물끼리 주고받는 말
	독백	등장인물이 상대방 없이 혼자서 하는 말
	방백	다른 등장인물에게는 들리지 않고 관객에게만 들리는 것으로 약속하고 하는 말
지시문	무대 지시문	무대 장치, 분위기, 효과음, 조명 등을 지시하는 글
	동작 지시문	등장인물의 행동, 표정, 어조, 심리 등을 지시하는 글

(5) 구성 단계: 발단 – 전개 – 절정 – 하강 – 대단원
_{갈등이 해결될 실마리가 보이며 사건의 전환이 일어나는 단계}

⑩ 시나리오

(1) 개념: 상영을 전제로 영화나 드라마를 제작하기 위해 만들어진 대본을 말한다.

(2) 특징
- 등장인물의 대사와 행동을 통해 사건이 전개된다.
- 장면(Scene)을 단위로 하며 촬영을 위한 특수 용어가 사용된다.
- 시간과 공간, 등장인물 수의 제약을 거의 받지 않는다.

개념 확인 문제

16 다음 중 수필과 소설의 공통점에 해당하는 것은?(정답 2개)

① 줄글로 된 산문 문학이다.
② 독자에게 감동과 교훈을 준다.
③ 글 속의 '나'는 작가 자신이다.
④ 일정한 구성 단계에 따라 전개된다.
⑤ 글쓴이의 인생관이 직접적으로 제시된다.

17 희곡은 무대 공연을 전제로 한 □□의 대본이고, 시나리오는 상영을 전제로 □□나 드라마를 제작하기 위해 만든 대본이다.

18 다음 설명에 해당하는 희곡의 구성 요소를 〈보기〉에서 골라 쓰시오.

| 보기 |
| 대화 독백 방백 |
| 해설 지시문 |

(1) 등장인물끼리 서로 주고받는 말이다. (　　　)
(2) 등장인물이 상대방 없이 혼자서 하는 말이다. (　　　)
(3) 무대 장치, 효과음 또는 등장인물의 행동, 표정 등을 지시하는 부분이다. (　　　)

19 희곡은 소설과 마찬가지로 '발단–전개–위기–절정–결말'의 구성 단계를 보인다. (○, X)

20 시나리오의 특징으로 적절하지 않은 것은?

① 막과 장을 단위로 한다.
② 대사와 행동을 통해 사건이 전개된다.
③ 촬영을 위한 특수 용어가 사용된다.
④ 등장인물 수에 제약을 거의 받지 않는다.
⑤ 시간이나 공간적 배경에 제약을 받지 않는다.

(3) 구성 요소

해설	첫머리에서 등장인물, 장소, 시간 등을 제시하는 부분
장면 번호(S#)	장면의 순서·전환, 시간의 흐름, 장소의 이동 등을 제시하는 부분
대사	등장인물들이 주고받는 말(대화)이나 혼잣말(독백)
지시문	인물의 표정·행동, 조명, 음향, 카메라 위치 등을 지시하는 부분

(4) 주요 용어

- E.(Effect): 효과음(음향 효과)
- F.I.(Fade In): 처음에 어둡던 화면이 차차 밝아지는 것
- F.O.(Fade Out): 처음에 밝던 화면이 차차 어두워지는 것
- O.L.(Over Lap): 앞 장면에 다음 장면이 겹쳐지면서 서서히 바뀌는 것
- C.U.(Close Up): 대상의 일부분을 확대하여 보여 주는 것
- Ins.(Insert): 화면과 화면 사이에 다른 화면을 끼워 넣는 것
- 몽타주(Montage): 따로따로 촬영한 화면을 떼어 붙여 편집하는 기법
- 플래시 백(Flash back): 장면의 순간적인 변화를 연속으로 보여 주는 기법. 긴장의 고조, 감정의 격렬함, 과거 회상 장면을 나타내는 데 쓰인다.
- NAR.(Narration): 화면 밖에서 들려오는 설명 형식의 대사. 주로 인물의 내적 독백에 사용한다.

(5) 희곡, 시나리오, 소설의 비교

		희곡	시나리오	소설
차이점	목적	무대 공연	영화, 드라마 제작	–
	구성단위	막과 장	장면(Scene)	–
	표현	주로 대사와 지시문으로 표현됨.		서술, 묘사, 대화 등으로 다양함.
	제약	시·공간, 등장인물 수에 제약 있음.	시·공간과 등장인물의 수에 제약이 없음.	
공통점		• 작가의 상상력으로 꾸며 낸 산문 문학의 한 갈래임. • 대립과 갈등을 본질로 하며 인생의 진실을 추구함. • 인물, 사건, 배경으로 구성됨.		

⑪ 고전 소설

(1) 개념: 1894년 갑오개혁 이전까지 지어진 우리 소설을 현대 소설과 구분하여 이르는 말이다.

(2) 특징

① 주제: 권선징악(勸善懲惡)적 주제가 나타난다.
  착한 사람은 복을 받고 악한 사람은 벌을 받음
② 구성: 시간의 흐름에 따라 사건을 전개하며, 주인공이 태어나 죽을 때까지의 이야기를 다루는 일대기적 구성이 나타난다.
③ 인물
  특정 집단의 성격을 대표하는 인물
  • 평면적 인물과 전형적 인물이 주로 등장한다.
  처음부터 끝까지 성격이 변하지 않는 인물
  • 주인공은 대체로 비범한 능력과 재주를 지니고 외모가 뛰어난 인물이다.

개념 확인 문제

21 다음 설명에 해당하는 시나리오 용어를 〈보기〉에서 찾아 기호를 쓰시오.

보기
㉠ S# ㉡ E. ㉢ O.L. ㉣ 몽타주 ㉤ NAR.

(1) 효과음, 즉 음향 효과를 나타낸다. ( )
(2) 장면 번호로, 장면의 순서를 제시한다. ( )
(3) 화면 밖에서 들려오는 설명 형식의 대사이다. ( )
(4) 따로따로 촬영한 화면을 떼어 붙여 편집하는 기법이다. ( )
(5) 앞 장면에 다음 장면이 겹쳐지면서 장면이 서서히 바뀌는 것이다. ( )

22 희곡과 시나리오는 둘 다 □□와 지시문으로 표현된다.

23 희곡과 시나리오, 소설은 모두 산문 문학의 한 갈래로 대립과 갈등을 바탕으로 한다. (○, X)

24 고전 소설은 1894년 □□□□ 이전에 지어진 우리 소설을 말한다.

25 고전 소설의 특징으로 적절하지 않은 것은?

① 권선징악의 주제 의식이 나타난다.
② 개성적, 평면적 인물이 주로 등장한다.
③ 대체로 시간의 흐름에 따라 사건을 전개한다.
④ 주인공이 태어나 죽을 때까지의 이야기를 다룬다.
⑤ 우연에 따른 사건 전개와 비현실적 요소가 나타난다.

④ 사건: 우연적 만남이나 상황에 따라 사건이 발생, 전개되며, 비현실적인 사건과 기이하고 신비로운 요소가 나타난다.

⑤ 배경: 시간적 배경은 대부분 막연하며, 공간적 배경은 우리나라와 중국 등으로 나타나는 한편 비현실적 공간인 경우가 많다.

⑥ 시점: 작품 밖의 서술자가 사건과 인물에 대해 모두 알고 있는 전지적 작가 시점으로, 서술자가 직접 개입하는 부분이 나타난다.

⑦ 결말: 주인공이 고난과 시련을 이겨 내고 행복해지는 결말이 나타난다.

(3) 유형

구분	특징	주요 작품
영웅·군담 소설	비범한 인물의 영웅적인 삶을 다룬 소설로, 전쟁을 승리로 이끌어 나라를 위기에서 구하는 영웅의 활약상을 그림.	〈유충렬전〉, 〈박씨전〉, 〈임경업전〉 등
애정(염정) 소설	남녀 간의 사랑을 주제로 하는 소설로, 대개 주인공들이 시련을 극복하고 사랑의 결실을 맺는 구조로 이루어짐.	〈춘향전〉, 〈숙영낭자전〉, 〈운영전〉 등
가정 소설	가족 사이의 갈등 관계, 처첩 간의 갈등, 계모의 학대 등 가정 내 불화와 그 극복 과정을 다룸.	〈사씨남정기〉, 〈장화홍련전〉 등
사회 소설	주인공이 사회적 모순이나 제도적 한계와 맞섬으로써 사회 구조와 제도를 비판하는 내용을 다룸.	〈홍길동전〉, 〈전우치전〉, 〈허생전〉 등
풍자 소설	부정적 인물들의 무능과 위선을 비판·풍자하여 당대 현실의 모순을 선명하게 드러냄.	〈호질〉, 〈양반전〉 등
우화 소설	동물이나 식물 등을 의인화하여 인간 사회의 결함이나 부조리를 비판·풍자함.	〈장끼전〉, 〈서동지전〉 등
몽자류 소설	중심인물이 꿈속에서 새로운 삶을 체험한 뒤 꿈에서 깨어나 깨달음을 얻는 이야기로, 제목에 '몽(夢)' 자가 붙음.	〈구운몽〉, 〈옥루몽〉 등
판소리계 소설	다양한 근원 설화를 바탕으로 구전되던 이야기가 판소리 사설을 거쳐 소설로 정착된 것으로, 서민들의 익살과 해학, 지혜와 소망 등을 담고 있음.	〈토끼전〉, 〈심청전〉, 〈흥부전〉, 〈춘향전〉 등

⑫ 고전 수필

(1) 개념: 선비들의 개인적인 문집에서 시작되어 임진왜란과 병자호란의 양란 이후 크게 발전한 개화기 이전까지의 수필을 말한다.

(2) 특징

• 개인의 체험이나 역사적 사실에 대한 느낌을 기록한 글들이 많다.

• 한문 수필, 궁중 수필, 일기, 기행문, 내간 등 형식이 다양하다.

부녀자들이 주고받은 한글 편지

• 조선 전기까지는 사대부들이 주로 창작하였으나 조선 후기에 이르러서는 부녀자와 평민도 작가로 참여하였다.

---

26 고전 소설의 시간적 배경은 대부분 (막연하다, 비현실적이다).

27 고전 소설은 대체로 □□한 결말이 나타난다.

28 다음 글에 대한 설명으로 적절하지 <u>않은</u> 것은?

> 토끼가 들으니 기가 막힌다. "이놈 별주부야, 애 이놈 별주부야. 네가 나와 무슨 원수진 일이 있길래 그다지 모진 말을 하느냐? 내 배를 갈라 간이 들었으면 좋겠지만, 만일 간이 없다면 백 년을 더 살 용왕 하루도 살기 어려울 것이다. 나 또한 너희 나라 원귀가 되어 조정의 모든 신하를 한 날 한 시에 모두 몰살을 시킬 것이다. 아나, 옛다, 배 갈라라. 아나, 옛다, 배 갈라라. 똥밖에 든 것이 없다. 내 배를 갈라 네 보아라."
> – 작자 미상, 〈토끼전〉

① 전지적 작가 시점이 나타난다.
② 서민들의 익살과 해학이 담겨 있다.
③ 판소리 사설이 소설로 정착된 것이다.
④ 부정적 현실에 대한 풍자가 드러난다.
⑤ 동물과 인간 간의 갈등이 그려져 있다.

29 고전 수필에 대한 설명으로 적절하지 <u>않은</u> 것은?

① 한글로 된 수필만을 가리킨다.
② 개화기 이전까지 지어진 수필이다.
③ 사대부뿐만 아니라 부녀자, 평민도 창작하였다.
④ 궁중 수필, 일기, 기행문, 내간 등의 형식이 있다.
⑤ 개인의 체험이나 역사적 사실에 대한 느낌 등을 담고 있다.

01 사씨남정기(謝氏南征記) ❶ _ 김만중

앞부분 줄거리   명나라의 재상 유현은 느지막이 아들 유연수를 얻고 유연수는 15세에 과거에 장원 급제하여 한림학사가 된 후 덕성과 학식을 겸비한 사 씨와 혼인한다. 서너 해가 흘러 유희가 병에 걸려 세상을 떠나자 유 한림은 삼년상을 지낸 후에 관직에 나아갔으나 엄 승상의 눈 밖에 나서 여러 해가 지나도 벼슬이 오르지 않았다.

가 그 무렵 한림 부부가 성혼한 지도 또한 십 년 가까이 흘러갔다. 하지만 아직 자녀
<u>혼인을 함</u>
가 없었다. 사 씨는 마음속으로 몹시 근심하면서 홀로 생각하였다.

'체질이 허약하여 자녀를 생육할 수 없는가 보다.'
<u>낳아서 기름</u>
㉠사 씨가 조용히 유 한림에게 첩을 두라고 권고하였다. 한림은 그 말이 진심이 아니
라 생각하여 웃으며 대답하지 않았다.   ▶ 사 씨가 유 한림에게 ❶☐을 둘 것을 권함

나 사 씨는 남몰래 매파를 시켜 양가(良家)에서 쓸 만한 사람을 고르게 하였다.
<u>혼인을 중매하는 할멈</u>   <u>지체가 있는 좋은 집</u>
두 부인이 그 말을 듣고 몹시 놀라 이내 사 씨를 찾아갔다.

"들자 하니 낭자가 장부를 위해 첩을 구한다고 하던데……. 그것이 정말인가?"
<u>혼인하여 여자의 짝이 된 남자</u>
"그렇습니다."

"집안에 첩을 두는 것은 환난의 근본이야. ㉡한 필 말에는 두 개의 안장이 있을 수 없
<u>근심과 재난</u>
고, 한 그릇 밥에는 두 개의 수저가 있을 수 없지. 비록 장부가 원한다 하더라도 오히
려 만류해야 할 것이야. 그런데 하물며 스스로 구하려 한다는 말인가?"
<u>붙들고 못 하게 말림</u>
"첩이 존문(尊門)에 들어온 지 이미 구 년이나 지나갔습니다. 그러나 아직 자녀를 하
<u>남의 가문이나 집을 높여 이르는 말</u>
나도 두지 못했습니다. 옛날 법도에 따르자면 응당 내침을 당해야 할 것입니다. 하물
며 소실(小室)을 꺼려할 수가 있겠습니까?"
<u>첩. 정식 아내 외에 데리고 사는 여자</u>
"자녀의 생육이 빠르거나 늦음은 천수(天數)에 달린 것이야. ㉢사람들 가운데에는 간
<u>하늘이 정한 운명</u>
혹 서른이나 마흔 살 이후에 처음으로 자식을 낳는 경우도 있지. 낭자는 이제 겨우
스물을 넘겼어. 어찌하여 그처럼 근심을 지나치게 하는가?"

"첩은 타고난 체질이 허약합니다. 나이는 아직 늙지 않았으나 혈기가 벌써 스무 살
이전과는 다릅니다. 월사(月事)도 또한 주기가 고르지 않지요. 이는 첩만이 홀로 아
<u>월경. 여성의 생리 현상</u>
는 일입니다. 하물며 ㉣일처일첩(一妻一妾)은 인륜의 당연한 도리입니다. 첩에게 비
록 *관저(關雎)의 덕은 없습니다. 그렇지만 또한 세속 부녀자들의 *투기하는 습속은
<u>습관이 된 풍속</u>
본받지 않을 것입니다."

"자네는 지금 내 말을 비웃는 것인가? 내가 장차 사리에 맞게 이야기하겠네. ㉤관저
의 덕 이야기는 본디 태사가 투기하지 않은 덕 때문이었지. 그렇지만 문왕도 여색을
좋아하지 않았어. 그 때문에 뭇 첩도 원망하는 마음을 품지 않았던 것이야. 가령 문
왕이 미색에 빠져 애증을 고르게 하지 못했다면 태사가 비록 투기하지 않았다 하더
<u>여자의 아리따운 용모</u>
라도 궁중에 어찌 원망하는 소리가 없을 수 있었겠어? 그리고 내정(內政)은 어찌 어
<u>안식구들에 의한 집안의 살림살이</u>
지럽지 않을 수 있었겠는가? 고금에 따라 도리가 다르지. 성인과 범인도 차이가 있는
<u>예전과 지금을 아울러 이르는 말</u>   <u>평범한 사람</u>
법이야. 한갓 투기하지 않는 것만을 믿는다면 이는 참으로 이른바 실속 없는 헛된 명
성을 탐하다 화(禍)를 부른다는 형세라 할 것이야."

▶ 사 씨와 ❷☐☐☐이 첩을 들이는 문제로 의견 대립함

01 이 글에 반영된 당시의 사회상으로 적절하지 <u>않은</u> 것은?

① 남성 중심의 가부장적 가치관이 흔들리고 있었다.
② 자식을 낳아서 대를 잇는 것을 중요하게 생각하였다.
③ 자식을 낳지 못한 여인은 법도에 따라 내쫓기기도 하였다.
④ 첩을 두는 관습을 당연한 것으로 인식하는 분위기가 있었다.
⑤ 처첩 간의 갈등으로 인하여 가정 내 불화가 일어나기도 했다.

❤ 가부장적: 가족을 통솔하는 남자 어른이 절대적인 권력을 행사하는 것.

❤ 불화: 서로 화합하지 못함. 또는 서로 사이좋게 지내지 못함.

02 (나)의 서술상 특징으로 가장 적절한 것은?

① 서술자가 사건의 의미를 직접 설명하고 있다.
② 이야기 속에 인물의 과거 회상이 삽입되어 있다.
③ 인물들의 대화를 중심으로 사건을 진행하고 있다.
④ 서술자가 특정 인물의 입장에서 사건을 서술하고 있다.
⑤ 구체적인 배경 묘사로 사건에 사실감을 부여하고 있다.

▣ 소설의 서술 방식
• 서술: 서술자에 의해 인물, 사건, 배경 등이 직접 제시되는 방식
• 대화: 인물들의 주고받는 대사를 제시하여 표현하는 방식
• 묘사: 서술자가 장면을 그림 그리듯이 감각적으로 표현하여 제시하는 방식

03 ㉠~㉤에 대한 설명으로 적절하지 <u>않은</u> 것은?

① ㉠: 지식이 생기지 않는 깃에 대한 사 씨의 해결책이 나타나 있다.
② ㉡: 비유를 활용하여 상대방의 행동이 잘못된 것임을 강조하고 있다.
③ ㉢: 다른 사람의 경우를 예로 들어 상대방을 안심시키려 하고 있다.
④ ㉣: 인륜의 도리를 근거로 하여 상대방의 부도덕함을 비판하고 있다.
⑤ ㉤: 상대방이 언급한 고사에 담긴 의미를 설명하며 상대방을 설득하려 하고 있다.

❤ 고사: 유래가 있는 옛날의 일. 또는 그런 일을 표현한 어구.

04 (나)에 나타난 사 씨와 두 부인의 의견 대립을 다음과 같이 정리할 때, Ⓐ와 Ⓑ에 들어갈 내용을 〈조건〉에 맞추어 쓰시오.

사 씨		두 부인
주장: 첩을 들여야 한다. 근거: (　　Ⓐ　　)	↔	주장: 첩을 들여서는 안 된다. 근거: (　　Ⓑ　　)

┤ 조건 ├
• Ⓐ와 Ⓑ 모두 인물의 말을 바탕으로 서술할 것
• Ⓐ의 근거는 두 가지로 제시할 것
• 각각 '~(이)기 때문이다.' 형태의 한 문장으로 쓸 것

중간 부분 줄거리 유 한림은 사 씨의 권유에 따라 어쩔 수 없이 교 씨를 첩으로 받아들이고, 교 씨는 얼마 지나지 않아 아들 장주를 낳는다.

다 하루는 유 한림이 조정에서 돌아와서 백자당에 들렀지만 술에 취하여 잠을 이룰 수 없어 난간을 의지하고 앉아 있었다. 마침 달빛은 대낮처럼 밝고 꽃 그림자가 창문에 가득하였다. 그래서 한림이 교 씨에게 노래를 하라고 청하자 교 씨는 감기가 들어 목이 아프다는 구실로 사양하였다.

한림이 다시 말했다. / "그렇다면 거문고를 대신 타게."

교 씨는 그 명도 역시 따르려 하지 않았다. 한림이 재삼 재촉하였다.
<u>두세 번. 또는 몇 번씩</u>

그러자 교 씨는 문득 앉은 자리가 젖을 정도로 눈물을 펑펑 흘렸다.

한림은 괴이한 생각이 들었다. / "자네가 내 집에 들어온 이래 지금까지 불평하는 기색을 본 적이 없었네. 오늘은 무슨 일이 있었기에 그렇게 서러워하는가?"

교 씨는 대답도 하지 않고 더욱 구슬피 울었다. 한림이 굳이 그 까닭을 물었다. 〈중략〉
▶ 교 씨가 유 한림의 청을 사양하고 ❶ □□ 눈물을 흘림

라 교 씨는 그제야 눈물을 거두고 대답하였다.

"첩의 촌스러운 노래와 거친 곡조는 본디 *군자께서 들으실 만한 것이 아닙니다. 단지 명을 받들고 마지못하여 못난 재주를 드러냈던 것일 따름입니다. 또한 정성을 다 기울여 *상공께서 한번 웃음을 짓도록 하려는 것에 지나지 않았습니다. 무슨 다른 뜻이 있었겠습니까? / 그런데 오늘 아침 부인께서 첩을 불러 놓고 *책망하셨습니다. '상공께서 너를 취하신 까닭은 단지 후사를 위한 것일 따름이었다. 집안에 미색이 부족한 때문이 아니었어. 그런데 너는 밤낮으로 얼굴이나 다독거렸지. 또한 듣자 하니 음란한 음악으로 장부의 심지를 *고혹하게 하여 가풍을 무너뜨리고 있다 하더구나. 이는 죽어 마땅한 죄이다. 내가 우선 경고부터 해 두겠다. 네가 만일 이후로도 행실을 고치지 않는다면, 내 비록 힘은 없으나 아직도 여 태후(呂太后)가 척 부인(戚夫人)의 손발을 자르던 칼과 벙어리로 만들던 약을 가지고 있느니라. 앞으로 각별히 삼가라!' 라고 하셨습니다."〈중략〉
<u>대를 잇는 자식</u>
<u>마음에 품은 의지</u>
▶ 교 씨가 유 한림에게 사 씨의 조언을 ❷ □□하여 전함

마 한림은 그 말을 듣고 깜짝 놀랐다. 의아한 생각이 들어 속으로 가만히 헤아려 보았다. / '저 사람은 평소 투기하지 않는다고 스스로 자부하고 있었어. 교 씨를 매우 은혜롭게 대하고 있었어. 일찍이 교 씨의 단점을 말하는 소리도 들어 본 적이 없었어. 아마도 교 씨의 말이 실정보다 지나친 것은 아닐까?'
<u>실제의 사정이나 정세</u>

한림은 한동안 조용히 생각하다가 교 씨를 위로하였다.

"내가 자네를 취한 것은 본디 부인의 권고를 따른 일이었네. 또 부인이 일찍이 자네에게 해로운 소리를 한 적도 없었지. 이 일은 아마 비복들 가운데서 누군가가 *참언을 하였기에 부인이 잠시 노하여 하신 말씀에 지나지 않을 것이네. 그러나 성품이 본시 유순하니 자네를 해치려 하지는 않을 것이야. 염려하지 말게. 하물며 내가 있질 않나? 자네를 어떻게 해칠 수 있겠는가?"
<u>계집종과 사내종을 아울러 이르는 말</u>

교 씨는 끝내 마음을 풀지 않은 채 다만 한림에게 사례할 따름이었다.
▶ 유 한림은 사 씨에 대한 ❸ □□를 보이며 교 씨를 위로함

❂ **갈등의 근본 원인**

이 작품의 배경이 된 조선 사회에서는 높은 지위의 양반이 첩을 두는 것을 당연시하였다. 이런 축첩 제도는 가정 내에서 다양한 원인으로 처첩 간의 갈등을 야기하였다. 사 씨와 교 씨의 갈등은 선인과 악인 간의 갈등을 보여 주는 한편, 갈등을 일으킨 근본적 원인인 축첩 제도에 대한 비판을 드러내고 있다.

❂ **사 씨에 대한 인물들의 태도**

교 씨는 한림에게 사 씨의 말을 왜곡하여 전달하면서 사 씨가 약자에게 권력을 휘두르는 무서운 사람처럼 보이게 만들고 있다. 교 씨의 말에 의하면, 사 씨는 작은 일로 첩을 책망하고 투기하는 사람, 처첩 간의 위계를 중시하여 첩을 죽이겠다고 위협하는 사람으로 보이는 것이다. 그러나 한림은 사 씨의 덕성에 대한 신뢰가 있기 때문에 이러한 교 씨의 말을 그대로 받아들이지는 않고 있다.

어휘 쏙쏙

• **군자**: 1. 행실이 점잖고 어질며 덕과 학식이 높은 사람. 2. 예전에, 아내가 자기 남편을 이르던 말.
• **상공**: 지체 높은 집안에서, 아내가 남편을 높여 부르는 말.
• **책망**: 잘못을 꾸짖거나 나무라며 못마땅하게 여김.
• **고혹**: 아름다움이나 매력 같은 것에 홀려서 정신을 못 차림.
• **참언**: 거짓으로 꾸며서 남을 헐뜯어 윗사람에게 고하여 바침. 또는 그런 말.

정답 ❶ 서럽게 ❷ 과장 ❸ 신뢰

05 이 글에서 알 수 있는 내용으로 적절하지 <u>않은</u> 것은?

① 교 씨가 유 한림의 청을 사양하고 눈물을 흘린 것은 관심을 끌기 위해서이다.
② 유 한림은 교 씨의 의도를 눈치 채지 못하고 전과 다른 행동에 의아해하고 있다.
③ 유 한림은 교 씨의 말을 전혀 믿지 않으면서도 교 씨를 거짓으로 위로하고 있다.
④ 유 한림은 사 씨의 성품과 교 씨를 대하는 언행을 근거로 사 씨를 신뢰하고 있다.
⑤ 유 한림은 교 씨에게 사 씨가 한 말은 비복의 참언에 의한 것이라고 여기고 있다.

♥ 의아해하다: 의심스럽고
   이상해하다.

 06 이 글에 나타난 '교 씨'의 태도에 대한 평가로 가장 적절한 것은?

① 겉으로는 강해 보이나 속은 부드러운 '내유외강(內柔外剛)'이로군.
② 대단치 않은 일에 크게 언짢아하는 '견문발검(見蚊拔劍)'의 태도로군.
③ 교묘한 말로 유 한림을 속이려 하니 '교언영색(巧言令色)'이라 하겠어.
④ 자신에 대해 스스로 미흡하게만 여기니 '자격지심(自激之心)'이 심하군.
⑤ 적의를 품고서 사 씨에게 협력하려 하니 '오월동주(吳越同舟)'의 모습이로군.

07 (라)의 말하기에 나타난 특징으로 가장 적절한 것은?

① 상황을 가정하여 상대방에 대한 자신의 믿음을 강조하고 있다.
② 고사를 인용함으로써 자신의 주장에 권위를 부여하려 하고 있다.
③ 틈이 없음을 부끄러워하면서 문제의 책임을 스스로에게 돌리고 있다.
④ 상대방의 신뢰를 얻기 위해 겸손한 태도로 자신을 낮추며 말하고 있다.
⑤ 두 가지 관점을 대조하면서 상대방이 한 가지를 받아들일 것을 요구하고 있다.

▣ 여 태후와 척 부인 고사:
  여 태후는 한나라 고조의
  본처로서 훗날 희대의 권
  력자가 되는 인물임. 그녀
  는 고조의 총애를 받았던
  척 부인과 그의 아들 여
  의를 투기하여 고조가 죽
  자마자 두 사람을 죽였음.

08 〈보기〉를 참고할 때 이 글에 대한 감상으로 적절하지 <u>않은</u> 것은?

┤ 보기 ├

　이 작품은 중국 명나라를 배경으로 하고 있으나, 당대 조선의 사회상과 양반 가
정의 모습을 담고 있다. 조선 숙종이 인현 왕후를 폐위하고 희빈 장 씨를 중전에 책
봉한 사건을 풍자하여 숙종의 마음을 되돌리기 위해 지었다고 전해지기도 한다. 따
라서 이 작품을 통해 당대 세태와 관습뿐 아니라 사회적 위계, 지배적 이념 등에 대
한 가치관을 확인할 수 있다.

① 사 씨에 대한 교 씨의 모함에서 축첩 관습의 문제점이 환기되고 있다.
② 사 씨와 교 씨의 관계에서 부인과 첩의 사회적 위계를 확인할 수 있다.
③ 사 씨가 후사를 위해 첩을 취하게 한 것에서 가문에 대한 가치관을 짐작할 수
　있다.
④ 중국을 배경으로 함으로써 당대 조선의 양반 가정의 세태를 우회적으로 비판
　하고 있다.
⑤ 사 씨와 교 씨를 대하는 유 한림의 태도를 통해 인현 왕후를 폐위한 숙종을 변
　호하고 있다.

♥ 책봉: 왕세자, 왕세손, 왕
　후, 비(妃), 빈(嬪), 부마
　등을 지위에 봉하여 세우
　던 일.
♥ 세태: 사람들의 일상생활,
　풍습 따위에서 보이는 세
　상의 상태나 형편.
♥ 관습: 어떤 사회에서 오
　랫동안 지켜 내려와 그
　사회 성원들이 널리 인정
　하는 질서나 풍습.
♥ 위계: 지위나 계층 따위
　의 등급.

바 아아! 옛말에 이르기를, '호랑이를 그리는 데는 뼈를 그리기 어렵고, 사람을 사귀는 데는 마음을 알기 어렵다'고 하였다. 교 씨는 얼굴이 유순하고 말씨가 공손하였다. 따라서 사 씨는 단지 좋은 사람으로 여겼을 따름이었다. 경계한 말씀은 오직 음란한 노래가 장부를 오도할까 염려한 것이었다. 또한 교 씨를 바른길로 인도하려는 것이었다. 본디 사랑하는 마음에서 한 말이었다. 추호도 시기하는 생각은 없었던 것이다. 그런데 교 씨 는 문득 분한 마음을 품고 교묘한 말로 *참소하여 마침내 큰 재앙의 뿌리를 양성하였다. 부부와 처첩의 사이는 진정 어려운 관계라 아니할 수 있겠는가? 한림은 교 씨의 간계를 깨닫지 못했다. 하지만 사 씨의 본의도 역시 의심하지는 않았다. 그러므로 교 씨는 다시 참소를 행할 수 없었다.

> 그릇된 길로 이끎
> 매우 적거나 조금인 것을 비유적으로 이르는 말
> 간사한 꾀

▶ 교 씨의 모함이 ❶ ☐☐로 끝남

사 하루는 유 한림이 일을 마치고 집에 돌아오니 석 낭중이란 사람이 편지를 보내 남쪽 지방이 고향인 동청이란 자를 *천거했다.

[A] ┌ 동청이란 사람은 일찍 부모를 여의고 세상에 떠돌며 *무뢰배와 어울려 주색잡기를 일삼았다. 그나마 있던 재산을 탕진하고 생계가 막연하여 객지로 나와 대갓집에 빌붙어 살았다. 잘생긴 얼굴에 말주변과 글재주가 있으니 이름난 선비들이 처음에는 이 사람을 받아들여 잘 대해 주었다. 그러나 그 자제들을 유혹하여 나쁜 짓을 같이 하는 바람에 결국 쫓겨나게 되었다. 그러다가 석 낭중의 집에까지 오게 되었고, 낭중도 동청의 정체를 알고 괴로워하던 중이었다. 낭중이 마침 외직으로 부임하는 차 └ 에 동청의 허물을 감추고 유 한림에게 소개한 것이다.

> 술과 여자와 노름을 아울러 이르는 말
> 재물 따위를 다 써서 없앰

유 한림은 마침 마땅한 사람을 구하던 차였다. 동청을 만나 보니 말하는 것이 흐르는 물과 같고 풍모도 반듯하여 흔쾌히 서사(書土)의 직분을 맡겼다. 동청은 재주가 있고 눈치가 빨라 매사를 한림의 뜻대로 챙기니 신임이 두터웠다.

> 문서를 정리하거나 필사하는 일을 하는 사람
> 믿고 일을 맡김. 또는 그 믿음

이를 본 사 씨가 한림에게 말했다. / "첩이 듣기로 동청은 정직하지 않아 여러 곳에서 *배척을 받았다 하옵니다. 그러니 머무르게 하지 말고 빨리 내보내소서."

한림이 말했다. / "동청을 머물게 하는 것은 단지 글을 구함이지 벗을 삼으려는 것이 아니오. 무슨 상관이 있겠소?"

사 씨가 말했다.

"비록 벗은 아니지만 좋지 않은 사람과 같이 있으면 자연히 잘못된 길로 빠질 수 있습니다. 이런 사람을 집안에 두어 법도가 잘못될까 걱정하는 것이옵니다."

> 생활상의 예법과 제도(制度)를 아울러 이르는 말

한림이 말했다.

"부인의 말씀이 옳지만 남을 비방하는 것을 좋아하는 사람이 많소. 혹 동청도 그런 사람들 때문에 억울하게 비방을 받았을 수 있으니 두고 보면 자연히 알리라."

> 남을 비웃고 헐뜯어서 말함

▶ 사 씨와 유 한림이 ❷ ☐☐의 문제로 의견 대립함

뒷부분 줄거리 사 씨가 아들 인아를 낳자 자신의 지위가 불안해진 교 씨는 동청과 짜고 친아들 장주를 죽이면서까지 사 씨를 모함한다. 교 씨의 흉계로 가정에서 쫓겨난 사 씨는 수월암에서 생활한다. 한편 유 한림은 동청의 모함으로 조정에서 쫓겨나 유배되고, 동청은 유 한림을 고발한 공으로 지방관이 된다. 나중에 유배에서 풀려난 유 한림은 모든 것이 교 씨의 흉계에 의한 것임을 알고, 교 씨를 처벌하고 사 씨를 다시 만나 영화를 누린다.

작품 핵심

☀ **창작 배경**

이 작품은 작가 김만중이 당시 숙종이 왕비인 인현 왕후를 폐위하고 희빈 장 씨를 중전으로 책봉한 사건을 풍자한 것으로 해석되기도 한다. 즉, 이 작품은 인현 왕후 폐위의 부당성을 드러내고 숙종의 잘못을 일깨우고자 하는 목적으로 창작되었다고 볼 수 있다. 소설 속 인물은 다음과 같이 현실의 인물을 빗대고 있다.

〈사씨남정기〉	현실
유 한림	숙종
사 씨 부인	인현 왕후
교 씨 부인	장 희빈

☀ **문학사적 의의**

· 조선 시대 장편 소설이 창작될 수 있는 밑거름이 된 작품이다.
· 일부다처제로 인한 처첩 간의 갈등을 소설화한 최초의 가정 소설로 후대 가정 소설의 모범이 되었다.

☀ **가정 소설**

가정에서 일어나는 일을 소재로 한 작품을 말한다. 처첩 간의 갈등이나 전처 소생과 후처 혹은 후처 소생과의 갈등을 그린 것으로, 〈장화홍련전〉, 〈콩쥐팥쥐전〉 등이 대표적이다.

어휘 쏙쏙

· **참소**: 남을 헐뜯어서 죄가 있는 것처럼 꾸며 윗사람에게 고하여 바침.
· **천거**: 어떤 일을 맡아 할 수 있는 사람을 그 자리에 쓰도록 소개하거나 추천함.
· **무뢰배**: 무뢰한(품이 막되어 예의와 염치를 모르며, 일정한 소속이나 직업이 없이 불량한 짓을 하며 돌아다니는 사람)의 무리
· **배척**: 따돌리거나 거부하여 밀어 내침.

> 정답 ❶ 실패 ❷ 인물 등용

09 (바)에 대한 설명으로 적절하지 <u>않은</u> 것은?

① 축첩 제도에 대한 서술자의 부정적 인식이 나타나고 있다.

② 작중 인물의 주관적 판단을 중심으로 상황을 평가하고 있다.

③ 사 씨와 교 씨에 대한 서술자의 대조적인 시각이 드러나고 있다.

④ 앞으로 비극적인 사건이 일어날 것임을 비유적으로 암시하고 있다.

⑤ 사 씨가 교 씨에게 조언한 의도를 서술자가 직접적으로 설명하고 있다.

■ 편집자적 논평: 작품 바깥에 위치한 서술자가 진행 중인 사건이나 특정 인물의 언행 등에 대해 직접 설명하거나, 자신의 주관적 느낌이나 견해를 직접적으로 드러내는 것을 말함. 고전 소설이나 판소리 등에서 자주 나타남.

10 [A]에서 '동청'에 대해 제시한 방법으로 가장 적절한 것은?

① 요약적 서술을 통해 삶의 내력을 드러내고 있다.

② 작중 인물의 시각을 통해 인물의 미래를 암시하고 있다.

③ 설의적 진술을 통해 인물이 처한 상황을 부각하고 있다.

④ 인물의 외양 묘사를 통해 인물 간의 갈등을 형상화하고 있다.

⑤ 다양한 체험의 나열을 통해 인물의 성격 변화를 보여 주고 있다.

♥ 내력: 지금까지 지내온 경로나 경력.

11 이 글을 읽고 '유 한림'의 성격에 대해 다음과 같이 토의했다고 할 때, ⓐ, ⓑ에 알맞은 말을 각각 한 단어로 쓰시오.

> A: 교 씨의 모함에도 사 씨의 본의를 의심하지 않고, 동청에 대한 사 씨의 우려에도 쉽게 생각을 바꾸지 않는 것으로 보아 (ⓐ)한 성격이야.
> B: 하지만 교 씨와 동청의 부정적인 면을 알아차리지 못하는 것으로 보아 다소 (ⓑ)이/가 부족하다고 할 수도 있어.

수능형

12 〈보기〉의 글쓴이가 이 글에 대해 평가했다고 할 때, 그 내용으로 적절하지 <u>않은</u> 것은?

> ┤ 보기 ├
>
> 서포(김만중)는 속언(俗言)으로 많은 소설을 지었다. 그 가운데 '남정기'라 하는 것은 하릴없이 지은 작품들과는 비교할 수 없기에 내가 한문으로 번역하였다. 패관 소설은 허황하지 않으면 경박하고 화려한데, 백성의 도리를 돈독히 하고 세교(世敎)에 도움이 되게 할 만한 것은 오직 '남정기'뿐이다.
>
> – 김춘택, 〈북헌집〉 중에서

① 어진 사 씨의 모습은 부녀자들이 갖춰야 할 도리를 보여 준다.

② 당시 사회의 문제점을 드러내고 있어 경박한 것과 거리가 멀다.

③ 허황하고 화려한 면을 제외하면 가치가 있어 한문으로 번역할 만하다.

④ 가정 내의 갈등을 바탕으로 세교를 담고 있어 백성들에게 도움이 될 만하다.

⑤ 선인과 악인의 대립을 통해 권선징악을 보여 주므로 백성들을 교화할 만하다.

♥ 패관 소설: 민간에서 떠도는 이야기를 주제로 한 소설.
♥ 허황하다: 헛되고 황당하며 미덥지 못하다.
♥ 경박: 언행이 신중하지 못하고 가벼움.
♥ 세교: 세상을 살아가면서 얻는 교훈.

작품 한눈에 보기

핵심 정리

완곡한 표현으로 잘못을 고치도록 말함

갈래	국문 소설, 가정 소설	성격	교훈적, 풍간적(諷諫的)
배경	[시간적] 중국 명나라 초기 [공간적] 중국 북경 금릉 순천부	시점	전지적 작가 시점
제재	처첩 간의 갈등		
주제	사 씨의 고난과 부덕(婦德), 권선징악		
특징	① 일부다처제로 인한 ❶◻◻ 간의 갈등을 바탕으로 권선징악이라는 보편적 주제를 다룸. ② 선인과 악인의 대립적 인물을 제시하여 주제 의식을 부각함. ③ 인물의 성격이나 갈등 양상이 비교적 사실적으로 그려짐. ④ 숙종이 인현 왕후를 폐위한 일의 부당함을 풍간하기 위해 쓴 소설임.		

◈ 이 글 전체의 구성

발단	전개	위기	절정	결말
중국 명나라 세종 때 금릉 순천부의 유현에게 태어난 유연수는 15세에 장원 급제하여 한림학사가 된 후 사 씨를 아내로 맞음.	혼인한 지 9년이 되도록 아이가 없자 사 씨는 유연수를 설득하여 교 씨를 후처로 맞아들이게 함. 교 씨는 사 씨에게 누명을 씌우고, 유연수는 사 씨를 내쫓고 교 씨를 정실로 삼음.	교 씨는 문객 동청과 간통하면서 유연수를 참소하여 유배시킴.	유연수의 억울함을 알게 된 조정은 유연수에 대한 혐의를 풀어 소환하고, 동청을 처형함.	유연수는 자신의 잘못을 뉘우치고 고향으로 돌아와 교 씨를 처형하고, 사 씨를 다시 정실로 맞아들여 행복하게 삶.

◈ 등장인물의 관계 및 갈등 양상

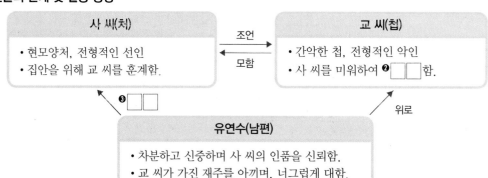

사 씨(처)	조언 → ← 모함	교 씨(첩)
• 현모양처, 전형적인 선인 • 집안을 위해 교 씨를 훈계함.		• 간악한 첩, 전형적인 악인 • 사 씨를 미워하여 ❷◻◻함.

❸◻◻

위로

유연수(남편)

• 차분하고 신중하며 사 씨의 인품을 신뢰함.
• 교 씨가 가진 재주를 아끼며, 너그럽게 대함.
• 교 씨의 모함에 대해 제대로 판단하지 못함.

◈ 작품에 반영된 당시의 사회상

• 혼인한 지 9년이 되도록 아이가 없는 것을 근심한 사 씨가 직접 교 씨를 첩으로 들게 함.
• 교 씨가 사 씨를 참소하여 갈등이 벌어짐.

➡

• 자녀를 낳아 ❹◻◻을 이어 나가는 것을 중시함.
• ❺◻을 두는 관습을 당연한 것이라고 인식함.
• 축첩 제도로 인해 가정 내에 갈등이 벌어짐.

어휘력 다지기

01 ~ 04 다음 뜻풀이에 해당하는 어휘를 쓰시오.

01 거짓으로 꾸며서 남을 헐뜯어 윗사람에게 고하여 바침. 또는 그런 말.　ㅊ　ㅇ

02 어떤 일을 맡아 할 수 있는 사람을 그 자리에 쓰도록 소개하거나 추천함.　ㅊ　ㄱ

03 매우 적거나 조금인 것을 비유적으로 이르는 말.　ㅊ　ㅎ

04 부부 사이나 사랑하는 이성(異性) 사이에서 상대되는 이성이 다른 이성을 좋아할 경우에 지나치게 시기함.　ㅌ　ㄱ

05 ~ 08 빈칸에 들어갈 알맞은 어휘를 〈보기〉에서 찾아 쓰시오.

보기
만류　　비방　　책망　　탕진

05 그는 말실수를 자주 해서 (　　　　)을/를 받았다.

06 부모님의 (　　　　)에도 결국 학교를 그만두었다.

07 경쟁 가게에 대한 (　　　　)을/를 퍼뜨리다 고소를 당했다.

08 게임에 조금씩 돈을 쓰다 보니 어느새 용돈을 (　　　　)했다.

09 ~ 11 다음의 문맥에 어울리는 어휘에 ○표 하시오.

09 성현의 높은 뜻을 (범인 / 장부)이/가 어찌 쉽게 알겠는가.

10 할아버지는 아흔까지 (천수 / 후사)를 누리다 돌아가셨다.

11 세이렌의 노랫소리는 누구나 (고혹 / 배척)할 만큼 아름다웠다.

12 ~ 14 다음 뜻풀이에 해당하는 한자 성어를 쓰시오.

12 모기를 보고 칼을 뺀다는 뜻으로, 사소한 일에 크게 성내어 덤빔을 이르는 말.　ㄱ　ㅁ　ㅂ　ㄱ

13 겉으로 보기에는 강하게 보이나 속은 부드러움.　ㄴ　ㅇ　ㅇ　ㄱ

14 서로 적의를 품은 사람들이 한자리에 있게 된 경우나 서로 협력하여야 하는 상황을 비유적으로 이르는 말.　ㅇ　ㅇ　ㄷ　ㅈ

고전 산문

02 임경업전 ① _작자 미상

앞부분 줄거리 임경업은 사신 이시백을 따라 명나라에 갔다가 가달의 침략을 받고 명나라에 구원을 청한 호국을 돕는다. 이후 강성해진 호국이 조선을 침략하려 하자 조정에서는 임경업을 의주로 보내 이를 막도록 하고, 호국은 의주를 피해 함경도로 돌아들어 와 인조의 항복을 받고 세자와 대군을 인질로 데려간다. 이후 호왕은 명나라를 치겠다며 조선에 군대와 함께 임경업을 대장으로 보낼 것을 요구한다. 임경업은 이를 이용하여 호국을 정벌하고자 하였으나, 부하의 배신으로 모든 계획이 들통나 호국으로 끌려간다.

가 호왕이 대로하여
　　크게 화를 냄

　[A] ┌ "네 목숨이 내게 달렸거늘 끝까지 굴하지 아니하느냐? 네가 항복하면 왕을 봉하
　　　│ 리라."
　　　│ 경업이 가로되 / "˚병자년에 우리 주상이 ˚종사(宗社)를 위하여 네게 항복하셨거
　　　└ 니와 내 어찌 목숨을 위하여 네게 항복하리오."

호왕이 대로하여 무사에게 명하여 / "내어 베라."

하니, 경업이 크게 꾸짖어 가로되

　　"ⓐ내 목숨은 하늘에 있거니와, 네 머리는 열 걸음 안에 있느니라."

하고 안색도 변하지 않고 무사를 보며,

　　"바삐 죽이라." / 하니, ⓑ호왕이 경업의 ˚강직함을 보고 ˚탄복하며 맨 것을 풀고 손
으로 이끌어 올려 앉히고,

　　"ⓒ장군이 내게는 ˚역신(逆臣)이나 조선에는 충신이라. 내 어찌 충절을 해하리요. 장
군의 소원대로 하리라. 즉시 세자와 대군을 놓아 보내라." ▶ 임경업의 ❶□□에 호왕이 감동함

나 이때 세자와 대군이 별궁에 계셔서 임 장군을 주야로 기다리시더니, 문 지키는 관원
이 들어와 고하되 / "임 장군이 천자께 청하여 세자와 대군을 놓았다."

하거늘, 세자와 대군이 기꺼워하사 궁문 밖으로 나와 기다리시더니, 경업이 나아와 울
며 절하니, 세자와 대군이 경업의 손을 잡고 함께 들어가 호왕을 보더라.

　　호왕이 / "경들을 임경업이 생사를 돌아보지 않고 구하여 돌아가려 하기로, 내 경업
의 충절에 감동하여 경들을 보내나니, 각각 소원을 말하면 내가 정을 표하리라."

하거늘 세자는 금은을 청하고 대군은 조선에서 잡혀 온 사람을 청하여 어서 돌아가기를
원하니, 호왕이

　　"각각 소원대로 하라." / 하고 ㉠대군을 기특히 여기더라. ▶ 호왕이 세자와 ❷□□을 풀어 줌

다 경업이 세자와 대군을 뫼시고 나와 하직하거늘, 세자와 대군이 울며 말하기를,
　　　　　　　　　　　　　먼 길을 떠날 때 웃어른께 작별을 고하는 것

　　"ⓓ장군의 덕택으로 고국에 돌아가거니와 장군을 두고 가니 마음이 어두운지라 어찌
슬프지 아니하리요. 바라건대 장군도 쉬이 돌아오기를 바라노라."

하니 경업이 대답하기를,

　　"ⓔ하늘이 도와 세자와 대군이 고국에 돌아가시니 ˚불승 만행이오나, 모시고 가지 못
하오니 가슴 아픔을 어찌 측량하오리까." 　아주 다행함

하니 세자가 가로되,

　　"장군과 동행하지 못하니 결연함이 비할 데 없는지라. 중로에서 기다릴 것이니 속히
돌아옴을 주선하라."〈중략〉 　　오가는 길의 중간
　　　모자라서 서운하거나 불만족스러움　　　　　　▶ ❸□□에 돌아가게 된 세자와 대군이 임경업과 작별함

작품 핵심

◈ 인물의 성격

임경업	나라를 위기에서 구한 민중적 영웅. 용맹하고 지조가 있는 충신으로 임금의 신뢰를 받는 한편 호왕에게도 인정받음.
호왕	청나라의 왕. 임경업의 용맹과 뛰어난 지략을 알고 죽이려 하면서도 그의 충절을 인정함.
김자점	자신의 위세를 지키기 위해 임경업을 없앰. 목적을 위해 수단을 가리지 않는 잔인하고 간교한 인물임.

◈ 인물 설정 의도

병자호란 당시 여진족에게 우월감을 가지고 있던 조선이 청나라의 침략에 패하고 항복한 것은 큰 충격이었다. 이 작품은 인조 때 중국에까지 이름이 알려진 장수였던 임경업을 주인공으로 하여 그의 영웅적 면모를 형상화하는 한편, 우리가 청나라에 패배한 이유는 힘이 부족해서가 아니라 임경업과 같은 인재가 뜻을 펼칠 수 없었기 때문임을 강조하고 있다. 이를 통해 허구적인 방식으로나마 역사적 아픔과 치욕을 씻고 분노를 위로하고자 한 것이다.

🄰 어휘 쏙쏙

- **병자년**: 육십갑자의 열세 번째 해. 여기서는 1636년을 의미함.
- **종사**: 종묘와 사직이라는 뜻으로 '나라'를 이르는 말.
- **강직하다**: 마음이 꼿꼿하고 곧다.
- **탄복하다**: 매우 감탄하여 마음으로 따르다.
- **역신**: 임금을 반역한 신하.
- **불승**: 어떤 감정이나 느낌을 억눌러 참아 내지 못함.

정답 ❶ 충절 ❷ 인질 ❸ 고국

01 이 글에 대한 설명으로 적절하지 <u>않은</u> 것은?

① 공간적 배경이 세밀하게 묘사되고 있다.
② 실존 인물의 이야기를 소재로 하고 있다.
③ 병자호란이라는 역사적 사건을 바탕에 두고 있다.
④ 인물의 대화를 중심으로 이야기가 전개되고 있다.
⑤ 작품 밖의 서술자가 인물의 행위와 심리를 서술하고 있다.

■ 고전 소설의 사실성: 허구적 속성에 바탕을 두고 있는 소설에서 전하고자 하는 이야기의 신뢰성을 높이기 위한 장치 중의 하나로, 고전 소설에서는 실존 인물을 등장시키거나 실제 일어났던 역사적 사건(연도) 등을 명시하는 경우가 많음.

중요
02 [A]에 나타난 인물의 말하기에 대한 설명으로 가장 적절한 것은?

① 호왕은 불리한 상황을 지적하고 보상을 제시하며 상대방을 회유하고 있다.
② 임경업은 자신의 속마음을 감춘 채 질문을 통해 상대방의 의도를 확인하고 있다.
③ 호왕과 임경업은 모두 수용하기 어려운 일을 요구하며 상대방을 시험하고 있다.
④ 호왕은 상대방의 행동을 비난하고 있고, 임경업은 자신의 능력을 과시하고 있다.
⑤ 호왕은 협박을 통해, 임경업은 역사적 사실의 환기를 통해 상대방의 행동을 바꾸려 하고 있다.

♥ 회유: 어루만지고 잘 달래어 시키는 말을 듣도록 함.

♥ 과시: 자랑하여 보임.
♥ 환기: 주의나 여론, 생각 따위를 불러일으킴.

03 ⓐ~ⓔ에 대한 이해로 적절하지 <u>않은</u> 것은?

① ⓐ: 임경업의 당당하고 강직한 태도가 드러나 있다.
② ⓑ: 호왕의 행동을 통해 작중 상황의 반전이 드러나고 있다.
③ ⓒ: 호왕의 임경업에 대한 우려와 안타까움이 드러나 있다.
④ ⓓ: 임경업의 안위를 걱정하는 왕자들의 마음을 엿볼 수 있다.
⑤ ⓔ: 임경업의 충신으로서의 면모가 드러나고 있다.

♥ 반전: 일의 형세가 뒤바뀜.
♥ 안위: 편안함과 위태함을 아울러 이르는 말.

04 '호왕'이 ㉠과 같이 생각한 이유를 〈조건〉에 맞추어 서술하시오.

┤ 조건 ├
• '세자'와 '대군'의 태도를 비교하여 근거로 제시할 것
• '~와/과 달리, ~은/는 ~(이)기 때문이다.' 형태의 한 문장으로 쓸 것

---

02 임경업전 ❷

라 ㉠이때 김자점의 *위세가 조정에 진동하는지라. 경업이 돌아오는 *패문이 왔거늘, 자점이 헤오되, '경업이 돌아오면 나의 *계교를 이루지 못하리라.' 하고 상께 아뢰기를,
생각하되   임금의 높임말

"경업은 반역 죄인이라, 황명을 거역하고 도망하여 남경에 들어가 우리 조선을 치고자 하다가, 하늘이 무심치 아니하사 북경에 잡힌 바 되어 계교를 이루지 못하매, 하는 수 없어 세자와 대군을 청하여 보내고 뒤쫓아 나오니, 어찌 이런 *대역 죄인을 그저 두겠나이까!"

㉡상이 크게 놀라 왈, / "무슨 연고로 만고 충신을 해하려 하는가? 경업이 비록 과인
아주 오랜 세월 동안   임금이 자기를 낮추어 이르던 일인칭 대명사
을 해롭게 하여도 아무도 해하지 못하리라."

하시고, 자점을 엄히 꾸중하사 / "나가라!" / 하시니,

자점이 나와 동료와 의논하여 왈

"경업이 의주에 오거든 역적으로 잡아 오너라." / 하더라.

▶ 김자점이 귀국하는 임경업을 ❶□□함

마 이때 경업이 데려갔던 *격군과 호국 사신을 데리고 의주에 이르니, 사자(使者)가
명령이나 부탁을 받고 심부름하는 사람
와 이르되, / "장군이 반역했다 하여 역률(逆律)로 잡아 오라 합니다."
역적을 처벌하는 법률
하고 칼을 씌우며 재촉하니, 의주 백성들이 울며,

"우리 장군이 만리타국에서 이제야 돌아오거늘, 무슨 연고로 잡혀가는고?"

하거늘, 경업이 말하되,

"모든 백성은 나의 형상을 보고 조금도 놀라지 말라. 나는 죄 없이 잡혀가노라."

하니 남녀노소 없이 아무 연고를 모르고 슬퍼하더라. 경업이 세별영에 다다라 전일을 생각하고 격군들을 불러, / "너희들이 부모처자를 이별하고 만리타국에 갔다가 무사히 돌아오매 너희 은혜를 만분의 일이라도 갚을까 하였더니 시운이 불행하여 죽게 되매
시대나 그때의 운수
다시 보기 어려우니 너희는 각각 돌아가 잘 있거라."

하니 격군 등이 울며 말하기를, / "아무런 연유를 모르거니와 장군의 충성이 하늘에 사무쳤으니 설마 어떠하리오. 과히 슬퍼 마소서."

하며 차마 떠나지 못하더라. 경업이 삼각산을 우러러보고 슬퍼하며,

"장부가 세상에 태어나서, 평생 지기를 이루지 못하고 애매하게 죽게 되니 뉘라서 신
의지와 기개   억울하게
원(伸冤)하여 주리오." / 하고 통곡하니, ㉢산천초목도 따라서 슬퍼하더라.
가슴에 맺힌 원한을 풀어 버림
▶ 임경업이 ❷□□하게 잡혀감

바 ㉣경업이 온다는 소문이 나라에 전하여지니, 상이 기뻐하사 *승지로 하여금 위로하여 말하기를, / "경이 무사히 돌아오매 기쁘고 다행하여 즉시 보고 싶으나, 먼 길을 왔으니 잘 쉬고 명일 *입시(入侍)하라."
내일
하시니 승지가 자점이 두려워서 하교를 전하지 못한지라. 경업이 옥에 갇혀 생각하되
왕이 명령을 내림
'세자와 대군이 어찌 내 일을 모르고 구치 아니시는고?' 하며 ㉤주야로 번민하여 목이 말라 물을 찾는데, 옥졸이 물을 주지 아니하니 이는 자점의 흉계로 옥졸들에게 분부한 때문이리라. 경업이 이러한 형편을 보고 탄식하여 이르기를,

"옥졸들까지도 나를 미워하니, 이는 필시 하늘이 나를 죽게 하심이니 누구를 원망하리오."

▶ 김자점 무리가 임경업을 가두고 임금의 ❸□□ 전달을 막음

작품 핵심

✪ 갈등 양상

→ 위협이 되는 임경업을 없애려던 호왕이 임경업의 충절에 감동해 그의 소원을 들어 주고 풀어 주는 모습을 통해 임경업의 용맹과 충절이 드러나고 있다.

→ 역모를 위해 임금에게 거역하고 임경업을 해하려 하는 김자점과, 임금의 신뢰와 백성의 지지를 얻고 있는 임경업의 면모가 대비되고 있다.

✪ 이 작품의 서술상 특징

- 공간의 이동에 따라 사건이 급박하게 전개되고 있다.
- 전쟁의 참상을 사실적으로 묘사하여 고통받는 민중의 모습을 드러내고 있다.
- 서술자의 개입(편집자적 논평)을 통해 상황에 대한 판단을 제시하고 있다.

🌊 어휘 쏙쏙

- **위세**: 사람을 두렵게 하여 복종하게 하는 힘.
- **패문**: 조선 시대에, 중국에서 조선으로 칙사를 파견할 때에 관련 사항을 기록하여 보내던 통지문.
- **계교**: 요리조리 헤아려 보고 생각해 낸 꾀.
- **대역**: 국가와 사회의 질서를 어지럽히는 큰 죄. 또는 그런 행위.
- **격군**: 조선 시대에 사공의 일을 돕던 수부.
- **승지**: 조선 시대에, 승정원에 속하여 왕명의 출납을 맡아보던 정삼품의 당상관.
- **입시**: 대궐에 들어가서 임금을 뵘.

정답 ❶ 역모 ❷ 억울 ❸ 하교

---

05 이 글의 등장인물에 대한 이해로 적절하지 <u>않은</u> 것은?

① '상'은 김자점의 모함에도 불구하고 임경업을 끝까지 신뢰한다.

② 임경업은 억울하게 잡혀가면서도 백성들과 격군들을 배려한다.

③ 김자점은 자신의 사리사욕을 위해 무고한 임경업을 해치려 한다.

④ 임경업은 힘겹게 고국에 돌아온 자신을 옥에 가둔 '상'을 원망한다.

⑤ '상'은 임경업이 김자점에게 당한 일을 모르고 임경업의 귀환을 기뻐한다.

♥ 사리사욕: 사사로운 이익과 욕심.
♥ 무고하다: 아무런 잘못이나 허물이 없다.

06 〈보기〉를 참고하여 이 글의 낭독을 들은 당시 청중들의 반응을 짐작한 내용으로 적절하지 <u>않은</u> 것은?

┤ 보기 ├

실감 나는 낭독은 청중에게 작중 인물이 직접 말하는 것 같은 극적 환상을 일으킨다. 인물의 심리가 즉각 전달되고 사건은 보다 생생해져서, 청중은 낭독자의 안내에 따라 작품을 수용하고 현실에 대한 문제의식을 키우게 된다. 조선 후기에 〈임경업전〉은 청에 대한 적대감, 임경업에 대한 흠모 의식을 바탕으로 백성들에게 인기를 끌었다. 당시 이 작품을 낭독할 때 김자점이 임경업에게 죄를 씌우는 장면에 이르자 이에 몰입한 청중 하나가 분노하여 낭독자를 해치는 일도 있었다고 한다.

♥ 적대감: 적으로 여기는 감정.
♥ 흠모: 기쁜 마음으로 공경하며 사모함.

① 칼을 쓰고 잡혀가는 임경업을 보고 의주 백성들이 우는 장면을 들은 청중들은 백성들에게 공감하며 슬퍼했겠군.

② 사자가 임경업을 잡아가겠다고 하는 장면을 낭독자가 실감 나게 연기했다면 청중들은 극적 환상을 경험하며 몰입했겠군.

③ 임경업이 격군들에게 은혜를 갚을까 하였는데 그러지 못해 안타까워하는 장면을 들은 청중들은 청에 대한 적대감이 누그러졌겠군.

④ 임금과 백성의 지지에도 김자점에 의해 임경업이 억울한 상황에 처하는 장면을 통해 간신에 대한 청중들의 문제의식이 커졌겠군.

⑤ 임경업이 옥에 갇혀 물도 마시지 못하면서도 누구를 원망하겠느냐고 하는 장면을 들은 청중들은 임경업을 더욱 흠모하게 되었겠군.

07 ㉠~㉤ 중, 〈보기〉의 설명에 해당하는 것은?

┤ 보기 ├

고전 소설에서는 서술자가 마치 등장인물처럼 작품에 직접 개입하여 인물이나 사건에 대해 논평을 하는 경우가 있는데, 이를 편집자적 논평이라 한다.

① ㉠   ② ㉡   ③ ㉢   ④ ㉣   ⑤ ㉤

08 이 글에서 '상'과 '격군'의 임경업에 대한 공통된 평가를 드러내 주는 2음절의 단어를 찾아 쓰시오.

사 이때 마침 전옥(典獄) 관원은 강직한지라 경업의 애매함을 불쌍히 여겨 경업더러
_{죄를 지은 사람을 가두던 옥}
가로되,

"장군을 역적으로 잡음이 다 자점의 흉계니, 잘 주선하여 누명을 벗으시오."

[A]
경업이 그제야 자점의 흉계로 알고, 통분을 이기지 못하여 바로 몸을 날려 옥문(獄
_{원통하고 분함}
門)을 깨치고 궐내에 들어가 상을 뵙고 *청죄(請罪)한데, 상이 경업을 보시고 반겨 가
로되,

"경이 만리타국에 갔다가 이제 돌아오매 반가움이 끝이 없거늘 무슨 일로 청죄하느
냐?" / 경업이 *돈수(頓首) 사죄 왈,

[B]
"신이 무인년에 북경에 잡혀가다가 중간에 도망한 죄는 *만사무석(萬死無惜)이오
나, 대명(大明)과 함께 호왕을 베어 병자년 원수를 갚고 세자와 대군을 모셔 오고
자 하였더니, 간인에게 속아 북경에 잡혀갔다가 천행으로 살아 돌아오더니, 의주
_{하늘이 준 큰 행운}
에서 잡혀 아무 연고인 줄 알지 못하옵고 오늘을 당하여 *천안(天顔)을 뵈오니, 이
_{일의 까닭}
제 죽어도 한이 없사옵니다."

▶ 임경업이 입궐하여 ❶ ☐에게 그간의 사정을 전함

아 상이 들으시고 대경하사 신하더러 왈,

"경업을 무슨 죄로 잡아왔는가?"

하시고 자점을 불러 와 물으시니, 자점이 속이지 못하여 상께 아뢰기를,

"경업이 역적이옵기로 잡아 가두고 계달코자 하였나이다."
_{신하가 글로 임금에게 아뢰던 일}
경업이 대로하여 *고성대매 왈,

"이 몹쓸 역적아! 들으라. 벼슬이 높고 국록이 족하거늘 무엇이 부족하여 *모반할 마음
_{나라에서 주는 녹봉}
을 두어 나를 해코자 하느냐?"

자점이 듣고 무언이거늘, 상이 노하여 왈, / "경업은 삼국의 유명한 장수요, 또한 만고
_{말이 없음}
충신이거늘 네 무슨 일로 죽이려 하느냐?" / 하시고,

"자점과 함께한 자를 *금부에 가두고 경업은 물러가 쉬게 하라." / 하시다.

경업이 사은하고 퇴궐할새, 자점은 궐문 밖에 나와 심복 수십 명을 *매복하였다가, 경
_{받은 은혜에 대하여 감사히 여겨 사례함}　　　　　　　　　　　　　_{마음 놓고 부리거나 일을 맡길 수 있는 사람}
업이 나옴을 보고 불시에 달려들어 마구 때리니, 경업이 아무리 용맹한들 손에 촌철이 없
_{작고 날카로운 쇠붙이나 무기}
는지라. 여러 번 맞아 심하게 다치매 자점이 용사들을 분부하여 경업을 옥에 가두고 금부
로 가니라. 〈중략〉

▶ 김자점이 임경업을 공격한 뒤 ❷ ☐에 가둠

자 대군이 의심하여 바삐 입궐하여 경업의 거처를 묻되, 상이 수말을 이르시니 대군이
_{일의 시작과 끝}
상께 가로되,

"자점이 이런 만고 충신을 해하려 하오니 이는 역적이라. 엄히 다스리소서."

하고, 명일을 기다려 친히 경업을 가 보려 하시더라.

이때, 경업이 자점에게 매를 많이 받아 천명이 다하게 되매 분기 대발하여 신음하다
죽으니, 시년 사십팔 세요, 기축(己丑) 9월 26일이라.

▶ 임경업의 ❸ ☐☐

뒷부분 줄거리 임경업의 죽음 이후 꿈속에서 임경업의 현신을 본 왕은 김자점을 처형한 뒤 임경업의 충의
를 포상한다.

작품 핵심

✿ 창작 배경
이 작품은 병자호란을 배경으로 당시 실존 인물이 등장한다. 작품 속 '상'은 인조, 세자는 소현 세자, 대군은 봉림 대군(이후 효종)이며 임경업과 김자점 또한 실존 인물이다. 임경업이 말한 '병자년 원수'는 곧 병자호란으로, 당시 인조가 청나라에 굴복하며 신하의 예를 행하게 되었고, 청나라는 세자와 대군, 궁중 비빈 그리고 수많은 조선의 백성들을 포로로 잡아갔다.

✿ 군담 소설
'군담(軍談)'이란 '전쟁에 관한 이야기'라는 뜻으로, 군담 소설은 전쟁을 배경과 제재로 한 소설을 말한다. 비범한 인물이 시련을 이기고 성장한 뒤 전쟁에 나가 용맹을 떨쳐 나라를 구하고 부귀영화를 누린다는 내용이 군담 소설의 큰 틀이다.
〈임경업전〉, 〈박씨전〉 등의 역사 군담 소설은 역사적 사실과 실존 인물을 바탕으로 한다. 〈홍계월전〉, 〈유충렬전〉 등은 창작 군담 소설로, 창작 군담 소설은 대개 배경이 중국이고 외적의 침입과 간신의 반란을 평정하는 전쟁이 등장한다.

💧 어휘 쏙쏙
- **청죄**: 저지른 죄에 대하여 벌을 줄 것을 청함.
- **돈수**: 구배(九拜)의 하나. 머리가 땅에 닿도록 하는 절.
- **만사무석**: 만 번 죽어도 아까울 것이 없음.
- **천안**: 용안. 임금의 얼굴을 높여 이르는 말.
- **고성대매**: 크고 높은 목소리로 호되게 꾸짖음.
- **모반**: 배반을 꾀함. 국가나 군주의 전복을 꾀함.
- **금부**: 의금부. 조선시대에, 임금의 명령을 받들어 중죄인을 신문하는 일을 맡아 하던 관아.
- **매복**: 상대편의 동태를 살피거나 불시에 공격하려고 일정한 곳에 몰래 숨어 있음.

❶ 상 ❷ 옥 ❸ 죽음

09

이 글에서 알 수 있는 내용이 아닌 것은?

① 임경업은 전옥 관원의 말을 듣고 나서야 김자점의 흉계를 알게 되었다.
② '상'은 임경업의 이야기에 놀라는 한편 김자점이 벌인 일에 크게 노했다.
③ 김자점은 임경업이 역적인 이유를 밝히며 '상' 앞에서 임경업과 대립하였다.
④ 대군은 김자점을 충신을 해하려 하는 역적으로 여기고 다스릴 것을 상께 청했다.
⑤ 임경업은 매복한 김자점 무리의 갑작스러운 공격을 당해내지 못하고 크게 다쳤다.

수능형
10

〈보기〉를 바탕으로 이 글을 감상한 내용으로 적절하지 않은 것은?

┤ 보기 ├

임경업은 인조 때 중국에까지 이름이 알려진 장수로서 의주에 주둔하며 청의 주요한 공격로를 수비했고 청나라의 두려움을 샀다. 그러나 현실보다 명분에 집착했던 조정은 병자호란 당시 청나라 군대에 무력하게 패배했고, 이후 강력한 실권자였던 김자점에 의해 임경업은 죽임을 당하게 된다. 〈임경업전〉은 이러한 임경업의 생애를 바탕으로, 영웅에 대한 자부심과 그의 좌절에 대한 안타까움, 지배 계층에 대한 분노, 청나라에 대한 우리 민족의 적개심 등을 드러낸 작품이다.

♥ 명분: 일을 꾀할 때 내세우는 구실이나 이유 따위.

① 임경업의 비극적 죽음을 통해 좌절된 영웅에 대한 안타까움을 드러내고 있다.
② 임경업이 '삼국의 유명한 장수'로 청나라에 대적했다는 점을 통해 우리 민족의 자부심이 드러나고 있다.
③ 임경업이 호왕을 베어 '병자년 원수'를 갚으려 했던 것에서 청나라에 대한 우리 민족의 적개심을 엿볼 수 있다.
④ '상'과 대군이 임경업의 죽음을 막지 못한 것을 통해 현실보다 명분에 집착한 조정의 한계를 보여 주고 있다.
⑤ 실권자였던 김자점이 충신인 임경업을 죽인 뒤 처형당하는 결말을 통해 당시 지배 계층에 대한 민중들의 분노가 드러나고 있다.

11

[A]와 〈보기〉에서 공통적으로 드러나는 인물의 면모와 고전 소설의 특징을 각각 2어절로 쓰시오.

┤ 보기 ├

박 씨가 옥렴을 드리우고, 왼손에 옥화선을 쥐고 불을 부치니, 화광이 호진을 충돌하여, 호진 장졸이 항오(行伍)를 잃고 타 죽고 밟혀 죽으며, 남은 군사는 살기를 도모하고 다 도망하는지라.
　　　　　　　　　　　　　　　　　　　　　　　　　　　　– 작자 미상, 〈박씨전〉

■ 고전 소설의 전기적(傳奇的) 요소: 현실성 있는 이야기가 아닌 기이하고 신비로운 이야기를 허구적으로 짜 놓은 것을 말함. 등장인물이 천상의 존재 혹은 신선인 경우나 도술, 변신과 같은 재주를 부리고 신적인 존재의 도움을 받는 경우가 이에 해당함. 용왕 등 신비로운 존재가 보은하는 이야기, 죽은 자와의 결혼 이야기도 전기성을 보여 줌.
♥ 옥렴: 옥으로 장식한 발.
♥ 옥화선: 신비로운 부채의 일종.
♥ 화광: 불빛.
♥ 항오: 군대를 편성한 대오.

12

[B]의 서사적 기능으로 알맞은 것은?

① 인물의 앞날 암시　　　　② 인물 간의 갈등 해소
③ 사건의 실마리 제시　　　④ 지난 사건의 요약적 제시
⑤ 인물의 초월적 능력 제시

작품 한눈에 보기

핵심 정리

갈래	국문 소설, 역사 소설, 군담 소설, ❶◻◻ 소설	성격	민족적, 비판적
배경	[시간적] 병자호란　[공간적] 조선의 남한산성과 의주, 호국	시점	전지적 작가 시점
제재	임경업 장군의 영웅적 생애		
주제	임경업 장군의 비극적 생애와 병자호란의 패전에 대한 보상 심리		
특징	① 실존 인물인 임경업의 일생에 허구적인 요소를 가미하여 표현함. ② 주인공을 민족적 영웅으로 부각하여 민족의식을 고취함. ③ 주인공과 적대자의 대립 구도를 통해 사건을 전개함. ④ 일반적인 고전 소설의 결말과 달리 ❷◻◻으로 끝남.		

◇ 이 글 전체의 구성

발단	전개	위기	절정	결말
무과에 급제한 임경업이 명나라 군을 이끌고 호국을 침입한 가달을 물리침.	호국이 의주에 있는 임경업을 피해 함경도로 들어와 전쟁을 벌인 뒤 세자와 대군을 인질로 잡아감.	호왕이 임경업에게 명나라를 칠 것을 명령하나 임경업은 명나라와의 의리로 호국을 치려 하다 실패하고 호국에 생포됨.	임경업이 호왕을 감복시켜 인질이 된 세자와 대군이 풀려나고, 임경업도 귀환하지만 김자점의 모략에 의해 살해됨.	임금이 사건의 전모를 알고 난 후 김자점을 처형하고 임경업의 충성에 대해 포상함.

◇ 인물 간의 갈등 양상

	임경업 ↔ 호왕	임경업 ↔ ❸◻◻◻
갈등 양상	임경업의 용맹에 위협을 느낀 호왕이 임경업을 죽이려고 함.	김자점이 역모에 방해가 되는 임경업을 죽이고자 함.
갈등의 해소	호왕이 임경업의 ❹◻◻에 감복하여 임경업의 요구대로 세자와 대군을 풀어 주고 임경업도 귀환시킴.	김자점의 흉계로 죽은 임경업이 임금의 꿈속에 나타나 진실을 밝히고, 이에 임금이 김자점을 처형함.

◇ 이 글의 내용과 역사적 사실과의 관계

역사적 사실	허구적 내용
• 임경업과 김자점 등은 실존 인물임. • 실제 사건인 ❺◻◻◻◻을 배경으로 함. • 김자점은 임경업을 살해한 일로 처형되지는 않음.	• 임경업이 각종 도술을 부리는 초현실적인 영웅으로 형상화됨. • 김자점이 처형됨.

↓

• 현실을 반영하고 작품의 사실성을 높임.
• 임경업의 영웅적 면모를 강조하고, 병자호란으로 인한 민족적 치욕을 허구적인 방식으로나마 위로함.

01 ~ 04 다음 어휘와 그 뜻풀이를 바르게 연결하시오.

01 과인 •   • ㉠ 임금을 반역한 신하.

02 심복 •   • ㉡ 임금이 자기를 낮추어 이르던 일인칭 대명사.

03 역신 •   • ㉢ 마음 놓고 부리거나 일을 맡길 수 있는 사람.

04 종사 •   • ㉣ 종묘와 사직이라는 뜻으로, '나라'를 이르는 말.

05 ~ 08 제시된 초성과 뜻풀이를 참고하여 다음의 빈칸에 알맞은 어휘를 쓰시오.

05 ㄱㄱ : 요리조리 헤아려 보고 생각해 낸 꾀
예 토끼는 용궁에서 빠져나가기 위해 (   )을/를 짜냈다.

06 ㅅㅇ : 받은 은혜에 대하여 감사히 여겨 사례함.
예 마트의 고객 (   ) 행사에 당첨되어 상품권을 받았다.

07 ㅎㅈ : 먼 길을 떠날 때 웃어른께 작별을 고하는 것.
예 나는 부모님께 (   )하고 한국을 떠나 뉴욕으로 향했다.

08 ㅇㅅ : 사람을 두렵게 하여 복종하게 하는 힘.
예 이 지역 일대의 땅 주인인 그는 나는 새도 떨어뜨릴 만큼 (   )이/가 대단했다.

09 ~ 11 다음의 문맥에 어울리는 어휘에 ○표 하시오.

09 고요한 밤, 갑작스러운 천둥소리에 (대경 / 대로)하고 말았다.

10 경주 여행에서 본 불국사 석탑의 아름다움에 (탄복 / 통분)했다.

11 차량 전복 사고가 있었지만 (시운 / 천행)으로 인명 피해는 없었다.

12 ~ 14 〈보기〉의 글자들을 조합하여 다음 뜻풀이에 알맞은 단어를 쓰시오.

┤ 보기 ├
| 대 | 매 | 복 | 신 | 역 | 원 |

12 가슴에 맺힌 원한을 풀어 버림.   (   )

13 국가와 사회의 질서를 어지럽히는 큰 죄. 또는 그런 행위.   (   )

14 상대편의 동태를 살피거나 불시에 공격하려고 일정한 곳에 몰래 숨어 있음. (   )

03 홍계월전 ① _작자 미상

앞부분 줄거리 중국 명나라 헌종 시절 형주 구계촌의 명문가 자손인 이부시랑 홍무와 부인 양 씨는 옥황상제의 시녀가 자신을 찾아오는 태몽을 꾼 후 홍계월을 낳는다. 계월이 다섯 살이 되던 해에 장사랑의 난이 일어나 계월의 가족은 뿔뿔이 흩어진다. 여공에게 구조된 계월은 '평국'이라는 새 이름을 얻고 남장을 한 채 살아가게 된다. 여공의 아들 보국과 함께 수학한 후 과거에 장원 급제한 평국은 서달의 난이 일어나자 대원수로 전쟁에 출전하고, 도망친 서달의 뒤를 쫓아 들어간 벽파도에서 친부모와 재회한다. 천자는 전투에서 공로를 세운 평국에게 높은 벼슬을 내린다.

가 이때 평국이 전쟁터에 다녀온 후 몸이 피곤해 병이 드니, 집안사람들이 놀라 밤낮으로 약을 대며 치료했다. **천자**가 이 말을 듣고 깜짝 놀라 명의를 급히 보냈다.
　　　　　　　　　　　　　　　　　　　　　　　　　　　　　병을 잘 고쳐 이름난 의원이나 의사

"병세를 자세히 보고 오라. 만일 병이 중하면 짐이 친히 가 볼 것이다."

천자가 **어의(御醫)**를 보내시니, 어의가 황명을 받고 평국의 침소에 와서 병세를 **진맥**
　　　　　　궁궐 내에서, 임금이나 왕족의 병을 치료하던 의원　　　　　　　　병을 진찰하기 위하여 손목의 맥을 짚어 보는 일
했으나 병세가 깊지 않았다. 그리하여 어의는 속히 쓸 약을 가르쳐 주고 돌아와 천자에게 아뢰었다.

"병세를 보니 깊지 않아서 속히 쓸 약을 가르쳐 주고 왔습니다. 그런데 괴이한 일이 있어서 수상쩍습니다."

천자가 놀라서 물었다. / "무슨 **연고**가 있느냐?"
　　　　　　　　　　　　　　　　일의 까닭

어의가 엎드려 말했다. / "평국의 맥을 보니, 남자의 맥이 아니라 이상합니다."

천자가 그 말을 듣고 말했다.

"평국이 여자라면 어떻게 전쟁터에 나아가 적진 십만 군을 싹 쓸어 없애고 왔겠는가? 평국의 얼굴이 복숭앗빛이고 몸이 **잔약하니**, 혹 미심쩍긴 하나 아직 **누설하지는** 마라."
　　　　　　　　　　　　　　　　　　　　가냘프고 약하니　　　　　　　비밀이 새어 나감. 또는 그렇게 함
천자가 내시를 시켜 자주 문병했다.
　　　　　　　　　　　　　▶ ❶□□□을 한 사실을 천자에게 들킬 위기에 처한 평국

나 병세가 차차 좋아지자 평국은 생각했다.

㉠'어의가 내 맥을 보았으니, **본색**이 드러났을 것이다. 이제는 할 수 없이 여자 옷차림을 하고 **규중**에 몸을 감추어 세월을 보내는 것이 옳다.'

그러고는 즉시 남자 옷을 벗고 여자 옷으로 갈아입은 뒤 부모를 뵙고 흐느끼니, 두 뺨에 두 줄기 눈물이 펑펑 쏟아져 내렸다. 부모도 눈물을 흘리며 위로했다. 계월이 슬퍼하며 우는 모습이 가을철 구월 연꽃이 가랑비를 머금은 듯하고, 초승달이 비단 같은 구름에 잠긴 듯하며, 젊고 아름다우면서도 침착한 태도는 당대 제일이었다.

이때 계월이 천자에게 **상소**를 올렸는데, 다음과 같았다.
　　　　　　　　　　　임금에게 글을 올리던 일. 또는 그 글

한림학사 겸 대원수 좌승상 청주후 평국은 손을 머리 위로 조아리며 백 번 절하고 아룁니다. 제가 다섯 살이 채 되지 않아 장사랑의 난 때 부모를 잃고, 도적 맹길의 **환란**을
　　　　　　　　　　　　　　　　　　　　　　　　　　　　　　근심과 재앙을 아울러 이르는 말
만나 물속에 빠져 외로운 넋이 될 뻔했으나 여공의 덕으로 살아났습니다. 오로지 한 가지만 생각하되, 여자의 **행색**을 하고서는 집 안에서 늙어 부모의 해골을 찾지 못할 것 같아, 여자의 행실을 버리고 남자의 **복색**을 하여 폐하를 속이고 조정에 들어왔습니다. 제 죄가 만 번 죽어도 애석하지 않기에 처벌을 기다리고 **유지(諭旨)**와 **인수(印綬)**를 올
　　　　　　　　　　　　　　　　　　　　　　　임금이 신하에게 내리던 글
립니다. 폐하를 속인 죄를 저질렀으니 속히 처벌해 주십시오.
　　　　　　　　　　　　　▶ 천자에게 ❷□□를 올려 남장을 한 사실을 털어놓는 평국

작품 핵심

✿ 인물의 성격

홍계월 (평국)	비범한 능력을 가진 여성 영웅. 남성들과의 경쟁에서 위축되지 않고 자신의 능력을 발휘하는 인물
여보국	홍계월의 남편. 남존여비 사상을 가진 권위적인 인물
천자	평국의 능력을 인정하고, 평국을 성별에 관계없이 높게 평가하고 신뢰하는 인물

✿ 인물 설정 의도

홍계월은 부모와 이별한 후 이후의 일을 도모하기 위해 남장을 하고, 남성들보다 뛰어난 능력을 발휘하여 벼슬을 얻는다. 이와 같은 여성 영웅의 활약은 당시 가부장적 질서 속에서 억압되어 있던 조선 후기 여성들의 소망이 반영된 것이다.

어휘 쏙쏙

- **천자**: 천제(天帝)의 아들, 즉 하늘의 뜻을 받아 하늘을 대신하여 천하를 다스리는 사람이라는 뜻으로, 군주 국가의 최고 통치자를 이르는 말(=황제). 우리나라에서는 임금 또는 왕(王)이라고 하였다.
- **본색**: 본디의 특색이나 정체.
- **규중**: 부녀자가 거처하는 곳.
- **행색**: 겉으로 드러나는 차림이나 태도.
- **복색**: 예전에, 신분이나 직업에 따라서 다르게 맞추어서 차려입던 옷의 꾸밈새나 빛깔.
- **인수**: 벼슬아치로 임명되어 임금으로부터 받는 표장.

정답 ❶ 남장 ❷ 상소

01

이 글에 대한 설명으로 적절한 것은?

① 외양 묘사를 통해 인물을 희화화하고 있다.
② 요약적 서술을 통해 인물의 내력을 제시하고 있다.
③ 대립된 공간을 설정하여 인물 간의 갈등을 제시하고 있다.
④ 초월적 존재와의 대화를 통해 인물의 고뇌가 드러나고 있다.
⑤ 여러 이야기를 나열하여 다양한 관점에서 사건을 재구성하고 있다.

수능형

02

〈보기〉를 바탕으로 이 글을 감상한 내용으로 적절하지 않은 것은?

┤ 보기 ├

〈홍계월전〉은 남성보다 비범한 능력을 가진 여성 주인공이 위기를 극복하는 모습을 그린 소설로, 영웅의 일대기 구조가 나타난다. 영웅의 일대기 구조에서 주인공은 고귀한 혈통을 지니고 태어나며 잉태나 출생의 과정이 일반인들과 다르다. 어려서부터 비범하나 일찍 부모와 이별하거나 죽을 고비와 같은 위기에 처하고, 양육자 혹은 조력자에 의해 위기에서 벗어난다. 이후 자라서 다시 위기에 부딪치며, 이 위기를 극복하고 승리자가 된다.

① 명문가 자손인 이부시랑 홍무의 딸로 태어난 것으로 보아 계월은 고귀한 혈통을 지니고 있군.
② 옥황상제의 시녀가 양 씨 부인을 찾아오는 태몽은 계월의 잉태 과정이 특별함을 보여 주는군.
③ 계월이 나섯 살 때 장사랑의 난이 일어나 계월의 가족들이 헤어지게 된 것은 계월이 일차적으로 겪은 위기로군.
④ 여공에게 구원된 계월이 새 이름을 얻고 남장을 한 채 살아가게 되는 것으로 보아, 여공은 계월의 조력자로군.
⑤ 여공의 아들 보국과 함께 수학한 후 계월이 과거에 장원 급제한 것은 계월이 자라나서 다시 위기에 처한 것에 해당하는군.

중요

03

㉠을 통해 알 수 있는 당시의 사회·문화적 상황으로 가장 적절한 것은?

① 전쟁으로 인해 백성들의 삶이 피폐해졌다.
② 여성과 남성이 동등하게 경쟁할 수 있었다.
③ 지배층의 횡포로 백성들이 고통받고 있었다.
④ 여성이 사회적 역할을 하는 데에 제약이 많았다.
⑤ 동양에도 서양의 의술이 들어와 활용되고 있었다.

04

다음 빈칸에 들어갈 알맞은 말을 쓰시오.

이 소설의 주인공 계월은 여성으로서의 한계를 넘기 위해 (   )을/를 했고, 남성들과 동등하게 실력을 겨루며 활약했다.

옆단 주석

■ 요약적 제시: 인물의 경험이나 사건을 압축적으로 전달하는 것을 말함. 서술자가 직접 사건을 전달하는 경우가 일반적이지만 인물의 발화를 통해서 제시되는 경우도 있음.
♥ 희화화: 어떤 인물의 외모나 성격, 또는 사건이 의도적으로 우스꽝스럽게 묘사되거나 풍자됨.
♥ 내력: 지금까지 지내온 경로나 경력.
♥ 비범하다: 보통 수준보다 훨씬 뛰어나다.

♥ 조력자: 도와주는 사람.

♥ 피폐: 지치고 쇠약하여짐.

♥ 횡포: 제멋대로 굴며 몹시 난폭함.

다 천자가 이 글을 보고 용상(龍床)을 치며 말했다. / "누가 평국을 여자로 보았겠는
가? 고금에 없는 일이로다. 비록 천하가 드넓다 하나, ♦문재와 ♦무재를 겸비하고 충성
을 다해 나라의 은혜를 갚은 충효가 빼어난 상등급 장수의 재주는 남자라도 지니지
못할 것이로다. 비록 여자일지라도 어찌 벼슬을 거두겠는가?"

천자는 내시에게 명하여 유지와 인수를 돌려보내고 답서를 내렸다. 이에 계월이 황공
히 감사해하며 받아 보았다.

그대의 상소를 보니, 한편으로 놀랍고 한편으로 장하기도 하다. 충효를 겸비해 반역
의 무리를 소탕하고 나라와 조정을 안전하게 지킨 것은 다 그대의 바다와 같이 넓은 덕
이라. 짐이 어찌 여자라고 탓하겠는가? 유지와 인수를 도로 보내니 털끝만큼도 염려하
지 말고 그대는 충성을 다해 짐을 도와 나라의 은혜를 갚으라.

계월이 사양하지 못하고 ㉠여자 옷차림을 한 위에 ♦조복(朝服)을 입고 부리던 장수 백
여 명과 군사 천여 명에게 갑주를 갖추어 입게 하고 승상부 문밖에 진을 치고 있게 하
니, 그 ♦위의가 엄숙했다.
▶ 평국이 여자임을 알았지만 ❸[　　]을 높이 사 평국의 벼슬을 거두지 않는 천자

라 하루는 천자가 위국공을 대궐로 들어오라 하여 말했다.

"짐이 원수의 상소를 본 후 많은 생각을 했다. 평국이 규중에서 홀로 늙으면 홍무의 혼
백이 의지할 곳이 없을 것이니, 어찌 슬프지 않겠는가? 또한 평국이 규중에서 늙는 것
이 불쌍하니, 평국의 혼인을 위해 짐이 중매를 서고자 하는데, 그대의 뜻은 어떠한가?"
위국공이 엎드려 말했다.

"제 뜻도 그러합니다. 제가 나아가 의논하겠습니다만, 평국의 배필을 누구로 정하려
하십니까?"
천자가 말했다.

"평국과 함께 공부하던 보국으로 정하고자 하는데, 그대의 생각은 어떠한가?"

[A] ┌ 위국공이 말했다. / "가르침을 베푸심이 마땅하십니다. 평국의 죽을 목숨이 여공
│ 의 덕으로 살아났고, 여공이 평국을 친자식같이 길러 영화를 누리고 이별했던 부
│ 모를 만나게 했습니다. 또한 평국이 보국과 함께 공부하고 함께 과거에 급제하여
│ 폐하의 성덕으로 작록을 받아 만 리 전쟁터에서 ♦생사고락을 함께하고 돌아와 한
└ 집에 거처하오니, 천생연분인가 합니다."

위국공이 물러 나와 계월을 불러 앉히고, 천자가 하교하신 말을 자세히 전하니, 계월
이 여쭈었다.

"제 마음은 평생 홀로 늙어 부모 ♦슬하에 있다가 죽은 후에 다시 남자가 되어 공자와
맹자가 가르친 행실을 배우고자 했습니다. 하지만 근본이 밝혀져 천자의 지시가 이
러하시고, 부모님도 슬하에 다른 자식이 없어 슬프게도 조상의 제사를 전할 곳이 없
으니, 자식이 되어 부모의 명령을 어찌 거역하며, 천자의 하교를 어찌 배반하겠습니
까? 지시대로 보국을 섬겨 여공의 은혜를 만분의 일이나마 갚을까 하오니, 부친은 이
사연을 천자께 올리십시오."

작품 핵심

⚙ 사회적 배경과 남장 모티프(motif)

조선의 가부장적 사회에서 여성이 남
성과 동등하게 경쟁하며 자신의 능력
을 발휘하기는 어려웠다. 그래서 여성
영웅 소설에서는 남장을 하여 자신의
목적을 달성하고 자아실현을 하는 경
우가 종종 있다. 즉 남장은 남성 중심
사회에 진출하기 위한 도구로써, 남장
을 하고 있는 동안에는 여성으로서의
한계와 제약을 넘어 활약할 수 있는
것이다.

⚙ 갈등 양상

• 개인과 개인 간의 갈등

부부 사이의 갈등

처첩 사이의 갈등

→ 남편보다 뛰어난 능력을 지닌 계
월과 가부장적 사고를 지닌 보국
의 혼인으로 갈등이 벌어짐.

• 집단과 집단 간의 갈등

| 명 | ↔ | 서달 등 외적 |

→ 외적의 침입과 반란 등으로 위기
가 반복됨.

🔹 어휘 쏙쏙

• 문재: 글을 짓거나 글씨를 쓰는 재
주.
• 무재: 무예에 관한 재주.
• 조복: 관원이 조정에 나아가 하례
할 때에 입던 예복.
• 위의: 위엄이 있고 엄숙한 태도나
차림새.
• 생사고락: 삶과 죽음, 괴로움과 즐
거움을 통틀어 이르는 말.
• 슬하: 무릎의 아래라는 뜻으로, 부
모의 보호를 받는 테두리 안을 이
르는 말.

평국이 눈물을 흘리고, 남자가 되지 못함을 한스럽게 여겼다.

▶ 보국과 하라는 천자의 제안을 받아들이는 평국

중간 부분 줄거리 계월과 보국이 혼인을 올린 후 보국의 애첩인 영춘이 무례를 범하자 계월이 군법으로 영춘을 처형한다. 이때 오왕과 초왕이 반역을 일으키자 천자는 반란을 다스리기 위하여 계월을 대원수로 다시 임명한 후 출정을 명령한다.

---

05 이 글에서 알 수 있는 내용으로 적절하지 <u>않은</u> 것은?

① 위국공은 여공의 덕으로 과거에 이별했던 평국과 다시 만날 수 있었다고 여긴다.
② 평국은 여공의 도움으로 목숨을 구한 뒤 보국과 함께 공부하여 과거에 급제했다.
③ 평국은 보국과 혼인하라는 천자의 하교와 부모의 명을 기뻐하며 받아들였다.
④ 천자는 평국이 문무를 겸비한 장수로 남자도 지니지 못한 재주를 지녔다고 평했다.
⑤ 평국은 여성의 몸으로 한계를 느껴 죽은 후에 다시 남자가 되어 뜻을 이루고 싶어 했다.

서술형 06 (다)에 나타난 '천자'의 태도를 〈조건〉에 맞추어 서술하시오

┤ 조건 ├
• 평국이 여자라는 사실에 대한 천사의 반응을 요약힐 깃
• 평국에 대한 평가의 기준과 태도를 제시할 것

---

07 ㉠에 대한 설명으로 가장 적절한 것은?

① 어쩔 수 없이 다시 남장을 하는 모습이다.
② 여자로서의 정절을 지키기 위한 행위이다.
③ 전쟁에 나가기 위해 무장을 갖추는 모습이다.
④ 여자라는 사실을 더 이상 숨길 필요가 없어서 한 행동이다.
⑤ 남자로 다시 태어나기를 소망하는 심리가 반영된 행위이다.

♥ 정절: 여자의 곧은 절개.

08 [A]의 '위국공'의 말하기 방식으로 적절한 것은?

① 평국의 말을 빌려 여공에 대한 인식을 드러내고 있다.
② 고사를 인용하여 천자에게 자신의 뜻을 은근히 전하고 있다.
③ 과거 회상을 통해 평국과 보국이 혼인을 약속했음을 밝히고 있다.
④ 여러 인물의 입장에서 평국과 보국의 혼인에 대해 평가하고 있다.
⑤ 과거의 사건을 언급하며 천자의 뜻을 수용하는 이유를 밝히고 있다.

마 삼남원에 진을 치고 홍 원수가 친히 붓을 잡아 보국에게 명령을 내렸다.

'적병이 급하니 중군장은 급히 대령하여 군령을 어기지 마라.'
_{전군의 한가운데에 자리 잡고 있던 중심 부대의 대장}
보국이 이 명령을 보고 분함을 이기지 못해 부모께 여쭈었다.

"㉠계월이 또 저를 중군장으로 부리려 하니, 이런 일이 어디 있습니까?"

여공이 말했다.

"전날 내가 너에게 뭐라고 이르더냐? 계월을 괄시하다가 이런 일을 당하니, 어찌 그
_{업신여겨 하찮게 대함}
르다 하겠느냐? 나랏일이 매우 중하니, 어떻게 해 볼 수가 없다."

여공은 보국에게 가라고 재촉했다. 보국은 할 수 없이 바삐 갑주를 갖추고 진중에 나
_{군대나 부대의 안}
아가 홍 원수 앞에 엎드리니, 홍 원수가 분부했다.

"만일 명령을 거역하는 자가 있으면, 군법을 시행할 것이다."

보국이 두려워하며 처소로 돌아와 명령 내리기를 기다렸다. 〈중략〉

▶ 아내인 평국의 부하로서 ❶ ☐☐을 따르게 된 보국

바 이튿날 홍 원수가 보국에게 분부했다.

"오늘은 중군장이 나가 싸워라."

보국이 명령에 순종해 말에 올라 삼척장검을 들고 적진을 향해 외쳤다.
_{길고 큰 칼}

"나는 명나라 중군장 보국이다. *대원수의 명을 받아 너희 머리를 베려 하니, 너희는
빨리 나와 칼을 받아라."

적장 운평이 이 소리를 듣고 크게 화를 내며 말을 몰고 나와 싸웠다.

세 번도 채 겨루지 않아 보국의 칼이 빛나더니, 순간 운평의 머리가 말 아래로 떨어
졌다. 적장 운경이 운평의 죽음을 보고 크게 화를 내며 말을 몰아 달려들자, 보국이 승
리의 기세가 등등해 창검을 높이 들고 서로 싸웠다. 두어 차례 겨루지도 못해, 보국이
칼을 날려 칼을 들고 있는 운경의 팔을 치니, 운경이 미처 손을 놀리지 못하고, 칼을 든
채 말 아래로 떨어졌다.

보국은 운경의 머리를 베어 들고 본진으로 돌아왔다. 그때 적장 구덕지가 크게 노해
장검을 높이 들고 말을 몰아 큰 소리로 고함치며 달려들고, 난데없이 적병들이 사방에
서 달려들었다. ㉡보국이 매우 다급해 피하려 했으나, 한순간에 적들이 함성을 지르며
보국을 천여 겹이나 에워쌌다. / *사세가 위급하자 보국이 하늘을 우러러 탄식했다.

[A]
┌ 이때 홍 원수가 장대에서 북을 치다가 보국의 위급함을 보고 재빨리 말을 몰아
│ 장검을 높이 들고 *좌충우돌하여 적진을 헤치고 들어가, 구덕지의 머리를 베어 들
│ 고 보국을 구해 낸 후 몸을 날려 적진 속을 헤집고 다녔다. 동에 번쩍하더니 어느
│ 새 서쪽에 있는 적장을 베고, 남쪽으로 가는 듯하더니 어느새 북쪽에 있는 장수를
│ 베고, 좌충우돌하여 적장 오십여 명과 군사 천여 명을 한칼로 쓸어버리고 본진으로
└ 돌아왔다. 보국이 홍 원수 보기를 부끄러워하자, 홍 원수가 보국을 꾸짖었다.

㉢"저리하고 어찌 남자라 칭하리오? 나를 업신여기더니 이제도 그러할까?"

▶ 전쟁에서 위기에 처한 보국을 ❷ ☐☐해 내는 계월

뒷부분 줄거리 사태가 불리해진 오왕과 초왕의 신하 맹길이 천자가 있는 황성을 공격하여 천자에게 항복
문서를 강요하였으나, 홍계월이 하룻밤 사이 황성에 다다라 적군을 격파하고 천자를 구한다. 전쟁 이후에도
천자와 홍계월은 임금과 신하의 의리를 유지하였으며 홍계월과 보국은 3남 1녀를 두고 태평성대를 누린다.

작품 핵심

❂ 영웅의 일대기 구조

이 작품은 비범한 주인공 홍계월이
고난을 모두 극복하고 승리를 거두는
영웅의 일대기 구조에 따라 전개된다.

고귀한 혈통	계월이 귀족인 이부 시랑 홍무의 딸로 태어남.
기이한 출생	어머니 양 씨가 선녀의 꿈을 꾸고 계월을 잉태함.
비범한 능력	어렸을 때부터 비범한 능력을 보임.
위기	정사랑의 반란으로 부모와 헤어짐.
조력자의 도움	여공을 만나 목숨을 건지고 보국과 함께 양육됨.
성장 후의 위기	남장 사실을 천자에게 들킴. 남편인 보국과 갈등을 겪음.
행복한 결말	전쟁에서 승리하여 높은 벼슬에 오르고 부귀영화를 누림.

❂ 여성 영웅 소설

여성 영웅 소설은 뛰어난 능력과 비
범성을 갖춘 여성 영웅이 주인공으로
등장하여 활약을 펼치는 내용의 소
설이다. 역사적으로 임진왜란과 병자
호란의 패배라는 시대적 상황 속에서
남성 중심의 지배 계층을 비판하려는
의도에서 등장한 것으로 볼 수 있으
며 당시의 봉건적 가치관을 극복하려
는 의도가 반영되어 있다.

어휘 쑥쑥

• **대원수**: 군인의 가장 높은 계급을
높여서 이르는 말.
• **사세**: 일의 형세.
• **좌충우돌**: 이리저리 마구 찌르고
부딪침.

정답 ❶ 군령 ❷ 구출

09

㉠에 담겨 있는 보국의 생각으로 가장 적절한 것은?

① 이런 지시는 천자의 은혜를 배반하는 것이라 생각해.
② 이 전쟁에서 승리하기 위해서는 다른 전략을 세워야 해.
③ 나보다 상관인 것은 인정하지만 이건 너무 무모한 명령이야.
④ 나의 아내인 계월이 나에게 명령을 내리다니 따르기가 힘들군.
⑤ 그동안 나에게 갖고 있던 불만에 대해 이런 식으로 복수하다니 너무하는군.

♥ 전략: 전쟁을 전반적으로 이끌어 가는 방법이나 책략.
♥ 무모하다: 앞뒤를 잘 헤아려 깊이 생각하는 신중성이나 꾀가 없다.

10

㉡의 보국의 처지를 나타내는 한자 성어로 적절한 것은?

① 갈충보국(竭忠報國)　　② 결초보은(結草報恩)　　③ 난형난제(難兄難弟)
④ 사면초가(四面楚歌)　　⑤ 파죽지세(破竹之勢)

11

다음 중 [A]에 나타난 '홍 원수'의 모습과 유사한 태도가 드러난 것은?

① 청산은 어찌하여 만고에 푸르르며
　유수는 어찌하여 주야에 그치지 않는고.
　우리도 그치지 말아 만고상청 하리라.
② 까마귀 싸우는 골에 백로야 가지 마라.
　성낸 까마귀 흰빛을 새오나니.
　청강에 좋이 씻은 몸을 더럽힐까 하노라.
③ 삭풍은 나무 끝에 불고 명월은 눈 속에 찬데
　만리 변성(邊城)에 일장검 집고 서서,
　긴 파람 큰 한 소리에 거칠 것이 업세라.
④ 수양산 바라보며 이제(夷齊)를 한하노라.
　주려 죽을진들 채미(採薇)도 하는 것인가.
　비록애 푸새엣 것인들 뉘 땅에 낫다니.
⑤ 오백년 도읍지를 필마로 돌아드니,
　산천은 의구하되 인걸은 간 데 없다.
　어즈버, 태평연월이 꿈이런가 하노라.

♥ 삭풍: 겨울철에 북쪽에서 불어오는 찬 바람.
♥ 변성: 변경에 있는 성. 화자가 있는 6진을 이름.
♥ 이제: 백이와 숙제를 아울러 이르는 말.
♥ 채미: 고사리를 캠.
♥ 푸새: 산과 들에 저절로 나서 자라는 풀을 통틀어 이르는 말.
♥ 필마: 한 필의 말.
♥ 의구하다: 옛날 그대로 변함이 없다.
♥ 인걸: 특히 뛰어난 인재.
♥ 태평연월: 근심이나 걱정이 없는 편안한 세월.

중요 12

다음은 이 글의 창작 배경인 조선 후기의 사회상이다. 이를 바탕으로 ㉢을 이해한 내용으로 적절한 것은?

- 반복된 전쟁으로 기존의 남성 중심의 유교적 사회 질서가 흔들리기 시작했다.
- 소설을 필사하여 빌려주는 세책가가 성행하고 상업적 성격을 띤 방각본이 대량으로 유통되었다.

① 당대 주요 독자층인 여성의 욕구가 반영되어 있다.
② 여성과 남성의 갈등이 심화된 현상이 드러나고 있다.
③ 가정 내에서 여성의 역할이 더욱 중요해졌음을 알 수 있다.
④ 실제로 여성들이 사회 주도권을 가지게 된 현실이 나타난다.
⑤ 여성들의 노력으로 유교적 가치관이 강화되었음을 보여 준다.

♥ 필사: 베끼어 씀.
♥ 성행: 매우 성하게 유행함.
♥ 방각본: 조선 시대에 민간 출판업자가 영리를 취하려고 목판으로 간행한 책.

핵심 정리

갈래	국문 소설, 영웅 소설, 군담 소설	성격	영웅적, 전기적(傳奇的)
배경	[시간적] 중국 명나라 때 [공간적] 중국 형주, 벽파도, 황성	시점	전지적 작가 시점
제재	홍계월의 일대기와 영웅적 면모		
주제	홍계월의 영웅적 활약상과 고난 극복		
특징	① ❶ [ ][ ]의 일대기 구조를 취하고 있음. ② 신분을 감추기 위한 ❷ [ ][ ] 모티프가 나타남. ③ 남성보다 우월한 능력을 지닌 여성 영웅이 등장함. ④ 당시 여성의 사회적 제약을 뛰어넘으려는 소망을 반영하고 있음.		

◈ 이 글 전체의 구성

발단	전개	위기	절정	결말
홍무와 부인 양 씨 사이에서 홍계월이 태어나고, 장사랑의 난으로 홍계월은 부모와 헤어짐.	여공의 도움으로 살아난 홍계월은 남장을 하고 평국이라는 이름으로 과거에 급제한 뒤 공을 세워 부모와 재회함.	남장한 홍계월이 여자임이 드러났지만, ❸ [ ][ ]는 이를 용서하고 여공의 아들 보국과 혼인할 것을 명함.	홍계월은 보국과 혼인하지만, 보국의 애첩을 죽인 일로 불화를 겪음.	홍계월은 전쟁에서 영웅적 면모로 보국을 구하고, 큰 공을 세워 높은 벼슬을 받고 부귀영화를 누림.

◈ 홍계월과 보국의 갈등

홍계월	보국
• 뛰어난 능력을 지녀 천자로부터 높은 평가를 받음. • 사회적으로 보국보다 더 높은 직책에 있음. • 뛰어난 역량으로 전쟁에서 보국을 구하고 ❹ [ ][ ][ ] 면모를 보임.	• 계월에 비해 능력이 모자라고, 계월에게 열등감을 가짐. • 사회적으로 보장된 남성의 권위를 내세워 열등감을 만회하려고 함. • 가부장적인 사고방식을 지님.

◈ 여성 영웅 소설로서의 의의와 한계

• 평국(계월)이 여자임이 드러나지만, 천자는 평국을 계속하여 신뢰하고 벼슬을 거두지 않음. • 계월과 갈등하던 보국이 계월의 월등한 능력을 인정하게 됨.	• '죽은 후에 다시 남자가 되어 공자와 맹자가 가르친 행실을 배우고자 했습니다.' • '보국을 섬겨 여공의 은혜를 ~ 평국이 눈물을 흘리고, 남자가 되지 못함을 한스럽게 여겼다.'

가정과 사회에서 모두 인정받게 되는 홍계월의 모습을 통해 조선 후기에 성장하고 있는 여성 의식을 구체적으로 표출함.	여성 영웅으로서 활약한 홍계월의 언행에 가부장제하 남존여비 사상이 전제되어 있는 등 남성 중심적 사고에서 근본적으로 벗어나지는 못함.

01 ~ 04 다음 뜻풀이에 해당하는 어휘를 쓰시오.

01 부녀자가 거처하는 곳. ⬚ㄱ ⬚ㅈ

02 부부로서의 짝. ⬚ㅂ ⬚ㅍ

03 위엄이 있고 엄숙한 태도나 차림새. ⬚ㅇ ⬚ㅇ

04 병을 진찰하기 위하여 손목의 맥을 짚어 보는 일. ⬚ㅈ ⬚ㅁ

05 ~ 08 빈칸에 들어갈 알맞은 어휘를 〈보기〉에서 찾아 쓰시오.

┤ 보기 ├
고금   누설   본색   연고

05 회사 기밀을 경쟁 업체에 (   )한 연구원이 붙잡혔다.

06 선생님께서는 회장에게 싸움이 일어난 (   )를 물으셨다.

07 그의 이기적이고 비열한 (   )을 나만 알고 있는 것이 답답했다.

08 석가모니는 동서와 (   )을 아울러 으뜸가는 네 성인 중 하나이다.

09 ~ 11 다음의 문맥에 어울리는 어휘에 ○표 하시오.

09 딸의 병을 고치기 위해 그 분야의 (명의 / 어의)를 수소문했다.

10 선조는 사직의 뜻을 밝힌 이이의 (상소 / 하교)를 받아 보고 크게 노했다.

11 고려 시대의 상류층의 (복색 / 행색)에는 자줏빛과 청자의 비색이 주로 나타났다.

12 ~ 14 다음 뜻풀이에 해당하는 한자 성어를 쓰시오.

12 삶과 죽음, 괴로움과 즐거움을 통틀어 이르는 말. ⬚ㅅ ⬚ㅅ ⬚ㄱ ⬚ㄹ

13 이리저리 마구 찌르고 부딪침. ⬚ㅈ ⬚ㅊ ⬚ㅇ ⬚ㄷ

14 대를 쪼개는 기세라는 뜻으로, 적을 거침없이 물리치고 쳐들어가는 기세를 이르는 말.

⬚ㅍ ⬚ㅈ ⬚ㅈ ⬚ㅅ

앞부분 줄거리 남원 사람인 최척은 부친의 친구인 정 생원의 집으로 공부를 하러 다니다 정 생원의 친척인 심 씨의 딸 옥영에게서 구애의 쪽지를 받는다. 그 후 최척은 옥영과 편지를 주고받으며 사랑을 확인하고, 정 생원에게 혼담 주선을 부탁한다. 두 사람은 약혼을 하지만 혼인날을 기다리던 중 최척이 왜병의 침입을 막기 위해 의병으로 전쟁에 나가게 된다. 혼인날이 지나도 그가 돌아오지 않자 심 씨는 부잣집 아들인 양생을 사위로 맞으려 한다. 하지만 옥영은 최척을 끝까지 기다려 혼인하고, 첫아들 몽석을 낳아 행복한 나날을 보낸다. 그러던 중에 ◆정유재란(丁酉再亂)이 일어나 최척과 옥영은 또다시 헤어진다.

가 그때 마침 명나라 장수가 기병(騎兵) 10여 인을 이끌고 남원 성에서 나와 금석교 아
말을 타고 싸우는 병사
래에서 말을 씻기고 있었다. 최척은 의병으로 나가 있을 때 꽤 오랫동안 명나라 군대와 접촉한 경험이 있어 중국말을 조금 할 줄 알았다. 최척은 명나라 장수에게 ㉠자기 일가가 모두 해를 입은 상황을 말하고 ◆의탁할 곳 없게 된 자신의 신세를 하소연한 뒤 중국에 따라 들어가 은둔하고 싶다고 말했다. 명나라 장수는 그 말을 듣고 측은히 여겼으며, 또
가엾고 불쌍하게
최척의 뜻을 가련히 여겨 이렇게 말했다.

"나는 오 총병(總兵)의 천총(千摠) 여유문이라 하오. 집은 절강성 요흥(姚興)에 있는데, 가난하지만 먹고살 만은 하다오. 인생은 마음을 알아주는 사람을 만나는 게 중요하나니, 먼 곳이건 가까운 곳이건 자기 마음 가는 대로 노닐고 머물 따름이지 하필 구석진 땅에 머물며 옹색하게 살 이유가 무어 있겠소?"

이윽고 최척에게 말 한 필을 주어 자신의 진영으로 데리고 갔다.

최척은 용모가 빼어나고 생각이 ◆주도면밀하며 말타기와 활쏘기를 잘하는 데다 문장에도 능했으므로, 여유문은 이런 최척을 매우 아껴서 한 상에서 밥을 먹고 같은 이불을 덮고 잠을 잘 정도였다. / 얼마 뒤 총병의 군대가 명나라로 돌아가게 되었다. 여유문은 최척을 전사한 병사 한 사람 대신 ◆명부(名簿)에 끼워 넣어 국경을 통과하게 한 뒤 요흥으로 데리고 가서 함께 살았다. 〈중략〉 ▶ 최척이 여유문의 ❶[　　]으로 조선을 떠나 명나라로 가게 됨

나 |이때| 옥영은 왜병 돈우라는 자에게 붙잡혀 있었다. 돈우는 늙은 병사로, 살생을 하지 않는 불교 신자였다. 본래 장사꾼으로 항해에 능숙했으므로 왜장 소서행장(小西
行長)이 그를 선장으로 ◆발탁하였다. 돈우는 명민한 옥영이 마음에 들었다. 그래서 혹
일본의 무장. 임진왜란 때에 선봉장으로 조선에 출병함
총명하고 민첩한
달아날까 싶어 좋은 옷과 맛난 음식을 주어 그 마음을 안심시키려 했다. 옥영은 이미 삶에 뜻을 잃었기 때문에 여러 번 바다에 몸을 던져 목숨을 끊고자 하였지만 그때마다 들켜서 뜻을 이루지 못했다.

어느 날 밤 ㉡옥영의 꿈에 장륙불(丈六佛)이 나타나 이렇게 말했다.
높이가 일 장 육 척이 되는 불상

"나는 만복사의 부처다. 죽어서는 안 된다! 훗날 반드시 **기쁜 일**이 있을 것이다."

옥영이 꿈에서 깨어 그 꿈을 가만히 생각해 보니 그런 일이 전혀 없으란 법도 없을 것 같았다. 이에 억지로 먹으며 목숨을 부지했다.
▶ 옥영이 왜병 돈우에게 붙잡힌 뒤 ❷[　　　]가 꿈을 꾸고 목숨을 부지하고자 함

다 돈우의 집은 나고야에 있었다. 늙은 아내와 어린 딸만 있을 뿐 집안에 달리 남자가 없어, 옥영을 집에 살게 하되 아내와 딸이 있는 ◆내실(內室)에는 출입하지 못하게 했다. 옥영은 돈우를 속여 이렇게 말했다. / "저는 본래 체격이 왜소하고 병이 많은 약골이라
몸뚱이가 작고 초라하고
서 조선에 있을 적에도 젊은 남자들이 하는 일은 하질 못했습니다. 바느질이나 밥 짓

작품 핵심

⊕ 인물의 성격

최척	옥영에 대한 사랑과 의리가 깊고, 전쟁의 고통 속에서도 사랑과 행복을 쟁취하고자 하는 의지적인 인물
옥영	강인한 의지와 지혜로 전쟁의 역경을 극복하며, 자신의 의지대로 운명을 개척하는 주체적, 적극적인 인물

⊕ 인물 설정 의도

주인공 최척과 옥영은 전쟁으로 인해 반복해서 이별과 고난을 겪는 인물들로, 전기적 요소 없이 스스로 문제 상황에 맞선다. 이러한 인물들의 모습은 당대에 전쟁으로 인해 민중들이 겪었던 고난과 전쟁이 민중들의 운명에 끼친 영향을 사실적으로 보여 준다.
한편 옥영은 작품의 제목을 〈옥영전〉으로 바꾼다고 해도 손색이 없을 정도로 주도적인 역할을 하고 있다. 즉 옥영은 애정을 위해 과감한 결정을 내리는 등 당대의 억압당하던 여성들과는 다른 주체적, 적극적인 모습으로 새로운 시대의 여성상을 보여 주는 인물이다.

🌢🌢 어휘 쏙쏙

• **정유재란**: 조선 시대에, 임진왜란 휴전 교섭이 결렬된 뒤, 선조 30년 (1597)에 왜군이 다시 쳐들어와 일으킨 전쟁.

• **의탁**: 어떤 것에 몸이나 마음을 의지하여 맡김.

• **주도면밀하다**: 주의가 두루 미쳐 자세하고 빈틈이 없다.

• **명부**: 어떤 일에 관련된 사람의 이름, 주소, 직업 따위를 적어 놓은 장부.

• **발탁**: 여러 사람 가운데서 쓸 사람을 뽑음.

• **내실**: 안주인이 거처하는 방.

는 일만 할 수 있지 다른 일은 할 수 없습니다."

돈우는 퍽 가련히 여겨 옥영에게 '사우'라는 이름을 붙여 주고는, 배를 타고 장사하러 나갈 때마다 항해장 일을 맡겨 중국의 복건성과 절강성 일대를 함께 돌아다녔다.

▶ ⑧ ☐☐을 한 옥영이 돈우와 함께 장사를 하러 다님

---

01 이 글의 서술상 특징으로 적절하지 <u>않은</u> 것은?

① 서술자가 인물의 내면까지 드러내 보이고 있다.

② 구체적인 지명을 제시하여 현실감을 부여하고 있다.

③ 인물의 만남과 이별이 반복되는 구조가 나타나고 있다.

④ 사건 진행에 있어 전기적(傳奇的) 요소가 두드러지고 있다.

⑤ 실제 역사적 사건을 배경으로 하여 사실감을 드러내고 있다.

♥ 전기적: 기이하여 세상에 전할 만한 것.

수능형 02 〈보기〉를 바탕으로 이 글을 감상한 내용으로 적절하지 <u>않은</u> 것은?

┌─────── 보기 ───────┐

이 글은 이때를 중심으로 두 부분으로 나눌 수 있으며, 이렇게 볼 때 다음과 같은 대응 구조가 나타난다.

| 최척 | — | 여유문 |
| 옥영 | — | 돈우 |

└──────────────────┘

① 여유문과 돈우는 각각 최척과 옥영에게 조력자 역할을 하는군.

② 최척과 옥영의 인물됨은 여유문과 돈우의 호감을 이끌어 내고 있군.

③ 최척과 옥영이 여유문과 돈우를 따라감으로써 공간적 배경이 확대되고 있군.

④ 〈보기〉와 같은 구조는 전쟁으로 이별한 최척과 옥영의 상황을 효과적으로 보여 주는군.

⑤ 여유문과 돈우는 가족을 잃은 최척과 삶의 뜻을 잃은 옥영에게 의욕을 갖게 해 준 존재로군.

03 ㉠에 나타난 인물의 상황을 나타내는 한자 성어로 적절한 것은?

① 맥수지탄(麥秀之嘆)　② 호사다마(好事多魔)　③ 각골난망(刻骨難忘)

④ 사고무친(四顧無親)　⑤ 전화위복(轉禍爲福)

서술형 04 (다) 이후에 다음과 같은 사건이 전개된다고 할 때, ㉡의 서사적 역할을 '기쁜 일'의 내용을 밝혀 한 문장으로 서술하시오.

┌──────────────────────────┐

옥영은 중국 사람과 배를 타고 장사를 다니던 최척과 우연히 재회한다.

└──────────────────────────┘

■ 복선: 소설이나 희곡 등에서 앞으로 발생할 사건을 미리 독자에게 넌지시 알리는 것을 말함. 뒤에 발생할 사건을 짐작할 수 있게 하며, 사건 전개에 필연성을 부여하기도 함.

중간 부분 줄거리 여유문은 최척과 의형제를 맺고, 누이동생을 최척에게 시집보내고 싶어 했으나 최척은 옥영에 대한 의리 때문에 거절한다. 이후 여유문이 병들어 죽자 의탁할 곳이 막막해진 최척은 유랑 생활을 하다 신선이 되는 법을 배우려고 마음먹는다.

라 마침 주우라는 사람이 있었는데 호(號)는 학천이고, 집이 항주 용금문 안에 있었다. 그는 경전과 역사서를 많이 읽어 모르는 것이 없었으나, 벼슬을 하지 않고 장사를 하며 살고 있었다. 또한 남에게 베풀기를 좋아하고 의로운 기상이 있었다. 최척과 예전부터 절친하게 지내던 사이였는데, 최척이 촉의 땅으로 들어간다는 소식을 듣고 술을 가지고 찾아왔다. 반쯤 취했을 즈음, 주우가 먼저 최척에게 말했다.

"여보게, 사람이 세상에 태어나서 누군들 오래 살고 싶어 하지 않겠는가? 하지만 고금천하(古今天下)를 통틀어 본들 어찌 그런 이치가 있겠는가? 우리에게 남은 인생이 얼마나 된다고 환약이나 먹고 굶주림을 견디며 스스로를 괴롭히면서 산 귀신과 이웃이 되려 하는가? 자네, 그러지 말고 나와 함께 배를 타고 오나라와 월나라를 오가면서 비단과 차를 팔며 남은 생애를 즐기는 건 어떠한가? 이 또한 세상을 •통달하는 한 방법일 걸세."

주우의 말에 최척은 마음이 상쾌해지며 깨달아지는 것이 있었다. 그리고 그와 함께 떠나기로 마음먹었다.
▶ 최척이 ❶ □□와 함께 장삿배를 타기로 마음먹음

마 경자년(1600년) 봄이었다. 최척은 주우를 따라 장사꾼들과 함께 배를 타고 안남(베트남)으로 장사하러 갔다. 이때 일본인 상선 10여 척도 같은 •포구에 •정박해 있었다.

열흘 넘게 머물러 4월 초이튿날이 되었다. 하늘엔 구름 한 점 없고 물빛은 비단결처럼 고왔다. 바람이 그쳐 물결 또한 잔잔했으며 사방이 고요해 그림자 하나 보이지 않았다. 뱃사람들은 깊은 잠에 빠져 있었고, 간간이 물새 울음소리가 들려올 뿐이었다. 일본 배에서는 염불하는 소리가 들려왔는데, 그 소리가 매우 구슬펐다. 최척은 홀로 선창(배의 창문)에 기대 자신의 신세를 생각하다가, 짐 꾸러미 안에서 •통소를 꺼내 슬픈 곡조의 노래를 한 곡 불어 가슴속에 맺힌 슬픔과 원망을 풀어 보려 했다. 최척의 ㉠통소 소리에 바다와 하늘이 애처로운 빛을 띠고 구름과 안개도 •수심에 잠긴 듯했다. 뱃사람들도 그 소리에 놀라 일어나 모두들 서글픈 표정을 지었다. 그때 문득 일본 배에서 염불하던 소리가 뚝 그쳤다.
▶ 최척이 안남의 항구에서 ❷ □□를 붊

바 잠시 후 일본인 배에서 조선말로 시를 읊는 소리가 들렸다.

┌ 왕자진의 피리 소리에 달마저 떨어지려 하는데,
[A] 주나라 영왕의 태자로, 죄를 입어 서인이 되었음
└ 바다처럼 푸른 하늘엔 이슬만 서늘하구나.

시를 읊는 소리는 처절하여 마치 원망하는 듯, 호소하는 듯하였다. 시를 다 읊더니, 그 사람은 길게 한숨을 내쉬었다. 최척은 시 읊는 소리를 듣고는 깜짝 놀라 얼이 빠진 사람 같았다. 저도 모르는 새 통소를 땅에 떨어뜨리고 마치 죽은 사람처럼 멍하니 서 있었다. 이를 보고 주우가 말했다.

"어디 안 좋은 곳이라도 있는가?"
▶ 최척이 일본 배에서 들려오는 ❸ □ 읊는 소리를 듣고 놀람

작품 핵심

◈ 주인공의 조력자

여유문	명나라 장수로 최척을 신임하여 그와 의형제를 맺고 도움을 줌.
주우	베풀기를 좋아하고 의로운 인물로 은둔하려는 최척을 설득해 함께 장삿배를 탐.
돈우	왜군이지만 옥영의 처지를 가련하게 여겨 도와줌.

→ 따뜻한 마음씨를 가진 외국인을 주인공의 조력자로 설정함으로써 인간애를 바탕으로 한 이민족 간의 연대를 통해 전란의 고통에서 벗어날 수 있는 가능성을 시사하고 있다.

◈ 삽입 시의 역할

고전 소설의 이야기 중간에 나오는 시를 '삽입 시'라고 한다. 이러한 삽입 시는 등장인물의 내면 심리를 드러내거나, 등장인물이 놓여 있는 상황과 사건을 요약해서 제시한다. 또한 다음 사건이 일어나는 계기가 되거나 미래에 일어날 일에 대한 암시와 예언이 되기도 한다.
이 작품에서 옥영이 읊은 시는 과거 옥영이 최척의 통소 연주를 듣고 지은 것으로, 최척과 옥영을 만나게 하는 매개체 역할을 한다.

어휘 쏙쏙

• **통달**: 사물의 이치나 지식, 기술 따위를 훤히 알거나 아주 능란하게 함.
• **포구**: 배가 드나드는 개의 어귀.
• **정박**: 배가 닻을 내리고 머무름.
• **통소**: 가는 대로 만든 목관 악기. 세로로 내려 불고 앞에 다섯 개의 구멍, 뒤에 한 개의 구멍이 있다.
• **수심**: 매우 근심함. 또는 그런 마음.

┌─────────────────────┐
│ ❶ 주우 ❷ 통소 ❸ 시 │
└─────────────────────┘

05 이 글에서 알 수 있는 내용으로 적절하지 <u>않은</u> 것은?

① 주우는 최척이 신선이 되기로 마음먹은 것을 말렸다.
② 주우는 세상의 이치를 들어 최척에게 깨달음을 주었다.
③ 최척은 여유문과 가깝게 지내면서도 옥영을 잊지 않았다.
④ 최척은 주우와 함께 배를 타고 안남으로 장사하러 떠났다.
⑤ 최척은 일본인 배에서 들려오는 염불하는 소리를 듣고 놀랐다.

06 (바)의 사건으로 보아 (마)에 두드러진 고전 소설의 특징을 한 단어로 쓰시오.

_____

07 ㉠에 가사를 붙인다고 할 때 가장 적절한 것은?

① 약초를 캐다가 길을 잃었네. / 봉우리마다 단풍잎이 지네.
　중이 물을 길어 돌아가니 / 문득 연기가 나무 끝에서 피어나네.　– 이이, 〈산속에서〉
② 낙동강에서 당신 처음 만났더니 / 보제원에서 다시 당신과 헤어졌네.
　이 도화(桃花)야 땅에 떨어져 흔적조차 없을지언정
　달 밝으면 어느 때인들 당신 생각 않으리.　– 도화, 〈낙동강〉
③ 절집이라 구름에 묻혀 살기로, / 구름이라 스님은 쓸지를 않아
　바깥 손 와서야 문 열어 보니, / 온 산의 송화꽃 하마 쇠었네.
　　　　　　　　　　　　　　　– 이달, 〈불일암 인운 스님에게〉
④ 첩첩 바위 사이를 미친 듯 달려 겹겹 봉우리 울리니,
　지척에서 하는 말소리도 분간키 어려워라.
　늘 시비(是非)하는 소리 귀에 들릴세라,
　짐짓 흐르는 물로 온 산을 둘러 버렸다네.　– 최치원, 〈제가야산독서당〉
⑤ 세상은 어지러운 시비(是非)뿐 / 십 년 동안 내 마음에 때만 묻혔네.
　지는 꽃 우는 새 봄바람 속 / 어느 깊은 산속에서 홀로 살고 싶네.
　　　　　　　　　　　　　　　– 김제언, 〈무설사에 부치다〉

♥ 시비 : 옳고 그름을 따지
는 말다툼.

08 [A]에 대한 설명으로 적절하지 <u>않은</u> 것은?

① 시간적 배경과 조응하고 있다.
② 공간의 변화를 나타내고 있다.
③ 인물의 심리에 변화를 가져온다.
④ 애상적 분위기를 고조시키고 있다.
⑤ 인물의 심리를 간접적으로 드러내고 있다.

♥ 조응 : 둘 이상의 사물이나
　현상 또는 말과 글의 앞뒤
　따위가 서로 일치하게 대
　응함.
♥ 애상적 : 슬퍼하거나 가슴
　아파하는 것.

사 ⓐ최척은 대답을 하고 싶었지만 목이 막혀 말을 하지 못하고 눈물만 하염없이 흘렸다. 최척은 잠시 후 마음을 진정시킨 뒤 이렇게 말했다.

"조금 전에 저 배 안에서 들려왔던 시구는 내 아내가 지은 것일세. 우리 부부 말곤 아무도 알지 못하는 시야. 게다가 ㉠시를 읊던 소리도 아내 목소리와 너무 비슷해. 혹 아내가 저 배에 있는 게 아닐까? 그럴 리 없을 텐데 말야."

그러고는 자기 일가가 왜적에게 당했던 일의 ˙전말을 자세히 말하자, 배 안에 있던 사람들 가운데 비탄에 젖지 않은 사람이 없었다. 그 자리에는 ⓑ두홍이라는 사람이 있었는데, 젊고 용감한 자였다. 그는 최척의 말을 듣더니 ˙의기 넘치는 표정이 되어 주먹으로 노를 치고 ˙분연히 일어서며 말했다.

ⓒ"내가 저 배로 가서 사정을 살펴보겠소!"

주우가 두홍을 말리며 말했다.

ⓓ"야심한 시각에 소란을 일으켰다가는 큰 난리가 날지도 모르네. 내일 아침에 조용히 처리하는 게 좋겠어."

사람들이 모두 그러는 게 좋겠다고 했다. 최척은 앉은 채로 아침이 오기만을 기다렸다.

▶ 최척이 자신의 ❷ [ ][ ]을 이야기하고 다음 날 일본 배에 찾아가기로 함

아 이윽고 해가 떠올랐다. 최척은 즉시 해안으로 내려가 일본인 배 앞으로 다가가서는 조선말로 물었다.

"어젯밤에 시를 읊었던 사람은 조선 사람 아닙니까? 나도 조선 사람이기 때문에 한번 만나 보았으면 합니다. 멀리 다른 나라를 떠도는 사람이 비슷하게 생긴 고국 사람을 만나는 것이 어찌 그저 기쁘기만 한 일이겠습니까?"

옥영은 어젯밤 배 안에서 최척의 ㉡퉁소 소리를 들었다. 조선 가락인 데다 귀에 익은 곡조인지라, 혹시 자기 남편이 저쪽 배에 타고 있는 것이 아닐까 의심하여 시험 삼아 예전에 지었던 시를 읊어 본 것이었다. 그러던 차에 ⓔ밖에서 최척이 말하는 소리를 듣고는 허둥지둥 엎어질 듯이 배에서 뛰어내려 왔다.

최척과 옥영은 마주 보고 소리치며 얼싸안고 모래밭을 뒹굴었다. 기가 막혀 입에서 말이 나오지 않았다. 눈물이 다하자 피눈물이 나왔으며 눈에 아무것도 보이지 않았다. 두 나라의 뱃사람들이 이들 주위를 빙 둘러서서 구경하고 있었는데, 처음에는 두 사람이 친척이거나 친구인가 보다 여기고 있었다. 한참 뒤 이들이 부부 사이임을 알고는 모두들 놀라 감탄하고 서로 돌아보며 이런 말을 주고받았다.

"참 기이하기도 하다! 하늘이 돕고 귀신이 도왔구나. 이런 일은 옛날에도 들어 보지 못하였다."

▶ 최척과 옥영이 극적으로 ❸ [ ][ ]함

뒷부분 줄거리 최척은 옥영과 함께 중국에서 살며 둘째인 몽선을 낳고, 몽선이 장성하자 중국인인 홍도와 혼인시킨다. 이듬해 명나라와 후금 사이에 전쟁이 일어나자 최척은 명나라 군사로 전쟁터에 나가게 되고, 포로가 된다. 최척은 조선 병사로 출전했다가 포로로 잡혀 온 아들 몽석과 포로수용소에서 재회한다. 최척과 몽석은 수용소를 탈출하여 남원으로 돌아오고, 옥영도 몽선, 홍도와 함께 남원에 돌아와 최척과 재회하여 온 가족이 행복하게 산다.

작품 핵심

❂ **시대적·공간적 배경**

이 작품은 시대적·공간적 배경이 구체적으로 제시되어 사실성과 현장감이 느껴진다. 시대적 배경이 되는 임진왜란(1592)과 정유재란(1597)은 무려 7년 동안 지속된 국제전이었다. 공간적 배경은 남원을 중심으로 조선, 일본, 중국, 베트남 등을 넘나든다. 최척은 전쟁에 나갔다가 중국으로 건너가게 되고, 옥영은 왜병에 잡혀 일본에 갔다가 각각 배를 타고 다니면서 넓은 공간을 왕래한다. 이처럼 이 작품은 드넓은 시간적·공간적 배경을 설정하여 16세기 말에서 17세기 전반의 현실을 사실적으로 그리고 있다.

❂ **이 작품의 애정관**

최척과 옥영은 옥영의 주체적, 적극적인 태도로 인연을 맺은 뒤 두 인물의 강한 의지로 고난을 이기고 혼인했다. 이 과정에서 옥영은 부모를 거스를 수 없는 유교적 윤리에 맞서기도 했다. 또한 최척의 둘째 아들인 몽선은 중국 여인과 결혼하는데, 유교적 윤리관이 엄격하던 조선 사회에서 외국인과의 적극적인 결합은 금기시되다시피 한 일이었다. 따라서 이러한 인물들의 모습은 작가의 개방적이고도 진취적인 세계관과 애정관을 드러낸 것이라고 볼 수 있다.

어휘 쏙쏙

• **전말**: 처음부터 끝까지 일이 진행되어 온 결과.
• **의기**: 기세가 좋은 적극적인 마음.
• **분연히**: 성을 벌컥 내며 분해하는 기색으로.

09 최척과 옥영의 재회에 대한 이해로 가장 적절한 것은?

① 두 인물의 비범하고 신이한 능력을 바탕으로 한다.
② 두 인물이 예상치 못했던 상황으로 기쁨과 감격을 준다.
③ 타국에서 만난 고국 사람의 도움을 통해 이루어진 것이다.
④ 주변 인물들 중 대부분은 환영하지만 일부는 못마땅해하고 있다.
⑤ 주변 사람들의 방해로 어려움을 겪다 가까스로 이루어진 것이다.

수능형
10 이 글을 영화로 촬영하기 위해 제시한 의견으로 적절하지 <u>않은</u> 것은?

① 학생 1: 공간적 배경이 광범위하므로 순서를 잘 계획하고 장소를 옮겨 가며 촬영해야겠어.
② 학생 2: 가족 간의 이별 상황에서는 구슬프고 애틋한 배경 음악을 깔아야 효과적일 것 같아.
③ 학생 3: 주인공들의 재회 장면에서는 최척과 옥영의 표정 변화를 잘 잡아낼 수 있도록 근접 촬영하는 게 좋겠어.
④ 학생 4: 최척과 옥영이 재회하기까지 긴장감이 점점 고조되었다가 재회하는 장면에서 극적인 느낌이 들도록 편집하자.
⑤ 학생 5: 최척과 옥영이 타고 있던 배의 사람들은 서로 다른 국적이니 이 점이 드러나게 의상 등을 준비하고 두 배의 갈등을 생생하게 표현하자.

❤ 광범위: 범위가 넓음. 또는 넓은 범위.

11 ㉠과 ㉡에 대한 설명으로 적절하지 <u>않은</u> 것은?

① ㉠은 ㉡을 듣고 옥영이 시험 삼아 읊은 것이다.
② ㉡은 ㉠을 이끌어 내기 위해 최척이 보낸 신호이다.
③ ㉠과 ㉡은 둘 다 극적 만남의 매개체로 기능하고 있다.
④ ㉠과 ㉡을 통해 최척과 옥영은 비슷한 생각을 떠올리고 있다.
⑤ ㉠은 조선 말, ㉡은 조선의 가락으로 최척과 옥영이 이전에 알고 있던 것이다.

12 ⓐ~ⓔ 중 〈보기〉의 Ⓐ에 해당하는 것은?

┤ 보기 ├

　등장인물을 제시하는 방법에는 Ⓐ직접 제시 방법과 간접 제시 방법이 있다. 전자는 서술자가 인물의 성격, 심리, 모습을 직접적으로 설명하는 방법이고, 후자는 인물의 행동과 대화 등을 통해 인물의 성격, 심리를 간접적으로 제시하는 방법이다.

① ⓐ　　　　② ⓑ　　　　③ ⓒ　　　　④ ⓓ　　　　⑤ ⓔ

핵심 정리

갈래	한문 소설, 애정 소설, 군담 소설	성격	사실적, 불교적
배경	[시간적] 조선 시대(16세기) [공간적] 조선의 남원, 일본, 중국, 안남(베트남)	시점	전지적 작가 시점
제재	최척 일가의 이산과 재회	주제	전란으로 인한 가족의 이산과 재회
특징	① '만남 – 이별 – 재회'가 반복되는 구조임. ② 실제 역사적 사건과 구체적인 지명을 제시하여 사실성과 현실감을 드러냄. ③ ❶[ ][ ]을 시대적 배경으로 하여 당시 백성들의 고통을 드러냄.		

◈ **이 글 전체의 구성**

발단		전개		위기		절정		결말
옥영과 혼인하려던 최척은 왜구가 침입하자 의병으로 전쟁에 나가게 되어 옥영과 이별함.	➡	돌아온 최척은 옥영과 혼인해 아들 몽석을 낳고 행복하게 사나, 곧 정유재란이 일어나 가족이 흩어짐.	➡	최척과 옥영이 안남(베트남)에서 다시 만나지만, 최척이 명나라 군사로 참전하여 청군의 포로가 됨.	➡	포로수용소에서 몽석을 만난 최척은 조선으로 탈출하고, 옥영도 둘째 아들 부부와 조선으로 돌아옴.	➡	조선에서 온 가족이 다시 만나 행복하게 삶.

◈ **시대적 배경과 공간적 배경의 역할과 의의**

시대적 배경	실제 있었던 전쟁인 임진왜란과 정유재란
공간적 배경	조선의 남원, 중국, 일본, 안남(베트남) 등

➡
- 구체적인 배경으로 ❷[ ][ ][ ]과 현실감을 구현함.
- 장대한 규모의 배경을 통해 우리 소설의 공간적 배경을 확장함.

◈ **최척과 옥영의 행적**

	최척	옥영
정유재란 ➡	• 가족과 이별한 뒤 의탁할 곳이 없어진 상황에서 여유문의 도움으로 조선에서 명나라로 감. • 여유문이 죽은 뒤 주우와 배를 타고 장사하러 다님.	• 왜병 돈우에게 붙잡힌 뒤 일본의 돈우의 집에서 지냄. • 남장을 하고 돈우와 함께 배를 타고 장사하러 다님.

최척이 탄 배와 옥영이 탄 배가 안남의 한 항구에 정박하여 극적으로 ❸[ ][ ]함.

◈ **소재의 역할**

장륙불	옥영의 꿈에 나타나 훗날 기쁜 일이 있을 것이라고 한 만복사 부처	➡	옥영과 최척의 재회 암시
퉁소 소리	최척이 가족과 이별한 자신의 처지를 생각하다 슬픔과 원망을 풀기 위해 연주한 곡조		옥영과 최척의 재회의 매개체
시를 읊는 소리	옥영이 퉁소 소리를 듣고 최척이 연주한 소리가 아닐까 의심하여 예전에 지었던 시를 읊은 소리		

어휘력 다지기

01 ~ 04 다음 어휘와 그 뜻풀이를 바르게 연결하시오.

01 명부 •

02 수심 •

03 의기 •

04 정박 •

• ㉠ 배가 닻을 내리고 머무름.

• ㉡ 기세가 좋은 적극적인 마음.

• ㉢ 매우 근심함. 또는 그런 마음.

• ㉣ 어떤 일에 관련된 사람의 이름, 주소, 직업 따위를 적어 놓은 장부.

05 ~ 08 제시된 초성과 뜻풀이를 참고하여 다음의 빈칸에 알맞은 어휘를 쓰시오.

05 ㅁㅁ 하다 : 총명하고 민첩하다.
　 예 주장은 (　　　　　)한 데다 배려심도 깊어 신뢰를 얻고 있었다.

06 ㅂㅌ : 여러 사람 가운데서 쓸 사람을 뽑음.
　 예 예상치 못한 인물이 장관으로 (　　　　　)되어 화제를 모았다.

07 ㅇㅌ : 어떤 것에 몸이나 마음을 의지하여 맡김.
　 예 가족을 모두 잃고는 종교에 (　　　　　)하여 마음을 다잡았다.

08 ㅈㅁ : 처음부터 끝까지 일이 진행되어 온 경과.
　 예 신문에서는 이번 사태의 (　　　　　)을/를 자세히 분석하여 보도하였다.

09 ~ 11 다음의 문맥에 어울리는 어휘에 ○표 하시오.

09 잘못된 정책에 반대 목소리를 내기 위해 (분연히 / 측은히) 나섰다.

10 범인은 완전 범죄를 위해 하나하나 (광범위 / 주도면밀)한 계획을 세웠다.

11 한적하던 (선창 / 포구)은/는 고기잡이를 나갔던 배가 돌아오자 분주해졌다.

12 ~ 14 다음 뜻풀이에 해당하는 한자 성어를 쓰시오.

12 의지할 만한 사람이 아무도 없음.

| ㅅ | ㄱ | ㅁ | ㅊ |

13 재앙과 근심, 걱정이 바뀌어 오히려 복이 됨.

| ㅈ | ㅎ | ㅇ | ㅂ |

14 좋은 일에는 흔히 방해되는 일이 많음. 또는 그런 일이 많이 생김.

| ㅎ | ㅅ | ㄷ | ㅁ |

가 어느 날 범이 이 세 귀신을 불러 놓고 하는 말이,

"오늘도 곧 날이 저무는데 어디 가서 먹을 것을 구한단 말이냐."

하니 굴각이 대답하기를,

"제가 아까 점을 쳐 보았더니 뿔을 가진 짐승도 아니고 날짐승도 아닌 검은 머리를 가진 것이 눈 위에 발자국이 비틀비틀 성긴 걸음이었습니다. 뒤통수에 꼬리가 붙어 꽁무니를 감추지 못하는 그런 놈입니다."

▶ 범의 저녁거리로 ❶ ☐☐을 추천하는 굴각

나 다음에 이올이 말하기를,

"동문에 먹을 것이 하나 있는데, 그 놈의 이름은 의원(醫員)이라고 합니다. 의원은 약초를 다루고 먹으니 그 고기도 °별미(別味)인 줄로 아옵니다. 그리고 서문에도 먹음직스러운 것이 있는데 그것은 무당입니다. 그는 천지신명께 온갖 아양을 부리고 매일 °목욕재계(沐浴齋戒)를 하여 깨끗하고 맛있는 고기이오니 의원과 무당 둘 중에서 골라서 잡수시길 바라옵니다."

▶ 범의 저녁거리로 ❷ ☐☐과 무당을 추천하는 이올

다 범이 화를 내며 하는 말이,

"도대체 의원이란 무엇인가? ㉠의(醫)란 의(疑)가 아니더냐? 저 자신도 의심스러운 것을 모든 사람들에게 시험하여, 해마다 남의 목숨을 끊은 것이 몇 만이 넘는다. 또한 무당이란 것이 무엇이냐. 무(巫)란 무(誣)라고 하지 않더냐? 결국 무당이란 공연히 뭇 귀신을 속이고 사람들에게 거짓말만 하고 있으니 이로 인하여 터무니없이 목숨을 잃는 자가 해마다 수만이 되지 않느냐. 그래서 여러 사람의 노여움은 그들의 뼈 속에까지 스며들어 금잠이란 벌레가 되어서 그들의 뼈 속에서 득실거리고 있단 말이야.

_{벌레의 하나. 그 똥을 음식 속에 넣으면 독이 됨}

그러한 독기가 있는 것을 어떻게 먹는단 말이냐."

하였다.

▶ 사람들에게 해가 되는 의원과 ❸ ☐☐을 비판하는 범

중간 부분 줄거리 귀신들은 고기 중에서 으뜸은 '선비[儒]' 고기라고 추천한다. 이윽고 범은 저녁거리로 선비를 찾아 마을로 향했다.

라 정(鄭)나라 어느 고을에 벼슬을 °탐탁하게 여기지 않는 학자가 살았으니 '북곽 선생(北郭先生)'이었다. 그는 나이 마흔에 손수 교정(校訂)해 낸 책이 만 권이었고, 또 육경(六經)의 뜻을 부연해서 다시 저술한 책이 일만 오천 권이었다. 천자(天子)가 그의

_{중국 춘추 시대의 여섯 가지의 경전}

행의(行義)를 가상히 여기고 °제후(諸侯)가 그 °명망을 존경하고 있었다.

_{의로운 행동을 함}

▶ 학식과 절의가 높은 ❹ ☐☐☐☐

마 그 고장 동쪽에는 동리자(東里子)라는 미모의 과부가 있었다. 천자가 그 절개를 가상히 여기고 제후가 그 현숙함을 사모하여, 그 마을의 둘레를 봉(封)해서 '동리과부지려'(東里寡婦之閭)라고 정표(旌表)해 주기도 했다. 이처럼 ㉡동리자가 수절을 잘하는

_{착한 행실을 세상에 드러내어 널리 알림} _{정절을 지킴}

부인이라 했는데, 실은 °슬하의 다섯 아들이 저마다 성을 달리하고 있었다.

▶ ☐☐을 잘하는 동리자

작품 핵심

⊙ **인물의 성격**

북곽 선생	겉으로는 고매한 인품과 높은 학식을 지닌 선비로 보이지만, 부도덕하며 위선적이고 비굴한 모습을 지닌 이중적 인물
동리자	수절을 잘한다 하여 정표까지 받았으나, 성이 다른 다섯 아이를 두고 있는 부도덕하며 이중적 인물

⊙ **인물 설정 의도**

북곽 선생과 동리자라는 부도덕하고 이중적인 인물을 설정하여 당시의 지배 계층을 풍자하고 있다. 또한 작가의 대변자로서 의인화된 범이 등장하여 선비를 꾸짖고 있는데, 이를 통해 당시의 지배층을 우회적으로 비판하고 있다.

⊙ **제목 '호질'의 의미**

'호질(虎叱)'은 '호랑이가 꾸짖다'라는 의미이다. 작가는 호랑이의 말을 빌려 입으로는 오륜과 사강을 이야기하지만 온갖 악행과 탐욕을 부리는 인간을 질책하고 있다.

어휘 쏙쏙

• **별미**: 특별히 좋은 맛. 또는 그 맛을 지닌 음식.

• **목욕재계**: 부정 타지 않도록 목욕을 깨끗이 하는 일.

• **탐탁하다**: 모양이나 태도, 또는 어떤 일 따위가 마음에 들어 만족하다.

• **제후**: 봉건 시대에 일정한 영토를 가지고 그 영내의 백성을 지배하는 권력을 가지던 사람.

• **명망**: 명성(세상에 널리 퍼져 평판 높은 이름)과 인망(세상 사람이 우러르고 따르는 덕망)을 아울러 이르는 말.

• **슬하**: 어버이나 조부모의 보살핌 아래.

❹ 북곽 선생 ❸ 무당 ❷ 의원
❶ 의원 ❷ 수절 정답

01

(가)~(마)의 서술상 특징으로 적절한 것은?

① 치밀한 배경 묘사로 사실감을 부여하고 있다.
② 빈번한 장면 전환으로 긴박감을 조성하고 있다.
③ 초현실적인 존재를 통해 갈등을 해소하고 있다.
④ 인물에 대한 정보를 요약적으로 제시하고 있다.
⑤ 인물을 우스꽝스럽게 표현하여 해학성을 드러내고 있다.

■ 인물 제시 방법: 서술자가 인물의 성격, 심리를 직접 말해 주는 직접 제시(=말하기, 요약적 제시)와, 인물의 대사와 행동을 통해 보여 주는 간접 제시(=보여 주기, 극적 제시)가 있음.
♥ 빈번하다: 번거로울 정도로 거듭하는 횟수가 잦다.
♥ 해학성: 익살스럽고도 품위가 있는 말이나 행동이 있는 성질.

02

이 글에서 알 수 있는 내용으로 적절한 것은?

① 굴각과 이올은 의견 대립을 보이고 있다.
② 동리자는 다섯 아들을 위해 수절하고 있다.
③ 범은 의원과 무당에 대해 대조적으로 평가하고 있다.
④ 천자와 제후는 사람을 평가할 때 내면을 중시하고 있다.
⑤ 이올은 근거를 들어 의원과 무당을 먹을 것을 권하고 있다.

03

중요

㉠과 같은 표현 방법이 사용되지 않은 것은?

① 서울 올라간 이 도령인지 삼 도령인지
② 이애 이애 그 말 마라 시집살이 개집살이
③ 너의 서방인지 남방인지 걸인 하나 내려왔다
④ 말소리 귀에 쟁쟁, 고운 태도 눈에 삼삼하다
⑤ 김매러 갈 적에는 갈뽕을 따고, 김매고 올 적에는 올뽕을 따고

■ 언어유희: 말을 재미있게 꾸미는 표현 방법. 동음이의어를 활용하거나 유사 음운을 반복하는 방법, 도치, 발음의 유사성을 활용하는 방법 등이 있음.
♥ 쟁쟁: 목소리가 매우 또렷하고 맑은 소리.
♥ 삼삼하다: 잊히지 않고 눈앞에 보이는 듯 또렷하다.

04

㉡의 상황과 관계 깊은 한자 성어는?

① 설상가상(雪上加霜)
② 표리부동(表裏不同)
③ 이심전심(以心傳心)
④ 역지사지(易地思之)
⑤ 일편단심(一片丹心)

바 어느 날 밤, **다섯 아들들**이 서로 지껄이기를,

"강 건너 마을에서 닭이 울고 강 저편 하늘에 샛별이 반짝이는데, ⓐ방 안에서 흘러 나오는 말소리는 어찌도 그리 북곽 선생의 목청을 닮았을까?"

하고 다섯 놈이 차례로 문틈으로 들여다보았다. 동리자가 북곽 선생에게,

"오랫동안 선생님의 덕을 사모했는데, 오늘밤은 선생님 글 읽는 소리를 듣고자 하옵니다."

하고 간청하매, 북곽 선생은 옷깃을 바로 잡고 점잖게 앉아서 시(詩)를 읊는 것이 아닌가.

"ⓑ원앙새는 병풍에 그려 있고

반딧불이 흐르는데 잠 못 이뤄

크고 작은 가마솥 세발 솥은

무엇을 본떠서 만들었나.

이는 흥(興)이로다."

▶ 북곽 선생과 ❶ ☐☐☐ 의 부도덕한 관계

사 다섯 놈이 서로 소곤대기를,

"북곽 선생과 같은 점잖은 어른이 과부의 방에 들어올 리가 있겠나? 우리 고을의 성문이 무너져서 여우 구멍이 생겼대. 여우란 놈은 천 년을 묵으면 사람 모양으로 *둔갑할 수 있대. 저건 틀림없이 그 ⓒ여우란 놈이 북곽 선생으로 둔갑한 것이다."

하고 함께 의논했다.

"들으니 여우의 갓을 얻으면 큰 부자가 될 수 있고, 여우의 신발을 얻으면 대낮에 그림자를 감출 수 있고, 여우의 꼬리를 얻으면 애교를 잘 부려서 남의 꾐을 받을 수 있다더라. 우리 저 놈의 여우를 때려잡아서 나눠 갖도록 하자." / 하였다.

▶ 북곽 선생을 ❷ ☐☐ 로 오해한 동리자의 다섯 아들들

아 다섯 놈들이 방을 둘러싸고 우루루 쳐들어갔다. 북곽 선생은 크게 당황하여 도망쳤다. 사람들이 자기를 알아볼까 겁이 나서 모가지를 두 다리 사이로 들이박고 귀신처럼 춤추고 낄낄거리며 문을 나가서 내닫다가 그만 들판의 구덩이 속에 빠져 버렸다. 그 구덩이에는 ⓓ똥이 가득 차 있었다. 간신히 기어올라 머리를 들고 바라보니 뜻밖에 범이 길목에 앉아 있는 것이 아닌가.

범은 북곽 선생을 보고 오만상을 찌푸리고 구역질을 하며 코를 싸쥐고 외면을 했다.

"어허, 유자(儒者)여! 더럽다." 선비, 유학자

▶ 다섯 아들들을 피해 도망가다 ❸ ☐☐☐☐ 에 빠진 북곽 선생

자 북곽 선생은 머리를 *조아리고 범 앞으로 기어가서 세 번 절하고 꿇어앉아 우러러 아뢴다.

"호랑님의 덕은 지극하시지요. *대인(大人)은 그 변화를 본받고, 제왕(帝王)은 그 걸음을 배우며, 자식 된 자는 그 효성을 본받고, 장수는 그 위엄을 취하며, 거룩하신 이름은 *신령스런 용(龍)의 짝이 되는지라, 풍운이 조화를 부리시매 ⓔ*하토(下土)의 *천신(賤臣)은 감히 아랫바람에 서옵나이다."

▶ 목숨을 구걸하기 위해 범에게 ❹ ☐☐ 하는 북곽 선생

작품 핵심

☼ 인물 간의 관계

북곽 선생 ── 동리자

밀회
(부도덕성, 위선)

여우로 오해(어리석음)

동리자의 다섯 아들 → 북곽 선생

도망침.
(비굴함, 허위의식)

"더럽다."(직접적으로 비판)

범 → 북곽 선생

아첨함(비굴함).

☼ 북곽 선생의 공간 이동

동리자의 방 안	→	똥구덩이
욕망과 타락의 공간		징벌의 공간

어휘 쏙쏙

• 둔갑: 술법을 써서 자기 몸을 감추거나 다른 것으로 바꿈.
• 조아리다: 상대방에게 존경의 뜻을 보이거나 애원하느라고 이마가 바닥에 닿을 정도로 머리를 숙이다.
• 대인: 지혜와 덕이 뛰어난 사람.
• 신령스럽다: 보기에 신기하고 영묘한 데가 있다.
• 하토: 농사짓기 나쁜 땅. 여기서는 사람이 사는 하계를 의미함.
• 천신: 임금에게 신하가 자신을 가리키던 말.

❶ 동리자 ❷ 여우 ❸ 똥구덩이 ❹ 아첨 ❺ 아첨

05 (바)~(사)의 '다섯 아들들'에 대한 독자의 반응으로 가장 적절한 것은?

① 어머니 방에 몰래 들어온 북곽 선생에 대해 실망하고 있군.
② 둔갑한 여우의 정체를 모르는 어머니를 안타까워하고 있군.
③ 사람으로 변신한 여우의 재주에 대해 호기심을 느끼고 있군.
④ 교활한 여우가 언제 자신들을 해칠지 몰라 두려워하고 있군.
⑤ 북곽 선생의 명성 때문에 상황을 제대로 파악하지 못하고 있군.

중요
06 이 글의 내용을 바탕으로 (아), (자)에 나타난 '북곽 선생'의 태도를 이해한 내용으로 적절하지 <u>않은</u> 것은?

① (아) : 명성과 대비되는 ♥비굴한 모습을 보이고 있다.
② (아) : 정체를 들키지 않으려고 우스꽝스럽게 도망가고 있다.
③ (자) : 위기에서 벗어나기 위해 거짓된 겸손을 보이고 있다.
④ (자) : 범에 대한 두려움으로 ♥아첨하는 태도를 보이고 있다.
⑤ (자) : 자신의 행동을 반성하고 절대적 존재에게 사죄하고 있다.

♥ 비굴하다: 용기나 줏대가
없이 남에게 굽히기 쉽다.

♥ 아첨: 남의 환심을 사거
나 잘 보이려고 알랑거림.
또는 그런 말이나 짓.

07 이 글에서 당시 선비들을 직접적으로 비판하고 있는 부분을 찾아 3어절로 쓰시오.

_____

08 ⓐ~ⓔ에 대한 설명으로 적절하지 <u>않은</u> 것은?

① ⓐ : 북곽 선생과 동리자의 욕망이 표출되는 공간이다.
② ⓑ : 남녀의 정을 비유하는 말이다.
③ ⓒ : 북곽 선생의 부도덕성을 간접적으로 드러내고 있다.
④ ⓓ : 북곽 선생에 대한 풍자를 극대화하는 장치이다.
⑤ ⓔ : 북곽 선생이 맡은 직책을 가리킨다.

♥ 풍자: 현실의 부정적 현
상이나 모순 따위를 빗대
어 비웃으면서 표현함.
♥ 직책: 직무상의 책임.

서술형
09 (바)에 나타난 인물의 모습을 〈보기〉와 같이 비판하고자 할 때, 빈칸에 들어갈 내용을 〈조건〉에 맞추어 서술하시오.

┤ 보기 ├
북곽 선생은 고매한 인품으로 명망이 높은 유학자이고, 동리자는 절개가 높기로 유명한 과부이다. (바)에서는 (   ).

┤ 조건 ├
• (바)에 나타난 두 인물의 관계를 바탕으로 인물의 성격을 제시할 것
• 〈보기〉에 제시된 내용과 (바)에 나타난 모습을 비교하여 비판하고자 한 내용을 제시할 것

_____

05 호질(虎叱) ❸

차 범은 북곽 선생을 여지없이 꾸짖었다.

"내 앞에 가까이 오지 말아라. 내 듣건대 유(儒)는 유(諛)라 하더니 과연 그렇구나. 네가 평소에 천하의 악명을 죄다 나에게 덮어씌우더니, 이제 사정이 급해지자 ⁕면전에서 아첨을 떠니 누가 곧이듣겠느냐? 천하의 원리는 하나뿐이다. 범의 본성(本性)이 악한 것이라면 인간의 본성도 악할 것이요, 인간의 본성이 선(善)한 것이라면 범의 본성도 선할 것이다. 너희들의 떠드는 천 소리 만 소리는 오륜(五倫)에서 벗어난 것이
<small>유교에서 사람이 지켜야 할 다섯 가지 도리</small>
아니고, ⁕훈계하고 권고하는 말은 내내 사강(四綱)에 머물러 있다. 그런데 도회지에
<small>유교에서 기본이 되는 네 가지의 강령</small>
코 베이고, 발꿈치 짤리고, 얼굴에 다 ⁕자자(刺字)질하고 다니는 것들은 다 오륜을 지키지 못한 자들이 아니냐? 포승줄과 먹실, 도끼, 톱 같은 ⁕형구(刑具)를 매일 쓰기에 바빠 겨를이 나지 않는데도 죄악을 중지시키지 못하는구나. 범의 세계에서는 원래 그런 형벌이 없으니 이로 보면 범의 본성이 인간의 본성보다 어질지 않느냐?

범은 초목을 먹지 않고, 벌레나 물고기를 먹지 않고, 술 같은 좋지 못한 음식을 좋
<small>풀과 나무</small>
아하지 않으며, 순종 ⁕굴복하는 하찮은 것들을 차마 잡아먹지 않는다. 산에 들어가면 노루나 사슴 따위를 사냥하고, 들로 나가면 말이나 소를 잡아먹되 먹기 위해 ⁕비굴해진다거나 음식 따위로 다투는 일이 없다. 범의 도리가 어찌 ⁕광명정대(光明正大)하지 않은가.

범이 노루나 사슴을 잡아먹을 때는 사람들이 미워하지 않다가, 말이나 소를 잡아먹을 때는 사람들이 원수로 생각한다. 이 어찌 노루나 사슴은 사람들에게 은공(恩功)이 없으나 소나 말은 공이 있기 때문이 아니냐? 그런데 너희들은 소나 말이 일해 주는 공로와 충성하는 정성이 없으면, 날마다 ⁕푸줏간을 채워 뿔과 갈기도 남기지 않는다. 그리고 우리의 노루와 사슴을 ⁕침노하여 우리들로 하여금 산에도 들에도 먹을 것이 없게 만든단 말이냐? 하늘이 세상을 공평하게 한다면, 너를 잡아먹어야 되겠느냐, 아니면 놓아 주어야 되겠느냐?" 〈중략〉　▶ 범과 인간을 ⑩□□하여 인간의 부도덕함과 욕심을 질책하는 범

카 북곽 선생은 자리를 옮겨 부복(俯伏)해서 머리를 새삼 조아리고 아뢰었다.
<small>고개를 숙이고 엎드림.</small>
"'맹자(孟子)'에 일렀으되 '비록 악인(惡人)이라도 목욕재계하면 상제(上帝)를 섬길 수 있다.' 하였습니다. 하토의 천신은 감히 아랫바람에 서옵니다."

북곽 선생이 숨을 죽이고 명령을 기다렸으나 오랫동안 아무 동정이 없기에 참으로 ⁕황공해서 절하고 조아리다가 머리를 들어 우러러보니, 이미 먼동이 터 주위가 밝아 오는데 범은 간 곳이 없었다. 그때 새벽 일찍 밭 갈러 나온 농부가 있었다.

"선생님, 이른 새벽에 들판에서 무슨 기도를 드리고 계십니까?"

북곽 선생은 엄숙히 말했다.

"성현(聖賢)의 말씀에 '하늘이 높다 해도 머리를 아니 굽힐 수 없고, 땅이 두텁다 해도 조심스럽게 딛지 않을 수 없다.' 하셨느니라."　▶ 범이 사라지자 다시 ⑪□□을 보이는 북곽 선생

작품 핵심

❂ 창작 배경

이 작품은 조선 후기 실학자인 박지원의 소설이다. 박지원은 당시 양반층의 부패와 허위의식을 신랄하게 비판, 풍자하는 소설들을 썼는데 이 작품에도 그러한 의식이 드러난다. 이 작품에서는 북곽 선생으로 대표되는 유자(儒者)들의 위선을 비꼬는 한편 동리자로 대표되는 정절부인의 가식적 행위를 폭로하고 있으며, 작품 후반부에서는 풍자 대상이 유학자들의 위선과 속물근성으로 확대되고 더 나아가 인간 사회의 부도덕성과 잔인함, 탐욕을 비판하고 있다.

어휘 쏙쏙

- **면전**: 보고 있는 앞.
- **훈계**: 타일러서 잘못이 없도록 주의를 줌.
- **자자**: 얼굴이나 팔뚝의 살을 따고 홈을 내어 먹물로 죄명을 찍어 넣던 벌.
- **형구**: 형벌을 가하거나 고문을 하는 데에 쓰는 여러 가지 기구.
- **굴복**: 힘이 모자라서 복종함.
- **비굴**: 용기나 줏대가 없이 남에게 굽히기 쉬움.
- **광명정대**: 말이나 행실이 떳떳하고 정당함.
- **푸줏간**: 예전에, 쇠고기나 돼지고기 따위의 고기를 끊어 팔던 가게.
- **침노**: 성가시게 달라붙어 손해를 끼치거나 해침.
- **황공하다**: 위엄이나 지위 따위에 눌리어 두렵다.

중요
10 〈보기〉를 참고할 때, 이 글에 대한 감상으로 적절하지 <u>않은</u> 것은?

┤ 보기 ├

우화 소설에 등장하는 동물은 인간의 감정이 부여된 존재이다. 의인화된 동물은 친숙함과 흥미를 느끼게 하는 동시에 우회적인 방식으로 주제를 전달한다. 이 작품에서 의인화된 동물은 작가를 대변하는 존재로 당대 사회에 대한 작가의 비판 의식을 효과적으로 드러내는 장치이다.

① '범'을 의인화하여 색다른 재미와 친숙함을 느낄 수 있다.
② '범'을 내세워 탐욕스러운 인간을 신랄하게 풍자하고 있다.
③ '범'이 심판자로서 위선적이고 부도덕한 선비를 교화하고 있다.
④ '범'을 통해 당대 사회의 부정적인 면을 간접적으로 지적하고 있다.
⑤ '범'은 작가를 대변하는 인물로 당시 지배층을 우회적으로 비판하고 있다.

11 (차)에 나타난 '범'의 관점으로 적절하지 <u>않은</u> 것은?

① 세상 만물은 평등하다.　　② 인간은 말과 행동이 다르다.
③ 범의 본성이 인간보다 어질다.　　④ 인간 세상의 형벌이 잔인하다.
⑤ 인간은 이해타산적이고 탐욕스럽다.

수능형
12 밑줄 친 부분의 대화 태도가 (카)의 '북곽 선생'과 가장 유사한 것은?

① (몸이 아픈 학생과 청소 당번을 대신 해 준 친구의 대화)
갑: 미안해서 어쩌지? 내가 했어야 할 일인데…….
을: 그런 소리 하지 마. 네 몸이나 잘 돌봐.
② (축제 때 사회자를 물색하던 동아리 회장과 친구의 대화)
갑: 이번 일은 네가 맡아 줘. 너만 한 적임자가 없어.
을: 역시 너는 사람 보는 눈이 있구나. 그래 내가 할게.
③ (수행 평가 과제를 해결하지 못한 학생과 친구의 대화)
갑: 이번이 마지막이야. 이번 한 번만 더 나를 도와줘.
을: 내 코가 석 자야. 이제부터 네 일은 네가 알아서 해.
④ (생일 선물을 준비한 학생과 생일을 맞이한 친구의 대화)
갑: 생일 축하해. 이건 작지만 내 정성이니 받아 줘.
을: 고맙게 받을게. 하지만 다음부터는 이렇게 무리하지 마.
⑤ (실수한 후배와 그 실수로 인해 피해를 입은 선배의 대화)
갑: 누나, 미안해. 마음이 넓고 천사 같은 누나가 용서해 줘.
을: 그렇게 아부로 실수를 얼버무리고 반성하지 않으니 문제야.

13 다음 설명에 해당하는 인물을 찾아 쓰시오.

북곽 선생과 대조적인 인물로, 북곽 선생의 위선적인 모습을 재확인하게 한다.

우화 소설: 동식물이나 기타 사물을 의인화하여 쓴 소설로 교훈적이고 풍자적인 성격을 띰. 〈토끼전〉, 〈장끼전〉 등이 이에 속함.
우회적: 곧바로 가지 않고 멀리 돌아서 가는 것.
신랄하다: 사물의 분석이나 비평 따위가 매우 날카롭고 예리하다.
위선적: 겉으로만 착한 체하는 것.
교화: 가르치고 이끌어서 좋은 방향으로 나아가게 함.

이해타산적: 이로움과 해로움을 이리저리 따져 헤아리는 것.

내 코가 석 자: 내 사정이 급하고 어려워서 남을 돌볼 여유가 없음.

작품 한눈에 보기

핵심 정리

갈래	한문 소설, ❶☐☐ 소설, 풍자 소설	성격	풍자적, 우화적, 비판적
배경	[시간적] 중국 춘추 시대 정(鄭) 나라 [공간적] 어느 고을	시점	전지적 작가 시점
		제재	양반의 위선과 가식
주제	당시 양반층의 허위의식과 부도덕성에 대한 비판		
특징	① 인물의 부정적인 모습을 희화화함. ② 등장인물의 대화를 통해 주제를 전달함. ③ 의인화된 범을 통해 당시 지배층을 우회적으로 비판함. ④ 비판의 대상이 유학자인 북곽 선생에서 위선적인 인간 모두로 확대됨.		

◈ 이 글 전체의 구성

발단	전개	위기	절정	결말
범은 선비를 먹이로 제안하는 귀신들에게 화를 냄.	학식과 명성이 높은 북곽 선생이 지조 높은 과부인 동리자의 아들들에게 쫓기다 똥구덩이에 빠짐.	❷☐이 똥구덩이에서 나온 북곽 선생을 보고 꾸짖음.	북곽 선생이 머리를 조아리고 목숨을 구걸하자 범이 인간의 위선을 꾸짖음.	범이 가 버린 것을 모르고 조아리고 있던 북곽 선생은 ❸☐☐에게 다시 위선적인 모습을 보임.

◈ 인물의 역할과 성격

범		북곽 선생(유학자)
❹☐☐의 의식을 대변하는 인물	질책 →	부도덕하고 위선적이며 이중적인 인물

◈ 이 글의 표현 방법

❺☐☐	• 유학자인 북곽 선생과 수절 과부인 동리자의 이중적인 면을 드러냄으로써 풍자함. • 북곽 선생의 비굴한 모습을 희화화하여 유학자의 위선과 허위의식을 폭로함.
의인화	범을 의인화하여 북곽 선생을 꾸짖고 인간을 비판하도록 함.

◈ '범'이 비판하는 인간의 모습

"너희들의 떠드는 천 소리 만 소리는 오륜에서 벗어난 것이 아니고 ~ 다 오륜을 지키지 못한 자들이 아니냐?"	→	입으로는 오륜과 사강을 말하지만 ❻☐☐으로는 이를 어김.
"포승줄과 먹실, 도끼, 톱 같은 형구를 ~ 죄악을 중지시키지 못하는구나."	→	온갖 형벌로도 그 악행을 막을 수 없음.
"범은 초목을 먹지 않고, ~ 음식 따위로 다투는 일이 없다."	→	범과 달리 온갖 것을 다 먹으며, 음식 때문에 남과 다툼.
"범이 노루나 사슴을 잡아먹을 때는 ~ 산에도 들에도 먹을 것이 없게 만든단 말이냐?"	→	이해타산적이고 잔인하며 탐욕스러움.

어휘력 다지기

01 ~ 04 다음 뜻풀이에 해당하는 어휘를 쓰시오.

01 힘이 모자라서 복종함. 　　　　　　　　　　　　　　　　　　[ㄱ][ㅂ]

02 말과 행실이 바르고 점잖으며 덕이 높은 사람. 　　　　　　　[ㄷ][ㅇ]

03 명성(名聲)과 인망(人望)을 아울러 이르는 말. 　　　　　　　[ㅁ][ㅁ]

04 착한 행실을 세상에 드러내어 널리 알림. 　　　　　　　　　[ㅈ][ㅍ]

05 ~ 08 빈칸에 들어갈 알맞은 어휘를 〈보기〉에서 찾아 쓰시오.

┤ 보기 ├
| 둔갑　　　비굴　　　슬하　　　훈계 |

05 할머니로 (　　　　)을/를 한 늑대가 소녀를 맞이했다.

06 수업 시간에 장난을 치다가 선생님께 (　　　　)을/를 들었다.

07 길동은 어머니께 (　　　　)을/를 떠나고자 하는 뜻을 밝혔다.

08 잘못이 들통 나자 그는 무릎을 꿇고 (　　　　)하게 용서를 구했다.

09 ~ 11 다음의 문맥에 어울리는 어휘에 ○표 하시오.

09 호랑이는 (신령스러운 / 황공한) 짐승으로, 산신으로 여겨지기도 했다.

10 임금이 상을 내리자 그는 고개를 (우러르며 / 조아리며) 감사를 표했다.

11 엄마는 내가 게임만 하는 것이 (탐탁지 / 터무니없지) 않다는 눈치를 주셨다.

12 ~ 14 다음 뜻풀이에 해당하는 한자 성어를 쓰시오.

12 말이나 행실이 떳떳하고 정당함. 　　　　　　　　　　　[ㄱ][ㅁ][ㅈ][ㄷ]

13 아첨하는 말과 알랑거리는 태도. 　　　　　　　　　　　[ㄱ][ㅇ][ㅇ][ㅅ]

14 겉으로 드러나는 언행과 속으로 가지는 생각이 다름. 　　[ㅍ][ㄹ][ㅂ][ㄷ]

06 채봉감별곡 ❶_작자 미상

앞부분 줄거리 채봉은 장필성을 만나 서로 호감을 품게 되고, 채봉의 어머니 이 부인은 둘을 약혼시킨다. 서울로 간 채봉의 아버지 김 진사는 벼슬을 얻어 보고자 세도가 허 판서에게 돈과 딸을 주기로 하고, 채봉을 데리러 평양으로 돌아온다. 채봉의 약혼 소식을 들은 김 진사는 놀라면서 부인에게 자신이 벼슬하게 되었음을 전한다.

가 김 진사 방으로 들어와 갓과 탕건을 벗어 부인을 주니, 부인이 받아 벽에 걸고 반겨 옆에 들어앉으며,
벼슬아치가 갓 아래 받쳐 쓰던 관(冠)의 하나

"아이고 반가워라. 올해 운수가 겹겹이 좋구려. 영감은 벼슬을 하시고, 애기 혼인을 정하고. 그런데 왜 혼인 정하였다는 말을 듣고 깜짝 놀라시오?"

"우선 듣기가 급하니 말부터 하시오."

"그런 것이 아니라 대동문 밖에 사는 장 선천 부사의 아들과 정혼하였다오."
혼인을 정함

"장 선천 부사의 아들과 정혼하였어? 그 ⓐ거지 다 된 거 하고? 흥! ⓑ기막힌 사위를 정하고 내려왔으니 ⓒ애기를 데리고 우리 서울로 올라가서 삽시다."

이 부인이 이 소리를 듣고 눈이 휘둥그레져서,

"기막힌 사위가 어떠한 거란 말이오?"

"흥, 알면 곧 기가 막히지. 누구인고 하니 이 천지에 ⁂세도하는 사직골 허 판서야."

▶ 채봉의 정혼 소식에 놀라며 기막힌 사위를 정했다고 하는 ❶ ☐ ☐ ☐

나 부인은 이 말을 듣고 한편 끔찍하고 한편 기가 막혀 다시 묻는다.

"허 판서면 정실이란 말이오? 부실이란 말이오?"
본처   정식 아내 외에 데리고 사는 여자. 여기서는 두 번째 부인

"정실도 아니요, 부실도 아니요, 별실이라오."
첩

"나는 그러지 못하겠소, 허 판서 아니라 허 의정이라도."

"왜 못 해!"

"영감도 서울 가시더니 마음이 변하셨구려. 예전에는 평생 말씀이 저같이 얌전한 신랑을 택해서 ⁂슬하에 두고 걱정 근심이나 아니 시키자고 하시더니 오늘 이게 무슨 말이오? 그래, 그것을 ⁂금지옥엽(金枝玉葉)같이 길러서 ⓓ남의 첩으로 준단 말이오?"

"ⓞ허허, 아무리 남의 첩이 되더라도 ⁂호강만 하고 몸 편하였으면 좋지."

"ⓔ남의 눈에 가시가 되어 무슨 해코지를 당할지 모르는데, 나는 죽어도 그런 호강을 남을 해치고자 하는 짓
아니 시키겠소."

▶ 채봉을 허 판서의 첩으로 보내는 것을 ❷ ☐ ☐ 하는 이 부인

다 김 진사 이 말을 듣고 열이 번쩍 나서 무릎을 탁 치며 큰 소리를 한다.

"그래 그런 자리가 싫어? 저런 복 찰 것 보았나. 딴소리 말고 내 말을 좀 들어보아. 우선 춤출 일이 있으니."

"무엇이 그런 좋은 일이 있어 춤을 춘단 말이오?"

"우선 허 판서의 ⁂주선으로 내일 모레 과천 현감을 할 터이니, 채봉이가 그리 들어가 살면 제 평생도 좋거니와, 나한테는 감사도 있고 참판도 있고 판서도 할 수 있은즉, 그때는 마누라가 ⁂정경부인(貞敬夫人)은 확실하니 이런 경사 어디 있소? 두말 말고 데리고 올라갑시다."

이씨 부인도 그 소리에는 귀가 솔깃하다.

▶ 채봉을 허 판서의 ☐ ☐ 으로 보내자고 이 부인을 회유하는 김 진사

작품 핵심

❖ 인물의 성격

김채봉	진취적이고 적극적으로 자신의 운명을 결정해 나가는 인물
장필성	사랑을 이루기 위해 적극적으로 행동하는 인물
김 진사	권위적이고 가부장적이며 돈과 권세만 중요시하는 인물
이 감사	어질고 배려심이 있으며 채봉을 도와주는 인물

❖ 인물 설정 의도

주인공 채봉은 봉건 사회의 순종적인 여성이 아닌 부모의 명을 거역하면서까지 적극적으로 자신의 사랑을 쟁취하는 인물이다. 이는 일반적인 고전 소설과는 다른 파격적인 인물 설정으로, 기존 질서에 도전하는 근대적인 여성상으로 볼 수 있다.

❖ 제목 '채봉감별곡'의 의미

'채봉감별곡'은 기생 송이가 된 채봉이 자신의 처지를 슬퍼하며 장필성과 가족을 그리워하는 마음을 적은 글인 '추풍감별곡'을 의미한다. 이 글은 인물의 간절한 심리를 드러내는 장치이면서, 사건 해결의 계기가 된다.

💧 어휘 쏙쏙

- **세도:** 정치상의 권세(권력과 세력). 또는 권세를 마구 휘두르는 일.
- **슬하:** 어버이나 조부모의 보살핌 아래.
- **금지옥엽:** 귀한 자손을 이르는 말.
- **호강:** 호화롭고 편안한 삶을 누림. 또는 그런 생활.
- **주선:** 일이 잘되도록 여러 가지 방법으로 힘씀.
- **정경부인:** 조선 시대에 정일품·종일품 문무관의 아내에게 주던 봉작.

▶ 정답 ❶ 김 진사 ❷ 거부 ❸ 첩실

01 이 글에 대한 설명으로 적절한 것은?

① 등장인물의 대화를 통해 사건을 전개하고 있다.
② 구체적 배경을 제시하여 사실감을 드러내고 있다.
③ 역순행적인 구성으로 독자의 흥미를 유발하고 있다.
④ 인물이 처한 상황을 과장하여 비극성을 부각하고 있다.
⑤ 사투리를 활용하여 서민의 모습을 진솔하게 드러내고 있다.

❤ 역순행적 구성: 시간의 자연스러운 흐름이 아닌, 현재에서 과거로 거슬러 가는 구성 방식.

02 이 글을 통해 짐작할 수 있는 내용으로 적절하지 <u>않은</u> 것은?

① 당시에는 축첩 제도가 있었군.
② 당시는 매관매직이 성행하는 사회였군.
③ 당시에는 처와 첩의 갈등이 많았던 것 같군.
④ 이 부인은 끝까지 김 진사와 첨예하게 대립하겠군.
⑤ 김 진사는 사람을 인물됨보다는 재산으로 판단하는군.

❤ 축첩 제도: 첩을 두는 것을 허용하는 제도.
❤ 매관매직: 돈이나 재물을 받고 벼슬을 시킴.
❤ 첨예하다: 상황이나 사태 따위가 날카롭고 격하다.

03 ㉠에 나타난 '김 진사'의 태도를 비판하는 말로 가장 적절한 것은?

① 모기 보고 칼 뽑는 격이군.
② 선무당이 장구 탓한다더니.
③ 방귀 뀐 사람이 성내는 꼴이군.
④ 우물에 가서 숭늉 찾는 격이군.
⑤ 모로 가도 서울만 가면 된다는 식이군.

❤ 선무당: 서투르고 미숙하여 굿을 제대로 하지 못하는 무당.

04 ⓐ~ⓔ가 가리키는 인물로 적절하지 <u>않은</u> 것은?

① ⓐ: 장필성 　　② ⓑ: 허 판서 　　③ ⓒ: 채봉
④ ⓓ: 허 판서 　　⑤ ⓔ: 허 판서

05 '김 진사'가 채봉을 '허 판서'의 첩으로 보내려는 이유를 〈조건〉에 맞추어 서술하시오.

┤ 조건 ├
• '김 진사'의 말에서 이유를 찾아 세 가지로 제시할 것
• '채봉을 첩으로 보내려는 이유는 ~ 때문이다.' 형태의 한 문장으로 쓸 것

중간 부분 줄거리 채봉은 초당에서 글을 읽다가 아버지의 음성을 듣고 나아가 인사를 올린다. 아버지는 채봉의 안부를 묻고 기뻐하며 채봉에게 묻는다.

라 김 진사가 다시 채봉을 보고,

"아가, 너 •재상(宰相)의 별실이 좋으냐, 여염집 부인이 좋으냐? 네 소원대로 말해 보
  _{일반 백성의 살림집}
아라."

채봉이가 예사 여염집 처녀 같으면 이런 말에 대하여 아무리 부모의 말일지라도 무엇
이라고 대꾸하며 대답하리요마는, 채봉은 원래 학식도 있고 필성의 일이 잠시도 잊혀
지지 아니할 뿐더러 부모의 하는 말을 들은 터이라, 자세를 가다듬고 대답하되,

㉠"차라리 닭의 입이 될지언정 소의 뒤가 되는 원이 아니옵니다."

▶ 김 진사의 뜻에 ❶[ ]하는 채봉

마 "허허! 그 자식 네가 남의 별실 구경을 못 해서 이런 소리를 하나 보다마는, 별실
이야 참, 세상에 그 같은 호강은 또 없느니라."

이 부인이 말을 가로막아 김 진사를 쳐다보며,

"영감은 어린 자식에게 별 말씀을 다하시는구려. 계집의 자식이란 것은 바깥 부모의
하시는 대로 좇아가는 법이지. 아가, 너는 네 방으로 가거라."

채봉을 보내고 두 내외가 서울로 올라갈 의논을 하고, 그날로 집안 살림을 처분하고
상경할 행장을 차리니라.
  _{여행할 때 쓰는 물건과 차림}
▶ 채봉의 의견을 ❷[ ]하는 부모

바 이때 채봉이 •초당으로 나와 필성의 일을 생각하고 홀로 탄식하되,
  _{한탄하여 한숨을 쉼}
"뜬구름 같은 이 세상에 •부귀공명(富貴功名)이 무엇인고. 그와 같이 나를 사랑하던
우리 부모가 하루아침에 나로 하여금 신의를 배반하고 첩의 몸이 되게 하려 하니 가
  _{믿음과 의리를 아울러 이르는 말}
엾고 한심한 일이로구나. 부모는 부귀에 눈이 어두워 그러하거니와, 나는 여자의 몸
이 되어 한번 허락한 마음을 변하지 아니하여, 잠깐 동안 부모의 근심을 끼칠지라도
내 몸이나 불의지죄(不義之罪)를 면하리라."
  _{의리, 도의, 정의 따위에 어긋나는 죄}
하는데, 눈물이 옷깃을 적신다. 〈중략〉
▶ 필성을 생각하며 ❸[ ]하는 채봉

사 "아가씨의 뜻은 그러하오나 부모가 하시는 일을 자손 된 도리에 어찌 •거역을 한단
말씀이오니까?"

"여자의 마음이라는 것은 한번 정한 일이 있으면 비록 천자의 •위력으로도 빼앗을 수
  _{황제}
없는 데 부모님께서 어찌 하신단 말이냐?"

하고 취향의 귀에 입을 대고 무슨 비밀한 말을 하고 다시 말을 이어,

"아무리 생각해도 그리할 수밖에 없으니, 나는 어떻게 하든지 가다가 도중에 몸을 피
할 터이니, 너는 어멈하고 뒤를 밟아 오너라."

취향이 고개를 까딱까딱하고,

"그러시면 진사님과 마님께서 오죽하시겠습니까? 그러나 소저 생각이 그러하시면 시
키는 대로 하지요."
  _{'아가씨'를 한문 투로 이르는 말}
▶ 채봉이 부모의 뜻을 거역하고자 ❹[ ]를 냄

작품 핵심

❖ **갈등의 근본 원인**

| 채봉을 첩으로 보내려는 김 진사 내외 | ⟷ | 장필성과의 신의를 지키려 하는 채봉 |

이 작품에서는 돈과 벼슬에 눈이 먼 김 진사 내외가 딸 채봉을 허 판서의 첩으로 보내려 하면서 갈등이 일어나고 있다. 즉 사회적으로 타락한 관리와 속물적인 부모의 욕심 때문에 채봉과 장필성이 온갖 고난을 겪게 된다.

❖ **혼사 장애 모티프**

혼사에 있어 장애를 겪고 그것을 해결함으로써 결혼에 이르는 이야기를 말한다. 일반적으로 '만남 – 이별(고난) – 극복 – 재결합'의 구조로 이루어져 있으며, 〈춘향전〉 등이 이에 속한다.

이 작품은 정혼을 한 사이인 채봉과 장필성이 둘의 결합을 방해하는 상황으로 고난에 처하지만 두 사람의 적극적이고 진취적인 노력으로 시련을 극복하고 사랑을 이루는 과정이 나타나 있다.

어휘 쏙쏙

• **재상**: 임금을 돕고 모든 관원을 지휘하고 감독하는 일을 맡아보던 이품 이상의 벼슬.
• **초당**: 억새나 짚 따위로 지붕을 인 조그마한 집채.
• **부귀공명**: 재산이 많고 지위가 높으며 공을 세워 이름을 떨침.
• **거역**: 윗사람의 뜻이나 지시 따위를 따르지 않고 거스름.
• **위력**: 상대를 압도할 만큼 강력함. 또는 그런 힘.

06 이 글의 서술상 특징으로 가장 적절한 것은?

① 소설 속의 서술자가 장면마다 달라지고 있다.
② 소설 밖의 서술자가 인물의 심리를 직접 설명하고 있다.
③ 소설 속의 서술자가 인물의 대화와 행동을 관찰하고 있다.
④ 소설 속의 서술자가 인물의 심리와 행동을 모두 서술하고 있다.
⑤ 소설 밖의 서술자가 관찰자적 입장에서 인물에 대해 서술하고 있다.

▣ 고전 소설의 시점: 고전 소설은 대부분 작품 외부의 서술자가 신처럼 모든 것을 서술하는 전지적 작가 시점이 나타남.

중요
07 이 글에 나타난 채봉의 태도와 가장 거리가 먼 것은?

① 자신의 의견을 분명하게 주장하고 있다.
② 자신에게 다가올 운명에 대해 서글퍼하고 있다.
③ 자신의 주체적인 의지로 소신껏 행동하고자 한다.
④ 자신의 ♥사리 판단에 따라 스스로 삶을 선택하려고 한다.
⑤ 자식 된 도리를 부인의 도리보다 중요시하며 안타까워하고 있다.

♥ 사리 판단: 일의 이치를 논리나 기준 등에 따라 따지고 판정을 내리는 일.

수능형
08 〈보기〉를 참고할 때, 이 글에서 확인할 수 있는 '근대성'으로 가장 적절한 것은?

──┤ 보기 ├──
　문학 작품에서 '근대성'은 인물이 타인 또는 사회와 개별적으로 관계를 만들어 가는 모습으로 흔히 나타난다. 또는 사회적 관습이나 지배적 이념의 구속에서 벗어나 개인의 생각과 판단을 바탕으로, 자율적으로 의사결정을 하는 과정을 통해서 드러난다.

① 채봉의 의견을 따르는 취향의 모습을 통해 믿음과 소통의 중요성을 강조하고 있다.
② 김 진사가 뇌물로 관직을 사려는 행위를 통해 당시 신분제의 혼란을 보여 주고 있다.
③ 스스로 선택한 사랑을 이루려는 채봉의 모습을 통해 ♥진취적인 인물상을 제시하고 있다.
④ 사회적 관습에 따라 딸의 혼처를 정한 김 진사의 모습을 통해 ♥가부장적 태도를 드러내고 있다.
⑤ 이 부인이 의사 결정 과정에서 채봉의 의견을 무시하는 모습을 통해 타인과 관계를 맺을 때 필요한 자세를 보여 주고 있다.

♥ 관습: 어떤 사회에서 오랫동안 지켜 내려와 그 사회 성원들이 널리 인정하는 질서나 풍습.

♥ 진취적: 적극적으로 나아가 일을 이룩하는 것.

♥ 가부장적: 가족을 통솔하는 남자 어른이 절대적인 권력을 행사하는 것.

09 〈보기〉를 참고하여 채봉이 ㉠을 통해 말하고자 하는 바를 한 문장으로 서술하시오.

──┤ 보기 ├──
　'계구우후(鷄口牛後)'는 닭의 주둥이와 소의 꼬리라는 뜻으로, 큰 단체의 꼴찌보다는 작은 단체의 우두머리가 되는 것이 오히려 나음을 이르는 말이다.

중간 부분 줄거리 채봉은 아버지의 뜻에 따르지 않고 도망한다. 한편 김 진사는 돈을 준비해 서울로 가던 길에 *화적의 습격을 받아 재산을 모두 잃고 만다. 이 사실을 안 허 판서는 김 진사를 *하옥시키고, 채봉은 아버지를 구하고자 몸값을 받고 기생 송이로 살아간다. 송이의 서화를 눈여겨본 평양 감사 이보국이 송이를 관아에서 살게 하고, 이 사실을 안 장필성은 채봉(송이)과 만나기 위해 관아의 이방이 된다.

아 당초 후원에서 장필성과 글로 *화답하던 일과, 그 모친이 장 씨를 불러 약혼을 한 일과, 김 진사가 서울로 올라가서 벼슬을 구하다가 허 판서와 관계가 된 말이며, 허 판서가 저를 첩으로 달라는 것을 김 진사가 허락하였으되 저는 장 씨의 약속을 지키느라고 만리교에서 도망한 일, 그 후 모친이 찾아와서 몸을 팔아 돈을 주어 올려 보내고, 기생이 된 후에도 장 씨를 잊지 않고 글을 써 화답할 사람을 구해 장 씨를 다시 만나 몸을 허락한 일을 다 말한다.

"대감의 하늘 같은 은혜는 *결초보은(結草報恩)하여도 잊지 못하겠나이다."

하며 엎드려 우니 감사가 등을 어루만지며,

"송이야, 울지 마라. 네 사정이 그런 줄은 몰랐구나. 그러나 오늘은 알았으니 어찌 네 소원을 풀어 주지 못하겠느냐. 이제 보니 장필성도 사정이 있어 *이방으로 들어왔구나. 내일은 장필성을 불러 보게 하리라."

눈물이라 하는 것은 인정의 지극한 이슬이라. 그러므로 억울하고 그리워도 눈물이요, 좋고 반가워도 눈물이라. 송이가 감사의 말을 들으매 다시 눈물이 떨어짐을 깨닫지 못하다가도, 반갑고 상쾌한 끝에 부모 생각이 새로 나서 다시 감사에게 말을 한다.

"분부가 이와 같사오니 은혜가 끝이 없습니다. 그런데 소녀의 부모가 소녀로 인하여 곤경에 들어 소식을 모르오니 이 또한 원한입니다."
<u>어려운 형편이나 처지</u>

감사가 말을 듣고 더욱 기특하게 여기며,

"*효열지심(孝烈之心)이 이른바 천심(天心)에서 나오는 말이로구나. 오냐, 그것도 급히 주선하여 알게 할 터이니 염려하지 마라." / 하고, 안방으로 건너와 송이가 쓴 ㉠「추풍감별곡」을 보며 칭찬을 그치지 않는다. 〈중략〉

▶ ❶ ☐☐의 사정을 듣고 모든 일을 해결해 주려는 이 감사

자 "허허, 사또께서 우리의 일을 어찌 아시고 이와 같이 은덕을 내리시나? 대체 이게 어찌된 일이오? 우리가 죽어도 이 은덕을 잊지 못하리로다."
<u>은혜와 덕</u>

"송이 꿈 가운데 만난 님을 생시에 다시 만날 수 있는 것은, 지난 밤 달빛이 하도 밝아서 소회를 풀어 글을 지어 책상에 두고 누웠더니, 잠이 들어 꿈을 꾸어서 꿈에 서
<u>마음에 품고 있는 회포</u>
방님과 만나 붙들고 울다가 잠꼬대하는 소리를 사또께서 들으시고, 나를 깨워 무슨 사정이 있냐 물으시고 오늘 이와 같이 되었으니, 이 은혜를 어찌하면 만 분의 일이라도 갚을까 합니다."

하고, 필성의 무릎에 앉으며 눈물이 쏟아지니, 이는 송이가 님 그리던 원정에 나오는 눈물도 아니요, 부모를 생각하는 눈물도 아니요, 바다 같은 이 감사의 은덕에 흐느껴 우는 눈물이라.
<u>사연을 하소연함</u>

▶ 재회한 채봉과 ❷ ☐☐☐이 이 감사의 은덕에 고마워함

뒷부분의 줄거리 이보국은 그 사이 허 판서가 역적죄로 파멸했음을 일러준다. 그 후 김 진사는 부인과 돌아오고, 채봉과 장필성은 결혼한다.

작품 핵심

✿ 사회적 배경

이 작품은 전근대적인 봉건적 가치관이 무너져 가고, 새로운 가치관이 정립되는 근대로의 전환기였던 조선 후기를 배경으로 하고 있다. 매관매직이 성행하던 당시의 부패상과 축첩 제도의 현실을 사실적으로 보여 주고 있다.

✿ 문학사적 의의

• 조선 후기의 가치관을 사실적으로 표현한 독창적인 작품이다.
• 고전 소설의 우연성과 전기성에서 벗어나 현실적이며 인과적, 필연적인 사건 전개가 나타난다는 점에서 근대 소설에 근접한 작품이다.

✿ 애정 소설

남녀의 사랑과 관련된 소설을 가리킨다. 일반 고전 소설 대부분이 일부다처의 애정 생활을 표현하는 데 비해 이 작품은 일부일처주의의 애정이 그려지고 있다.

💧 어휘 쏙쏙

• **화적**: 떼를 지어 돌아다니며 재물을 마구 빼앗는 사람들의 무리.
• **하옥**: 죄인을 옥에 가둠.
• **화답**: 시(詩)나 노래에 응하여 대답함.
• **결초보은**: 죽은 뒤에라도 은혜를 잊지 않고 갚음을 이르는 말.
• **이방**: 조선 시대에, 각 지방 관아에 속한 육방(六房) 가운데 인사 관계의 실무를 맡아보던 부서.
• **효열지심**: 효행(부모를 잘 섬기는 행실)과 열행(여자가 정절을 훌륭하게 지키는 행위)을 아울러 이르는 말.

정답 송이 ❶ 장필성 ❷ 답정

중요

10 이 글의 등장인물에 대한 평가로 적절하지 <u>않은</u> 것은?

① 김 진사는 물질주의적 가치관을 지닌 인물이야.

② 허 판서는 지배층의 횡포를 보여 주는 인물이야.

③ 필성은 이방이 될 정도로 진실한 사랑을 추구하는 인물이야.

④ 채봉은 효를 중시하는 유교적인 가치관을 지닌 인물이기도 해.

⑤ 필성은 적극적으로 문제를 해결하는 채봉에 비해 무기력한 인물이야.

♥ 무기력하다: 어떠한 일을 감당할 수 있는 기운과 힘이 없다.

11 이 글에 나타난 '이 감사'의 인물됨과 역할을 바르게 설명한 것끼리 묶은 것은?

┤ 보기 ├

ㄱ. 송이와 필성이 재회할 수 있도록 조력하고 있다.

ㄴ. 타인에게 관심과 배려를 베푸는 자상한 인물이다.

ㄷ. 부패한 허 판서를 응징하는 해결사 역할을 하고 있다.

ㄹ. 송이의 재주를 알아보고 재능을 펼치도록 가르치고 있다.

ㅁ. 유교적 가치를 중시하며 인물들이 효를 행하도록 이끌고 있다.

① ㄱ, ㄴ　　② ㄴ, ㄷ　　③ ㄴ, ㄹ　　④ ㄷ, ㄹ　　⑤ ㄷ, ㅁ

♥ 조력: 힘을 써 도와줌. 또는 그 힘.

♥ 응징: 잘못을 깨우쳐 뉘우치도록 징계함.

12 (아)에서 서술자가 직접 개입하여 주관적 판단을 제시하는 부분을 찾아 첫 어절과 끝 어절을 쓰시오.

_____

■ 서술자의 직접 개입: 고전 소설에서 서술자가 직접 인물에 대한 평가, 상황에 대한 가치 판단 등을 드러내는 방식을 말함. 편집자적 논평이라고도 함.

수능형

13 〈보기〉를 참고할 때, 이 글에 대한 감상으로 적절하지 <u>않은</u> 것은?

┤ 보기 ├

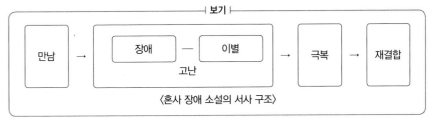

〈혼사 장애 소설의 서사 구조〉

① 채봉이 겪는 장애는 그녀의 부모에 의한 것이군.

② 채봉이 관아로 온 것은 또 다른 고난을 의미하는군.

③ 김 진사의 결정으로 채봉과 필성이 이별하게 되었군.

④ 이 감사는 처음에는 채봉과 필성의 만남에 대해 몰랐었군.

⑤ 필성에 대한 변치 않는 마음으로 채봉은 필성과 재결합하는군.

서술형

14 (자)의 내용을 바탕으로 이 글의 사건 전개 과정에서 ㉠이 하는 역할을 서술하시오.

_____

작품 한눈에 보기

핵심 정리

갈래	국문 소설, ❶□□ 소설, 세태 소설	성격	사실적, 비판적, 진취적
배경	[시간적] 조선 후기　[공간적] 평양, 서울	시점	전지적 작가 시점
제재	채봉과 장필성의 사랑		
주제	어려움을 극복한 남녀 간의 사랑(권세에 굴하지 않는 순결하고 진실한 사랑)		
특징	① 고전 소설의 우연성을 탈피하여 현실적이고 필연적인 사건 전개를 보임. ② 주체적으로 자신의 운명을 결정하는 근대적 여성이 등장함. ③ 매관매직이 성행하던 당시 사회상을 사실적으로 드러냄.		

◈ 이 글 전체의 구성

발단	전개	위기	절정	결말
평양 김 진사의 딸 채봉은 장필성과 시를 화답하며 ❷□□을 약속함.	김 진사는 허 판서에게 돈과 채봉을 주고 벼슬을 사기로 한 후, 서울로 가기 위해 재산을 모두 처분함.	서울로 가는 길에 채봉은 도망가고 김 진사는 도적을 만나 재산을 빼앗기자, 허 판서는 김 진사를 하옥시킴.	김 진사를 구하기 위해 채봉은 기생 송이가 되고 사연을 알게 된 이 감사는 채봉과 필성이 재회하도록 해 줌.	허 판서는 역모죄로 파멸하고, 김 진사와 부인이 돌아온 뒤 채봉과 필성이 혼인함.

◈ 인물의 특성과 관계

김채봉 장필성	⟷	김 진사 이 부인	⟷	허 판서
사랑과 신의를 중시함.		벼슬과 ❸□을 중시함.		탐욕스럽고 여자를 밝힘.

이 감사

어진 성격으로 조력자, 해결사 역할을 함.

◈ 등장인물의 근대적 성격

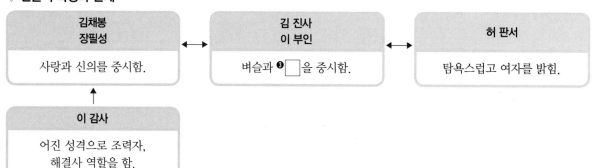

김채봉	허 판서의 첩이 되라는 부모의 명을 ❹□□하고 적극적으로 자신의 사랑을 쟁취함.
장필성	기생이 된 채봉을 만나기 위해 양반의 명예를 버리고 이방이 되어 적극적으로 사랑을 쟁취함.

당시 부패한 지배층의 횡포와 가부장적인 권위 질서에 맞서 ❺□□□으로 삶을 개척해 나가는 근대적 가치관을 지닌 인물임.

◈ 「추풍감별곡」의 서사적 기능

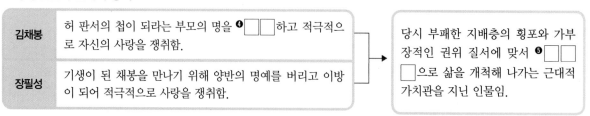

채봉(송이)이 자신의 처지에 대한 슬픔과 필성을 그리워하는 마음을 적은 글	→	이 감사가 채봉의 사연을 알게 되는 계기 → 채봉과 필성이 다시 만나게 되는 계기가 됨.

어휘력 다지기

01 ~ 04 다음 어휘와 그 뜻풀이를 바르게 연결하시오.

01 소저 •
02 초당 •
03 화답 •
04 행장 •

• ㉠ 여행할 때 쓰는 물건과 차림.
• ㉡ 시(詩)나 노래에 응하여 대답함.
• ㉢ '아가씨'를 한문 투로 이르는 말.
• ㉣ 억새나 짚 따위로 지붕을 인 조그마한 집채.

05 ~ 08 제시된 초성과 뜻풀이를 참고하여 다음의 빈칸에 알맞은 어휘를 쓰시오.

05 ㅅㅎ : 마음에 품고 있는 회포.
⑩ 오랜만에 만난 친구에게 (   )을/를 털어 놓았다.

06 ㅅㄷ : 정치상의 권세. 또는 그 권세를 마구 휘두르는 일.
⑩ 그는 국회의원인 아버지의 (   )을/를 믿고 못된 짓을 일삼았다.

07 ㄱㅇ : 윗사람의 뜻이나 지시 따위를 따르지 않고 거스름.
⑩ 나는 아버지의 뜻을 (   )하고 내 뜻대로 진로를 결정했다.

08 ㅈㅅ : 일이 잘되도록 여러 가지 방법으로 힘씀.
⑩ 친척 어른의 (   )(으)로 작은 회사에 면접을 보게 되었다.

09 ~ 11 다음의 문맥에 어울리는 어휘에 ○표 하시오.

09 그는 (곤경 / 위력)에 처한 김 씨를 남몰래 도와주었다.

10 중고 거래를 할 때는 (신의 / 학식) 있게 행동해야 한다.

11 소음 문제로 이웃과 싸운 뒤 (은덕 / 해코지)을/를 당할까 봐 걱정되었다.

12 ~ 14 다음 뜻풀이에 해당하는 한자 성어를 쓰시오.

12 귀한 자손을 이르는 말. ㄱ ㅈ ㅇ ㅇ

13 죽은 뒤에라도 은혜를 잊지 않고 갚음을 이르는 말. ㄱ ㅊ ㅂ ㅇ

14 재산이 많고 지위가 높으며 공을 세워 이름을 떨침. ㅂ ㄱ ㄱ ㅁ

앞부분 줄거리 '나'는 대구에서 서울로 가는 기차 안에서 조선, 중국, 일본 3국의 옷을 섞어 입은 듯한 기이한 옷차림의 '그'를 보며 거부감과 호기심을 동시에 느낀다. '그'는 '나'에게 일자리를 알아보러 무작정 서울로 가고 있는 중이라며 말을 건다.

가 그는 잠깐 입을 닫치고 무료한 듯이 머리를 더걱더걱 긁기도 하며, 손톱을 이로 물어뜯기도 하고, 멀거니 창밖을 내다보기도 하다가, 암만해도 주절대지 않고는 못 참겠던지 문득 나에게로 향하며, "어디꺼정 가는 기오?"라고 ⓐ경상도 사투리로 말을 붙인다.

"서울까지 가요."

"그런기오. 참 반갑구마. 나도 서울꺼정 가는데. 그러면 우리 동행이 되겠구마."

나는 이 지나치게 반가워하는 말씨에 대하여 무어라고 대답할 말도 없고, 또 ㉠굳이 대답하기도 싫기에 덤덤히 입을 닫쳐 버렸다.

▶ '나'는 말을 거는 '그'에게 ❶ [ ][ ][ ]을 느낌

나 "서울에 오래 살았는기요?" / 그는 또 물었다.

"육칠 년이나 됩니다."

조금 성가시다 싶었으되, 대꾸 않을 수도 없었다.

"에이구, 오래 살았구마, 나는 처음 길인데 ⓑ우리 같은 막벌이꾼이 차를 내려서 어디로 찾아가야 되겠는기요? 일본으로 말하면 기진야도 같은 것이 있는기오?"
^('노동자 숙박소'를 의미함)^

하고 그는 답답한 제 신세를 생각했던지 찡그려 보았다. 그때 나는 ⓒ그의 얼굴이 웃기보다 찡그리기에 가장 적당한 얼굴임을 발견하였다. 군데군데 찢어진 ●경성드뭇한 눈썹이 올올이 일어서며, 아래로 축 처지는 서슬에 양미간에는 여러 가닥 주름이 잡히고,
^(강하고 날카로운 기세)^
광대뼈 위로 뺨살이 실룩실룩 보이자 두 볼은 쪽 빨아든다. 입은 ●소태를 먹은 것처럼 왼편으로 삐뚤어지게 찢어 올라가고, 죄던 눈엔 눈물이 괸 듯 삼십 세밖에 안되어 보이는 그 얼굴이 십 년가량은 늙어진 듯하였다. 나는 그 ●신산스러운 표정에 얼마쯤 감동이 되어서 ㉡그에게 대한 반감이 풀리는 듯하였다.

▶ '그'의 모습에 ❷ [ ][ ][ ]이 생긴 '나'

다 "어디서 오시는 길입니까?"

"흠, 고향에서 오누마."

하고 그는 휘 한숨을 쉬었다. 그러자, 그의 신세타령의 실마리는 풀려 나왔다.

그의 고향은 대구에서 멀지 않은 K군 H란 외딴 동리였다. 한 백 호 남짓한 그곳 주민은 전부가 ●역둔토를 파먹고 살았는데, ⓓ역둔토로 말하면 ●사삿집 땅을 부치는 것보다 떨어지는 것이 후하였다. 그러므로 넉넉지는 못할망정 평화로운 농촌으로 남부럽지 않게 지낼 수 있었다. 그러나 ⓔ세상이 뒤바뀌자 그 땅은 전부가 ●동양 척식 회사의 소유에 들어가고 말았다. 직접으로 회사에 소작료를 바치게 되었으면 그래도 나으련만 소위 중간 소작인이란 것이 생겨나서 저는 손에 흙 한 번 만져 보지도 않고 동척엔 소작인 노릇을 하며, 실작인에게는 지주 행세를 하게 되었다. 동척에 소작료를 물고 나서 또 중간 소작인에게 긁히고 보니 실작인의 손에는 소출이 3할도 떨어지지 않았다. 그
^(논밭에서 나는 곡식)^
후로 '죽겠다, 못 살겠다' 하는 소리는 중이 염불하듯 그들의 입길에서 오르내리게 되었다. ●남부여대하고 타처로 ●유리하는 사람만 늘고 동리는 점점 ●쇠진해 갔다.

▶ 일제에 땅을 빼앗기고 ❸ [ ][ ]을 떠났던 '그'

작품 핵심

❖ 인물의 성격

'그' (주인공)	일제 치하에 땅을 잃고 유랑하는 삶을 살게 된 인물
'나' (관찰자)	서술자이자 관찰자. 기차에서 '그'의 이야기를 듣고 전달하며 심리 변화를 보임.

❖ 인물 설정 의도

주인공인 '그'는 매우 고생하여 원래 나이보다 더 늙어 보이는 것으로 묘사되고 있다. 이는 '그'의 힘든 삶을 암시함으로써 일제 치하 우리 민족의 비참한 삶과 주권을 상실한 조선의 모습을 보여 준다.

❖ 제목 '고향'의 의미

'고향'은 우리 민족이 잃은 삶의 터전이자, 유랑민들이 돌아가기를 소망하는 곳이다. 그러나 현실의 '고향'은 일제가 땅, 즉 생활 수단을 빼앗아 사람들이 떠나고 폐허가 되어 버린 곳이다.

어휘 쏙쏙

• **경성드뭇:** 많은 수효가 듬성듬성 흩어져 있는 모양.
• **소태:** 소태나무의 껍질. 약재로 쓰이는데 맛이 아주 씀.
• **신산스럽다:** 세상살이가 힘들고 고생스럽다.
• **역둔토:** 역에 딸린 소작지와, 지방에 주둔하는 군대의 경비를 조달하기 위한 소작지.
• **사삿집:** 개인 소유의 집.
• **동양 척식 회사:** 일제가 조선의 토지와 자원을 수탈하기 위해 설치한 식민지 착취 기관.
• **남부여대:** 가난한 사람들이 살 곳을 찾아 이리저리 떠돌아다님을 비유적으로 이르는 말.
• **유리:** 일정한 집과 직업이 없이 이곳저곳으로 떠돌아다님.
• **쇠진:** 점점 쇠퇴하여 바닥이 남.

01 이 글의 서술상 특징으로 적절하지 **않은** 것은?

① 인물의 과거를 압축적으로 제시하고 있다.
② 서술자의 위치가 장면에 따라 바뀌고 있다.
③ 외부 이야기 속에 내부 이야기를 담고 있다.
④ 인물의 ♥일대기를 시간의 흐름에 따라 제시하고 있다.
⑤ 인물의 외양 묘사를 통해 인물이 살아온 삶을 암시하고 있다.

■ 서술자의 위치와 시점 : 소설에서 서술자는 이야기를 전개해 나가는 주체로, 서술자가 사건을 바라보는 위치에 따라 시점이 달라짐.
♥ 일대기: 어느 한 사람의 일생에 관한 내용을 적은 기록.

수능형
02 (다)의 ♥서사적 기능으로 가장 적절한 것은?

① 사건의 흐름에서 벗어난 장면을 통해 위기감을 해소한다.
② 현재의 상황을 바탕으로 지나간 사건을 추리하여 재구성한다.
③ 하나의 사건을 여러 각도에서 살펴봄으로써 독자들의 판단을 유도한다.
④ 상반된 해석을 제시하여 역사적 사건의 의미가 ♥총체적으로 드러나게 한다.
⑤ 사건이 벌어지게 된 배경을 제시함으로써 서사 구조에 ♥필연성을 강화한다.

♥ 서사적 기능: 사건이나 이야기를 전개해 나가는 데에 어떤 도움을 주는 기능을 의미함.

♥ 총체적: 있는 것들을 모두 하나로 합치거나 묶은 것.
♥ 필연성: 사물의 관련이나 일의 결과가 반드시 그렇게 될 수밖에 없는 요소나 성질.

03 ⓐ~ⓔ에 대한 설명으로 적절하지 **않은** 것은?

① ⓐ: 사투리를 통해 '그'의 고향을 짐작할 수 있다.
② ⓑ: '그'가 정해진 곳 없이 일자리를 찾으러 가는 것임을 알 수 있다.
③ ⓒ: '그'가 그동안 고단한 삶을 살았음을 추측할 수 있다.
④ ⓓ: 역둔토가 사삿집 땅보다 소작인에게 돌아오는 몫이 적었음을 의미한다.
⑤ ⓔ: 우리나라가 일본의 식민지가 된 것을 의미한다.

서술형
04 ㉠, ㉡을 바탕으로 '그'에 대한 '나'의 심리 변화를 〈조건〉에 맞추어 서술하시오.

┤ 조건 ├
• (나)에 드러난 심리 변화의 이유를 포함할 것
• '나는 그의 ~ 때문에 처음에 느낀 ~이/가 ~(으)로 변하였다.'의 형태로 쓸 것

라 지금으로부터 구 년 전, 그가 열일곱 살 되던 해 봄에, (그의 나이는 실상 스물여섯이었다. 가난과 고생이 얼마나 사람을 늙히는가.) 그의 집안은 살기 좋다는 바람에 서간도로 이사를 갔었다. 쫓겨 가는 운명이거든 어디를 간들 *신신하랴. 그곳의 비옥한 전야도 그들을 위하여 열려질 리 없었다. 조금 좋은 땅은 먼저 간 이가 모조리 차지하였고 황무지는 비록 많다 하나 그곳 당도하던 날부터 아침거리 저녁거리 걱정이라 무슨 <u>논밭으로 이루어진 들</u> 행세로 적어도 일 년이란 <u>장구한</u> 세월을 먹고 입어 가며 거친 땅을 팔 수가 있으랴. 남 <u>매우 길고 오랜</u> 의 밑천을 얻어서 농사를 짓고 보니 가을이 되어 얻는 것은 *빈주먹뿐이었다. 이태 동 <u>두 해</u> 안을 사는 것이 아니라 억지로 버티어 갈 제, 그의 아버지는 우연히 병을 얻어 타국의 외로운 혼이 되고 말았다. 열아홉 살밖에 안 된 그가 홀어머니를 모시고 악으로 악으로 모진 목숨을 이어가는 중 사 년이 못되어 영양 부족한 몸이 심한 노동에 지친 탓으로 그의 어머니 또한 죽고 말았다. 〈중략〉
▶ ❶☐☐☐에서의 '그'의 비참한 생활

마 "고향에 가시니 반가워하는 사람이 있습디까?" / 나는 탄식하였다.

"반가워하는 사람이 다 뭐기오, 고향이 통 없어졌더마."

"그렇겠지요. 구 년 동안이면 퍽 변했겠지요."

"변하고 뭐고 간에 아무것도 없더마. 집도 없고, 사람도 없고, 개 한 마리도 얼씬을 않더마." / "그러면, 아주 폐농이 되었단 말씀이오?"

"흥, 그렇구마. 무너지다 만 담만 즐비하게 남았드마. 우리 살던 집도 터야 안 남았겠는기오만 암만 찾아도 못 찾겠더마. 사람 살던 동리가 그렇게 된 것을 혹 구경했는기오?" / 하고 그의 짜는 듯한 목소리는 높아졌다.

"썩어 넘어진 *서까래, 뚤뚤 구르는 *주추는! 꼭 무덤을 파서 해골을 헐어 젖혀 놓은 것 같더마. 세상에 이런 일도 있는기오? 백여 호 살던 동리가 십 년이 못 되어 통 없어지는 수도 있는기오, 후!"

하고 그는 한숨을 쉬며 그때의 광경을 눈앞에 그리는 듯이 멀거니 먼 산을 보다가 내가 따라 준 술을 꿀꺽 들이켜고, / "참! 가슴이 터지더마, 가슴이 터져."

하자마자 ㉠굵직한 눈물 뒤 방울이 뚝뚝 떨어진다.

나는 그 눈물 가운데 *음산하고 비참한 ㉡조선의 얼굴을 똑똑히 본 듯싶었다.
▶ 황폐해진 '그'의 ❷☐☐ 마을

바 이윽고 나는 이런 말을 물었다.

"그래, 이번 길에 고향 사람은 하나도 못 만났습니까?"

"하나 만났구마, 단지 하나." / "친척 되시는 분이던가요?"

"아니구마, 한 이웃에 살던 사람이구마." / 하고 그의 얼굴은 더욱 침울해진다.

"여간 반갑지 않으셨겠지요." / "반갑다마다, 죽은 사람을 만난 것 같더마. 더구나 그 사람은 나와 까닭도 좀 있던 사람인데……."

"까닭이라니?" / "나와 혼인 말이 있던 여자구마."

"하!" / 나는 놀란 듯이 벌린 입이 닫히지 않았다.

㉢"그 신세도 내 신세만이나 하구마."
▶ 고향에서 ❸☐☐ 말이 있던 여자를 만난 '그'

작품 핵심

❀ 갈등의 근본 원인
'그'는 간도 이주민이었다가 돌아온 이로 현재 일자리를 찾으러 서울로 향하고 있다. 과거 고향에서 땅을 일구며 남부럽지 않게 살던 '그'는 일제 강점기 수탈과 착취의 상징인 동양 척식 주식회사에 의해 땅을 빼앗긴 뒤 간도 이주민이 되었다가 유랑민으로 떠돌고 있다. 그뿐만 아니라 그가 떠나온 고향도 폐허가 되었다는 것에서 일제에 의해 수탈당한 당대 민중과 농촌의 현실이 드러나고 있다.

❀ 액자식 구성
액자식 구성은 액자처럼 외부 이야기(외화) 속에 하나 또는 여러 개의 내부 이야기(내화)가 들어 있는 구성이다. 서술자가 내부 이야기를 독자에게 전달함으로써 내부 이야기를 객관화하고 신빙성을 더해 주는 효과가 있다. 이 작품은 '나'가 기차에서 간도 이주민이었던 '그'와 만나 나누는 대화가 외화를 이루고, '그'의 과거 이야기가 내화로 제시되는 액자식 구성으로 전개되고 있다.

어휘 쏙쏙
• 신신하다: 마음에 들게 시원스럽다.
• 빈주먹: 1. 아무것도 가진 것이 없는 주먹. 2. 어떤 일을 하는데 마땅히 가지고 있어야 할 것이 없는 상태를 비유적으로 이르는 말.
• 서까래: 목조 건축물에서 지붕을 이루는 가로대를 가리킴.
• 주추: 기둥 밑에 괴는 돌.
• 음산하다: 분위기 따위가 을씨년스럽고 썰렁하다.

수능형
05 〈보기〉를 참고할 때, 이 글에 대한 감상으로 적절하지 <u>않은</u> 것은?

┤ 보기 ├

〈고향〉은 1920년대 일본의 폭력적 식민 지배가 낳은 폐단을 고발하고 식민 지배
의 직접적인 피해 계층은 한국 민중이라는 사실을 집약적으로 드러내는 작품이다.
민족 전체가 암울하게 살아가던 때 창작된 〈고향〉은 우리 민중들이 품고 있는 반일
감정과 민족에 대한 연민을 고조시키는 계기가 되었다.

♥ 폐단: 어떤 일이나 행동
에서 나타나는 옳지 못한
경향이나 해로운 현상.
♥ 집약적: 하나로 모아서 뭉
뚱그리는 것.

① 당시 '그'의 힘든 삶을 접한 사람들은 일제에 대한 반일 감정이 고조되었겠군.
② '그'가 겪은 서간도에서의 삶은 그 당시 우리 민중의 비극상에 바탕을 둔 것이
겠군.
③ 황폐해진 고향을 찾은 '그'의 경험을 들은 '나'는 우리 민족에 대한 연민의 감정
을 느꼈겠군.
④ 고향을 둘러 본 '그'가 괴로워하는 것은 일제의 수탈을 피해 고향을 버렸던 사
람들이 지닌 죄책감을 반영하고 있군.
⑤ 온갖 고난을 겪다가 고향까지 잃어버린 '그'의 모습을 통해 식민 지배의 직접
적인 피해 계층이 한국 민중임을 보여 주고 있군.

06 이 글에서 '나'와 '그'의 공감대를 형성하고, '그'를 위로하는 의미를 지닌 소재를 찾아
쓰시오.

_____

07 ㉠에 담긴 '그'의 심리로 적절하지 <u>않은</u> 것은?

① 회의   ② 회한   ③ 비애
④ 분노   ⑤ 안타까움

♥ 회의: 의심을 품음.
♥ 회한: 뉘우치고 한탄함.

중요
08 '나'가 '그'를 ㉡이라고 표현한 이유로 적절하지 <u>않은</u> 것은?

① '그'의 외모가 일제 강점기 조선인의 전형적인 생김새이기 때문에
② '그'를 통해 당시 암울했던 우리 민족 전체의 삶을 짐작할 수 있었기에
③ '그'를 통해 식민지 조선 민중들의 삶의 모습을 엿볼 수 있었기 때문에
④ '그'가 당시 정착하지 못하고 유랑하는 사람들의 삶을 대변한다고 느껴져서
⑤ '그'의 삶이 한 개인의 이야기가 아니라 당시 사람들의 보편적인 이야기라고
여겨져서

♥ 전형적: 어떤 부류의 특징
을 가장 잘 나타내는 것.

♥ 보편적: 모든 것에 두루
미치거나 통하는 것.

09 ㉢과 의미가 통하는 한자 성어는?

① 이심전심(以心傳心)   ② 동병상련(同病相憐)   ③ 역지사지(易地思之)
④ 설상가상(雪上加霜)   ⑤ 격세지감(隔世之感)

사 그 여자는 자기보다 나이 두 살 위였는데 한 이웃에 사는 탓으로 같이 놀기도 하고 싸우기도 하며 자라났다. 그가 열네 살 적부터 그들 부모들 사이에 혼인 말이 있었고 그도 어린 마음에 매우 **탐탁하게** 생각하였었다. 그런데 그 처녀가 열일곱 살 된 겨울에
마음에 들어 만족스럽게
별안간 간 곳을 모르게 되었다. 알고 보니, 그 아버지 되는 자가 20원을 받고 대구 *유곽에 팔아먹은 것이었다. 그 소문이 퍼지자 그 처녀 가족은 그 동리에서 못 살고 멀리 이사를 갔는데 그 후로는 물론 피차에 한 번 만나 보지도 못하였다. 이번에야 빈터만 남은 고향을 구경하고 돌아오는 길에 읍내에서 그 아내 될 뻔한 댁과 마주치게 되었다.

처녀는 어떤 일본 사람 집에서 아이를 보고 있었다. *궐녀는 20원 몸값을 십 년을 두고 갚았건만 그래도 주인에게 빚이 60원이나 남았었는데, 몸에 몹쓸 병이 들고 나이 늙어져서 산송장이 되니까 주인 되는 자가 특별히 빚을 *탕감해 주고 작년 가을에야 놓아 준 것이었다.

궐녀도 자기와 같이 십 년 동안이나 그리던 고향에 찾아오니까 거기에는 집도 없고 부모도 없고 쓸쓸한 돌무더기만 눈물을 자아낼 뿐이었다. 하루해를 울어 보내고 읍내로 들어와서 돌아다니다가, 십 년 동안에 한 마디 두 마디 배워 두었던 일본말 덕택으로 그 일본 집에 있게 되었던 것이다.

▶ '그'와 혼인 말이 있던 여자의 ❶ ☐☐한 삶

아 "암만 사람이 변하기로 어째 그렇게도 변하는기오? 그 숱 많던 머리가 훌렁 다 벗을 졌더마. 눈은 푹 들어가고 그 *이들이들하던 얼굴빛도 마치 유산을 끼었은 듯하더마."

"서로 붙잡고 많이 우셨겠지요."

"눈물도 안 나오더마. 일본 우동 집에 들어가서 둘이서 정종만 따라 마시고 헤어졌구마."

하고 가슴을 짜는 듯한 괴로운 한숨을 쉬더니만 그는 지난 슬픔을 새록새록 자아내어 마음을 새기기에 지쳤음이더라.

▶ 여자의 이야기를 하며 ❷ ☐☐하는 '그'

자 ㉠"이야기를 다 하면 뭐 하는기오."

하고 쓸쓸하게 입을 다문다. 나 또한 너무도 *참혹한 사람살이를 듣기에 쓴 물이 났다.

"자, 우리 술이나 마저 먹읍시다."

하고 우리는 주거니 받거니 한 되 병을 다 말리고 말았다. 그는 **취흥**에 겨워서 우리가
술에 취하여 일어나는 흥취
어릴 때 멋모르고 부르던 노래를 읊조렸다.

┌─ 볏섬이나 나는 전토는
│   논과 밭
│ *신작로가 되고요……
│
│ 말마디나 하는 친구는
│
│ 감옥소로 가고요…….
[A]┤
│ 담뱃대나 떠는 노인은
│
│ 공동묘지 가고요…….
│
│ 인물이나 좋은 계집은
│
└─ 유곽으로 가고요…….

▶ '나'와 술을 마시며 ❸ ☐☐를 부르는 '그'

작품 핵심

✿ **창작 배경**

이 작품의 배경인 1920년대는 일제의 식민 통치로 인해 삶의 터전을 잃고 떠돌며 살아가는 민중들이 많았다. 당시 〈동아일보〉 기자였던 현진건은 식민지인 조선 농촌의 피폐함과 해외 동포들의 비극적인 삶을 접하고 이러한 시대상을 작품 속에 집약적으로 그려 냄으로써 일제의 식민지 수탈 정책을 날카롭게 비판했다.

✿ **사실주의 소설**

사실주의 소설은 당대의 현실을 사실적으로 재현하는 소설을 일컫는다. 현진건은 우리나라 근대 단편 소설의 모형을 확립한 작가 중 하나로, 1920년대 사회 구조의 모순과 부조리를 사실주의 기법으로 표현했다.

✿ **민요의 삽입 효과**

┌─────────────────────┐
│ '그'가 읊조린, 어릴 때 멋모르고 │
│ 부르던 노래   │
└─────────────────────┘
          ↓
┌─────────────────────┐
│ • 당시의 사회상을 집약적으로 제 │
│   시함.   │
│ • 작품에 현실감을 부여하고, 주제 │
│   를 압축적으로 드러냄.   │
│ • 일제 통치로 인해 민중이 비극적 │
│   삶을 살아야 했던 현실을 풍자함.│
└─────────────────────┘

어휘 쏙쏙

• **유곽**: 창녀를 두고 매음(돈을 받고 몸을 팖.) 영업을 하는 집.
• **궐녀**: 그 여자. 말하는 이와 듣는 이가 아닌 여자를 이르는 3인칭 대명사.
• **탕감**: 빚이나 요금, 세금 따위의 물어야 할 것을 없애 줌.
• **이들이들**: 번들번들 윤기가 돌고 부들부들한 모양.
• **참혹**: 비참하고 끔찍함.
• **신작로**: 새로 만든 길이라는 뜻으로, 자동차가 다닐 수 있을 정도로 넓게 새로 낸 길을 이르는 말.

❶ 기구함 ❷ 괴로워 ❸ 민요 ❸ 고통스러움

10 이 글의 서술자인 '나'에 대한 설명으로 알맞지 <u>않은</u> 것은?

① '그'와 정서적 공감대를 형성하고 있다.
② '그'에 대한 깊은 슬픔과 동질감을 느끼고 있다.
③ '그'에게 동정과 연민을 느껴 술을 권하고 있다.
④ '그'의 이야기를 이끌어 내는 역할을 하고 있다.
⑤ '그'를 관찰자의 입장에서 객관적으로 바라보고 있다.

♥ 객관적: 자기와의 관계에서 벗어나 제삼자의 입장에서 사물을 보거나 생각하는 것.

11 이 글을 영화로 제작할 때, 적절한 장면이 <u>아닌</u> 것은?

① '이웃 처녀'가 고생스럽게 살아가는 모습
② 어린 시절에 '그'가 '이웃 처녀'와 어울려 놀던 모습
③ '그'가 '나'에게 술을 받아 마시며 처지를 한탄하는 모습
④ 오랜만에 만난 '그'와 '이웃 처녀'가 술 마시며 오열하는 모습
⑤ 폐허로 변한 마을을 보고 '이웃 처녀'가 망연자실해하는 모습

♥ 오열: 목메어 욺.
♥ 망연자실: 멍하니 정신을 잃음.

수능형
12 이 글을 제재로 수행 평가를 위한 발표 계획을 세울 때, 가장 적절한 것은?

① '그'를 통해 사회적 부조리에 저항하는 민중의 모습을 연구한다.
② 전쟁으로 인한 인간의 고통을 보여 주는 인물로 '나'를 연구한다.
③ 식민지 상황에서 힘든 삶을 살아가는 전형적인 인물로 '그'를 연구한다.
④ '나'와 '그'를 통해 식민지 상황이 만들어 내는 동포 사이의 불신을 연구한다.
⑤ '나'와 '그'의 행동 차이를 통해 위기에 직면한 인간이 그에 대처하는 방식을 연구한다.

♥ 부조리: 이치에 맞지 아니하거나 도리에 어긋남. 또는 그런 일.

13 ㉠에 이어서 할 수 있는 말로 적절한 것은?

① "빛 좋은 개살구지요."
② "언 발에 오줌 누기지요."
③ "죽은 자식 나이 세기지요."
④ "밑 빠진 독에 물 붓기지요."
⑤ "바늘 구멍으로 하늘 보기지요."

중요
14 [A]에 대한 설명으로 적절하지 <u>않은</u> 것은?

① 당대 현실을 풍자하고 있다.
② 작품에 현실감을 부여하고 있다.
③ 주제를 압축적으로 제시하고 있다.
④ 당시 사회상을 집약적으로 드러내고 있다.
⑤ 비참한 현실을 해학적으로 그려 내고 있다.

♥ 해학적: 익살스럽고도 품위가 있는 말이나 행동이 있는 것.

핵심 정리

갈래	단편 소설, 액자 소설	성격	현실 고발적, 회상적
배경	[시간적] 일제 강점기 [공간적] 기차 안	시점	[외화] 1인칭 관찰자 시점 [내화] 전지적 작가 시점
제재	유랑민인 '그'의 비참한 삶		
주제	일제 강점기 민중들의 비참한 삶의 현실		
특징	① 외부 이야기 안에 내부 이야기를 담은 ❶⬜⬜식 구성을 취함. ② 대화를 통해 사건을 효과적으로 제시함. ③ 과거 이야기를 압축적으로 제시하여 인물의 삶을 형상화함. ④ 인물의 외양 묘사와 사투리를 통해 인물의 처지를 드러냄.		

◈ **이 글 전체의 구성**

발단		전개		위기		절정		결말
'나'는 서울로 향하는 ❷⬜⬜ 안에서 보게 된 '그'의 기이한 모습에 거부감을 느낌.	→	'나'는 '그'와의 대화를 통해 서울로 막벌이를 가는 '그'의 신세를 알게 되고 동정심이 생김.	→	농토를 잃고 고향을 떠나 ❸⬜⬜ 생활을 한 '그'의 과거 이야기를 들음.	→	'그'가 폐허가 된 고향에서 옛 연인과 재회한 이야기를 들음.	→	'그'가 술에 취하여 당대 현실을 함축한 민요를 부름.

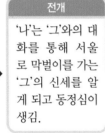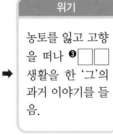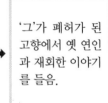

◈ **액자식 구성**

외부 이야기(외화)	
'나'가 기차 안에서 '그'와 만나 대화를 주고받음.	
내부 이야기(내화)	
'나'가 들은 '그'의 과거 이야기	• 일제에 의해 농토를 잃고 고향을 떠나 간도로 이주했다가 돌아온 '그'의 내력 • 폐허가 된 '그'의 고향 마을의 모습과, 그곳에서 재회한 '그'의 옛 연인의 사연

◈ **'그'에 대한 '나'의 심리 변화**

거부감		동정심		❹⬜⬜⬜
'그'의 기이한 차림새와 행동을 봄.	→	고향을 떠나 떠도는 '그'의 삶에 대해 알게 됨.	→	함께 술을 마시고 민요를 부름.

◈ **'조선의 얼굴'의 의미**

조선의 얼굴	• 매우 고생하여 원래 나이보다 더 늙어 보이는 '그'의 얼굴을 의미함. • '그'의 얼굴을 통해 일제 치하 우리 민족의 비참한 삶과 주권을 상실한 ❺⬜⬜의 모습을 상징적으로 드러냄.

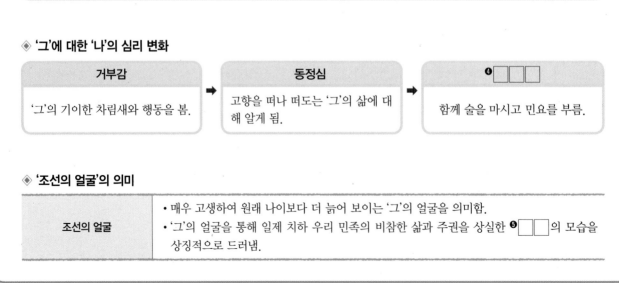

어휘력 다지기

01 ~ 04 다음 뜻풀이에 해당하는 어휘를 쓰시오.

01 논밭에서 나는 곡식. 또는 그 곡식의 양. ［ ㅅ ］［ ㅊ ］

02 기둥 밑에 괴는 돌 따위의 물건. ［ ㅈ ］［ ㅊ ］

03 아무것도 가진 것이 없는 주먹. ［ ㅂ ］［ ㅈ ］［ ㅁ ］

04 새로 만든 길이라는 뜻으로, 자동차가 다닐 수 있을 정도로 넓게 새로 낸 길을 이르는 말.

［ ㅅ ］［ ㅈ ］［ ㄹ ］

05 ~ 08 빈칸에 들어갈 알맞은 어휘를 〈보기〉에서 찾아 쓰시오.

┤ 보기 ├

당도   서슬   유리   탕감

05 우리 일행은 한 시간 만에 산 정상에 (   )했다.

06 그 후보의 공약은 현실과 (   )되어 있다는 비판을 받았다.

07 그들은 (   )이/가 퍼런 일제의 감시를 피해 독립운동을 이어갔다.

08 농민들은 잘못된 정책으로 인한 농가 부채를 (   )해 줄 것을 요구했다.

09 ~ 12 다음의 문맥에 어울리는 어휘에 ○표 하시오.

09 봄이 다가오는 들판에는 들꽃들이 (겅성드뭇 / 이들이들)하게 피어났다.

10 우리 민족은 반만년이라는 (쇠진한 / 장구한) 역사와 오랜 전통을 가지고 있다.

11 날이 어둡고 찬바람이 부는 거리에는 (음산한 / 탐탁한) 분위기가 감돌고 있었다.

12 고향을 떠나 도시에서 힘겹게 막일을 하며 홀로 (신산스러운 / 신신한) 생활을 했다.

13 ~ 14 다음 뜻풀이에 해당하는 한자 성어를 쓰시오.

13 남자는 지고 여자는 인다는 뜻으로, 가난한 사람들이 살 곳을 찾아 이리저리 떠돌아다님을
비유적으로 이르는 말. ［ ㄴ ］［ ㅂ ］［ ㅇ ］［ ㄷ ］

14 같은 병을 앓는 사람끼리 서로 가엾게 여긴다는 뜻으로, 어려운 처지에 있는 사람끼리 서로
가엾게 여김을 이르는 말. ［ ㄷ ］［ ㅂ ］［ ㅅ ］［ ㄹ ］

태평천하 ❶ _채만식

앞부분 줄거리 어느 날 저녁, 외출했던 윤 •직원 영감이 인력거를 타고 집으로 돌아온다.

가 ㉠나이……? 올해 일흔두 살입니다. 그러나 시삐 여기진 마시오. 심장 비대증으

로 천식(喘息)기가 좀 있어 망정이지, 정정한 품이 서른 살 먹은 장정 여대친답니다. 무

얼 가지고 겨루든지 말이지요.

<small>별로 대수롭지 않은 듯하게 / 능가한답니다. 뺨치게 낫답니다.</small>

그 차림새가 또한 혼란스럽습니다. 옷은 안팎으로 윤이 지르르 흐르는 모시 •진솔 것

이요, 머리에는 •탕건에 받쳐 죽영(竹纓) 달린 통영갓이 날아갈 듯 올라앉았습니다.

<small>댓가지와 구슬로 만든 갓끈</small>

발에는 크막하니 솜을 한 근씩은 두었음 직한 흰 버선에, 운두 새까만 마른신을 조그

맣게 신고, 바른손에는 은으로 개대가리를 만들어 붙인 화류 개화장이요, 왼손에는 서

른네 살배기 묵직한 •합죽선입니다.

<small>그릇이나 신 등의 둘레 마른땅에서만 신는 가죽신 / 단장(짧은 지팡이)</small>

[A] ┌ 이 풍신이야말로 아까울사, 옛날 세상이었더면 일도(一道)의 방백(方伯)일시 분명
   │ <small>드러나 보이는 사람의 겉모양 '도지사'를 예스럽게 이르는 말</small>
   │ 합니다. 그런 것을 간혹 입이 비뚤어진 친구는 광대로 인식 착오를 일으키고, 동경·
   └ 대판의 사탕 장수들은 캐러멜 대장 감으로 침을 삼키니 통탄할 일입니다. 〈중략〉
      <small>일본의 오사카</small>

▶ 윤 직원 영감의 건강과 화려한 ❶ □□□

나 "인력거 쌕이(삯이) 몇푼이당가?"

이 이야기를 쓰고 있는 당자 역시 전라도 태생이기는 하지만, 그 전라도 말이라는 게

좀 경망스럽습니다.

"㉡그저 처분해 줍사요!"

인력거꾼은 담요로 팔짱 낀 허리를 굽신합니다. 좀 점잖다는 손님한테는 항투로 쓰는

말이지만, 이 풍신 좋은 어른께는 진심으로 하는 소립니다. 후히 생각해 달란 뜻이지요.

<small>인사치레로 하는 말투</small>

"으응! 그리여잉? 그럼, 그냥 가소!"

윤 직원 영감은 인력거꾼을 짯짯이 바라다보다가 고개를 돌리더니, 풀었던 염낭끈을

도로 비끄러맵니다.

<small>딱딱하고 깔깔한 성미로 허리에 차는 작은 주머니의 하나</small>

인력거꾼은 어쩐 영문인지를 몰라 두릿두릿하다가 혹시 외상인가 하고 뒤통수를 긁

적긁적하면서, / ㉢"그럼, 내일 오랍쇼니까?"

<small>값은 나중에 치르기로 하고 물건을 사거나 파는 일</small>

"내일? 내일 무엇하러 올랑가?"〈중략〉

▶ ❷ □□□을 주지 않으려는 윤 직원 영감

다 "고까짓것 엎어지면 코 달 년의 디를 태다 주구서 오십 전씩이나 달라구 허닝개

말이여!"

"과하게 여쭙잖었습니다. 그리구 점잖은 어른께서 막걸리값이나 나우 주셔야 허잖겠

사와요?"

<small>조금 많이</small>

윤 직원 영감은 못 들은 체하고, 모로 비스듬히 돌아서서, 아까 풀렀다가 도로 비끄

러맨 염낭끈을 다시 풀더니, 이윽고 십 전박이 두 푼을 꺼내 가지고, 그것을 손톱으로

싸악싹 갓을 긁어 봅니다. 노상 사람이란 실수를 하지 말란 법이 없는 법이라, 좀 일은

되더라도 이렇게 다시 한 번 손질을 해 보면, 가사 십 전짜린 줄 알고 오십 전짜리를 잘

<small>언제나 변함없이 한 모양으로 줄곧</small>

못 꺼냈더라도, 톱날이 있고 없는 것으로, 아주 적실하게 분별을 할 수가 있는 것이니

까요.

<small>가령 / 틀림이 없이 확실하게</small>

작품 핵심

☼ 인물의 성격

| 윤 직원 | 지주이자 고리대금업자. 돈을 가장 중요시하는 인물로 인색하고 이기적이며 비도덕적임. 왜곡된 역사 인식을 지니고 있음. |

☼ 인물 설정 의도

윤 직원 영감은 왜곡된 현실 인식을 지니고 있으며 도덕적으로 타락한 부정적인 인물이다. 이 작품에서는 이러한 인물을 주인공으로 하여 풍자함으로써 궁극적으로 부조리한 식민지 현실과 당시 상류 계층의 부정적인 삶의 태도를 효과적으로 비판하고 있다.

☼ 제목 '태평천하'의 의미

윤 직원 영감은 자신이 살고 있는 일제 강점기의 상황을 '태평천하'라고 여긴다. 참으로 살기 좋은 세상이라는 뜻이다. 그러나 이는 우리 민족이 일제에 의해 고난을 겪던 식민지 현실과는 어울리지 않는 말로, 윤 직원 영감의 왜곡된 역사관을 반어적으로 풍자하는 것이다.

어휘 쏙쏙

• **직원**: 일제 강점기에, 향교나 경학원의 직무. 또는 그 직무를 맡아 하던 사람.

• **진솔**: 옷이나 버선 따위가 한 번도 빨지 않은 새것 그대로인 것.

• **탕건**: 벼슬아치가 갓 아래 받쳐 쓰던 관(冠)의 하나. 집 안에서는 그대로 쓰고 외출할 때는 그 위에 갓을 썼다.

• **합죽선**: 얇게 깎은 겉대를 맞붙여서 살을 만든, 접었다 폈다 하게 된 부채.

"ⓔ옛네…… 꼭 십오 전만 줄 것이지만, 자네가 하두 그리싸닝개 이십 전을 주넝 것이니, 오 전을랑 자네 말대루 막걸리를 받어먹든지, 탁배기를 사 먹든지 맘대루 허소. 나넌 모르네!"

"건 너무 적습니다!"

"즉다니? 돈 20전이 즉담 말인가? ⓜ이 사람아 촌으 가면 땅이 열 평이네, 땅이 열 평이여!" 〈중략〉

▶ 마음대로 인력거 삯을 ❽ ☐☐ 주는 윤 직원 영감

---

01 이 글의 서술상 특징으로 적절하지 <u>않은</u> 것은?

① 희화화를 통해 인물을 풍자하고 있다.
② 방언을 사용하여 사실감과 생동감을 주고 있다.
③ 객관적인 시선으로 사건을 관찰하여 전달하고 있다.
④ 서술자가 독자에게 말하는 듯한 표현을 사용하고 있다.
⑤ 서술자가 작중에 개입하여 인물에 대해 평가하고 있다.

♥ 희화화: 어떤 인물의 외모나 성격, 또는 사건이 의도적으로 우스꽝스럽게 묘사되거나 풍자됨. 또는 그렇게 만듦.

02 이 글의 '윤 직원 영감'에 대한 설명으로 적절하지 <u>않은</u> 것은?

① 차림새로 보아 과시하기를 좋아하는 인물이다.
② 인력거 삯을 깎는 것으로 보아 인색한 인물이다.
③ 말투로 보아 모든 일에 조심성이 많은 인물이다.
④ 인력거꾼에 대한 태도로 보아 이기적인 인물이다.
⑤ 돈을 줄 때의 행동으로 보아 철두철미한 인물이다.

♥ 철두철미: 처음부터 끝까지 철처하게.

03 [A]에서 대상을 대하는 서술자의 태도를 〈보기〉의 조건에 따라 한 문장으로 쓰시오.

┤ 조건 ├

표면적 의미와 이면적 의미가 모두 드러나게 서술할 것

---

04 ㉠~㉤에 대한 설명으로 적절하지 <u>않은</u> 것은?

① ㉠: 묻고 답하는 형식으로 독자의 관심을 유도하고 있다.
② ㉡: 인력거꾼의 의도와 윤 직원 영감의 해석이 달라 갈등을 가져오고 있다.
③ ㉢: 윤 직원 영감의 말뜻을 제대로 알아차리지 못하고 오해하고 있다.
④ ㉣: 인력거꾼의 요구를 무시하고 일방적으로 행동하고 있다.
⑤ ㉤: 세상 물정을 모르는 인력거꾼을 답답해하고 있다.

02 태평천하 ❷

라 말 대가리 윤용규 그는, 삼십이 넘도록 탈망 바람으로 삿갓 하나를 의관 삼아 촌
　　　　　　　　　　　　　　　　　머리에 쓴 망건을 벗음　　남자가 정식으로 갖추어 입는 옷차림
노름방으로 어슬어슬 돌아다니면서 개평 푼이나 뜯으면 그걸로 되돌아 앉아 투전장이
　　　　　　　　　　　노름이나 내기 등에서 이긴 사람의 돈을 조금 얻는 것
나 뽑기, 방퉁이질이나 하기, 또 그도 저도 못하면 가난한 아내가 주린 배를 틀어쥐고
　　　　　노름판 같은 데서 노름은 하지 않으면서 그 옆에 붙어서 참견하는 짓
서 바느질품을 팔아 어린 자식과(이 어린 자식이라는 게 그러니까 지금의 윤 직원 영감입
니다) 입에 풀칠을 하는 것을 얻어먹고는, 밤이나 낮이나 질펀히 드러누워, *소대성이
　　　　　근근이 살아가는　　　　　　　　　　　　　　　　　　주저앉아 하는 일 없이 늘어져 있는 모습으로
여대치게 낮잠이나 자기…… 이 지경으로 반생을 살았습니다. 좀 호협한 구석이 있고
빤빤하게, 능갈치게　　　　　　　　　한평생의 반　　　　　　　호방하고 의협심이 있는
담보가 클 뿐, 물론 판무식꾼이구요.
겁이 없고 용감한 마음보　　　아주 무식한 사람을 낮잡아 이르는 말
　　그런데, 그런 게 다 운수라고 하는 건지, 어느 해 연분인가는 난데없는 돈 이백 냥이
　　　　　　　　　　　　　　　　　　　　　　　일 년 중의 어떤 때
생겼더랍니다. 시골 돈 이백 냥이면 서울 돈으로 이천 냥이요, 그때만 해도 웬만한 새
끼 부자 하나가 왔다 갔다 할 큰돈입니다. 노름을 해서 딴 돈이라고 하기도 하고, 혹은
그 아내가 친정의 머언 일가집 백부한테 분재를 타온 돈이라고 하기도 하고, 또 누구는
　　　　　　　　　　　　　　　　　가족이나 친척에게 재산을 나누어 줌
도깨비가 져다 준 돈이라고 하기도 하고 하여 자못 출처가 모호했습니다. 〈중략〉
　　　　　　　　　　　　　　　　　　　　　　　　▶ 게으름뱅이 윤용규에게 우연히 ⬚⬚이 생김

마 그 양대(兩代)가 그 어둔 시절에 그처럼 치산을 하느라고(시절이 어두우니까 *체계
　　　　두 세대　　　　　　　　　　　　　　　　　　재산을 관리하고 살림을 다스림
변이며 *장리변의 *이문이 숫지고, 또 공문서(公文書: 공토지)가 수두룩해서 가산 늘리기가
　　　　　　　　　　요량한 것보다 많고
좋았던 한편으로 말입니다) 욕심 사나운 수령한테 걸려들어 명색 없이 잡혀 갇혀서는,
형장을 맞아 가며 토색질을 당한 것도 한두 번이 아니요, *화적(火賊)의 총부리 앞에 목
　　　　　　　　돈이나 물건 따위를 억지로 달라고 하는 짓
숨을 내걸고 서서 재물을 약탈당하기도 부지기수요, 그러다가 말 대가리 윤용규는 마
　　　　　　　　　　　　　　　　　헤아릴 수가 없을 만큼 많음. 또는 그렇게 많은 수효
침내 한 패의 화적의 손에 비명의 죽음까지 한 것인즉슨, 일변 생각하면 피로 *낙관(落
　　　　　　　　　　　　　　　　　　　　　　　제명대로 다 살지 못하고 죽음
款)을 친 치산이지, *녹록한 재물이라고 할 수는 없을 것입니다.
　　윤 직원 영감은 ㉠그때 일을 생각하면 시방도 가슴이 뭉클하고, 그의 선친이 무참히
　　　　　　　　　　　　　　　　　　　말하는 바로 이때에　　남에게 돌아가신 자기 아버지를 이르는 말
죽어 넘어진 시체하며, 곡식이 들이쌓인 노적(露積)과 곳간이 불에 활활 타던 광경이 눈
　　　　　　　　　　　　　　　　　곡식 따위를 한데에 쌓아 놓은 곳
앞에선 선연히 밟히곤 합니다. 〈중략〉
　　　　　　　　　　　　　　　▶ 윤씨 부자가 돈을 모으기까지 겪어야 했던 ⬚⬚

바 윤두꺼비는 피에 물들어 참혹히 죽어 넘어진 부친의 시체를 안고 땅을 치면서
　　"이놈의 세상이 어느 날에 망하려느냐!" / 고 통곡을 했습니다.
　　그리고 울음을 진정하고는, 불끈 일어서 이를 부드득 갈면서,
　　"오냐, 우리만 빼놓고 어서 망해라!"
고 부르짖었습니다. ㉮이 또한 웅장한 절규였습니다. 아울러, 위대한 선언이었고요.
　　　　　　　　　　　　　　　　　　▶ 윤용규의 죽음과 윤 직원 영감의 ⬚⬚

사 윤 직원 영감이 젊은 윤두꺼비 적에 겪던 경난의 한 토막이 대개 그러했습니다.
　　　　　　　　　　　　　　　　　어려운 일을 겪음. 또는 그 어려움
　　그러니, 그러한 고난과 풍파 속에서 모아 마침내 피까지 적신 재물이니, ㉡그런 일
을 생각해서라도 오늘날 윤 직원 영감이 단 한 푼을 쓰재도 벌벌 떠는 것도 일변 무리
가 아닐 것입니다. 돈을 모으는 데 무얼 어떻게 해서 모았다는 거야 윤 직원 영감으로
는 상관할 바 아닙니다. 사실 *착취라는 문자를 가져다 붙이려고 하면, 윤 직원 영감은
거 웬 소리냐고 훌훌 뛸 겁니다. 다 참, 내가 부지런하고 또 시운이 뻗쳐서 부자가 되었
　　　　　　　　　　　　　　　　　시대나 그때의 운수
지, 작인이며 체계돈 쓴 사람이며, 장리벼 얻다 먹은 사람이며가 무슨 관계가 있느냐
면서 말입니다.
　　　　　　　　　　　　　　　　▶ 자신의 ⬚⬚에 대한 윤 직원 영감의 생각

작품 핵심

✿ **이 작품의 문학적 전통 계승**

- 판소리의 표현 방법 계승
  - 경어체의 문장: 서술자가 판소리 창자처럼 경어체를 사용하여 독자와 가까운 위치에서 인물을 조롱함.
  - 서술자의 개입: 서술자가 사건 전개 과정에 적극적으로 개입하여 인물에 대해 평가함.
  - 방언의 활용: 평민 계층을 대상으로 했던 판소리처럼 특정 지역의 방언을 활용함.

- 전형적인 인물 유형 계승: 극단적으로 이기적이며 탐욕스러운 인물인 놀부의 전형성을 계승하여 윤 직원 영감의 성격을 창조함.

- 해학과 풍자의 미의식 계승: 부정적 인물을 해학적으로 묘사하여 희화화하면서 풍자하는 전통적 미의식인 골계미를 계승함.

쏙쏙

- **소대성**: 고전 소설 〈소대성전〉의 주인공으로, 잠이 많기로 유명한 인물.
- **체계변**: 장에서 돈을 빌리고 장날마다 본전과 이자를 갚던 돈.
- **장리변**: 장리로 빌려주고 이자를 받아 내는 돈놀이.
- **이문**: 남에게 돈을 빌려 쓴 대가로 치르는 일정한 비율의 돈.
- **화적**: 떼를 지어 돌아다니며 재물을 마구 빼앗는 사람들의 무리.
- **낙관**: 글씨나 그림 따위에 작가가 자신의 이름이나 호(號)를 쓰고 도장을 찍는 일. 또는 그 도장이나 그 도장이 찍힌 것.
- **녹록하다**: 1. 평범하고 보잘것없다. 2. 만만하고 상대하기 쉽다.
- **착취**: 계급 사회에서 생산 수단을 소유한 사람이 생산 수단을 갖지 않은 직접 생산자로부터 그 노동의 성과를 무상으로 취득함. 또는 그런 일.

05 이 글에서 ♥경어체를 사용한 효과로 가장 적절한 것은?

① 독자가 인물의 심리에 공감하게 한다.
② 인물에 대한 독자의 상상력을 자극한다.
③ 서술자와 인물 사이의 거리를 좁혀 준다.
④ 독자와 서술자 사이에 친밀감을 형성한다.
⑤ 인물의 사회적 지위를 암시적으로 제시한다.

♥ 경어체: 상대에 대하여 공경의 뜻을 나타내기 위해 사용하는 문체.

중요
06 이 글에서 서술자가 인물을 서술하는 태도로 가장 적절한 것은?

① 이면적으로 비판과 공격을 가하고 있다.
② ♥우호적인 태도로 장점을 부각하고 있다.
③ ♥연민의 시선으로 바라보며 긍정하고 있다.
④ 구체적인 근거를 제시하며 비난하고 있다.
⑤ 독자가 판단할 수 있도록 평가를 ♥유보하고 있다.

♥ 우호적: 개인끼리나 나라끼리 서로 사이가 좋은 것.
♥ 연민: 불쌍하고 가련하게 여김.
♥ 유보: 어떤 일을 당장 처리하지 아니하고 나중으로 미루어 둠.

07 이 글에서 알 수 있는 내용으로 적절하지 <u>않은</u> 것은?

① 윤 직원 영감은 화적패의 손에 아버지를 잃고 세상을 원망했다.
② 윤용규는 반생을 성실히 노력하지 않고 게으르고 방탕하게 살았다.
③ 윤용규는 화적패뿐만 아니라 수령에게도 여러 차례 재물을 빼앗겼다.
④ 윤 직원 영감은 고난을 겪으며 재물을 모았기에 돈을 쓰는 데 인색했다.
⑤ 윤 직원 영감은 부정한 방법으로는 돈을 모으지 않았다는 자부심이 있었다.

08 ㉠과 ㉡이 가리키는 바를 알맞게 연결한 것은?

	㉠	㉡
①	윤씨 부자가 재물을 모은 일	윤두꺼비 시절에 어려움을 겪은 일
②	윤용규가 수령에게 잡혀간 일	윤 직원 영감이 재물을 빼앗긴 일
③	윤용규에게 돈 이백 냥이 생긴 일	윤두꺼비가 부친의 죽음에 통곡한 일
④	윤용규가 화적의 손에 죽음을 당한 일	윤 직원 영감이 고난 속에서 재물을 모은 일
⑤	윤 직원 영감이 무참히 죽은 선친의 시체를 본 일	공문서가 수두룩해서 가산 늘리기가 좋았던 일

09 ㉮에 쓰인 표현 기법을 〈보기〉를 참고하여 2음절로 쓰시오.

┤ 보기 ├
　서술자의 의도와 ♥반대되는 진술로 대상을 조롱, 풍자하고 있다.

♥ 조롱: 비웃거나 깔보면서 놀림.

중간 부분 줄거리 화적들에게 아버지와 재산을 잃은 윤 직원 영감은 일본인들이 들어와 재산을 지켜 준다며 고맙게 생각하고, 재산을 지키기 위해 양반을 사는 한편 손자 종수와 종학을 군수와 경찰서장으로 만들려고 한다. 아들 창식(윤 주사)은 노름으로 가산을 탕진하고 종수 또한 방탕한 생활을 하자 윤 직원 영감은 일본에 유학 가 있는 종학에게 기대를 걸고 있는데, 동경 유학 중인 종학이 사상 관계로 피검되었다는 전보가 온다.
수사 기관에 잡혀감

아 윤 직원 영감은 사뭇 사람을 아무나 하나 잡아먹을 듯, 집이 떠나게 큰 소리로 ◆포효를 합니다.

"으응? 그놈이 ㉠사회주의를 허다니! 으응? 그게, 참말이냐? 참말이여?"

"하긴 그놈이 작년 여름 방학에 나왔을 때버틈 그런 기미가 좀 뵈긴 했어요!"

"그러머넌 참말이구나! 그러머넌 참말이여, 으응!"

윤 직원 영감은 이마로, 얼굴로 땀이 방울방울 배어 오릅니다.

"……그런 쳐 죽일 놈, 깎어 죽여두 아깝잖을 놈! 그놈이 경찰서장 하라닝개루 생판 사회주의 허다가 뎁다 경찰에 잽혀? 으응?…… ◆오―사 육시를 헐 놈이, 그놈이
아무 상관 없게
그게 어디 당헌 것이라구 지가 사회주의를 하여? 부자 놈의 자식이 무엇이 대껴서 ◆부
옳은
랑당 패에 들어?"

아무도 숨도 크게 쉬지 못하고, 고개를 떨어뜨리고 섰기 아니면 앉었을 뿐, 윤 직원 영감이 잠깐 말을 그치자 방 안은 물을 친 듯이 조용합니다.
▶ 종학이 ❶ □□□□ 운동을 했다는 사실에 매우 놀라는 윤 직원 영감

자 "……오죽이나 좋은 세상이여? 오죽이나……." / 윤 직원 영감은 팔을 부르걷은 주먹으로 방바닥을 땅 ― 치면서 ◆성난 황소가 영각을 하듯 고함을 지릅니다.
소가 길게 우는 소리

"화적패가 있너냐아? 부랑당 같은 수령들이 있더냐?…… 재산이 있대야 도적놈의 것이요, 목숨은 파리 목숨 같던 말세(末世)넌 다 지내 가고오…… 자 부아라, 거리거
남에게 손쉽게 죽음을 당할 만큼 보잘것없는 목숨
리 순사요, 골골마다 공명헌 정사(政事), 오죽이나 좋은 세상이여…… 남은 수십만
정치에 관계되는 일. 또는 행정에 관한 사무
명 동병(動兵)을 히여서, 우리 조선 놈 보호히여 주니, 오죽이나 고마운 세상이여?
군대를 움직여서 일으킴
으응……? 제 것 지니고 앉어서 편안하게 살 태평 세상, 이걸 태평천하라구 허는 것이여, ㉡태평천하! ……그런데 이런 태평천하에 태어난 부자 놈의 자식이, 더군다나 왜 지가 떵떵거리구 편안허게 살 것이지, 어찌서 지가 세상 망쳐 놀 부랑당 패에 참섭을 헌담 말이여, 으응?"
어떤 일에 끼어들어 간섭함
▶ 일제 강점기를 ❷ □□□□ 로 여기는 윤 직원 영감

차 땅― 방바닥을 치면서 벌떡 일어섭니다. 그 몸짓이 어떻게도 요란스럽고 괄괄한지,
(성격이) 호탕하면서도 드세고 급한지
방금 발광이 되는가 싶습니다. 아닌 게 아니라 모여 선 가권들은 방바닥 치는 소리에도
호주나 가구주에게 딸린 식구
놀랐지만, 이 어른이 혹시 상성이 되지나 않는가 하는 의구의 빛이 눈에 나타남을 가리
본래의 성질을 잃어버리고 전혀 다른 사람처럼 됨　의심하고 두려워함
지 못합니다.

"……착착 깎어 죽일 놈……! 그놈을 내가 핀지히여서, 백 년 지녁을 살리라구 헐걸! 백 년 지녁을 살리라구 헐 테여……. 오냐, 그놈을 삼천 석 거리는 직분[分財]히여 줄
가족이나 친척에게 재산을 나누어 줌
라구 히였더니, 오냐, 그놈 삼천 석 거리를 톡톡 팔어서, 경찰서으다가 사회주의 허는 놈 잡어 가두는 경찰서으다가 주어 버릴걸! 으응, 죽일 놈!"

마지막의 으응 죽일 놈 소리는 차라리 울음소리에 가깝습니다.

"……이 태평천하에! 이 태평천하에……."
▶ ❸ □□ 에게 기대가 컸던 윤 직원 영감의 분노

146 Ⅱ. 산문 문학

작품 핵심

✿ 사회적 배경

이 작품은 구한말과 일제 강점기를 배경으로 윤 직원 일가의 5대에 걸친 이야기를 담고 있다. 윤용규는 구한말에 악덕 지주 노릇과 고리대금으로 부를 이루었다. 이를 이어받은 윤 직원 영감은 재산을 지키기 위해 양반 족보를 사고 손자들을 군수, 경찰서장으로 만들려고 하는데, 윤 직원 영감의 아들과 큰손자는 향락에 빠져 방탕한 생활을 한다. 이를 통해 1930년대 친일 지주 계층의 왜곡된 가치관과 타락상이 폭로되면서 당대의 부조리한 식민지 현실이 효과적으로 드러나고 있다.

✿ 윤 직원 영감의 가계

윤용규	윤 직원의 아버지. 노름꾼이자 악덕 지주로 구한말에 화적패에게 맞아 죽음.
윤창식 (윤 주사)	윤 직원의 아들로 향락과 노름에 빠짐.
윤종수	윤 직원의 큰 손주. 군수가 되기를 바라는 윤 직원의 기대와 달리 향락에 빠짐.
윤종학	윤 직원의 둘째 손주. 경찰서장이 되기를 바라는 윤 직원의 기대와 달리 사회주의 운동을 하다 검거됨.

🝆 어휘 쏙쏙

- **포효**: 사람, 기계, 자연물 따위가 세고 거칠게 내는 소리를 비유적으로 이르는 말.
- **오사 육시**: 형벌이나 재앙으로 비명에 죽고, 다시 한 번 시신의 목을 벤다는 의미로, 몹시 저주할 때 쓰는 말.
- **부랑당**: 불한당. 떼를 지어 돌아다니며 재물을 마구 빼앗는 사람들의 무리.
- **성난 황소 영각하듯**: 성난 황소가 크게 울듯이 무섭게 고함치는 모양을 비유적으로 이르는 말.

❶ 사회주의 ❷ 태평천하 ❸ 종학

10 (아)~(차)로 보아 다음 @~@에 들어갈 내용으로 적절하지 <u>않은</u> 것은?

질문	답변
• 윤 직원 영감이 종학에게 기대했던 것은?	(@)
• 윤 직원 영감의 구한말에 대한 인식은?	(ⓑ)
• 윤 직원 영감이 말하는 '좋은 세상'은?	(ⓒ)
• 윤 직원 영감이 종학이 피검되었다는 소식을 듣고 보인 반응은?	(ⓓ)
• 윤 직원 영감에 대한 집안사람들의 반응은?	(ⓔ)

① @ : 경찰서장이 되어 일가의 부와 지위를 지키는 것이다.
② ⓑ : 자신의 재산을 빼앗는 도적놈들이 있는 부정적인 세상이다.
③ ⓒ : 누구나 자신의 재능을 펼치고 떵떵거릴 수 있는 세상이다.
④ ⓓ : 놀라움에 이어 분노와 실망감을 드러내고 있다.
⑤ ⓔ : 지나치게 분노하여 상성이 된 것 아닌지 의구심을 드러내고 있다.

수능형
11 〈보기〉를 참고하여 ㉠에 대해 이해한 내용으로 적절하지 <u>않은</u> 것은?

┤ 보기 ├
　사회주의자들은 계급 해방을 주장하면서 빈부의 차이가 없는 평등한 세상을 이루고자 하는 이들로 윤 직원 영감은 이에 거부감과 적대감을 지니고 있다.

① 종학이 경찰에 잡혀 간 이유인 '사상'에 해당한다.
② 윤 직원 영감과 집안사람들 간의 외적 갈등의 원인이다.
③ '부자 놈의 자식'이 편안하게 사는 것과는 상반된 사상이다.
④ 윤 직원 영감이 '세상 망쳐 놀 부랑당 패'라고 여기는 것이다.
⑤ 종학이 윤 직원 영감의 기대와 거리가 먼 가치관을 지녔음을 보여 준다.

중요
12 ㉡에 대한 설명으로 적절하지 <u>않은</u> 것은?

① 당시 우리 민족의 현실과 상반되는 표현이다.
② 윤 직원 영감의 왜곡된 역사의식을 보여 준다.
③ 일제 강점기 현실을 반어적으로 드러내고 있다.
④ 인물이 추구하는 유교적 이상 사회를 상징한다.
⑤ 체제 순응적인 기득권 계층의 의식을 담고 있다.

♥ 왜곡 : 사실과 다르게 해석하거나 그릇되게 함.
♥ 기득권 계층 : 사회, 경제적으로 여러 가지 권리를 누리고 있는 계층.

서술형
13 이 글의 주제 의식을 〈조건〉에 맞추어 서술하시오.

┤ 조건 ├
　(자)에 나타난 중심인물의 현실 인식과 이에 대한 서술자의 태도를 바탕으로 할 것

핵심 정리

갈래	중편 소설, 사회 소설, 풍자 소설	성격	비판적, ❶◻◻적
배경	[시간적] 1930년대 일제 강점기 [공간적] 서울	시점	전지적 작가 시점
제재	일제 강점하 윤 직원 일가의 부도덕한 삶의 모습		
주제	윤 직원 일가의 몰락 과정을 통한 일제 강점기의 타락한 삶 비판		
특징	① 반어적 희화화를 통해 인물을 풍자함. ② 서술자가 판소리의 창자(唱者)와 같은 역할을 함. ③ 도덕적으로 타락하고 왜곡된 가치관을 지닌 부정적 인물들을 등장시켜 비판함.		

◈ 이 글 전체의 구성

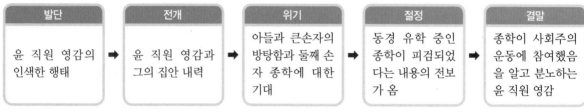

발단	전개	위기	절정	결말
윤 직원 영감의 인색한 행태	윤 직원 영감과 그의 집안 내력	아들과 큰손자의 방탕함과 둘째 손자 종학에 대한 기대	동경 유학 중인 종학이 피검되었다는 내용의 전보가 옴	종학이 사회주의 운동에 참여했음을 알고 분노하는 윤 직원 영감

◈ 서술상 특징

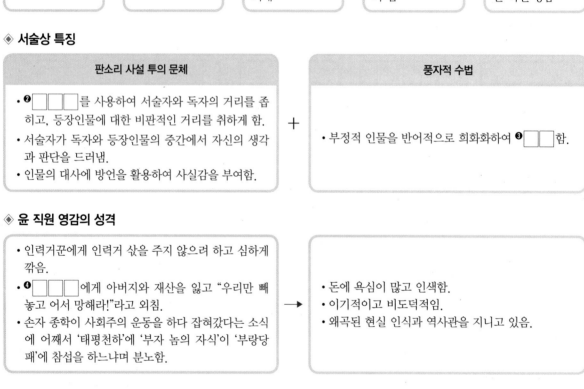

판소리 사설 투의 문체

• ❷◻◻◻를 사용하여 서술자와 독자의 거리를 좁히고, 등장인물에 대한 비판적인 거리를 취하게 함.
• 서술자가 독자와 등장인물의 중간에서 자신의 생각과 판단을 드러냄.
• 인물의 대사에 방언을 활용하여 사실감을 부여함.

+

풍자적 수법

• 부정적 인물을 반어적으로 희화화하여 ❸◻◻함.

◈ 윤 직원 영감의 성격

• 인력거꾼에게 인력거 삯을 주지 않으려 하고 심하게 깎음.
• ❹◻◻◻에게 아버지와 재산을 잃고 "우리만 빼놓고 어서 망해라!"라고 외침.
• 손자 종학이 사회주의 운동을 하다 잡혀갔다는 소식에 어째서 '태평천하'에 '부자 놈의 자식'이 '부랑당패'에 참섭을 하느냐며 분노함.

→

• 돈에 욕심이 많고 인색함.
• 이기적이고 비도덕적임.
• 왜곡된 현실 인식과 역사관을 지니고 있음.

◈ '태평천하'의 의미와 기능

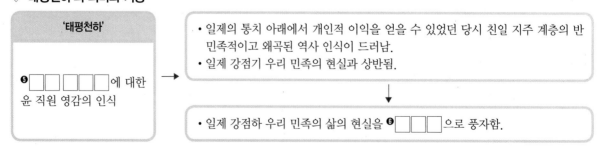

'태평천하'

❺◻◻◻◻◻에 대한 윤 직원 영감의 인식

→

• 일제의 통치 아래에서 개인적 이익을 얻을 수 있었던 당시 친일 지주 계층의 반민족적이고 왜곡된 역사 인식이 드러남.
• 일제 강점기 우리 민족의 현실과 상반됨.

↓

• 일제 강점하 우리 민족의 삶의 현실을 ❻◻◻◻으로 풍자함.

어휘력 다지기

01 ~ 04 다음 어휘와 그 뜻풀이를 바르게 연결하시오.

01 개평 •

02 노적 •

03 비명 •

04 화적 •

• ㉠ 제명대로 다 살지 못하고 죽음.

• ㉡ 곡식 따위를 한데에 수북이 쌓음. 또는 그런 물건.

• ㉢ 떼를 지어 돌아다니며 재물을 마구 빼앗는 사람들의 무리.

• ㉣ 노름이나 내기 따위에서 남이 가지게 된 몫에서 조금 얻어 가지는 공것.

05 ~ 08 제시된 초성과 뜻풀이를 참고하여 다음의 빈칸에 알맞은 어휘를 쓰시오.

05 ㅂㅈㄱㅅ : 헤아릴 수가 없을 만큼 많음. 또는 그렇게 많은 수효.
　　❹ 전쟁으로 삶의 터전을 잃고 난민이 된 이들이 (　　　　)이다.

06 ㅅㅊ : 남에게 돌아가신 자기 아버지를 이르는 말.
　　❹ (　　　　)의 유언에 따라 이 땅을 사회에 기부하려고 합니다.

07 ㅊㅅ : 어떤 일에 끼어들어 간섭함.
　　❹ 친구들의 싸움에 괜히 (　　　　)했다가 나만 사이가 멀어졌다.

08 ㅍㅅ : 드러나 보이는 사람의 겉모양.
　　❹ 그의 (　　　　)은 크고 당당해 보였으나 사실 그는 소심한 성격의 소유자이다.

09 ~ 11 다음의 문맥에 어울리는 어휘에 ○표 하시오.

09 동생은 (노상 / 시방) 웃는 얼굴로 사람을 대해서 호감을 샀다.

10 중학생이 되면서 초등학생 때보다는 용돈을 (나우 / 시뻐) 더 받았다.

11 주말이면 게임을 하고 웹툰을 보다가 침대에 (질펀히 / 짯짯이) 누워 빈둥거렸다.

12 ~ 14 다음 뜻풀이에 해당하는 관용적 표현을 〈보기〉에서 찾아 그 기호를 쓰시오.

┌─── 보기 ├───┐
㉠ 파리 목숨　　㉡ 입에 풀칠하다　　㉢ 성난 황소 영각하듯

12 근근이 살아가다.　　　　　　　　　　　　　　　　　　(　　　)

13 무섭게 고함치는 모양을 비유적으로 이르는 말.　　　　(　　　)

14 남에게 손쉽게 죽음을 당할 만큼 보잘것없는 목숨.　　　(　　　)

03 아홉 켤레의 구두로 남은 사내 ❶ _윤흥길

앞부분 줄거리 초등학교 교사인 '나(오 선생)'는 셋방살이를 전전하다가 개발이 진행 중인 한 도시 주택가에 집을 장만하고 문간방에 세를 놓는다. 이 방에 권 씨가 아내와 두 아이를 데리고 이사를 온다. 권 씨의 아내는 만삭의 상태이고 권 씨는 궁색한 살림살이 속에도 여러 켤레의 구두만큼은 소중히 여기며 깨끗하게 닦아 놓는다. 어느 날 술에 취한 권 씨는 과거에 출판사에 다니던 중 광주 대단지에 분양받은 땅 문제로 불합리한 정부 정책에 항의하다가 소요의 주동자로 몰려 전과자가 된 사연을 털어 놓는다.

가 한 장의 통지서가 배부되어 왔다. 6월 10일까지 전매 소유한 땅에다 집을 짓지 않
으면 *불하를 취소하겠다는 내용이었다. 보름 후면 6월 10일이었다. ⓐ보름 안에 집을
지으라는 얘기였다. 자기가 *날품팔이가 아니래서, 자기 생계의 근원이 여전히 서울이
래서 대단지의 부산스런 움직임과는 무관한 것처럼 처신해 온 그는 뒤늦게 *사타귀에서
방울 소리가 나도록 뛰어다니지 않으면 안 되었다. ⓑ우선 며칠씩 출판사를 무단결근
하면서 닥치는 대로 돈을 *변통하기에 급급했다. 돈이 되는 대로 시멘트와 블록과 각목
을 사서 마누라와 함께 한 단 한 단 쌓아올리기 시작했다. 〈중략〉

> 보름 안에 집을 지으라는 ❶ ☐☐☐를 받은 권 씨

나 "ⓒ서둘러서 집을 짓도록 명령한 당국에다 외려 감사해야 할 판이었어요. 우리는
한 달 남짓 고대광실에라도 든 기분으로 둥둥 떠서 지냈습니다. 그 한 달 내내 마누
라는 은경이 년을 끌어안고 졸졸 쥐어짜기만 했지요."

겨우 한숨 돌리려는 참인데 또 ㉠통지서가 왔다. 전매 입주자는 분양 전 토지 20평을
평당 8천 원 내지 1만 6천 원으로 계산하여 7월 말까지 일시불로 납부하는 조건으로 불
하받으라는 것이었다. 만일 기한내 납부치 않으면 해약은 물론 법에 의해 6개월 이하의
징역이나 30만 원 이하의 벌금을 과하도록 하겠다는 단서가 붙어 있었다. 〈중략〉

> 토지 불하 조건으로 ❷ ☐☐을 더 납부하라는 통지서를 받은 권 씨

다 "당신이 한번 권 씨를 설득해 보세요. 제가 ⓓ서너 번 얘길 했는데두 무슨 남자가
실실 웃기만 하믄서 그저 염려 없다구만 그러네요."

ⓔ병원 얘기였다.

"권 씨가 거절하는 게 아니고 돈이 거절하는 거겠지."

아내는 진즉부터 해산 준비가 전혀 되어 있지 않음을 더러는 흉보고 또 더러는 우려
해 왔다.

"남산만이나 한 배를 갖구서 요즘 세상에 그래 앨 집에서, 그것도 산모 혼자 힘으로
낳겠다니, 아무래두 꼭 무슨 일이 터질 것만 같애요. *달이 다 차도록 기저귀감 하나
장만 않는 여편네나 *조산원 하나 부를 돈도 마련이 없는 사내나 어쩜 그리 짝짜꿍인
지!"

서둘러 식사를 끝내고 나서 나는 권 씨를 마당으로 불러냈다. 듣던 대로 권 씨는 대뜸
아무 염려 말라면서 실실 웃었다. 마치 곤경에 빠진 나를 극진히 위로해 주는 투였다.

"둘째 때도 마누라 혼자서 거뜬히 해치웠거든요."

"우리가 염려하는 건 권 선생네가 아니라 바로 우리를 위해서요. 물론 그럴 리야 없
겠지만 만에 일이라도 일이 잘못될 경우 난 권 선생을 원망하겠소."

> 권 씨에게 출산에 대한 ❸ ☐☐를 표하는 '나'

작품 핵심

✿ 인물의 성격

권 씨 (주인공)	산업화 과정에서 소외된 선량한 소시민의 전형
'나' (서술자 이자 관찰자)	가난한 이웃에게 연민을 느끼지만, 자신의 안위를 먼저 생각하는 소시민의 전형

✿ 인물 설정 의도

권 씨는 자존심을 지키며 살고 싶어하는 선량한 시민이다. 그런 인물이 전과자가 되고 강도로 전락하는 모습을 통해 소시민의 힘겨운 삶을 드러내고, 70년대 당시의 부조리한 사회 현실을 고발하고 있다.

✿ 제목 '아홉 켤레의 구두로 남은 사내'의 의미

'아홉 켤레의 구두로 남은 사내'는 주인공 권 씨를 의미한다. 자존심에 상처를 입고 행방불명된 권 씨의 집에 남겨진 그의 '아홉 켤레의 구두'는 권 씨의 부재와 힘겨운 삶을 의미한다.

💧 어휘 쏙쏙

- **불하**: 국가 또는 공공 단체의 재산을 개인에게 팔아넘기는 일.
- **날품팔이**: 하루하루 품삯을 받고 남의 일을 해 주는 일. 또는 그런 사람.
- **사타구니에 방울 소리가 나도록**: 아주 급하게 뛰어가는 모습을 비유적으로 이르는 말.
- **변통**: 돈이나 물건 따위를 융통함.
- **달이 차다**: 아이를 배어 낳을 달이 되다.
- **조산원**: 조산사. 해산을 돕거나 임산부와 신생아를 돌보는 일을 하는 사람.

01

이 글의 서술상 특징으로 적절한 것은?

① 사건에 따라 서술자를 달리하고 있다.
② 주인공의 의식의 흐름에 따라 서술하고 있다.
③ 작중 인물의 회상을 통해 과거 사건을 제시하고 있다.
④ 공간적 배경의 묘사를 통해 침울한 분위기를 형성하고 있다.
⑤ 서로 다른 두 공간에서 동시에 일어나는 사건을 서술하고 있다.

▣ 의식의 흐름에 따른 서술: 등장인물의 머릿속에 떠오르는 생각, 기억, 자유연상, 마음에 스치는 느낌을 그대로 서술하는 것

02

이 글의 등장인물에 대한 설명으로 적절하지 <u>않은</u> 것은?

① '나'는 아내의 권유대로 권 씨를 설득하려고 한다.
② '나'는 곤경에 빠진 권 씨를 극진히 위로해 주고 있다.
③ 권 씨는 '나'의 염려에 걱정할 것 없다는 태도를 보이고 있다.
④ '나'는 권 씨가 돈이 없어서 병원에 못 가는 것이라 여기고 있다.
⑤ '나'의 아내는 해산 준비를 하지 않은 권 씨 부부를 못마땅해하고 있다.

중요
03

㉠에 대한 이해로 적절하지 <u>않은</u> 것은?

① 일방적이고 불합리한 명령이다.
② ♥민생을 고려하지 않은 정부의 결성이나.
③ 권 씨에게 가해진 당국의 부당한 조치이다.
④ 권 씨가 정부에 항의하다가 전과자가 된 계기로 볼 수 있다.
⑤ 땅 투기 목적으로 분양받은 사람들을 처벌하려는 조치이다.

♥ 민생: 일반 국민의 생활 및 생계.

04

이 글의 내용으로 보아 ⓐ~ⓔ에 대한 이해로 적절하지 <u>않은</u> 것은?

① ⓐ: 돈 없는 서민들에게는 무리한 요구이다.
② ⓑ: 출근하는 것보다 집 짓는 일이 다급했음을 알 수 있다.
③ ⓒ: 당국의 명령에 대한 불만을 ♥반어적으로 드러낸 것이다.
④ ⓓ: 권 씨 부인의 해산에 관한 우려를 여러 차례 드러냈음을 알 수 있다.
⑤ ⓔ: 권 씨 부인을 병원에 데려가 보라는 이야기일 것이다.

♥ 반어적: 표현의 효과를 높이기 위하여 실제와 반대되게 말을 하는 것.

05

이 글에서 다음 설명에 해당하는 어구를 찾아 4어절로 쓰시오.

> 아주 급하게 뛰어가는 모습을 비유적으로 이르는 말로, 문맥상 매우 급하게 노력하는 모습을 나타낸 ♥관용적 표현이다.

_____

♥ 관용적 표현: 둘 이상의 단어가 고정적으로 결합하여 새로운 의미를 만들어 낸 경우, 그 단어 구성을 이르는 말. 속담, 관용어 등이 있음.

03 아홉 켤레의 구두로 남은 사내 ❷

중간 부분 줄거리 얼마 뒤 집에서 아이를 낳으려던 권 씨의 아내는 진통이 길어져 한밤중에 병원으로 옮겨지고, 입원비가 없는 권 씨는 돈을 빌리러 '나'의 학교에 찾아온다.

라 "빌려만 주신다면 무슨 짓을, 정말 무슨 짓을 해서라도 반드시 갚겠습니다."

반드시 갚는 조건임을 강조하면서 그는 마치 성경책 위에다 오른손을 얹고 말하듯이 엄숙한 표정을 했다. 하마터면 나는 잊을 뻔했다. 그가 적시에 일깨워 주었기 망정이지
알맞은 때
안 그랬더라면 빌려주는 어려움에만 골똘한 나머지 빌려줬다 나중에 돌려받는 어려움이 더 클 거라는 사실은 생각도 못할 뻔했다. 그렇다. 끼니조차 감당 못하는 주제에 *막벌이 아니면 어쩌다 간간이 얻어걸리는 출판사 싸구려 번역 일 가지고 어느 해가에 빚
어느 겨를
을 갚을 것인가. ⓐ책임이 따르는 동정은 피하는 게 *상책이었다. 그리고 기왕 피할 바엔 저쪽에서 감히 두말을 못하도록 *야멸차게 굴 필요가 있었다.

"병원 이름이 뭐죠?"

"원산부인곱니다"

"지금 내 형편에 현금은 어렵군요. 원장한테 바로 전화 걸어서 내가 보증을 서마고 약속할 테니까 권 선생도 다시 한 번 매달려 보세요. 의사도 사람인데 설마 사람을 생으로 죽게야 하겠습니까. 달리 변통할 구멍이 없으시다면 그렇게 해 보세요."

▶ 돈을 빌려 달라는 권 씨의 부탁을 ❶□□하는 '나'

마 내 대답이 지나치게 더디 나올 때 이미 눈치를 챈 모양이었다. ⓑ도전적이던 기색이 슬그머니 죽으면서 그의 착하디착한 눈에 다시 수줍음이 돌아왔다. 그는 고개를 좌우로 흔들어 보였다.

"원장이 ⓒ어리석은 사람이길 바라고 거기다 희망을 걸기엔 너무 늦었습니다. 그 사람은 나한테서 수술 비용을 받아 내기가 수월치 않다는 걸 입원시키는 그 순간에 벌써 알아차렸어요."

얼굴에 흐르는 진땀을 훔치는 대신 그는 오른발을 들어 왼쪽 바짓가랑이 뒤에다 두어 번 문질렀다. 발을 바꾸어 같은 동작을 반복했다.

"바쁘실 텐데 실례 많았습니다."〈중략〉

▶ 부탁을 거절당해 ❷□□에 상처 입은 권 씨

바 "㉠오 선생, 이래뵈도 나 대학 나온 사람이오."

그것뿐이었다. 내 호주머니에 *촌지를 밀어 넣던 어느 학부형같이 그는 수줍게 그 말만 건네고는 언덕을 내려갔다. 별로 휘청거릴 것도 없는 작달막한 체구를 연방 휘청거
연속해서 자꾸
리면서 내딛는 한걸음 한걸음마다 땅을 저주하고 하늘을 저주하는 동작으로 내 눈에 그는 비쳤다. 산 고팽이를 돌아 그의 모습이 벌거벗은 황토의 언덕 저쪽으로 사라지는 찰
굽은 길의 모퉁이
나, 나는 ⓓ뛰어가서 그를 부르고 싶은 충동을 느꼈다. 돌팔매질을 하다 말고 뒤집혀진 삼륜차로 달려들어 *아귀아귀 참외를 깨물어먹는 군중을 목격했을 당시의 권 씨처럼, 이건 완전히 *나체구나 하는 느낌이 팍 들었다. 그리고 내가 그에게 ⓔ*암만의 빚을 지고 있음을 퍼뜩 깨달았다. 전셋돈도 일종의 빚이라면 빚이었다. 왜 더 좀 일찍이 그 생각을 못 했는지 모른다.

▶ 권 씨의 ❸□□한 상황을 뒤늦게 깨달은 '나'

---

06 이 글을 읽은 학생들의 감상으로 적절하지 <u>않은</u> 것은?

① 성윤: 권 씨는 본래 성품이 착하고 수줍음이 많은 사람이야.
② 우진: 권 씨는 자존심까지 버리고 부탁할 정도로 절박한 상황이야.
③ 준서: '나'는 권 씨의 어려움보다 자신의 이익을 먼저 생각하는 ♥이해타산적인 사람이야.
④ 희윤: '나'가 권 씨를 '나체'라고 느낀 것은 권 씨가 ♥생존의 문제에 놓여 있음을 깨달았기 때문이야.
⑤ 현홍: '나'가 군중을 직접 목격한 일을 회상한 것은 권 씨의 상황과 비슷하다고 느꼈기 때문이야.

> ♥ 이해타산적: 이로움과 해로움을 이리저리 따져 헤아리는 것.
> ♥ 생존: 살아 있음. 또는 살아남음.

07 〈보기〉를 참고할 때, 이 글에 대한 감상으로 적절하지 <u>않은</u> 것은?

───┤ 보기 ├───

1970년대 한국 소설에는 산업화 과정에서 공동체적 유대감이 파괴되고 개인주의가 ♥팽배하면서 그 사이에서 고민하는 소시민이 나타난다. 물질적 가치를 중시하는 ♥세태가 심화되고 계층 분화가 일어나면서 주변부로 밀려난 도시 빈민과 같은 소외 계층 또한 소설에 주요 제재로 등장한다.

① '나'가 권 씨의 부탁을 받고 고민하는 것은 소시민의 내적 갈등을 보여 주는군.
② 병원 원장에게 희망을 걸기에 늦었다는 것은 물질적 가치를 중시하는 세태가 심화되고 있음을 나타내는군.
③ 권 씨가 아내의 병원비를 낼 돈을 빌리러 다니는 것은 궁핍한 삶에 내몰린 소외 계층의 처지를 반영하는군.
④ '나'가 병원에 전화해서 보증을 서겠다고 하는 것은 공동체적 유대감을 회복하려는 소시민의 소망을 드러내는군.
⑤ 권 씨가 일정한 직업 없이 막일을 할 수밖에 없는 것은 계층이 분화하면서 생겨난 도시 빈민의 처지를 나타내는군.

> ▣ 소시민적 모습: 사회적 불의나 모순에 대항하기보다는 수동적인 태도로 개인의 안위를 중시하는 모습.
> ♥ 유대감: 서로 밀접하게 연결되어 있는 공통된 느낌.
> ♥ 팽배: 어떤 기세나 사조 따위가 매우 거세게 일어남.
> ♥ 세태: 사람들의 일상생활, 풍습 따위에서 보이는 세상의 상태나 형편.

08 문맥상 ⓐ∼ⓔ가 의미하는 바로 적절하지 <u>않은</u> 것은?

① ⓐ: 빌려준 돈을 받지 못하는 결과를 가져올 행동
② ⓑ: 비굴해 보이지 않으려는 기색
③ ⓒ: 이해타산적인 사람
④ ⓓ: 연민의 감정이 북받친 태도
⑤ ⓔ: 전셋돈

09 (라)∼(마)의 내용을 바탕으로 '권 씨'가 ㉠처럼 말한 이유를 서술하시오.

_____

03 아홉 켤레의 구두로 남은 사내 ③

중간 부분 줄거리 '나'는 병원으로 가서 권 씨 아내의 수술비를 내고 보호자 역할을 한다. 그 일을 모르는 권 씨는 술을 마시고 '나'의 집에 강도로 침입한다.

사 내가 그렇게 염려를 했는데도 강도는 와들와들 떨리는 다리를 옮기다가 그만 부주의하게 동준이의 발을 밟은 모양이었다. 동준이가 갑자기 칭얼거리자 그는 [•]질겁을 하고 엎드리더니 녀석의 어깨를 토닥거리는 것이었다. 녀석이 도로 잠들기를 기다려 그는 복면 위로 칙칙하게 땀이 밴 얼굴을 들고 일어나서 내 위치를 흘끔 확인한 다음 본격적인 작업에 들어갔다. 터지려는 웃음을 꾹 참은 채 강도의 애교스런 행각을 시종 주목하고 있던 나는 살그머니 상체를 움직여 동준이를 잠재울 때 이부자리 위에 떨어뜨린 식칼을 집어들었다.

"연장을 이렇게 함부로 굴리는 걸 보니 당신 경력이 얼마나 되는지 알 만합니다."

내가 내미는 칼을 보고 그는 기절할 만큼 놀랐다. 나는 사람 좋게 웃어 보이면서 칼을 받아 가라는 눈짓을 보냈다. 그는 겁에 질려 잠시 망설이다가 내 재촉을 받고 후닥닥 달려들어 칼자루를 낚아채 가지고 다시 내 멱을 겨누었다. 그가 고의로 사람을 찌를 만한 위인이 못 되는 줄 일찍이 [•]간파했기 때문에 나는 칼을 되돌려준 걸 조금도 후회하지 않았다. 아니나 다를까, 그는 식칼을 옆구리 쪽 허리띠에 차더니만 몹시 자존심이 상한 표정이 되었다. 〈중략〉

▶ 어설픈 ◯◯◯가 되어 '나'의 집에 침입한 권 씨

아 "그 피치 못할 사정이란 게 대개 그렇습니다. 가령 식구 중에 누군가가 몹시 아프_{어찌할 수 없는}다든가 빚에 몰려서……."

그 순간 강도의 눈이 의심의 빛으로 가득 찼다. 분개한 나머지 이가 딱딱 마주칠 정도로 떨면서 그는 대청마루를 향해 나갔다. 내 옆을 지나쳐 갈 때 그의 몸에서는 역겨울 만큼 술 냄새가 확 풍겼다. 그가 허둥지둥 끌어안고 나가는 건 틀림없이 갈기갈기 찢어진 한 줌의 자존심일 것이었다. [•]애당초 의도했던 바와는 달리 내 방법이 결국 그를 편안케 하긴커녕 외려 더욱더 [•]낭패케 만들었음을 깨닫고 나는 그의 등을 향해 말했다._{오히려}

"어렵다고 꼭 외로우란 법은 없어요. 혹 누가 압니까, 당신도 모르는 사이에 당신을 아끼는 어떤 이웃이 당신의 어려움을 덜어 주었을지?"

"[•]개수작 마! 그 따위 이웃은 없다는 걸 난 똑똑히 봤어! 난 이제 아무도 안 믿어!"

그는 현관문에 벗어 놓은 구두를 신고 있었다. 그 구두를 보기 위해 전등을 켜고 싶은 충동이 불현듯 일었으나 나는 꾹 눌러 참았다. 현관문을 열고 마당으로 내려선 다음 부주의하게도 그는 식칼을 들고 왔던 자기 본분을 망각하고 [•]엉겁결에 문간방으로 들어가려 했다. 그의 실수를 지적하는 일은 훗날을 위해 나로서는 부득이한 조처였다.

㉠"대문은 저쪽입니다."

문간방 부엌 앞에서 한동안 망연해 있다가 이윽고 그는 대문 쪽을 향해 느릿느릿 걷기 시작했다. 비틀비틀 걷기 시작했다. 대문에 다다르자 그는 상체를 뒤틀어 이쪽을 보았다. / "이래 봬도 나 대학까지 나온 사람이오."

▶ 자신의 정체가 탄로 난 것을 알고 ◯◯에 상처 입은 권 씨

뒷부분의 줄거리 아홉 켤레의 구두만 남기고 집을 나간 권 씨는 그 이후로 행방불명되고 '나'는 강도로 침입한 권 씨를 대했던 행동을 후회한다.

작품 핵심

✿ 작품에 반영된 사회상

이 작품은 1970년대 산업화 시대의 그늘에 감추어진 사람들의 삶, 산업화의 대열에서 소외되어 버린 권 씨라는 인물을 통해 그리고 있다.

권 씨가 주변부로 밀려나게 된 계기로 제시된 광주 대단지 사건은 1971년 8월 광주 대단지(오늘날 경기도 성남시) 주민 수만 명이 정부의 무계획적인 도시 정책과 졸속 행정에 반발하여 일으킨 사건이다. 당국은 이주 정책에 따라 모여든 도시 빈민을 비롯한 이주민들에게 적절한 기반 시설과 생업 대책을 제시하지 못한 채 땅값을 비싸게 계산하여 일시불로 청구하고 각종 조세를 부과하여 반발을 샀다.

✿ 연작 소설

연작 소설은 독립된 완결 구조를 갖는 소설들이 일정한 내적 연관을 지니면서 연쇄적으로 묶여 있는 소설을 가리킨다. 이 작품은 9개의 단편 소설로 이루어졌는데 이 중 〈아홉 켤레의 구두로 남은 사내〉, 〈직선과 곡선〉, 〈날개 또는 수갑〉, 〈창백한 중년〉 등의 4편은 권 씨가 등장하며 유기적으로 연결되어 있다.

어휘 쏙쏙

• **질겁:** 뜻밖의 일에 자지러질 정도로 깜짝 놀람.
• **간파:** 속내를 꿰뚫어 알아차림.
• **애당초:** 일의 맨 처음이라는 뜻으로, '당초'를 강조하여 이르는 말.
• **낭패:** 계획한 일이 실패로 돌아가거나 기대에 어긋나 매우 딱하게 됨.
• **개수작:** 이치에 맞지 않는 엉뚱하고 쓸데없는 말이나 행동을 낮잡아 이르는 말.
• **엉겁결:** 미처 생각하지 못하거나 뜻하지 아니한 순간.

정답 ❶ 강도 ❷ 자존심

10 이 글에 제시된 소재에 주목하여 '권 씨'에 대해 이해한 내용으로 적절하지 <u>않은</u> 것은?

① '식칼' → 그는 어려운 사정 때문에 강도 행각을 벌이게 되었다.

② '자존심' → 그는 이 사회에서 자존심을 지키며 사는 것이 쉽지 않다.

③ '술 냄새' → 그는 술을 통해 현재의 상황에서 도피하려는 모습을 보인다.

④ '이웃' → 그는 평소 주변 사람으로부터 소외감을 느끼며 살아가고 있다.

⑤ '실수' → 그가 문간방으로 들어가는 것은 강도가 곧 권 씨임을 노출하는 것이다.

11 이 글에 드러난 표면적 갈등과 근본적 갈등이 무엇인지 〈조건〉에 맞추어 서술하시오.

┤ 조건 ├

• '개인'과 '사회'라는 말을 활용할 것
• '표면적 갈등은 ~이며, 근본적 갈등은 ~이다.'와 같은 형태로 쓸 것

▣ 소설 속 갈등 유형: 인물의 내면에서 발생하는 내적 갈등과, 인물과 외부 대상이 갈등하는 외적 갈등이 있음. 외적 갈등은 인물과 인물 사이의 갈등, 인물과 사회와의 갈등, 인물과 운명과의 갈등, 인물과 자연과의 갈등으로 나눌 수 있음.

12 (사)에 드러난 '나'와 '권 씨'의 상황에 어울리는 한자 성어는?

① 주객전도(主客顚倒)

② 사면초가(四面楚歌)

③ 우유부단(優柔不斷)

④ 감언이설(甘言利說)

⑤ 교언영색(巧言令色)

13 ㉠과 관련하여 '나'가 떠올렸을 법한 생각으로 가장 적절한 것은?

① '당신이 지금 대문으로 나가 돌아오지 않아야만 우리 가족은 물론 당신의 가족을 지킬 수 있어요.'

② '지금 당신이 저지른 행동을 당신 가족들이 눈치 채지 못하도록 피신부터 해야 해요.'

③ '당신이 문간방으로 들어간다는 것은 강도짓이 잘못된 행위라는 것을 시인하는 셈이에요.'

④ '당신이 자신의 신분을 감출 수밖에 없었듯이, 나도 현재 당신을 모르는 체할 수밖에 없어요.'

⑤ '현재 내 앞에 서 있는 사람은 강도 신분이 아니라, 예전에 내가 알고 있는 권 씨여야 해요.'

♥시인: 어떤 내용이나 사실이 옳거나 그러하다고 인정함.

작품 한눈에 보기

핵심 정리

갈래	연작 소설, 중편 소설, 세태 소설	성격	사실적, 비판적, 사회 고발적
배경	[시간적] 1970년대　[공간적] 경기도 성남 지역	시점	1인칭 ❶ ☐☐☐ 시점
제재	도시 개발 과정에서 밀려난 소외된 계층의 삶		
주제	산업화 과정에서 밀려난 소외 계층의 어려운 삶과 부조리한 현실 고발		
특징	① 상징적인 소재를 통해 인물의 성격을 나타냄. ② 작중 서술자가 주인공의 심리를 분석하여 제시함. ③ 주인공의 삶을 통해 당대의 부조리를 비판적으로 드러냄.		

◈ 이 글 전체의 구성

발단	전개	위기	절정	결말
'나'의 집 문간방에 권 씨의 가족이 세입자로 들어옴.	권 씨는 생활 능력이 부족한 전과자이면서도 구두에 대한 정성이 지극함.	'나'는 권 씨에게서 아내의 병원비를 빌려 달라는 부탁을 받고 거절했다가 뒤늦게 병원비를 내줌.	권 씨는 사정을 모르고 '나'의 집에 ❷ ☐☐로 침입했다가 자존심에 상처를 입은 채 집을 나감.	권 씨가 아홉 켤레의 구두만 남기고 행방불명됨.

◈ 인물의 성격

'나'(관찰자)		권 씨(주인공)
• 자신의 안위를 우선으로 생각하는 소시민 • 소외된 이웃에 대한 관심과 애정을 지닌 인물	관찰, 연민 →	• 산업화 사회에서 밀려난 도시 빈민 • 선량하고 순박한 성격의 소유자로 비참한 상황에서 ❸ ☐☐☐을 지키고자 함.

◈ 이 글에 드러난 갈등 양상

내적 갈등	'나'는 아내의 병원비를 빌리려는 권 씨에게 돈을 빌려줘야 할지 말아야 할지 고민함.	
인물과 인물 간의 외적 갈등	아내의 수술비를 빌리려는 권 씨 ↔	권 씨의 부탁을 거절하는 '나'
	강도로 침입한 권 씨 ↔	권 씨를 배려하고자 했으나 그의 자존심에 상처를 입힌 '나'
인물과 ❹ ☐☐와의 외적 갈등	자존심을 지키며 살고 싶은 선량한 권 씨 ↔	부당한 조치로 권 씨에게 고난을 안겨 주고 권 씨를 전과자로 만든 사회

◈ '구두'의 상징적 의미

구두		남아 있는 아홉 켤레의 구두
• 권 씨가 소중하게 생각하는 대상 • 권 씨의 심리 상태를 암시하며 자존심을 상징하는 소재	권 씨의 행방불명 →	• 권 씨의 ❺ ☐☐를 상징함. • 산업화 사회에서 소외된 권 씨의 비참한 처지를 상징함.

어휘력 다지기

01~04 다음 뜻풀이에 해당하는 어휘를 쓰시오.

01 돈이나 물건 따위를 융통함.

ㅂ	ㅌ

02 정성을 드러내기 위하여 주는 돈.

ㅊ	ㅈ

03 아이를 낳음.

ㅎ	ㅅ

04 하루하루 품삯을 받고 남의 일을 해 주는 일.

ㄴ	ㅍ	ㅍ	ㅇ

05~08 빈칸에 들어갈 알맞은 어휘를 〈보기〉에서 찾아 쓰시오.

┤ 보기 ├
간파   낭패   상책   질겁

05 돈을 모으려면 우선 절약하는 것이 (   )(이)다.

06 한 시간에 한 대 오는 기차를 놓치다니 (   )였다.

07 상대 팀의 움직임을 보고 그들의 작전을 (   )했다.

08 교실에 벌 한 마리가 날아다니는 걸 보고 다들 (   )했다.

09~11 다음의 문맥에 어울리는 어휘에 ○표 하시오.

09 약속 시간이 훨씬 지났는데 (암만 / 애당초) 기다려도 친구가 오지 않았다.

10 명절을 앞둔 시장에는 장을 보러 온 손님들이 (부산스럽게 / 야멸차게) 오갔다.

11 갑자기 버스가 흔들리는 바람에 (연방 / 엉겁결)에 옆에 서 있는 사람을 붙잡았다.

12~14 다음 뜻풀이에 해당하는 관용적 표현을 〈보기〉에서 찾아 그 기호를 쓰시오.

┤ 보기 ├
㉠ 달이 차다   ㉡ 한숨 돌리다   ㉢ 사타구니에 방울 소리가 나도록

12 아이를 배어 낳을 달이 되다.　　　　　　　　　　　(　　　)

13 힘겨운 고비를 넘기고 여유를 갖다.　　　　　　　　(　　　)

14 아주 급하게 뛰어가는 모습을 비유하는 말.　　　　(　　　)

01 꼴찌에게 보내는 갈채 ❶ _ 박완서

가 신나는 일 좀 있었으면

가끔 별난 충동을 느낄 때가 있다. 목청껏 소리를 지르고 손뼉을 치고 싶은 충동 같은 것 말이다. 마음속 깊숙이 *잠재한 환호(歡呼)에의 갈망 같은 게 이런 충동을 느끼게
　　　　　　　　　　　　　　기뻐서 큰소리로 부르짖음　　간절히 바람
하는지도 모르겠다.

그러나 요샌 좀처럼 이런 갈망을 풀 기회가 없다. 환호가 아니라도 좋으니 속이 후련하게 박장대소라도 할 기회나마 거의 없다.
　손뼉을 치며 크게 웃음
의례적인 미소 아니면 *조소·*냉소·*고소가 고작이다. 이러다가 얼굴 모양까지 얄궂
　격식이나 형식만 갖추는 것
게 일그러질 것 같아 겁이 난다.　　　　　　　▶ ❶⬚⬚하고 싶은 갈망을 풀 기회가 없음

나 환호하고픈 갈망을 가장 속 시원히 풀 수 있는 기회는 뭐니뭐니 해도 잘 싸우는 운동 경기를 볼 때가 아닌가 싶다. 특히 국제 경기에서 우리 편이 이기는 걸 텔레비전을 통해서나마 볼 때면 그렇게 신이 날 수가 없다.

그러나 곰곰이 생각해 보니 그런 일로 신이 나서 마음껏 환성을 지를 수 있었던 기억도 아득하다. 아마 박신자 선수가 한창 스타 플레이어였을 적, 여자 농구를 볼 때면 그
　　　　　　　　1960년대 한국 여자 농구의 전성기를 이끌었던 선수
렇게 신이 났고, 그렇게 즐거웠고 다 보고 나선 그렇게 속이 후련했던 것 같다.
　　　　　　　　　　　　　　　▶ 잘 싸우는 ❷⬚⬚⬚⬚를 볼 때 환호하고 싶은 갈망을 풀 수 있음

다 요즘은 내가 그 방면에 무관심해져서 모르고 있는지는 모르지만 그때처럼 우리를 흥분시키고 자랑스럽게 해 준 국제 경기도 없는 것 같다. 지는 것까지는 또 좋은데 지고 나서 구정물 같은 후문(後聞)에 귀를 적셔야 하는 *고역까지 겪다 보면 운동 경기에
　　　　　　　　　　어떤 일에 관한 뒷말
대한 순수한 애정마저 식게 된다.

이렇게 점점 파인 플레이가 귀해지는 건 비단 운동 경기 분야뿐일까. 사람이 살면서
　　　　　　　fine play. 경기에서 선수가 보여 주는 멋지고 훌륭한 기술
부딪히는 타인과의 각종 경쟁, 심지어는 의견의 차이에서 오는 사소한 언쟁에서까지 그 다툼의 당당함, 깨끗함, 아름다움이 점점 사라져 가는 느낌이다. 그래서 아무리 눈에 불을 밝히고 찾아도 내부에 가둔 환호와 갈채(喝采)에의 충동을 발산할 고장을 못 찾
　　　　　　　　　　　　　　　　　외침이나 박수로써 칭찬하거나 환영함
는지도 모르겠다.　　　　　　　　　　▶ 환호와 ❸⬚⬚를 보낼 대상이 사라져 가는 것에 대한 아쉬움

라 뭐 마라톤?

요전에 시내에 나갔다가 집으로 돌아올 때의 일이다. 집을 다 와서 버스가 정류장 못 미처 서서 도무지 움직이지를 않았다. 고장인가 했더니 그게 아닌 모양이었다. 앞에도 여러 대의 버스가 밀려 있었고 버스뿐 아니라 모든 차량이 땅에 붙어버린 듯이 꼼짝을 못하고 있었다.

나는 그날 아침부터 괜히 걷잡을 수 없이 우울해 있었다. 그래서 버스가 정거장도 아닌 데 서 있다는 사실을 참을 수가 없었다.

㉠"언제까지 이러고 있을 거요?" / 나는 부끄럽게도 *안내양에게 짜증을 부렸다. 마치 이 보잘것없는 소녀의 심술에 의해서 이 거리의 온갖 차량이 땅에 붙어버리기라도 했다는 듯이, 그러나 안내양은 탓하지 않고 시들하게 말했다.
　　　　　　　　　　　　　　대수롭지 않게
"아마 마라톤이 끝날 때까진 못 가려나 봐요." / "뭐 마라톤?"

작품 핵심

☼ **글쓴이의 경험과 깨달음**

경험
마라톤 일등 주자를 보기 위해 간 곳에서 꼴찌 주자들을 보고 예상치 못한 감동을 얻음

↓

깨달음
고통과 고독 속에서 최선을 다하는 정직한 태도의 가치

☼ **제목 '꼴찌에게 보내는 갈채'의 의미**

글쓴이는 마라톤 경기에서 기대와 관심을 가지지 않았던 꼴찌 주자들이 달리는 모습을 보고, 환호 없이 달리는 그들의 모습에서 위대함을 느낀다. 그리고 그들이 포기하지 않도록 응원하기 위해 열렬한 갈채를 보낸다. 즉 '꼴찌에게 보내는 갈채'에는 무서운 고통과 고독을 이겨 내고 끝까지 최선을 다하는 삶의 가치에 대한 감동과 격려가 담겨 있다.

 쏙쏙

• **잠재**: 겉으로 드러나지 않고 속에 잠겨 있거나 숨어 있음.
• **조소**: 흉을 보듯이 빈정거리거나 업신여기는 일. 또는 그렇게 웃는 웃음.
• **냉소**: 쌀쌀한 태도로 비웃음. 또는 그런 웃음.
• **고소**: 어이가 없거나 마지못하여 짓는 웃음.
• **고역**: 몹시 힘들고 고되어 견디기 어려운 일.
• **안내양**: 예전에, 버스의 여차장을 이르던 말.
• **선두**: 대열이나 행렬, 활동 따위에서 맨 앞.

그러니까 저 앞 고대에서 신설동으로 나오는 삼거리쯤에서 교통이 차단된 모양이고, 그 삼거리를 마라톤의 *선두 주자가 달려오리라. 마라톤의 선두 주자! 생각만 해도 우울하게 죽어 있던 내 온몸의 세포가 진저리를 치면서 생생하게 살아나는 것 같았다. ⓒ나는 그 선두 주자를 꼭 보고 싶었다. 아니 꼭 봐야만 했다. 〈중략〉

▶ 마라톤을 하고 있다는 말을 듣고 마라톤의 ❹☐☐☐☐를 보고 싶어 함

[거꾸로 읽는 정답] ■ 마라톤 ❶ 환호 ❷ 운동 경기 ❸ 갈채 ❹ 선두 주자

---

01 이 글의 특징으로 적절하지 <u>않은</u> 것은?

① '나'의 구체적인 경험을 서술하고 있다.
② '나'의 심리를 고백적으로 드러내고 있다.
③ 글쓴이의 성찰을 통해 가치관을 엿볼 수 있다.
④ 현실에 대한 글쓴이의 관점과 태도가 담겨 있다.
⑤ '나'와 주변 인물 간의 갈등을 통해 주제를 드러내고 있다.

■ 수필의 특성: 수필은 글쓴이의 체험을 바탕으로 생각과 느낌을 진솔하게 표현한 글임. 수필의 '나'는 글쓴이 자신이며 수필에는 글쓴이의 성격이나 인생관, 가치관 등 개성이 그대로 드러남.

02 이 글에 나타난 글쓴이의 생각으로 적절하지 <u>않은</u> 것은?

① 요새 환호하고 싶은 갈망이 점점 사라지고 있어.
② 환호와 갈채의 충동을 발산할 대상을 찾기 어려운 것이 안타까워.
③ 잘 싸우는 운동 경기를 볼 때 환호하고픈 갈망을 속 시원히 풀 수 있지.
④ 보고 나면 속이 후련하고 자랑스러운 기분이 드는 파인 플레이가 귀해지고 있어.
⑤ 현실에서도 다툼의 당당함, 깨끗함, 아름다움이 점점 사라져 가고 있는 느낌이야.

03 ㉠의 글쓴이의 태도에 대한 반응으로 적절한 것은?

① 발 없는 말이 천 리 간다더니.
② 두 손뼉이 맞으니 소리가 났지.
③ 굼벵이도 밟으면 꿈틀하는 법이야.
④ 사공이 많으면 배가 산으로 간다고 했어.
⑤ 종로에서 뺨 맞고 한강에서 눈 흘기는 격이군.

04 글쓴이가 ⓒ과 같이 생각한 이유를 다음과 같이 정리할 때, 빈칸에 들어갈 말을 (나)에서 찾아 2어절로 쓰시오.

> 마라톤의 선두 주자를 보며 (   )을/를 풀고 싶었기 때문이다.

마 1등 주자(走者)를 기다리는 마음

나는 치마를 펄럭이며 삼거리 쪽으로 달렸다. 삼거리엔 ◦인파가 겹겹이 ◦진을 치고 있으리라. 그 인파는 저만치서 그 모습을 드러낸 선두 주자를 향해 폭죽 같은 환호를 터뜨리리라.

아아, 신난다. 오늘 나는 얼마나 재수가 좋은가. 오랫동안 가두었던 환호를 터뜨릴 수 있으니. 군중의 환호, 자기 개인적인 이해관계와 전혀 상관없는 환호, 그 자체의
<u>서로 이익과 손해가 걸려 있는 관계</u>
파열인 군중의 환호에 귀청을 떨 수 있으니.
<u>깨어지거나 갈라져 터짐</u>
잘하면 나는 겹겹의 군중을 뚫고 그 맨 앞으로 나설 수도 있으리라. 그러면 제일 큰 환성을 지르고 제일 큰 박수를 쳐야지. 나는 삼거리 쪽으로 달음질치며 나의 내부에서 거대한 환호가 삼거리까지 갈 동안을 미처 못 참고 웅성웅성 ◦아우성을 치고 있는 것처럼 느꼈다.
▶ 마라톤의 선두 주자를 볼 것이라는 ❸ ☐☐☐

바 그러나 숨을 헐떡이며 당도한 삼거리에 군중은 없었다.
<u>어떤 곳에 다다름</u>
할 일이 없어 여기 이렇게 빈둥거리고 있을 뿐이라는 듯 곧 하품이라도 할 것 같은 남자가 여남은 명 그리고 장난꾸러기 아녀석들이 대여섯 명 몰려 있을 뿐이었고 아무데
<u>열이 조금 넘는 수의</u>
서고 마라토너가 나타나기 직전의 흥분은 엿뵈지 않았다.

그러나 여전히 호루라기를 입에 문 순경은 차량의 통행을 금하고 있었다.

세 갈래 길에서 밀리고 밀린 채 기다리다 지친 차량들이 짜증스러운 듯이 부릉부릉 이상한 소리를 내며 바퀴를 조금씩 들먹이는 게 곧 삼거리의 중심을 향해 맹렬히 돌진
<u>기세가 몹시 사납고 세찬 정도로</u>
할 것처럼 보이고 그럴 때마다 순경은 날카롭게 호루라기를 불어댔다. 그때 나는 내가 전혀 예기치 않던 방향에서 쏟아지는 환호 소리를 들었다. 그것은 내 뒤쪽 조그만 ◦라디오방 스피커에서 나오는 환호 소리였다.

선두 주자가 드디어 결승점 전방 10미터, 5미터, 4미터, 3미터, 골인! 하는 아나운서의 ◦숨 막히는 소리가 들리고 군중의 우레와 같은 환호성이 들렸다.

비로소 1등을 한 마라토너는 이미 이 삼거리를 지난 지가 오래라는 걸 알 수 있었다. 이 삼거리에서 골인 지점까지는 몇 킬로미터나 되는지 자세히는 몰라도 상당한 거리다. 그런데도 아직까지 통행이 금지된 걸 보면 후속 주자들이 남은 모양이다. ㉠꼴찌에
<u>뒤를 이어 계속함</u>
가까운 주자들이.

그러자 나는 그만 맥이 빠졌다. 나는 영광의 승리자의 얼굴을 보고 싶었던 것이지 비참한 꼴찌의 얼굴을 보고 싶었던 건 아니었다.
▶ 마라톤의 ❹ ☐☐☐☐를 볼 수 없어 아쉬워함

사 또 차들이 부르릉대며 들먹이기 시작했다. 차들도 기다리기가 지루해서 짜증을 내고 있었다. 다시 날카로운 호루라기 소리가 들리고 저만치서 푸른 유니폼을 입은 마라토너가 나타났다.

삼거리를 지켜보고 있던 여남은 구경꾼조차 라디오방으로 몰려 우승자의 골인 광경, 세운 기록 등에 ◦귀를 기울이느라 아무도 그에게 관심을 갖지 않았다. 나도 무감동하게 푸른 유니폼이 가까이 오는 것을 바라보면서 저 사람은 몇 등쯤일까, 20등? 30등? —

작품 핵심

❖ **글쓴이의 심리 변화**

(라) 버스가 움직이지 않고 서 있었을 때: 짜증을 냄.

(라) 버스가 서 있는 이유가 마라톤 경기 때문이라는 말을 들었을 때: 환호의 기회가 생긴 것에 흥분함.

(마) 마라톤 선두 주자를 보기 위해 삼거리로 향할 때: 기대감, 신이 남.

(바) 삼거리에 선두 주자가 이미 지나갔음을 알았을 때: 맥이 빠짐, 실망함.

(사) 꼴찌에 가까운 주자들이 다가오는 것을 보았을 때: 무관심, 비웃음, 연민

(아) 꼴찌에 가까운 주자의 모습을 가까이서 보았을 때: 감동받음.

(자) 꼴찌들에게 환호를 보냈을 때: 후련함, 뿌듯함.

어휘 쏙쏙

• **인파**: 사람의 물결이란 뜻으로, 수많은 사람을 이르는 말.
• **진을 치다**: 자리를 차지하다.
• **아우성**: 떠들썩하게 기세를 올려 지르는 소리.
• **라디오방**: 전파사. 라디오, 텔레비전 따위의 전기 기기를 주로 취급하던 가게.
• **숨 막히다**: 어떤 상황이 심한 긴장감이나 압박감을 주다.
• **귀 기울이다**: 남의 이야기나 의견에 관심을 가지고 주의를 모으다.

저 사람이 세운 기록도 누가 자세히 기록이나 해 줄까? 대강 이런 생각을 했다. 그리고 그 20등, 아니면 30등의 선수가 조금쯤 우습고, 조금쯤 불쌍하다고 생각했다.

　푸른 마라토너는 점점 더 나와 가까워졌다. 드디어 나는 그의 표정을 볼 수 있었다.

▶ 마라톤의 **❾** □□□□에 대한 무관심과 동정

▣ 빠른 정답 ❻ 묘사 ❼ 끼어들기 ❽ 추가 순서 ❾ 후속 주자

05 글쓴이가 이 글을 쓰는 과정에서 고려했을 내용으로 적절하지 <u>않은</u> 것은?

① 마라톤 경기를 보러 갔던 경험을 시간의 흐름에 따라 서술하자.
② 마라톤 경기를 보러 가면서 느꼈던 감정을 직접적으로 표현하자.
③ 삼거리에 도착했을 때의 상황과 분위기를 묘사를 통해 드러내자.
④ 대화와 서술을 활용해 마라톤 경기 상황을 생동감 있게 전달하자.
⑤ 사건에 따른 심리와 후속 주자들에 대한 생각을 솔직하게 나타내자.

❤ 생동감: 생기 있게 살아 움직이는 듯한 느낌.

06 이 글에 나타난 '나'의 경험으로 적절한 것은?

① '나'가 막 삼거리에 도착했을 때 선두 주자가 지나가고 있었다.
② '나'는 인파를 헤치고 선두 주자가 있는 삼기리 쪽으로 달렸다.
③ '나'는 삼거리 라디오방 스피커를 통해 환호하는 소리를 들었다.
④ '나'는 선두 주자가 결승점에 골인했을 때 군중과 함께 환호했다.
⑤ '나'는 삼거리의 다른 구경꾼들과 달리 후속 주자들에게 관심이 있었다.

07 (마)~(사)에 나타난 '나'의 심리 변화로 적절한 것은?

① 기대감 → 흥분 → 감동
② 기대감 → 실망감 → 연민
③ 흥분 → 부끄러움 → 연민
④ 흥분 → 실망감 → 기대감
⑤ 실망감 → 아쉬움 → 부끄러움

❤ 연민: 불쌍하고 가련하게 여김.

08 ㉠에 대해 업신여기는 '나'의 태도가 드러난 표현을 (바)에서 찾아 3어절로 쓰시오.

_____

❤ 업신여기다: 교만한 마음에서 남을 낮추어 보거나 하찮게 여기다.

01 꼴찌에게 보내는 갈채 ❸

아 꼴찌 주자(走者)의 위대성

나는 그런 표정을 생전 처음 보는 것처럼 느꼈다. 여지껏 ㉠그렇게 정직하게 고통스러운 얼굴을, 그렇게 정직하게 고독한 얼굴을 본 적이 없다. 가슴이 뭉클하더니 심하게 두근거렸다. ㉡그는 20등, 30등을 초월해서 위대해 보였다. 지금 모든 환호와 영광은 우승자에게 있고 그는 환호 없이 달릴 수 있기에 위대해 보였다.

나는 그를 위해 뭔가 하지 않으면 안 된다고 생각했다. 왜냐하면 내가 좀 전에 그의 20등, 30등을 우습고 불쌍하다고 생각했던 것처럼 그도 자기의 20등, 30등을 우습고 불쌍하다고 생각하면서 옜다 모르겠다 하고 그 자리에 주저앉아 버리면 어쩌나, 그래서 내가 그걸 보게 되면 어쩌나 싶어서였다.

어떡하든 그가 그의 20등, 30등을 우습고 불쌍하다고 느끼지 말아야지 느끼기만 하면 그는 당장 주저앉게 돼 있었다. 그는 지금 그가 괴롭고 고독하지만 위대하다는 걸 알아야 했다.

▶ 정직하게 최선을 다하는 후속 주자를 보고 ❶ ☐☐함

자 ㉢나는 용감하게 인도에서 차도로 뛰어내리며 그를 향해 열렬한 박수를 보내며 환성을 질렀다.

나는 그가 주저앉는 걸 보면 안 되었다. 나는 그가 주저앉는 걸 봄으로써 내가 주저앉고 말 듯한 어떤 ㉣*미신적인 *연대감마저 느끼며 실로 열렬하고도 우렁찬 환영을 했다.

내 고독한 환호에 딴 사람들도 합세를 해 주었다. 푸른 마라토너 뒤에도 또 그 뒤에도 주자는 잇따랐다. 꼴찌 주자까지를 그렇게 열렬하게 성원하고 나니 손바닥이 붉게 부풀어 올라 있었다.

흩어져 있는 세력을 한곳에 모음

그러나 뜻밖의 장소에서 환호하고픈 오랜 갈망을 마음껏 풀 수 있었던 내 몸은 날듯이 가벼웠다.

▶ 후속 주자에게 열렬한 ❷ ☐☐를 보냄

차 그 전까지만 해도 나는 마라톤이란 매력 없는 *우직한 스포츠라고밖에 생각 안 했었다. 그러나 ㉤앞으론 그것을 좀 더 좋아하게 될 것 같다. 그것은 조금도 속임수가 용납 안 되는 정직한 운동이기 때문에.

또 끝까지 달려서 골인한 꼴찌 주자도 좋아하게 될 것 같다. 그 무서운 고통과 고독을 이긴 의지력 때문에.

나는 아직 그 무서운 고통과 고독의 참뜻을 알고 있지 못하다.

왜 그들이 그들의 체력으로 할 수 있는 하고많은 일 중에서 그 일을 택했을까 의아스럽기까지 하다.

그러나 그날 내가 20등, 30등에서 꼴찌 주자에게까지 보낸 열심스러운 박수갈채는
손뼉을 치고 소리를 질러 환영하거나 찬성함
몇 년 전 박신자 선수한테 보낸 환호만큼이나 신나는 것이었고, 더 깊이 감동스러운 것이었고, 더 *육친애적인 것이었고, 전혀 새로운 *희열을 동반한 것이었다.

▶ ❸ ☐☐과 꼴찌 주자를 좋아하게 됨

작품 핵심

❖ **마라톤에 대한 글쓴이의 인식 변화**

· '푸른 마라토너'를 보기 전: 매력 없는 우직한 스포츠

↓

· '푸른 마라토너'를 본 후: 조금의 속임수도 용납되지 않는 정직한 운동

❖ **표현의 의미**

· 정직하게 고통스러운 얼굴(정직하게 고독한 얼굴): 타인의 관심이나 우승에 연연하지 않고 자신을 위해 최선을 다하는 꼴찌 주자들의 모습을 의미함.

· 미신적인 연대감: 고통을 인내하며 고독하게 달리는 꼴찌에 가까운 주자의 모습에서 글쓴이가 느끼는 동질감을 의미함.

❖ **갈래상 특징**

갈래	수필
특징	글쓴이('나')의 체험과 그에 따른 심리를 사실적, 고백적으로 서술하여 깨달음을 효과적으로 드러냄.

어휘 쏙쏙

· 미신적: 과학적 · 합리적 근거가 없는 것을 맹목적으로 믿는 것.
· 연대감: 한 덩어리로 서로 연결되어 있음을 느끼는 마음.
· 우직하다: 어리석고 고지식하다.
· 육친애: 혈족 관계가 있는 사람들 사이의 애정. 또는 그와 같은 정.
· 희열: 기쁨과 즐거움. 또는 기뻐하고 즐거워함.

정답 ❶ 감동 ❷ 환호 ❸ 마라톤

162 Ⅱ. 산문 문학

09 이 글에 대한 설명으로 적절하지 <u>않은</u> 것은?

① 대상에 대한 글쓴이의 인식 변화가 드러난다.

② 경험을 통한 글쓴이의 깨달음이 진솔하게 나타난다.

③ 마라톤에 참가한 글쓴이의 경험이 생생하게 드러난다.

④ 글쓴이가 지향하는 삶의 가치를 통해 교훈을 얻을 수 있다.

⑤ 고통과 고독을 이겨 낸 꼴찌 주자를 통해 느낀 감동이 담겨 있다.

수능형 10 이 글에 나타난 글쓴이의 경험에 공감하며 감상한 내용으로 적절하지 <u>않은</u> 것은?

① '즐기는 사람은 이길 자가 없다'라는 말이 이 상황에 꼭 어울린다고 볼 수 있겠어.

② 1등이 아니면 우습고 불쌍하다고 여기는 경쟁 사회에 대해 다시 생각해 보게 되었어.

③ 나 역시 최선을 다하는 후속 주자들의 모습을 보았다면 글쓴이처럼 열렬한 응원을 보냈을 것 같아.

④ 스포츠 경기를 보다 보면 으레 이기는 것에만 주목하게 되는데, 그보다 더 중요한 가치가 있다는 것을 깨달았어.

⑤ 체육 대회 오래 달리기에서 남들보다 한참 뒤처졌지만 끝까지 포기하지 않고 완주했던 친구를 보며 감동했던 기억이 떠올랐어.

11 ㉠~㉤에 대한 설명으로 적절하지 <u>않은</u> 것은?

① ㉠: 꼴찌 주자에 대한 글쓴이의 인식이 바뀐 계기이다.

② ㉡: 고통과 고독 속에서도 최선을 다하고 있기 때문이다.

③ ㉢: 후속 주자들이 끝까지 달릴 수 있는 힘을 주고 싶었기 때문이다.

④ ㉣: 푸른 마라토너가 주저앉는 것을 보고 느낀 아픔을 의미한다.

⑤ ㉤: 마라톤이 속임수가 없는 정직한 운동이기 때문이다.

서술형 12 글쓴이가 이 글을 통해 전하고자 한 깨달음을 〈조건〉에 맞추어 서술하시오.

┤ 조건 ├
• 글쓴이에게 깨달음을 준 대상을 구체적으로 밝힐 것
• (차)에 쓰인 단어를 활용하여 전하고자 하는 바를 쓸 것
• '~을/를 통해 ~을/를 전하고자 했다.'의 형태로 쓸 것

작품 한눈에 보기

핵심 정리

갈래	수필		성격	교훈적, 사색적, 체험적	제재	마라톤 경기의 꼴찌 주자
주제	포기하지 않고 최선을 다하는 삶에 대한 격려					
특징	① 일상적인 경험을 통해 얻은 글쓴이의 깨달음이 드러남. ② 상황에 따른 글쓴이의 심리 변화가 세밀하게 나타남. ③ '❶☐☐'에 대해 가졌던 인식의 변화가 잘 드러남.					

◈ 이 글의 구성

처음	중간	끝
마음껏 환호할 기회가 없는 현실에 대한 안타까움	우연히 마라톤 경기 하는 곳을 지나게 되었을 때 1등을 보고 환호하고 싶은 기대감에 경기 장소를 찾았다가 후속 주자들을 보게 됨.	꼴찌에 가까운 주자에게 열렬한 응원을 보내며 ❷☐☐에의 갈망을 품.

◈ 글쓴이의 심리 변화

환호의 갈망을 풀 기회가 없는 현실이 아쉬움.	마라톤을 한다는 것을 알고 선두 주자를 보고 환호를 보낼 수 있으리라 기대함.	마라톤 선두 주자를 보지 못해 실망함.	후속 주자들의 모습에 ❸☐☐을 받음.	꼴찌에 가까운 주자들을 열렬히 응원하며 후련함과 뿌듯함을 느낌.

◈ '꼴찌'에 대한 글쓴이의 인식 변화

꼴찌에 가까운 주자들

········ 보기 전 ········　❹☐☐하게 고통스럽고 고독한 얼굴을 함.　········ 본 후 ········

• 비참한 꼴찌의 얼굴을 보고 싶었던 것은 아니라고 생각함. • 조금쯤 우습고, 조금쯤 불쌍하다고 생각함.	➡	• 환호 없이 달리는 모습에 위대함을 느낌. • 무서운 고통과 고독을 이긴 ❺☐☐☐을 깨달음.

◈ 글쓴이가 꼴찌 주자에게 보낸 갈채에 담긴 의미

꼴찌 주자에게 보낸 열렬한 박수갈채	─	박신자 선수에게 보낸 환호만큼이나 신나고, 더 깊이 감동스럽고, 더 육친애적이고, 전혀 새로운 희열을 동반한 것
		↓
		❻☐☐가 없어도 정직하고 고독하게 달리는 주자에 대한 감동과 격려

어휘력 다지기

01 ~ 04 다음 어휘와 그 뜻풀이를 바르게 연결하시오.

01 갈채 •　　　　　　　• ㉠ 깨어지거나 갈라져 터짐.

02 파열 •　　　　　　　• ㉡ 흩어져 있는 세력을 한곳에 모음.

03 합세 •　　　　　　　• ㉢ 기쁨과 즐거움. 또는 기뻐하고 즐거워함.

04 희열 •　　　　　　　• ㉣ 외침이나 박수 따위로 찬양이나 환영의 뜻을 나타냄.

05 ~ 08 제시된 초성과 뜻풀이를 참고하여 다음의 빈칸에 알맞은 어휘를 쓰시오.

05 ㄱ ㅇ : 몹시 힘들고 고되어 견디기 어려운 일.
　　　예 합격 발표까지 기다리는 시간이 (　　　　　)(으)로 느껴졌다.

06 ㅇ ㅍ : 사람의 물결이란 뜻으로, 수많은 사람을 이르는 말.
　　　예 광장은 국가 대표 경기를 응원하기 위한 (　　　　　)(으)로 가득했다.

07 ㅁ ㅅ ㅈ : 과학적·합리적 근거가 없는 것을 맹목적으로 믿는 것.
　　　예 어떤 사람들은 숫자 4에 (　　　　　)인 거부감을 갖고 있다.

08 ㅇ ㄹ ㅈ : 형식이나 격식만을 갖춘 것.
　　　예 그는 초면에 (　　　　　)인 인사도 없이 본론을 밀하기 시작했나.

09 ~ 11 다음의 문맥에 어울리는 어휘에 ○표 하시오.

09 가식적인 모습을 지켜보자니 입가에 (박장대소 / 조소)가 떠올랐다.

10 우리 팀이 오늘 경기에서 승리하면서 단독 (선두 / 후속)에 올랐다.

11 오랫동안 굶주리던 늑대는 먹잇감에 (맹렬히 / 시들하게) 달려들었다.

12 ~ 14 다음 뜻풀이에 해당하는 관용적 표현을 〈보기〉에서 찾아 그 기호를 쓰시오.

┤ 보기 ├
㉠ 귀 기울이다　　㉡ 숨 막히다　　㉢ 진을 치다

12 자리를 차지하다.　　　　　　　　　　　　　　　　　(　　　)

13 어떤 상황이 심한 긴장감이나 압박감을 주다.　　　　(　　　)

14 남의 이야기나 의견에 관심을 가지고 주의를 모으다.　(　　　)

02 북어 대가리 ❶ _ 이강백

앞부분 줄거리 자앙과 기임은 오랜 세월 동안 창고 안에서만 살면서 이름 모를 부품이 들어 있는 상자들을 분류하고 지키는 일을 하는 창고지기이다. 매사에 꼼꼼하게 일하는 자앙과 달리 기임은 자신의 일에 회의를 느끼며 자앙의 성실함을 못마땅해한다. 기임은 트럭 운전수의 딸인 다링과 사귀며 술에 취해 들어오고, 자앙은 기임에게 잔소리를 하면서도 북어 해장국을 끓여 준다. 창고 생활에 싫증 난 기임은 상자 하나를 바꾸어 트럭에 싣는다. 이를 뒤늦게 알아챈 자앙은 잘못 나간 상자 번호를 확인하고, 상자 주인에게 잘못을 시인하는 편지를 쓴다.

㉮ 운전수: ⓐ그건 미친 짓이야! 일부러 잘못했다고 편지를 보낼 필요는 없어!

자앙: (편지를 운전수에게 내밀며) 제발 보내야 해요!

운전수: 여봐, 내가 상자들을 운반하고 다니니깐 상자 주인과 통할 수 있다고 생각한 모양인데, ⓑ그건 큰 착각이야. 난 말이야, 뭐가 뭔지도 모르고 그냥 싣고 왔다가 그냥 실어 가는 거라구. 실제로 내가 아는 건, 정거장에서 여러 트럭들이 상자를 나눠 받을 때 만나는 분배 반장 딸기코하고, 창고에 보관했다가 다시 나눠 싣고 정거장에 가서 만나는 접수 반장 외눈깔, 그 둘뿐이라구. ㉠딸기코와 외눈깔은 내가 붙인 별명인데, 물론 진짜 이름이야 있겠지. 하지만 그들이 내 이름을 부르지 않고 노름꾼이라 하듯이 나도 그들을 별명으로만 불러. 어쨌든 딸기코가 상자를 분배하는 곳은 정거장의 왼쪽이고, 외눈깔이 상자를 접수하는 곳은 정거장의 오른쪽이야. 그래서 그들은 같은 정거장에서 둘 다 상자를 취급하면서도 서로 얼굴 한 번 볼 수조차 없어.

자앙: 별명이든 이름이든 상관없어요. (편지를 억지로 운전수 손에 쥐어 준다.) 상자를 싣고 가는 곳에 내 편지를 갖다 주면서, 다음 사람에게 전달하라고 하면 되거든요.

운전수: 내가 자네 편지를 외눈깔에게 주면, 외눈깔은 그 다음 사람에게 전달하고, 그 다음 사람은 또 다음 사람에게……. 계속해서 운반되는 상자들을 따라가 맨 나중엔 주인에게 전달되기를 바라는 거지?

자앙: 네, 바로 그겁니다.

운전수: ⓒ그게 또 큰 착각이라구. 부속품이 든 상자들은 말야, 중간중간에서 여러 갈래로 수없이 나눠지거든.

▶ ❶ □□를 보내려 하는 자앙과 보낼 필요가 없다고 하는 운전수

㉯ 자앙: 부속품 상자는 결국 한 군데로 모아지는 것이 아닙니까?

운전수: 물론, 모아지는 곳도 있겠지. 상자들이 한 군데에서 나와 여러 군데로 흩어지느냐, 여러 군데에서 나와 한 군데로 모아지느냐……. ⓓ그건 그럴 수도 있구, 그렇지 않을 수도 있어. 어쨌든 중간에 있는 우리가 어떻다고 확실하게 알 수는 없지.

자앙: 그래도 상자 주인에게는 반드시 알려 줘야죠. 엉뚱하게 바뀐 상자 하나 때문에 뭔가 잘못 만들어지면 안 되잖아요.

운전수: 잘못 만들어진다니……. 그게 뭔데?

다링: (멀리서 듣고 있다가 큰 소리로 외친다.) 어떤 굉장한 기계래요! 이 세상 모든 사람들을 즐겁고 기쁘게 해 주는 신기한 기계죠!

운전수: (다링에게 외친다.) 무슨 기계라구?

다링: (큰 소리로) 기계가 아니라 폭탄이래요!

▶ ❷ □□의 목적지나 내용을 모르는 운전수와 자앙

작품 핵심

❂ 인물의 성격

자앙	자신의 일에 대해 책임감을 가지고 일하는 정직하고 성실한 인물
기임	일은 대충하고 당장의 즐거움과 편안함만 추구하는 인물
운전수	책임감 없이 주어진 일만 처리하려 하는 인물
다링	트럭 운전수의 딸로, 욕심 많고 속물적인 인물

❂ 배경과 인물 설정 의도

- 이 글의 배경인 '창고'는 분업화되고 획일화된 현대 사회의 모습을 상징적으로 보여 준다.
- 인물들을 이름이 아닌 '기임, 자앙, 다링, 운전수, 딸기코, 외눈깔'과 같은 성씨나 별명 등으로 설정한 것은 소통이 단절된 현대 사회의 익명성(어떤 행위를 한 사람이 누구인지 드러나지 않는 특성)을 드러내고 있다.

❂ 제목 '북어 대가리'의 의미

'북어 대가리'는 쓸모 있는 몸뚱이를 잃고 남은, 딱딱하게 굳은 머리 부분이다. '기임'이 떠난 후 '자앙'은 북어 대가리를 보고 동질감을 느끼며 혼란스러워한다. 즉, '북어 대가리'는 자신의 고유한 가치와 실천력을 잃은 채 획일화된 현대 산업 사회에서 가치관의 혼란을 겪는 현대인의 모습을 상징한다.

❶ 편지 ❷ 상자

01 이와 같은 글의 특성으로 적절하지 <u>않은</u> 것은?

① 시간과 공간의 제약이 있다.
② 무대 상연을 목적으로 한다.
③ 해설, 대사, 지시문으로 구성된다.
④ 서술자가 작품 속에서 사건을 서술한다.
⑤ 인물의 행동과 대사를 통해 사건이 전개된다.

■ 희곡의 특성: 연극의 대본으로 등장인물의 행동과 대사를 통해 사건이 진행됨.
♥ 상연: 연극 따위를 무대에서 하여 관객에게 보이는 일.

02 (중요) 이 글을 통해 알 수 있는 내용으로 적절하지 <u>않은</u> 것은?

① '자앙'은 자신의 생각을 일관되게 밀고 나간다.
② '운전수'는 '자앙'이 쓴 편지가 무의미하다고 생각한다.
③ '자앙'은 '운전수'를 창고 밖과 연결되는 통로로 여긴다.
④ '운전수'는 상자의 운반처와 사용처를 모르는 척하고 있다.
⑤ '운전수'와 '자앙'은 상자가 뒤바뀐 문제에 대해 다르게 생각한다.

♥ 일관: 하나의 방법이나 태도로써 처음부터 끝까지 한결같음.

03 이 글의 '자앙'과 '운전수'에 대한 반응으로 적절하지 <u>않은</u> 것은?

① 도현: 개인의 주체성을 상실한 채 단순히 노동력만 제공하고 있는 것 같아.
② 재이: 주어진 임무에만 충실한 것은 기계의 부속품으로 전락하는 것과 같아.
③ 효민: '자앙'이 창고 안에서만 일하는 것은 폐쇄적인 산업 사회의 모습을 드러내고 있어.
④ 예은: 잘못된 것을 바로 잡으려는 '자앙'의 행동은 인간의 고유한 가치를 되찾으려는 의지로 볼 수 있어.
⑤ 도훈: 사람과 사람이 단절된 채 일하는 것은 현대 사회에서 인간이 소외되고 있는 문제와 맞닿아 있어.

♥ 주체성: 인간이 어떤 일을 실천할 때 나타내는 자유롭고 자주적인 성질.
♥ 전락: 나쁜 상태나 타락한 상태에 빠짐.
♥ 폐쇄적: 외부와 통하거나 교류하지 않는 것.
♥ 고유: 본래부터 가지고 있는 특유한 것.
♥ 소외: 인간이 자기의 본질을 상실하여 비인간적 상태에 놓이는 일.

04 (수능형) ⓐ~ⓓ가 의미하는 내용에 대한 설명으로 적절하지 <u>않은</u> 것은?

① '자앙'과 '운전수'는 ⓐ로 인해 갈등하고 있다.
② '운전수'는 ⓐ가 불가능한 일이라고 생각하고 있다.
③ '자앙'은 ⓒ와 ⓓ로 인해 ⓐ가 실현되리라 믿고 있다.
④ ⓒ는 '자앙'이 생각하고 있는 상자 운반의 시스템이다.
⑤ '운전수'는 ⓑ, ⓒ를 통해 상자의 목적지를 알려 주려는 것이다.

05 (서술형) 작가가 ㉠을 통해 드러내고자 하는 현대 사회의 특징을 〈조건〉에 맞추어 서술하시오.

| 조건 |
㉠을 통해 알 수 있는 현대인의 특성이 드러나는 단어를 제시할 것

중간 부분 줄거리 기임은 운전수의 딸 다링을 따라 창고를 떠나려고 하고, 이를 알게 된 자앙은 기임을 껴안으며 가지 말라고 만류한다.

다 **다링**: (놋쇠 국자로 소리 나게 두드리며) 그만하고, 서로 자기 물건들이나 골라 봐요.

기임: (자앙의 포옹을 풀며) 난 내 물건을 잘 모르겠어. 굼벵아, 네가 골라 줘.

자앙: 아냐, 쓸 만한 게 있거든 모두 네가 가져.

기임: ㉠너는 이 창고 속에서 혼자 살 텐데…….

자앙: 내 걱정은 말고 어서 먼저 골라 봐. 그리고 내가 너한테 줄 게 있어. (침대 밑의 상자들 중에서 화려한 색깔의 스웨터를 찾아낸다.) 너의 생일날 주려고 두었던 건데, ㉡헤어지는 날 선물이 됐군.

기임: (자앙에게서 스웨터를 받아 몸에 대본다.) ㉢근사한데!　　▶ 창고를 떠나기로 결심한 ❶☐☐

라 **다링**: (자앙의 침대 밑을 바라보며) 좋은 건 이 속에 다 있잖아요! 이걸 가져가도 돼요? / **기임**: 안 돼, 그건 손 대지마. / **자앙**: 가져가요.

다링: (자앙의 침대 밑에서 상자 하나를 꺼낸다.) 이건 뭐죠?

자앙: 북어 대가리죠. 그건 가져가세요. 꼭 필요할 겁니다.

다링: ㉣북어 대가리……?

기임: 이게 왜 필요한지는 두고 보면 알게 될 거야. (상자를 열어서 북어 대가리를 하나 꺼내 자앙에게 준다.) 난 너한테 이것밖에 줄 게 없군. ㉤내 생각이 날거야. 항상 곁에 두고 보라구.

자앙: (북어 대가리를 받으며) 그래, 언제나 내 곁에 두고 볼게. 〈중략〉
　　▶ ❷☐☐☐☐☐를 남기고 창고를 떠나는 기임

마 자앙, 식탁 앞에 힘없이 주저앉는다. 늙고 허약해진 모습이다. 그는 식탁 위에 놓여 있는 ⓐ북어 대가리를 물끄러미 바라본다.

자앙: 그래, 나도 너처럼 머리만 남았군. 그저 쓸쓸하고…… *허무한 생각으로 가득 찬…… 머리만…… 덜렁…… 남은 거야. (두 손으로 북어 대가리를 집어서 얼굴 가까이 마주 바라보며) 말해 보렴, 네 눈엔 내가 어떻게 보이는지? 그토록 오랜 나날…… 나는 이 어둡고 조그만 창고 속에서…… 행복했었다. 상자들을 옮겨 오고…… 내보내며…… 내가 맡고 있는 일을 성실하게 잘 하고 있다는 뿌듯함…… 그게 내 삶을 *지탱해 왔었는데……. 그러나 만약에…… 세상이 엉뚱하게 잘못되고 있는 것이라면…… 이 창고 속에서의 성실함이…… 무슨 소용 있는 거지? (사이) 북어 대가리야, 왜 말이 없냐? 멀뚱멀뚱 바라만 볼 뿐 왜 대답이 없어? (북어 대가리를 식탁 위에 내려놓는다.) 아냐, 내 의심은 틀린 거야. 덜렁 남은 머릿속의 생각만으로 세상을 잘못됐다구 판단해선 안 돼. (손수레에 실린 상자를 서류와 대조하며 혼자서 쌓기 시작한다.) 제자리에 상자들을 옮겨 놓아라! 정확하게 쌓아! 틀리면 안 돼! 단 하나의 *착오도 없게, 절대로 틀려서는 안 된다!

자앙, 느릿느릿 정성을 다해 상자들을 쌓는다. 무대 조명, 서서히 자앙에게 압축되면서 *암전한다. / —막
　　▶ 북어 대가리를 보며 ❸☐☐을 느끼지만 다시 일을 시작하는 자앙

작품 핵심

✿ **작품에 반영된 사회상**

이 작품은 1993년에 발표된 희곡으로, 현대 사회가 산업화됨에 따라 진정한 삶의 가치를 상실하고 기계의 부속품처럼 전락해 가는 현대인들의 모습을 독특한 소재를 통해 상징적으로 표현하고 있다.

✿ **부조리극**

전통적 연극 구성의 부재, 개성이 상실된 등장인물, 논리적 언어의 해체 등을 통해 현대인의 소외된 정신 상황을 표현하는 극 갈래이다. 대표작으로 이강백의 〈북어 대가리〉, 〈파수꾼〉, 최인훈의 〈둥둥 낙랑〉 등이 있다.

✿ **희곡의 구성 단위와 구성 요소**

· 구성 단위
 - 막(幕): 무대의 막이 올랐다가 다시 내릴 때까지의 단위
 - 장(場): 무대 장면이 변하지 않고 이루어지는 사건의 한 토막

· 구성 요소
 - 해설: 첫머리에서 등장인물, 무대 장치, 배경을 설명하는 글
 - 대사: 등장인물끼리 주고받거나 등장인물이 혼자서 하는 말 (대화, 독백, 방백)
 - 지시문: 무대 장치, 분위기, 효과음, 조명 등을 지시하거나 등장인물의 행동, 표정, 어조 등을 지시하는 글(무대 지시문, 동작 지시문)

어휘 쏙쏙

· **허무**: 무가치하고 무의미하게 느껴져 매우 허전하고 쓸쓸함.
· **지탱**: 오래 버티거나 배겨 냄.
· **착오**: 착각을 하여 잘못함.
· **암전**: 연극에서, 무대를 어둡게 한 상태에서 무대 장치나 장면을 바꾸는 일.

정답 ❶ 스웨터 ❷ 북어 대가리 ❸ 허무함

06 이 글을 통해 알 수 있는 '다링'의 성격으로 가장 적절한 것은?

① 자신감이 없고 우유부단하다.
② 일처리 능력이 빠르고 진취적이다.
③ 욕심이 많고 남을 위하는 배려가 없다.
④ 자신의 고집만 내세우고 융통성이 없다.
⑤ 속마음을 숨기고 위선적이며 가식적이다.

💟 우유부단: 어물어물 망설이
기만 하고 결단성이 없음.
💟 진취적: 적극적으로 나아
가 일을 이룩하는 것.
💟 융통성: 그때그때의 사정
과 형편을 보아 일을 처
리하는 재주.
💟 위선적: 겉으로만 착한
체하는 것.
💟 가식적: 말이나 행동 따
위를 거짓으로 꾸미는 것.

07 연출자가 ㉠~㉢에 대해 연기를 지시할 때, 그 내용으로 적절하지 <u>않은</u> 것은?

① '기임'은 ㉠을 말할 때 상대방을 염려하는 표정을 지어야 합니다.
② '자앙'은 이별을 아쉬워하는 표정으로 ㉡을 말해야 합니다.
③ '기임'은 빈정거리는 말투로 ㉢을 연기해야 합니다.
④ '다링'은 ㉣을 말할 때 북어 대가리를 보면서 어리둥절한 표정을 지어야 합니다.
⑤ '기임'은 혼자 남을 '자앙'을 배려하는 어조로 ㉤을 연기해야 합니다.

💟 빈정거리다: 남을 은근히 비
웃는 태도로 자꾸 놀리다.

⑧ 08 작가가 ⓐ를 통해 드러내고자 하는 현대인의 모습으로 적절하지 <u>않은</u> 것은?

① 세상에 대한 냉철한 성찰이 부족하다.
② 실천력과 방향성을 상실한 채 살아가고 있다.
③ 물질의 가치를 중시하는 배금주의에 빠져 있다.
④ 분업화된 사회에서 기계의 부속품처럼 전락해 가고 있다.
⑤ 자신의 신념에 회의를 느끼며 가치관의 혼란을 겪고 있다.

💟 냉철하다: 생각이나 판단
따위가 감정에 치우치지 않
고 침착하며 사리에 밝다.
💟 배금주의: 돈을 최고의 가
치로 여기고 숭배하여 삶
의 목적을 돈 모으기에 두
는 경향이나 태도.
💟 회의: 의심을 품음. 또는
마음속에 품고 있는 의심.

⑨ 09 〈보기〉를 참고할 때, 이 글에 대한 감상으로 적절하지 <u>않은</u> 것은?

┤ 보기 ├

　이 작품은 한 인간의 정신과 육체를 두 명의 인물로 형상화하였다. 인간의 정신은 육체를 통제하려 한다. 하지만 육체를 상실하게 되면 자신의 존재감을 상실한 채 무기력한 존재로 남게 된다. 작가는 한 인간의 내면으로 상징된 공간에서 이성적 자아를 상징하는 '자앙'과 육체적 자아를 상징하는 '기임'을 통해 개인의 내면 의식의 붕괴를 무대화하여 관객들에게 제시하고 있다.

① '기임'과 '자앙'이 함께 생활했던 것은 이성적인 면과 육체적인 면이 공존하고 있다는 것을 나타낸다.
② '자앙'을 남기고 '기임'이 떠나는 행위는 한 인간이 정신만 남겨 두고 육체를 상실하는 것을 나타낸 것이다.
③ '북어 대가리'라는 소품은 육체를 상실해 불완전한 자아로 남겨진 내면의 문제를 상징한다고 할 수 있다.
④ '기임'이 떠난 후 혼자 남은 '자앙'의 독백은 기존의 삶의 방식을 확신하지 못하는 내면 의식의 붕괴를 보여 준다.
⑤ '다링'이 그만하고 서로 자기 물건을 고르라는 것은 '기임'과 '자앙'의 무기력한 정신을 일깨우려는 시도를 보여 준다.

핵심 정리

갈래	❶◻◻, 현대극, 단막극, 부조리극	성격	상징적, 비판적
배경	[시간적] 현대　　[공간적] 어느 창고 안	제재	두 창고지기의 삶
주제	현대 사회에서 방향성을 상실한 채 기계 부품처럼 살아가는 현대인의 모습		
특징	① 서로 상반된 가치관을 지닌 인물 간의 갈등을 통해 사건을 전개하고 주제를 부각함. ② '창고', '상자', '북어 대가리' 등의 상징적인 배경과 소재를 통해 주제를 우의적으로 표현함.		

└ 다른 사물에 빗대어 비유적인 뜻을 나타내거나 풍자하는 것

◈ 이 글 전체의 구성

발단	전개	절정	하강	대단원
❷◻◻에서 상자 분류하는 일을 하는 자앙은 성실하게 일하고 동료 기임은 그것을 못마땅하게 여김.	운전수의 딸인 다링을 만난 기임은 술에 취해 들어오고 자앙은 잔소리를 하면서도 북엇국을 끓여 줌.	창고지기 생활에 염증이 난 기임은 상자를 일부러 잘못 보내고 자앙은 이를 바로잡으려함.	자앙은 상자 주인에게 편지를 보내려 하나 운전수가 이를 거절하고, 기임은 다링과 창고를 떠나기로 함.	기임이 주고 간 북어 대가리를 보며 자앙은 혼란을 느끼지만 지금까지와 같은 삶을 살고자 함.

◈ 이 글에 드러난 갈등 양상

인물과 인물 간의 외적 갈등	자앙		❸◻◻◻
	편지를 보내 상자가 바뀐 사실을 상자 주인에게 알려야 함.	⬌	편지를 보낼 필요가 없으며, 상자 주인에게 편지가 도착할 수 있는지 알 수 없음.
자앙의 내적 갈등	맡은 일을 성실히 하는 것이 옳다는 믿음으로 ❹◻◻ 안의 삶에 만족함.	⬌	자신의 신념과 태도가 잘못된 것일 수 있다는 회의를 느낌.

◈ 이 글에 반영된 현대 사회의 모습

- 등장인물이 이름 없이 '자앙', '기임', '다링', '운전수' 등으로 설정됨.
- 자앙과 운전수는 자신이 보내는 상자의 목적지나 내용을 모른 채 주어진 일만 함.

→

- 현대 사회의 익명성과 진정한 의사소통의 단절이 드러남.
- 분업화된 산업 사회에서 기계 부속품처럼 살아가는 모습을 통해 인간 소외의 현실이 드러남.

◈ '북어 대가리'의 상징적 의미

북어 대가리	몸뚱이를 상실함.	실천력과 방향성을 상실함.	→	❺◻◻◻을 잃고 ❻◻◻◻의 혼란을 겪는 현대인의 모습을 상징함
	머리만 남음.	쓸쓸하고 허무한 생각으로만 가득 참.		

어휘력 다지기

01 ~ 04 다음 뜻풀이에 해당하는 어휘를 쓰시오.

01 연극 따위를 무대에서 하여 관객에게 보이는 일.　　　　　　　　　ㅅ　ㅇ

02 연극에서, 무대를 어둡게 한 상태에서 무대 장치나 장면을 바꾸는 일.　　ㅇ　ㅈ

03 착각을 하여 잘못함. 또는 그런 잘못.　　　　　　　　　　　　　　　ㅊ　ㅇ

04 무가치하고 무의미하게 느껴져 매우 허전하고 쓸쓸함.　　　　　　　　ㅎ　ㅁ

05 ~ 08 빈칸에 들어갈 알맞은 어휘를 〈보기〉에서 찾아 쓰시오.

┤ 보기 ├
고유　　　냉철　　　일관　　　회의

05 한복은 우리 민족 (　　　　)의 옷이다.

06 적성에 안 맞는 공부를 해야 하는지 (　　　　)이/가 들었다.

07 발전을 위해서는 잘못에 대한 (　　　　)한 반성이 필요하다.

08 점원은 손님의 무례에도 (　　　　)되게 침착한 태도를 보였다.

09 ~ 11 다음의 문맥에 어울리는 어휘에 ○표 하시오.

09 우리 반 회장은 늘 원리 원칙을 고수하여 (융통성 / 주체성) 없다는 이야기를 듣는다.

10 그는 (빈정거리는 / 우유부단한) 태도로 눈치를 보며 좀처럼 메뉴를 고르지 못했다.

11 1등을 한 친구에게 마음에도 없는 (가식적 / 진취적)인 말로 축하를 건넸다.

12 ~ 14 〈보기〉의 글자들을 조합하여 다음 뜻풀이에 알맞은 단어를 쓰시오.

┤ 보기 ├
전　적　위　외　선　소　락

12 겉으로만 착한 체하는 것.　　　　　　　　　　　　　　　　　　(　　　　)

13 나쁜 상태나 타락한 상태에 빠짐.　　　　　　　　　　　　　　　(　　　　)

14 인간이 자기의 본질을 상실하여 비인간적 상태에 놓이는 일.　　　(　　　　)

01 이옥설(理屋說)_이규보 | 떨어져도 튀는 공처럼_정현종

가 행랑채가 *퇴락하여 지탱할 수 없게끔 된 것이 세 칸이었다. 나는 *마지못하여 이를
모두 수리하였다. 그런데 그 두 칸은 앞서 장마에 비가 샌 지가 오래 되었으나, 나는 그
것을 알면서도 망설이다가 손을 대지 못했던 것이고, 나머지 한 칸은 비를 한 번 맞고 샜
던 것이라 서둘러 기와를 갈았던 것이다. 이번에 수리하려고 본즉 ㉮비가 샌 지 오래된
것은 그 *서까래, 추녀, 기둥, 들보가 모두 썩어서 못 쓰게 되었던 까닭으로 수리비가
엄청나게 들었고, 한 번밖에 비를 맞지 않았던 한 칸의 재목들은 완전하게 하여 다시 쓸
수 있었던 까닭으로 그 비용이 많지 않았다.

> 대문간 곁에 있는 집채   오래 버티거나 배겨 냄
> 목조의 건축물·기구 따위를 만드는 데 쓰는 나무
> ▶ 퇴락한 ❶ ⬚⬚⬚ 의 수리 경험

나는 이에 느낀 것이 있었다. 사람의 몸에 있어서도 마찬가지라는 사실을. 잘못을
알고서도 바로 고치지 않으면 곧 그 자신이 나쁘게 되는 것이 마치 나무가 썩어서 못
쓰게 되는 것과 같으며, 잘못을 알고 고치기를 꺼리지 않으면 해(害)를 받지 않고 다
시 착한 사람이 될 수 있으니, 저 집의 재목처럼 말끔하게 다시 쓸 수 있는 것이다.

> ▶ 사람의 ❷ ⬚ 도 퇴락한 행랑채 수리와 같다는 깨달음

뿐만 아니라 나라의 정치도 이와 같다. 백성을 *좀먹는 무리들을 내버려두었다가
는 백성들이 도탄에 빠지고 나라가 위태롭게 된다. 그런 연후에 급히 바로잡으려 하
면 이미 썩어 버린 재목처럼 때는 늦은 것이다. 어찌 삼가지 않겠는가.

> 몹시 곤궁하여 고통스러운 지경   그런 뒤
> ▶ 나라의 ❸ ⬚⬚ 도 그와 같다는 깨달음

나 그래 살아 봐야지
　　너도나도 공이 되어
　　떨어져도 튀는 공이 되어

> ▶ 떨어져도 ❹ ⬚⬚ 공처럼 살고자 하는 의지

　　살아 봐야지
　　쓰러지는 법이 없는 둥근
　　공처럼, 탄력의 나라의
　　왕자처럼

> ▶ ❺ ⬚⬚⬚ 않는 공처럼 살고자 하는 의지

　　가볍게 떠올라야지
　　곧 움직일 준비되어 있는 꼴
　　둥근 공이 되어

> ▶ 늘 ❻ ⬚⬚⬚ 준비가 된 공처럼 살고자 하는 의지

　　옳지 최선의 꼴
　　지금의 네 모습처럼
　　㉠떨어져도 튀어 오르는 공
　　쓰러지는 법이 없는 공이 되어

> ▶ 시련에 굴하지 않는 삶을 살고자 하는 ❼ ⬚⬚

작품 핵심

가 이옥설

❂ 글쓴이의 경험과 깨달음

경험 퇴락한 행랑채를 수리하려고 보니, 비가 샌 지 오래된 칸은 모두 썩어서 못 쓰게 된 반면 한 번밖에 비를 맞지 않았던 칸은 재목을 다시 쓸 수 있었음.

↓

깨달음 사람의 몸과 나라의 정치도 잘못을 알았을 때 빨리 고치는 자세가 필요함.

나 떨어져도 튀는 공처럼

❂ 화자의 정서와 태도

공과 같이 시련에 굴하지 않는 삶을
살고자 하는 의지를 보임.

❂ 시어의 의미와 역할

① 공: 화자가 생각하는 가장 이상적
　인 존재, 시련에 굴하지 않음.
② 탄력의 나라의 왕자: 공의 생명력
　과 삶의 의지 비유

❂ 작품에 사용된 표현 방법

① 비유와 상징
· "떨어져도 튀는 공", "둥근 공": 굴
　하지 않고 변화하며 움직이는 공의
　속성을 통해 삶의 자세를 제시함.
② 반복법
· "살아 봐야지", "공이 되어": 시구
　를 반복하여 의미를 강조함.
③ 도치법
· "그래 살아 봐야지 ~ 떨어져도 튀
　는 공이 되어": 서술어를 먼저 제시
　하는 도치를 통해 의지를 강조함.

어휘 쏙쏙

· **퇴락**: 낡아서 무너지고 떨어짐.
· **마지못하다**: 마음이 내키지는 아니
　하지만 사정에 따라서 그렇게 하지
　아니할 수 없다.
· **서까래**: 목조 건축물에서 지붕을
　이루는 가로대를 가리킴.
· **추녀**: 네모지고 끝이 번쩍 들린, 처
　마의 네 귀에 있는 큰 서까래. 또는
　그 부분의 처마.
· **들보**: 칸과 칸 사이의 두 기둥을 건
　너지르는 나무.
· **좀먹다**: 어떤 사물에 드러나지 않게
　조금씩 조금씩 자꾸 해를 입히다.

> ❶ 행랑채 ❷ 몸 ❸ 정치 ❹ 튀는
> ❺ 쓰러지지 ❻ 움직일 ❼ 의지

01

(가)와 (나)의 공통점으로 가장 적절한 것은?

① 바람직한 삶의 자세에 대한 지향이 드러나고 있다.
② 부정적인 현실을 극복하려는 의지를 드러내고 있다.
③ 경험에서 얻은 교훈을 바탕으로 현실을 비판하고 있다.
④ 이상과 현실 사이에서 갈등하며 해결 방안을 모색하고 있다.
⑤ 대상과의 대비를 통해 자신의 삶에 대한 반성을 드러내고 있다.

♥ 모색: 일이나 사건 따위를 해결할 수 있는 방법이나 실마리를 더듬어 찾음.

수능형

02

(가)를 〈보기〉와 같이 정리할 때 이에 대한 설명으로 적절하지 않은 것은?

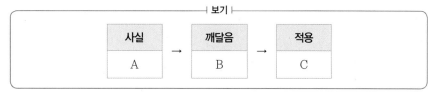

사실		깨달음		적용
A	→	B	→	C

① A에는 행랑채를 수리한 경험이 구체적으로 드러난다.
② B, C는 A의 사실적 상황을 바탕으로 유추한 내용이다.
③ B는 A와 사람과의 유사한 속성을 바탕으로 추론하고 있다.
④ B의 깨달음은 C에서 나라의 정치라는 영역으로 확장되고 있다.
⑤ A에서 원인을 제시하고, B, C에서 원인에 대한 결과를 서술하고 있다.

♥ 유추: '유비 추리'의 준말. 두 개의 사물이 여러 면에서 비슷하다는 것을 근거로 다른 속성도 유사할 것이라고 추론하는 일. 서로 비슷한 점을 비교하여 하나의 사물에서 다른 사물로 추리한다.

03

(가)에서 대응되는 내용을 다음과 같이 정리할 때, ⓐ, ⓑ에 들어갈 내용을 각각 찾아 쓰시오.

행랑채에 비가 샌 지 오래되었으나 손대지 않음.	—	(ⓐ)을 알고서도 바로 고치지 않음.	—	백성을 (ⓑ)을 그냥 놔둠.

04

㉮에 대한 반응으로 가장 적절한 것은?

① 호미로 막을 걸 가래로 막았군.
② 낫 놓고 기역자도 모르는 격이군.
③ 까마귀 날자 배 떨어진 상황이군.
④ 개구리 올챙이 적 생각 못하는군.
⑤ 우물에 가서 숭늉을 찾는 경우이군.

♥ 호미: 김을 매거나 감자나 고구마 따위를 캘 때 쓰는 쇠로 만든 농기구. 끝은 뾰족하고 위는 대개 넓적한 삼각형으로 되어 있는데 목을 가늘게 휘어 구부린 뒤 둥근 나무 자루에 박는다.
♥ 가래: 흙을 파헤치거나 떠서 던지는 기구.

서술형

05

(나)의 화자가 닮고자 하는 삶의 모습을 〈조건〉에 맞추어 서술하시오.

─┤ 조건 ├─
• 화자가 닮으려는 대상을 2어절로 밝힐 것
• ㉠에 나타난 공의 속성을 10자 내외로 제시할 것
• '화자는 ~와/과 같이 ~ 한다.'의 형태로 쓸 것

(나)에 대한 감상으로 적절하지 <u>않은</u> 것은?

① 1~3연에서 정상적인 어순을 바꾸어 나타내는 방법으로 의미를 강조하고 있어.

② '−지'라는 어미를 반복함으로써 운율을 형성하고 화자의 의지를 나타내고 있어.

③ '떠올라야지', '튀어 오르는'은 공의 속성을 상승 이미지를 통해 형상화한 구절이야.

④ '탄력의 나라의 왕자'와 '최선의 꼴'은 '둥근 공'의 외양을 비유를 통해 구체화하고 있어.

⑤ 떨어져도 튀고, 쓰러지는 법이 없으며, 곧 움직일 준비가 되어 있는 공의 속성을 긍정적으로 보고 있어.

> ▣ 도치법: 정상적인 언어 배열 순서를 바꾸어 놓음으로써 강한 인상을 주려는 표현 기법. '보고 싶어요, 붉은 산이, 그리고 흰옷이.'와 같이 나타냄.

작품 한눈에 보기

핵심 정리

가 이옥설

갈래	고전 수필, 한문 수필, 설
성격	예시적, 경험적, 교훈적, 유추적
주제	잘못을 알고 바로 고쳐 나가는 자세의 중요성
특징	① ❶[　　]의 방식을 사용하여 내용을 전개함. ② 구체적 경험을 통해 깨달은 바를 인간사와 정치로 확대 적용하여 이치를 밝힘.

나 떨어져도 튀는 공처럼

갈래	자유시, 서정시
성격	비유적, 상징적
주제	시련에 굴하지 않는 삶을 살고자 하는 의지
특징	① 사물의 속성을 통해 화자가 추구하는 삶의 자세를 드러냄. ② ❷[　　]과 도치를 통해 화자의 의지를 강조함.

◈ (가)의 구성

사실	+	의견	
퇴락한 행랑채의 수리 경험	➡	인생사의 이치에 대한 깨달음	➡	나라의 정치에 대한 깨달음

◈ 유추의 내용 전개 방식

'나'의 경험	퇴락한 행랑채 수리: 잘못된 것을 알고도 제때 고치지 않아 더 큰 문제가 생긴 경험

⬇ 유추

❸[　　　]	사람의 몸에 있어서도 마찬가지임: 문제가 생겼을 때 제때 고쳐야 더 큰 피해를 예방할 수 있음.

⬇ 유추의 확대 적용

깨달음의 확장(적용)	나라의 정치도 이와 같음: 문제가 생겼을 때 제때 바로잡아야 ❹[　　]가 위태롭지 않음.

◈ (나)의 구성

1연	떨어져도 튀는 공처럼 살고자 하는 의지

⬇

2연	쓰러지지 않는 공처럼 살고자 하는 의지

⬇

3연	늘 움직일 준비가 된 공처럼 살고자 하는 의지

⬇

4연	❺[　　]에 굴하지 않는 삶을 살고자 하는 의지

◈ '공'의 속성과 화자의 삶의 자세

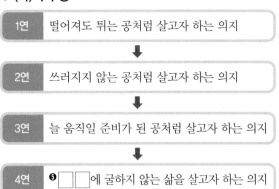

공		화자
• 떨어져도 튀어 오름. • 쓰러지는 법이 없음. • 움직일 준비가 되어 있음.	← '최선의 꼴'	둥근 공처럼 힘들어도 굴하지 않고 긍정적으로 살아가려는 ❻[　　　]인 자세

어휘력 다지기

01 ~ 04 **다음 어휘와 그 뜻풀이를 바르게 연결하시오.**

01 들보 •

02 재목 •

03 추녀 •

04 행랑채 •

• ㉠ 대문간 곁에 있는 집채.

• ㉡ 칸과 칸 사이의 두 기둥을 건너지르는 나무.

• ㉢ 목조의 건축물·기구 따위를 만드는 데 쓰는 나무.

• ㉣ 네모지고 끝이 번쩍 들린, 처마의 네 귀에 있는 큰 서까래. 또는 그 부분의 처마.

05 ~ 08 **빈칸에 들어갈 알맞은 어휘를 〈보기〉에서 찾아 쓰시오.**

┤ 보기 ├

도탄　　모색　　지탱　　퇴락

05 뼈는 우리의 살 속에서 몸을 (　　　)해 주는 역할을 한다.

06 학교 급식의 음식물 쓰레기를 줄이는 방안을 (　　　)해 보자.

07 흉년이 든 상황에서 세금을 심하게 물려 백성들이 (　　　)에 빠졌다.

08 고향 집은 오래도록 버려졌던 터라 지붕은 (　　　)하고 담은 무너져 있었다.

09 ~ 11 **다음의 문맥에 어울리는 어휘에 ○표 하시오.**

09 충분히 심사숙고한 (연고 / 연후)에 물음에 답하시오.

10 음주와 흡연은 건강을 (꺼리는 / 좀먹는) 습관이다.

11 아무도 조장을 하려 하지 않아 (마지못해 / 삼가) 내가 나섰다.

12 ~ 14 **다음 뜻풀이에 해당하는 관용적 표현을 〈보기〉에서 찾아 그 기호를 쓰시오.**

┤ 보기 ├

㉠ 우물에 가 숭늉 찾는다

㉡ 까마귀 날자 배 떨어진다

㉢ 호미로 막을 것을 가래로 막는다

12 모든 일에는 질서와 차례가 있는 법인데 일의 순서도 모르고 성급하게 덤빔.　　(　　　)

13 아무 관계없이 한 일이 공교롭게도 때가 같아 어떤 관계가 있는 것처럼 의심을 받게 됨.

(　　　)

14 커지기 전에 처리하였으면 쉽게 해결되었을 일을 방치하여 두었다가 나중에 큰 힘을 들이게 된 경우.　　(　　　)

memo

대표 **문학 작품** 감상 & **문제 해결** 훈련

꿈틀 중학 문학 (전 3권)

필수 개념 학습		대표 작품 학습		문제 풀며 훈련
문학 갈래별 주요 개념 익히기	→	교과서 수록 빈도 높은 문학 작품 감상하기	→	시험에 출제되는 문제 유형 적응하기

중학교 국어 **실력 향상**의 지름길

꿈틀 중학 국어 (전 3권)

이런 학생들에게 추천합니다!

❶ 중학생이 알아야 할 국어의 필수 개념을 총정리하고 싶어요.

❷ 대표적인 문학 작품과 여러 종류의 글을 읽으며 독해력을 다지고 싶어요.

❸ 다양한 문제를 풀어 보며 문제 유형을 익히고 학교 시험에 대비하고 싶어요.

꿈틀 중학 문학

3학년 공통

III

정답과 해설

정답과 해설

빠른 정답

※ 어휘력 다지기의 답은 정답과 해설에 수록되어 있습니다.

I 운문 문학

 개념 개념 확인 문제 p. 8~13

1 운율, 압축 2 정형시 3 ⑤ 4 ◯ 5 (1) ⓒ (2) ⓛ (3) ㄱ
6 가락 7 내재율 8 ⑤ 9 ✕ 10 시각적 심상, 청각적 심상, 후각적 심상 11 직유 12 상징 13 ◯ 14 ② 15 (1) ⓒ, ⓔ (2) ㄱ, ⓛ 16 ② 17 ✕ 18 ④ 19 ① 20 ◯ 21 ③ 22 한시 23 선경 후정 24 (1) ⓛ (2) ㄱ (3) ⓒ 25 ③ 26 ⑤

고전 시가

01 제망매가 p. 14~16

01 ⑤ 02 ① 03 낙구의 첫머리에 제시된 감탄사로, 화자의 정서를 집약하며 시상을 전환하고 있다. 04 ③ 05 미타찰 06 ③

작품 한눈에 보기 ❶ 사별 ❷ 죽음 ❸ 미타찰 ❹ 죽음 ❺ 이른 ❻ 하강

02 청산별곡 p. 18~20

01 ⑤ 02 ③ 03 청산, 바다 04 ① 05 ㉮는 후렴구로 울림소리를 사용하여 밝고 경쾌한 느낌을 주고, 각 연의 끝에 반복되어 연을 구분하고 운율을 형성하며 형태적 안정감과 통일성을 준다. 06 ⑤

작품 한눈에 보기 ❶ 도피 ❷ 3 ❸ 울림소리 ❹ 고독 ❺ 운명

03 까마귀 눈비 맞아 | 까마귀 싸우는 골에 | 눈 맞아 휘어진 대를 p. 22~24

01 ① 02 ⑤ 03 ③ 04 일편단심 05 (나)의 '까마귀'는 부정적인 의미이지만 〈보기〉의 '까마귀'는 긍정적인 의미로 사용되었고, (나)의 '백로'는 긍정적인 의미이지만 〈보기〉의 '백로'는 부정적인 의미로 사용되었다. 06 ④

작품 한눈에 보기 ❶ 대비 ❷ 절개 ❸ 임 ❹ 눈

04 매암이 맵다 울고 | 말 없는 청산이요 | 강산 좋은 경을 p. 26~28

01 ② 02 ③ 03 산채, 박주 04 ③ 05 현실의 약육강식의 세태를 부정적(비판적)으로 인식하고, 자연 속에서의 삶에 만족감을 드러내고 있다. 06 ⑤

작품 한눈에 보기 ❶ 대구법 ❷ 가정법 ❸ 초야 ❹ 자연

05 만흥 p. 30~32

01 ③ 02 ② 03 자연은 속세와 대비되는 공간으로 화자에게 만족감을 주는 친화적 공간이다. 04 ④ 05 보리밥 풋나물 06 ③

작품 한눈에 보기 ❶ 대비 ❷ 친화적 ❸ 감사 ❹ 세속적 ❺ 안분지족

06 도산십이곡 p. 34~36

01 ③ 02 ② 03 ⑤ 04 (나)의 '연하'와 '풍월'은 화자가 즐기는 향유(풍류)의 대상인 반면 (마)의 '청산'과 '유수'는 화자에게 깨달음을 주는 교훈의 대상이다. 05 ③ 06 천석고황

작품 한눈에 보기 ❶ 자연물 ❷ 사랑 ❸ 자연 ❹ 학문 ❺ 교훈

07 상춘곡 p. 38~40

01 ⑤ 02 ④ 03 ③ 04 ③ 05 새 06 헛된 생각을 하지 않고 청풍명월 속에서 단표누항하는 삶에 만족감과 자부심을 느끼고 있다.

작품 한눈에 보기 ❶ 공간 ❷ 봄 ❸ 봉두 ❹ 홍진 ❺ 풍류

08 속미인곡 p. 42~44

01 ① 02 ④ 03 ① 04 ③ 05 닭 울음소리 06 '낙월'은 멀리서 임을 잠깐만 비추고, '궂은비'는 오래도록 내리면서 임의 옷을 적실 수 있으므로 '낙월'은 소극적인 사랑을, '궂은비'는 적극적인 사랑을 의미한다.

작품 한눈에 보기 ❶ 대화 ❷ 백옥경 ❸ 중심 ❹ 만남

09 창 내고자 창을 내고자 | 잠노래 p. 46~48

01 ④ 02 ④ 03 창 04 ② 05 화자는 '섬섬옥수'를 가진 여성으로 저녁 식사 후에 바느질을 하려고 하나 졸음이 몰려와서 힘들어하고 있다. 06 ①

작품 한눈에 보기 ❶ 의인화 ❷ 도구 ❸ 가슴 ❹ 원망

현대시

01 절정 | 교목 p. 50~52

01 ③ 02 ⑤ 03 바람, 일제의 탄압 04 ⑤ 05 화자는 일제 강점하에서 개인적인 영화를 누리지 않고 죽음을 무릅쓰고 일제에 저항(조국 광복을 위해 투쟁)하고자 한다. 06 ④

04 최척전
p. 110~116

01 ④　02 ⑤　03 ④　04 옥영에게 훗날 최척과 재회하는 기쁜 일이 있을 것을 암시한다　05 ⑤　06 우연성　07 ②　08 ②　09 ②　10 ⑤　11 ②　12 ②

작품 한눈에 보기　❶ 전쟁　❷ 사실성　❸ 재회

05 호질
p. 118~124

01 ④　02 ⑤　03 ④　04 ②　05 ⑤　06 ⑤　07 어허, 유자여! 더럽다.　08 ⑤　09 북곽 선생과 동리자가 밀회를 하는 모습을 통해 두 인물의 부도덕성을 보여 줌으로써 인물의 위선과 이중적인 면을 비판하고 있다.　10 ⑤　11 ④　12 ⑤　13 농부

작품 한눈에 보기　❶ 우화　❷ 범　❸ 농부　❹ 작가　❺ 풍자　❻ 행동

06 채봉감별곡
p. 126~132

01 ①　02 ④　03 ⑤　04 ⑤　05 채봉을 첩으로 보내려는 이유는 김 진사가 과천 현감(벼슬)을 할 수 있고, 채봉이가 호강을 할 수 있으며, 이 부인이 정경부인이 될 수도 있기 때문이다.　06 ②　07 ⑤　08 ③　09 재상의 별실(허 판서의 첩)이 되기보다는 필성의 아내가 되고 싶다.　10 ⑤　11 ①　12 눈물이라, 눈물이라　13 ②　14 채봉과 필성이 다시 만나는 계기가 된다.

작품 한눈에 보기　❶ 애정　❷ 혼인　❸ 돈　❹ 거역　❺ 주체적

01 고향
p. 134~140

01 ④　02 ⑤　03 ④　04 나는 그의 고단해 보이는 외모(신산스러운 표정) 때문에 처음에 느낀 거부감(반감)이 동정심으로 변하였다.　05 ④　06 술　07 ①　08 ①　09 ②　10 ⑤　11 ④　12 ③　13 ③　14 ⑤

작품 한눈에 보기　❶ 액자　❷ 기차　❸ 유랑　❹ 동질감　❺ 조선

02 태평천하
p. 142~148

01 ③　02 ②　03 겉으로는 치켜세우는 듯하지만 실제로는 비꼬며 조롱하고 있다.　04 ⑤　05 ④　06 ①　07 ⑤　08 ④　09 반어　10 ③　11 ②　12 ④　13 일제 강점기를 태평천하라고 하는 윤 직원 영감의 왜곡된 현실 인식을 통해 이기적이고 반민족적인(친일적인) 행태를 풍자, 비판하고 있다.

작품 한눈에 보기　❶ 풍자　❷ 경어체　❸ 풍자　❹ 화적패　❺ 일제 강점기　❻ 반어적

03 아홉 켤레의 구두로 남은 사내
p. 150~156

01 ③　02 ②　03 ⑤　04 ③　05 사타귀에서 방울 소리가 나도록　06 ⑤　07 ④　08 ③　09 부탁을 거절당해 상처 입은 자존심을 회복하기 위해서이다.　10 ③　11 표면적 갈등은 개인(나)과 개인(권 씨) 간의 갈등이며, 근본적 갈등은 개인과 사회와의 갈등이다.　12 ①　13 ④

작품 한눈에 보기　❶ 관찰자　❷ 강도　❸ 자존심　❹ 사회　❺ 부재

수필·극

01 꼴찌에게 보내는 갈채
p. 158~164

01 ⑤　02 ①　03 ⑤　04 환호하고픈 갈망　05 ④　06 ③　07 ②　08 비참한 꼴찌의 얼굴　09 ①　10 ①　11 ④　12 정직하게 최선을 다하는 마라톤 후속 주자들의 모습을 통해 고통과 고독을 이긴 의지력 있는 자세의 가치를 전하고자 했다.

작품 한눈에 보기　❶ 꼴찌　❷ 환호　❸ 감동　❹ 정직　❺ 의지력　❻ 환호

02 북어 대가리
p. 166~170

01 ④　02 ④　03 ④　04 ⑤　05 현대인은 익명성을 지니고 살아가며 현대 사회에서는 진정한 소통이 단절되어 있다.　06 ③　07 ③　08 ③　09 ⑤

작품 한눈에 보기　❶ 희곡　❷ 창고　❸ 운전수　❹ 창고　❺ 방향성　❻ 가치관

갈래 복합

01 이옥설 | 떨어져도 튀는 공처럼
p. 172~174

01 ①　02 ⑤　03 ⓐ 잘못, ⓑ 좀먹는 무리들　04 ①　05 화자는 둥근 공과 같이 시련(좌절)에 굴하지 않는 모습으로 살고자 한다.　06 ④

작품 한눈에 보기　❶ 유추　❷ 반복　❸ 깨달음　❹ 나라　❺ 시련　❻ 의지적

I 운문 문학

1 운율, 압축   2 정형시   3 ⑤   4 ○   5 (1) ㉢ (2) ㉡ (3) ㉠
6 가락   7 내재율   8 ⑤   9 X   10 시각적 심상, 청각적 심상,
후각적 심상   11 직유   12 상징   13 ○   14 ②   15 (1) ㉢, ㉣
(2) ㉠, ㉡   16 ②   17 X   18 ④   19 ①   20 ○   21 ③   22
한시   23 선경 후정   24 (1) ㉡ (2) ㉠ (3) ㉢   25 ③   26 ⑤

3 시적 화자는 시인이 설정한 말하는 이로 시인과 일치
하지 않기도 하지만 일치하는 경우도 있다.

8 소리를 흉내 낸 말인 의성어를 사용한 부분은 찾을 수
없다.
　✖오답 풀이 ①, ④ 그립다∨말을 할까(7자)∨하니 그리
워(5자) ② 울림소리 반복 ③ '까마귀', '강물', '따라오
라고 따라가자고'

9 '울음'이라는 청각을 '금빛'이라는 시각으로 나타낸 공
감각적 표현이다.

10 '전나무 우거진 마을'에서 시각적 심상이, '누룩을 디디
는 소리'에서 청각적 심상이, '누룩이 뜨는 내음새'에서
후각적 심상이 나타난다.

14 과장법이 쓰인 부분은 찾을 수 없다.
　✖오답 풀이 ① '솔'을 '너'라고 하며 인격을 부여했다. ③
초장에 대구법이 쓰였다. ④ '꽃', '잎'과 '솔'을 대조했
다. ⑤ '~ 모르느냐'에 설의법이 쓰였다.

16 고대 가요는 4구체의 한역시나 한글 노래 형태로 전해
지나 후렴은 나타나지 않는다.

17 향가는 신라 때 생겨나 고려 때까지 불렸다.

18 〈정읍사〉는 고대 가요이다.

19 향가는 국문학 역사상 최초의 정형화된 서정시이지만,
최초로 나타난 서정 시가는 아니다. 고대 가요에도 서
정 시가가 나타났다.

21 고려 가요는 평민층에서 널리 향유된 노래로 이 작품에
고려 시대 귀족층의 가치관이 드러난다고 볼 수는 없
다. '위 증즐가 대평성대'는 별 뜻이 없는 후렴구이다.

25 시조는 기본적으로 4음보가 나타난다.

26 이 작품에 후렴구는 나타나 있지 않다.

고전 시가

01 제망매가
p. 14~16

작품 한눈에 보기   ❶ 사별   ❷ 죽음   ❸ 미타찰   ❹ 죽음   ❺ 이른
❻ 하강

01 혈육의 죽음이라는 상황을 자연 현상에 빗대어 상징
적으로 표현하고 있을 뿐 자연 현상과 인간의 삶을 대비하
고 있지는 않다.
　✖오답 풀이 ① 누이의 죽음이라는 부정적 상황을 종교적으로
극복하려는 태도가 드러난다. ④ 가을의 소멸과 죽음의 이
미지를 활용하고 있다.

02 [A]에서 화자는 누이의 갑작스러운 죽음에 슬퍼하며
안타까움을 드러내고 있으나, 죽음으로 인한 이별의 상황
을 인정하지 않고 있는 것은 아니다.

03 '아아'는 낙구인 9, 10구의 첫머리에 제시된 감탄사이
다. 이 시에서 '아아'는 이전까지 고뇌와 슬픔을 느끼던 화
자의 정서를 집약하면서 그 고뇌와 슬픔이 종교적으로 승
화되는 시상의 전환을 나타내고 있다.

04 ㉢의 '나'는 죽은 누이로, '나는 간다는 말도 / 못다 이
르고 어찌 갑니까'라고 한 것으로 보아 ㉢이 화자에게 남긴
말이라고 볼 수는 없다.

05 화자는 죽은 누이와 '미타찰'에서 재회할 것을 기대하
며 슬픔을 종교적으로 승화하려 하고 있다.

06 ⓑ는 '나무'를 쓰러지게 하므로 긍정적인 자연 현상이
라고 볼 수 없다.
　✖오답 풀이 ② ⓐ는 '잎'을 떨어지게 하는 것으로 누이의 죽
음과 연결된다. ④, ⑤ ⓐ는 '잎'을 떨어지게 하는 것으로,
누이의 죽음을 가져온 상황을 상징적으로 표현한 것이다.
ⓑ는 '나무'를 쓰러지게 하는 원인인데 〈보기〉에서 '나무'는
임을 그리워하다 병이 든 화자를 비유하고 있으므로 ⓑ는
화자에게 시련을 주는 상황을 나타낸 것으로 볼 수 있다.

01 도   02 애상   03 무상감   04 상징   05 심화
06 대비   07 하강   08 집약   09 승화   10 전환
11 ㉢   12 ㉠   13 ㉡   14 ㉣

02 청산별곡

p.18~20

01 ⑤   02 ③   03 청산, 바다   04 ①   05 ㉮는 후렴구로 울림소리를 사용하여 밝고 경쾌한 느낌을 주고, 각 연의 끝에 반복되어 연을 구분하고 운율을 형성하며 형태적 안정감과 통일성을 준다.   06 ⑤

작품 한눈에 보기   ❶ 도피 ❷ 3 ❸ 울림소리 ❹ 고독 ❺ 운명

01 후렴구는 울림소리를 사용하여 밝고 경쾌한 느낌을 주고 있다. 그러나 이 작품에서 화자는 고독과 비애의 정서를 드러내고 있으므로 후렴구의 느낌과 화자의 정서가 일치하지 않는다.

✘ **오답 풀이** ② 2연에서 '새'에 화자의 감정을 이입하고 있다. ③ '우러라 새여', '울고 있노라' 등에서 영탄적 어조가 나타난다. ④ '살어리∨살어리∨랏다'와 같이 3·3·2조, 3음보의 율격을 보인다.

02 화자는 5연에서 피할 수 없는 운명에 체념하는 한편 8연에서도 '내 어찌 하리오'라며 체념적 태도를 드러내고 있다. 그러나 이러한 체념적 정서를 극복하려는 적극성을 보이고 있지는 않다.

03 1연의 '청산'과 6연의 '바다'는 화자가 지향하는 이상향이자 현실 도피의 공간이다.

04 '새'는 화자의 슬픈 정서가 이입되어 동일시되고 있는 존재이므로 기쁨의 정서를 불러일으킨다고 볼 수 없다.

05 이 작품의 후렴구는 특정한 의미 없이 악률에 맞추기 위해 반복적으로 사용한 구절이다. ㉮는 'ㄹ, ㅇ'의 울림소리를 사용하여 명랑하고 낙천적인 느낌을 주며 모든 연에 반복적으로 사용되어 운율을 형성하면서 형태적 안정감, 통일감을 주고 있다.

06 장면 5는 5연과 관련된 내용으로 화자는 어디서 날아온 것인지, 누구를 맞히려고 한 것인지 모르는 돌에 맞아 슬퍼하고 있는데, 장면 5는 누군가 던진 돌이 날아가는 새를 맞힌 것으로 구상하였으므로 적절하지 않다.

어휘력 다지기   p.21

01 ㉣	02 ㉢	03 ㉡	04 ㉠	05 도피
06 동경	07 시름	08 절박	09 맞히는	10 켜는
11 빚는	12 ㉢	13 ㉡	14 ㉠	

03 까마귀 눈비 맞아 | 까마귀 싸우는 골에 | 눈 맞아 휘어진 대를

p.22~24

01 ①   02 ⑤   03 ③   04 일편단심   05 (나)의 '까마귀'는 부정적인 의미이지만 〈보기〉의 '까마귀'는 긍정적인 의미로 사용되었고, (나)의 '백로'는 긍정적인 의미이지만 〈보기〉의 '백로'는 부정적인 의미로 사용되었다.   06 ④

작품 한눈에 보기   ❶ 대비 ❷ 절개 ❸ 임 ❹ 눈

01 (가)와 (다)는 자연물을 활용하여 화자의 충성심을 드러내고 있고, (나)에서는 자연물을 활용하여 화자의 염려하는 마음을 표현하고 있다.

02 (가)는 '어두우랴', '고칠 줄이 있으랴'에서, (다)는 '눈 속에 푸를쏘냐'에서 의문문 형식으로 독자의 판단을 유도하는 설의법을 사용하고 있다.

✘ **오답 풀이** ①, ② (가)는 '까마귀 ↔ 야광명월', (나)는 '까마귀 ↔ 백로', (다)는 '눈 ↔ 대'와 같이 각각 상징적 의미를 지닌 대조적인 소재가 사용되었다. ③ (가)와 (나)는 모두 검은색과 흰색의 색채 대비가 나타나 있다. ④ (나)는 '새오나니'(질투하나니)에서, (다)는 '너'(대나무)에서 의인법이 사용되었다.

03 ㉢은 백로의 지조와 절개를 의미한다.

04 (가)는 고려 왕조에 대한 변함없는 충성심과 절개를 노래한 시조이다. 이러한 화자의 정서는 종장의 '일편단심'에 집약되어 직설적으로 드러나 있다.

05 (나)의 '까마귀'는 간신배를 뜻하는 부정적 의미로 사용되었고, '백로'는 충신을 뜻하는 긍정적 의미로 사용되었다. 하지만 〈보기〉의 '까마귀'는 표리부동하지 않은 긍정적 인물, '백로'는 표리부동한 부정적 인물을 의미하므로 〈보기〉는 '까마귀', '백로'에 대한 관점이 (나)와 반대라고 볼 수 있다.

06 (다)의 '눈 속에 푸를쏘냐'는 〈보기〉와 관련지어 이해하면 새로운 왕조를 세우려는 이성계 일당의 핍박 속에서도 절개를 굽히지 않은 작가의 태도를 나타낸 것으로 볼 수 있다. (다)에서 새 왕조에 협력하는 사람들에 대한 원망이 드러난다고 보기는 어렵다.

어휘력 다지기   p.25

01 ㉢	02 ㉡	03 ㉠	04 은거	05 표출
06 절개	07 군자	08 야광명월	09 세한고절	10 일편단심
11 ㉠	12 ㉣	13 ㉢	14 ㉡	

**매암이 맵다 울고 | 말 없는 청산이요 |
강산 좋은 경을**

p. 26~28

01 ② **02** ③ **03** 산채, 박주 **04** ③ **05** 현실의 약육강식의
세태를 부정적(비판적)으로 인식하고, 자연 속에서의 삶에 만족감
을 드러내고 있다. **06** ⑤

작품 한눈에 보기　❶ 대구법 ❷ 가정법 ❸ 초야 ❹ 자연

01 (가)~(다)는 모두 자연 친화적인 태도를 바탕으로 자
연 속에서의 삶에 대한 만족감을 표현하고 있다.

02 (가)에는 문장의 어순을 바꾸는 도치법은 사용되지 않
았다.

✘**오답 풀이** ①, ④ '매암이 맵다 울고 쓰르람이 쓰다 우니'에 발
음의 유사성을 활용한 언어유희와 의인법이 사용되었다. ②
'매암, 쓰르람'(세속에 묻힌 사람들)과 '우리'(초야에 묻혀 사는
사람들)가 대비되고 있다. ⑤ 초장과 중장에서 대구법이 사용
되었다.

03 중장의 산채(산나물)와 박주(맛이 좋지 못한 술)는 모
두 소박한 음식을 뜻하는데, 화자는 이러한 소박한 음식에 대
해 '맵고 쓴 줄 몰라라'라며 만족감을 드러내고 있다.

04 (나)의 화자는 '청산', '유수', '청풍', '명월'과 같은 자연
이 영원하고 마음껏 즐길 수 있는 것이라는 인식을 드러내
고 있다. '청산', '유수'보다 '청풍', '명월'을 가치 있게 여기
고 있는 것은 아니다.

✘**오답 풀이** ①, ④ 종장에서 화자는 자연과 더불어 살아가
는 물아일체의 경지를 보이며 자연을 평화로운 삶을 살아
갈 수 있는 공간으로 인식하고 있다. ③ 종장에 자연 속에
서 세속에 대한 근심 없이 살아가겠다는 달관적 태도가 드
러난다. ⑤ 화자는 인위적 가치인 '말, 태, 값, 임자'와 자연
적 가치인 '청산, 유수, 청풍, 명월'을 대조적으로 인식하고
있다.

05 (다)의 화자는 '힘센 이'와 다투는 것에 대한 부정적인
시각을 통해 약육강식의 세태에 대한 인식을 드러내고 있
으며, 자연을 긍정적으로 인식하고 자연의 아름다움을 즐
기고 있다.

06 (다)에서는 '힘센 이'와 보잘것없는 화자인 '나'가 대조
를 이루고 있지만 〈보기〉에서는 대조적인 시어가 사용되지
않았다.

✘**오답 풀이** ① 〈보기〉만 근경(중장)에서 원경(종장)으로 시
선의 이동이 나타나 있다. ② (다)만 중장의 '엎겠는가'에서
설의법이 사용되었다. ③ 〈보기〉만 종장에서 어미 '-리라'
를 사용하여 화자의 의지를 드러내고 있다.

05 **만흥**

p. 30~32

01 ③ **02** ② **03** 자연은 속세와 대비되는 공간으로 화자에게
만족감을 주는 친화적 공간이다. **04** ④ **05** 보리밥 풋나물
06 ③

작품 한눈에 보기　❶ 대비 ❷ 친화적 ❸ 감사 ❹ 세속적 ❺ 안
분지족

01 ㄴ: '산수간 바위 아래', '바위 끝 물가', '먼 뫼' 등 자
연을 의미하는 시구와 '그 남은 여남은 일', '삼공', '만승' 등
세속적 가치를 의미하는 시구를 대비하고 있다. ㄷ. '부럴
줄이 있으랴', '반가움이 이러하랴', '만승이 이만하랴' 등에
서 설의법을 활용하여 자연 속 삶에 대한 화자의 만족감을
강조하고 있다.

✘**오답 풀이** ㄱ. 구체적인 계절적 배경이나 그 변화는 나타나
지 않는다. ㄹ. 감각적 심상으로 대상의 특성을 묘사한 부
분은 찾을 수 없다.

02 〈제2수〉에서 화자는 사연 속에서 안빈낙노하는 삶을
즐기며 '여남은 일', 즉 속세의 일에 미련을 두지 않는 태도
를 보이고 있다. 화자가 떠나온 현실이 혼탁하다는 인식은
나타나 있지 않다.

03 이 시에서 자연은 '그 남은 여남은 일'이 있는 속세와
대비되는 공간이다. 화자는 이러한 자연 속의 삶에 대해
〈제1수〉에서 '내 분인가 하노라'라며 만족감을 드러내는 한
편, 〈제3수〉에서 '먼 뫼'를 바라보며 '반가움이 이러하랴'라
고 한 것에서 드러나듯 친화적 태도를 보이고 있다.

04 ㉣은 '먼 뫼'와 비교되는 대상으로 제시되어 있다. 나
머지는 모두 자연, 즉 속세를 벗어난 곳을 의미한다.

05 〈제2수〉의 '보리밥 풋나물'은 소박한 음식을 의미하는
소재로 이를 알맞게 먹은 후 자연 속에서 실컷 즐기는 모습
에서 안빈낙도의 삶의 태도가 드러난다.

06 '향암'은 화자가 자신을 겸손하게 이르는 말로, 유배와
낙향이 반복되는 과정에서 세상 물정에 어두워졌다는 의미
로 볼 수는 없다.

✘**오답 풀이** ① 화자는 자연 속에 '띠집'을 짓고 만족하며 지
냈다고 했으므로, '띠집'은 작가가 은둔하며 지내던 공간으

로 볼 수 있다. ② '남들'은 화자와 추구하는 가치가 다른 사람들을 가리키므로 정적들이 포함될 수 있다. ⑤ '여남은 일'은 세속적 가치를 의미하므로 작가가 겪은 정치적 혼란 상황과 관련 있다고 해석할 수 있다.

어휘력 다지기　　　　　　　　　　　　　　　　p. 33

01 ㉠	02 ㉣	03 ㉡	04 ㉢	05 산수
06 은둔	07 정적	08 속세	09 혼탁	10 정취
11 청빈	12 탄핵	13 안빈낙도	14 물아일체	

06 도산십이곡
p.34~36

01 ③　02 ②　03 ⑤　04 (나)의 '연하'와 '풍월'은 화자가 즐기는 향유(풍류)의 대상인 반면 (마)의 '청산'과 '유수'는 화자에게 깨달음을 주는 교훈의 대상이다.　05 ③　06 천석고황

작품 한눈에 보기　❶ 자연물　❷ 사랑　❸ 자연　❹ 학문　❺ 교훈

01 (가)~(나)를 통해 화자가 자연 속에서의 삶에 만족하며 지내는 것을 알 수 있고, (다)~(마)를 통해 학문 수양에 정진할 것을 다짐하고 있다는 것을 알 수 있다.

02 (나)에서는 당대를 '태평성대'라고 하며 자연을 벗 삼아 허물이 없는 삶을 살고자 하는 소망을 드러내고 있다. 그러나 이는 개인적 소망으로, 사회적 소망은 드러나 있지 않다.

03 (마)에서는 '청산'과 '우리'를 대비하여 변함없는 자연처럼 학문 수양에 정진할 것을 강조하고 있다. 따라서 '우리'를 본받아야 함을 나타냈다는 것은 적절하지 않다.

❌**오답 풀이** ② (라)에서 '딴 데 마음'을 두지 않으려는 것은 학문에 힘쓰지 않았던 자신을 돌아보며 학문 수양에 정진하려는 태도를 드러낸 것이다. ③ (가)에서 '천석고황'을 고치지 않으려는 것은 자연 속에서 자연을 즐기고 사랑하겠다는 것으로, 화자가 지향하는 삶의 방식이다. ④ (다)에서 '고인'이 '가던 길'을 가려는 것은 학문에 힘쓰겠다는 것으로, 화자가 생각하는 바람직한 가치이다.

04 (나)에는 화자가 자연을 벗 삼아 살아가려는 태도가 드러나므로 이때 '연하'와 '풍월'은 향유 또는 풍류의 대상이다. (마)에서는 '청산', '유수'처럼 변함없는 태도로 학문 수양에 정진할 것을 다짐하고 있으므로 이때 '청산', '유수'는 교훈을 주는 대상이다.

05 (라)의 '딴 데 마음 말으리'는 성인이 '가던 길'을 떠났던 자신의 지난 모습을 반성하는 자세라 볼 수 있지만, (다)의

'못 보고'와 '못 뵈네'에는 반성하는 자세가 담겨 있지 않다.

❌**오답 풀이** ① (다)의 초장은 '고인도 날 못 보고'와 '나도 고인을 못 뵈네'가 대구를 이루고 있다. ② (라)에는 '이제야' 그 길로 돌아온다는 상황의 변화의 기점이 나타나 있다. ④ (다)는 '어찌할까'라는 설의법으로 화자의 다짐을, (라)에서는 '돌아왔는고'라는 의문형 어구로 과거에 대한 부정적 태도를 드러내고 있다. ⑤ (다)는 '고인 못 뵈네'와 '고인을 못 봐도', '가던 길 앞에 있네'와 '가던 길 앞에 있거든'에서, (라)는 '이제야 돌아왔는고'와 '이제야 돌아왔으니'에서 연쇄법을 사용하고 있다.

06 (나)의 '병'은 자연을 병적으로 사랑하는 마음을 의미한다. (가)의 '천석고황'은 '자연의 아름다운 경치를 몹시 사랑하고 즐기는 버릇', 즉 자연을 사랑하는 고질병을 의미하므로 '병'을 구체화한 시어로 볼 수 있다.

어휘력 다지기　　　　　　　　　　　　　　　　p. 37

01 ㉢	02 ㉡	03 ㉣	04 ㉠	05 만고
06 수양	07 허물	08 향유	09 세속적	10 달관적
11 정진	12 만고상청	13 태평성대	14 천석고황	

07 상춘곡
p.38~40

01 ⑤　02 ④　03 ③　04 ③　05 새　06 헛된 생각을 하지 않고 청풍명월 속에서 단표누항하는 삶에 만족감과 자부심을 느끼고 있다.

작품 한눈에 보기　❶ 공간　❷ 봄　❸ 봉두　❹ 홍진　❺ 풍류

01 '홍진에 묻힌 분네 이내 생애 어떠한고'에서 질문을 건네는 어투를 활용하고 있으나, 이는 청자에게 동질감을 드러내려는 것이 아니라 자신의 삶에 대한 자부심을 드러내는 표현이다.

❌**오답 풀이** ① '옛사람~못 미칠까', '아무튼~어찌하리' 등에서 설의법을 사용하여 화자의 정서를 드러내고 있다. ② '도화행화~푸르도다'와 '칼로~그려 냈는가'에서 대구법을 사용하여 운율감을 주고 있다. ③ '홍진'(속세)과 '산림'(자연)을 대조하여 자연 속에서 지극한 즐거움을 누리며 자연 친화하는 화자의 가치관을 드러내고 있다. ④ 추상적인 관념인 '공명'과 '부귀'를 의인화하여 이것들이 자신을 꺼린다고 표현함으로써, 그것들을 멀리하는 화자의 태도를 드러내고 있다.

02 화자는 산림에 묻혀 지내는 자신의 생애가 '옛 사람 풍류에 미칠까 못 미칠까'라며 자신의 풍류가 옛사람들의 풍류에 미칠 수 있다는 자부심을 드러내고 있다.

03 '한중진미를 알 이 없이 혼자로다'에서 화자가 아름다운 봄 경치를 혼자 즐기고 있음이 드러난다. 따라서 시를 주고받는 인물들을 배치하는 것은 이 시의 내용과 어울리지 않는다.

04 ㉣에서 화자는 현재 자신이 머물러 있는 주변의 들판을 무릉도원과 같다고 생각하고 있으므로 술을 마시고 나서 이상향인 무릉도원으로 이동할 준비를 하고 있다는 것은 적절하지 않다.

05 화자는 수풀에서 우는 '새'에 아름다운 봄날의 경치에 대한 자신의 정서를 투영하여, '새'가 봄기운을 이기지 못하여 소리마다 아양을 떤다고 표현하고 있다.

06 화자는 청풍명월을 벗 삼아 살며 단표누항에서 헛된 생각을 하지 않는다고 말하면서 '백년행락이 이만한들 어찌하리'라며 만족감과 자부심을 드러내고 있다.

> **어휘력 다지기** p. 41
> 01 ㉣ 02 ㉢ 03 ㉠ 04 ㉡ 05 교태
> 06 풍류 07 홍진 08 지락 09 시비 10 세우
> 11 수간모옥 12 단표누항 13 연하일휘 14 풍월주인

8 속미인곡 p. 42~44

> 01 ① 02 ④ 03 ① 04 ③ 05 닭 울음소리 06 '낙월'은 멀리서 임을 잠깐만 비추고, '궂은비'는 오래도록 내리면서 임의 옷을 적실 수 있으므로 '낙월'은 소극적인 사랑을, '궂은비'는 적극적인 사랑을 의미한다.

> **작품 한눈에 보기** ❶ 대화 ❷ 백옥경 ❸ 중심 ❹ 만남

01 이 시는 시간의 흐름에 따라 시상이 전개되고 있지만 계절의 변화는 나타나지 않는다.

✘**오답 풀이** ② 우리말의 묘미를 잘 살려 표현하고 있다. ③ '하늘이라~허물하랴, 벽 가운데~밝아 있는가' 등에서 설의법을 사용하여 화자의 정서를 드러내고 있다. ④ 3(4)·4조의 음수율과 4음보의 음보율이 나타나며, 대구법을 사용하여 운율감을 부여하고 있다. ⑤ 갑녀와 을녀의 대화 형식으로 을녀가 임과 이별한 사연과 그로 인한 슬픔, 그리움을 드러내고 있다.

02 ㉣은 꿈에서 본 임의 모습을 나타낸 것으로, 화자가 임의 곁에 있었던 과거에는 임의 모습이 옥같이 고왔는데, 화자가 임의 곁에 없는 현재에는 임이 많이 늙어 버렸음을 드러내고 있다.

03 '저 각시'는 '어와 너로구나' 이후에 자신의 사연을 하소연하고 있는 중심 화자(을녀)이다. 대화의 화제를 이끌어 내고 있는 것은 '저 각시'에게 '천상 백옥경을~누굴 보러 가시는고'라고 질문한 보조적 화자(갑녀)이다.

04 ⓐ의 '등불'은 임이 오는 길을 밝히기 위해 켜둔 것이지만 임이 오지 않기에 필요가 없는 사물로서, 외로운 화자의 정서를 심화시키는 기능을 하는 객관적 상관물이다. ⓑ의 '외기러기'는 화자의 감정이 이입된 소재로 어버이를 가까이에서 모시지 못하는 화자의 안타까움과 그리움의 정서를 심화해 주는 기능을 한다.

05 '닭 울음소리'는 화자의 잠을 깨워 꿈속에서 화자와 임이 만나는 것을 방해하고, 잠에서 깬 화자는 임이 부재하는 현실을 깨닫게 된다.

06 '낙월'은 멀리서 잠깐 동안 임을 바라만 보다가 사라지는 존재이므로 소극적인 사랑의 태도를 나타낸다. 이에 비해 '궂은비'는 오랫동안 내리며 옷을 적실 만큼 임에게 가까이 갈 수 있는 존재이므로 적극적인 사랑을 의미한다.

> **어휘력 다지기** p. 45
> 01 각시 02 궂은비 03 백옥경 04 조물주 05 사설
> 06 아양 07 허사 08 하소연 09 쌓이고 10 맛있던지
> 11 좇고 12 ㉡ 13 ㉢ 14 ㉠

9 창 내고자 창을 내고자 | 잠노래 p. 46~48

> 01 ④ 02 ④ 03 창 04 ② 05 화자는 '섬섬옥수'를 가진 여성으로 저녁 식사 후에 바느질을 하려고 하나 졸음이 몰려와서 힘들어하고 있다. 06 ①

> **작품 한눈에 보기** ❶ 의인화 ❷ 도구 ❸ 가슴 ❹ 원망

01 (가)는 삶의 답답함에서 벗어나고 싶은 마음을 가슴에 창을 낸다는 발상으로 해학적으로 드러내고 있고, (나)는 밤까지 계속되는 가사 노동으로 잠을 잘 수 없는 화자가 의인화된 청자인 '잠'에게 원망의 말을 건네면서 자신의 처지에서 벗어나고 싶은 마음을 해학적으로 드러내고 있다.

✘**오답 풀이** ② (나)에만 해당하는 내용이다. ⑤ (가)에만 해당하는 내용이다.

02 (가)에 대립적인 시어는 나타나 있지 않다.

✘**오답 풀이** ①, ② 중장에서 일상적인 사물을 나열하여 리듬감을 살리고 있다. ③ '창 내고자'를 반복하여 화자가 지니고 있

는 답답한 심정을 강조하고 있다. ⑤ 답답한 심정을 사방이 꽉 막힌 방에 빗대어 드러내고 있다.

03 (가)의 화자는 삶의 답답함을 해소하기 위해 가슴에 창을 만들어서 여닫고 싶다고 하고 있으므로 화자의 답답함을 해소해 주는 매개체는 '창'이라고 할 수 있다.

04 (나)의 '잠 못 들어 한하는데'는 화자와 대조적인 인물의 상황으로, 화자의 의지를 드러내는 부분으로 볼 수 없다.

05 (나)에서 화자가 여성임을 알려 주는 4음절의 시어는 '가냘프고 고운 여자의 손을 이르는 말'인 섬섬옥수이다. 화자는 낮에 못다 한 바느질을 저녁 식사를 마치고 마저 하려고 하지만 두어 땀의 바느질을 하자 마자 졸음이 몰려와서 힘들어하고 있다.

06 ㉠에서는 대구법과 주객전도된 표현을 활용하여 화자가 잠이 오는 것을 잠이 욕심이 많아서 그렇다고 표현하고 있지만 감정 이입의 방법은 사용되지 않았다.

어휘력 다지기   p. 49

01 ㉫	02 ㉢	03 ㉣	04 ㉠	05 삼경
06 염치	07 석반	08 자심	09 해학	10 애환
11 역동적	12 ㉡	13 ㉠	4 ㉢	

현대시

01 절정 | 교목

p. 50~52

01 ③   **02** ⑤   **03** 바람, 일제의 탄압   **04** ⑤   **05** 화자는 일제 강점하에서 개인적인 영화를 누리지 않고 죽음을 무릅쓰고 일제에 저항(조국 광복을 위해 투쟁)하고자 한다.   **06** ④

작품 한눈에 보기 ❶ 역설적 ❷ 부정어 ❸ 의지 ❹ 극복 ❺ 바람

01 (가)의 화자는 한 발 재겨 디딜 곳조차 없는 견디기 어려운 극한의 상황에서 이를 극복하고자 하는 강인한 의지를 드러내고 있고, (나)의 화자는 암울한 현실 속에서 타협하지 않고 저항하겠다는 의지를 드러내고 있다.

✖**오답 풀이** ①, ⑤ (가)의 4연에서 나타나는 태도이다. ② (가), (나) 모두 관련 없다. ④ (나)의 1, 2연에서 드러나는 태도이다.

02 ㉮는 작품과 작가의 관계에 주목하여 작품을 감상하고 평가하는 표현론적 관점이므로 일제의 탄압에 굴복하지 않고 일제에 저항했던 작가에 주목하여 해석한 ⑤가 이에 해당한다.

✖**오답 풀이** ① 반영론적 관점, ② 효용론적 관점, ③, ④ 문장 종결 방식, 표현 방법을 바탕으로 감상하고 있으므로 내재적 관점이다.

03 ⓐ는 식민지 지식인에 대한 일제의 탄압을 나타낸다. (나)에서 이와 유사한 의미를 지닌 시어는 '교목'(화자와 동일시되는 대상)을 흔들려는 세력이 가하는 횡포를 나타내는 '바람'이라고 할 수 있다.

04 ㉤의 '바람'은 화자의 내적 갈등이 아니라 일제 강점기의 가혹한 탄압과 같이 화자를 흔드는 외부의 유혹, 압력을 상징한다.

✖**오답 풀이** ① (가) 1연의 '휩쓸려 오다'를 통해 화자가 북방의 고원에 있는 것은 스스로의 선택이라기보다는 어쩔 수 없이 처하게 된 상황임을 알 수 있다. ② '서릿발'이 칼날이져 있는 것처럼 날카롭다는 표현을 통해 화자가 처한 상황이 매우 위태로움을 강조하고 있다. ③ '우뚝'은 '두드러지게 높이 솟아 있는 모양'을 의미하는 부사로 부정적인 상황에 처한 화자의 굳은 의지를 드러내고 있다. ④ '검은색'은 죽음을 연상시키는 이미지로 시대상과 연관하여 해석하면 일제 강점하의 암울한 현실을 암시한다고 할 수 있다.

05 (나)에서 '꽃'은 일제에 대한 저항과는 대비되는 개인의 영화를 의미한다.

06 (나)는 1연부터 신념, 의지, 결의 등을 드러내고 있으므로 전반부에서 외적 상황을 묘사한 뒤 후반부에서 의식 세계를 드러냈다는 것은 적절하지 않다.

✖**오답 풀이** ① '호수 속 깊이 거꾸러져'에서 하강적 이미지를 사용하여 화자의 결의를 드러내고 있다. ② '세월', '낡은 거미집', '바람'은 부정적 의미의 시어이고, '푸른 하늘', '꿈길' 등은 긍정적 의미의 시어이다. ③ '차라리, 아예, 마침내' 등의 부사어를 사용하여 단호한 의지를 드러내고 있다. ⑤ '교목'이라는 자연물을 사용하여 일제 강점하의 암담한 현실에 굴하지 않겠다는 화자의 의지를 드러내고 있다.

어휘력 다지기   p. 53

01 교목	02 고원	03 절정	04 서릿발	05 직면
06 영합	07 극한	08 결의	09 암담	10 냉혹
11 역설적	12 ㉢	13 ㉡	14 ㉠	

01 ④ **02** ⑤ **03** 쇠문 **04** ⑤ **05** 길은 참된 자아(본질적 자아)를 찾으려는 공간으로, 자아 성찰의 과정을 상징한다. **06** ①

작품 한눈에 보기 ❶ 길 ❷ 상실 ❸ 현실적 ❹ 본질적 ❺ 의지

01 이 시에서는 자연물에 인격적 속성을 부여하는 의인법은 사용되지 않았다.

✘오답 풀이 ① '담 이쪽'(풀 한 포기 없는 이 길)과 '담 저쪽'을 대조하여 화자의 지향점인 '담 저쪽'(참된 자아가 있는 공간)을 강조하고 있다. ② '-ㅂ니다'의 종결 어미를 반복하여 각운을 형성하고 있다. ③ '잃어버렸습니다.'라는 서술어로 시를 시작하여 독자의 주의를 환기하고 있다. ⑤ '-ㅂ니다'의 경어체와 독백적 어조를 활용하여 차분한 성찰의 분위기를 형성하고 있다.

02 ⓒ '풀 한 포기 없는 이 길'은 화자가 처한 암담한 현실을 의미하지만, 화자는 '담 저쪽'의 '나'를 찾으려는 의지를 드러내고 있으므로 ⓒ이 화자의 자아 탐색 시도를 좌절시킨다고 볼 수 없다.

03 '쇠문'은 담 너머의 세계로 향하는 화자의 접근을 차단하고 있지만, 화자가 담 너머의 세계로 갈 수 있는 통로이기도 하다. 따라서 '쇠문'은 단절과 매개의 이중적 속성을 갖고 있다고 할 수 있다.

04 ⓐ는 참된 자아, 이상적 자아이고, ⓑ는 현실적 자아를 의미한다. '풀 한 포기 없는' 길과 '긴 그림자'가 드리운 길을 걷고 있는 것은 모두 ⓑ이다.

✘오답 풀이 ① 담 저쪽에 있는 ⓐ를 찾는 것이 ⓑ가 살아가는 이유라고 하고 있다. ③, ④ 잃어버린 것이 무엇인지 모르고 무작정 길을 나섰던 ⓑ는 길을 걷는 동안에 ⓐ를 인식하게 되고, 자신이 찾으려 한 것이 결국 ⓐ였음을 알게 된다.

05 1연에서 화자가 잃어버린 것을 찾기 위해 주머니를 더듬는 행위와 7연으로 볼 때 화자는 내면에서 잃어버린 것을 찾으려 함을 알 수 있고, 6연에서 그 잃어버린 것이 참된 자아(본질적 자아)임을 확인할 수 있다. 즉 이 시의 화자는 길을 걷는 행위를 통해 자아 성찰의 과정을 보여 주고 있다.

06 이 시는 '길'을 통해 본질적 자아를 찾아가는 과정과 잃어버린 자아를 찾고자 하는 노력을 보여 주고 있다. 2연에서 '돌과 돌과 돌이 끝없이 연달아' 있는 것은 본질적 자아를 찾는 길이 어렵다는 것을 나타내는 것으로, 이를 통해 화자의 의지가 확고함을 드러내고 있지는 않다.

01 ② **02** ⑦ **03** ⓒ **04** ⓛ **05** 단절
06 부각 **07** 성찰 **08** 탐색 **09** 포기 **10** 고뇌
11 지속적 **12** ⓒ **13** ⓛ **14** ⑦

01 ① **02** ③ **03** ③ **04** 푸른 하늘, 푸른 별 **05** 역설적 표현으로 고통스러운 현실에도 절망하지 않으려는 의지를 드러내고 있다. **06** ⑤

작품 한눈에 보기 ❶ 대비 ❷ 희망 ❸ 들길 ❹ 의지 ❺ 희망

01 이 시는 부정적인 현실에서도 이상과 희망을 갖고 살아가겠다는 긍정적인 삶의 자세를 노래하고 있다. 그러나 감각의 전이를 이용한 표현은 사용되지 않았다.

✘오답 풀이 ② '푸른 산', '흰 구름' 등에서 색채 이미지가 나타나고 있다. ③ '얼마나~일이냐'에서 설의적 표현이 사용되었다. ⑤ '푸른 하늘', '푸른 별'이라는 상징적 시어로 현실 극복 의지를 드러내고 있다.

02 이 시에서는 화자가 저문 들길에서 별을 바라보며 삶의 자세를 드러내고 있으며 시적 공간의 변화는 나타나지 않는다.

✘오답 풀이 ④ 홀수 연에서 언급한 핵심 시어를 짝수 연의 앞부분에서 연쇄적으로 사용하여 홀수 연과 짝수 연을 긴밀하게 연결하고 있다.

03 〈보기〉에서 화자는 자연과 마주하며 당대의 어두운 역사에서 벗어날 수 있다는 희망과 의지를 자연물 속에서 찾아내고 있다고 하였다. '푸른 산처럼 든든하게'는 의지적 태도를 보여 주는 시구로 자연으로 도피하여 시대적 고통을 잊으려는 태도로 해석하는 것은 적절하지 않다.

04 이 시는 어둠의 이미지인 '저문 들길'과 밝음의 이미지와 푸른색의 색채어를 사용한 '푸른 하늘, 푸른 별'을 대조하여 시상을 전개하고 있다.

05 '뼈에 저리도록 생활은 슬퍼도 좋다'는 고통스러운 현실에 대한 긍정적인 의지를 역설적 표현으로 강조한 부분이다.

06 ⑦은 미래에 대한 이상과 희망을, ⓛ은 윤리적 판단의 절대 기준을 의미한다.

어휘력 다지기

01 삼림 02 부절히 03 거룩하다 04 숭고하다 05 지향
06 조성 07 함축 08 형상화 09 디뎌 10 저리고
11 저물고 12 ㉡ 13 ㉢ 14 ㉠

04 껍데기는 가라
p.62~64

01 ④ 02 ⑤ 03 ② 04 한라에서 백두까지 05 명령형 어조로 부정적인 것(거짓, 허위, 불의, 외세 등)을 거부하는 의지를 단호하게 드러내고 있다. 06 ④

작품 한눈에 보기 ❶ 참여적 ❷ 반복 ❸ 분단 ❹ 쇠붙이 ❺ 순수

01 이 시는 '가라'라는 명령형 어조로 '껍데기'로 상징되는 부정적인 것들을 거부하는 태도를 드러내고 있을 뿐 대상과의 친밀감은 드러내고 있지 않다.
✗**오답 풀이** ① '껍데기'를 비롯한 부정적인 대상과 '알맹이'를 비롯한 긍정적 대상이 대조되고 있다. ③ '~는 가라', '~는 남고'와 같은 문장 구조를 반복하여 운율을 형성하고 있다.

02 '알맹이', '아우성', '아사달 아사녀', '흙 가슴'은 순수한 정신과 우리 민족을, '쇠붙이'는 무력, 통일을 가로막는 요인 등을 상징한다.

03 '아우성'은 동학 농민 운동의 순수한 정신, 열정을 청각적으로 나타낸 표현이므로 동학 혁명이 남긴 문제를 나타낸 것과는 거리가 멀다.

04 '한라에서 백두까지'는 한반도 전체를 대유적으로 표현한 시구이다.

05 이 시에서는 '껍데기는 가라'라는 명령형 표현을 반복하여 '껍데기'를 거부하는 화자의 단호한 의지를 강조하고 있고 있다. '껍데기'는 거짓, 허위, 가식, 불의, 외세 등의 부정적인 것들을 상징한다.

06 순수한 우리 민족을 상징하는 '아사달 아사녀'가 '중립의 초례청'에서 맞절하는 것은 남과 북이 화합하기를 소망하는 마음을 표현한 것으로 볼 수 있다. 즉 '중립의 초례청'은 이념의 대립을 뛰어넘어 민족이 화합하고 분단을 극복하는 공간이므로 모순된 현실이 드러나는 공간이라고 보기는 어렵다.

어휘력 다지기
p.65

01 ㉣ 02 ㉠ 03 ㉢ 04 ㉡ 05 맞절
06 아우성 07 중립 08 화합 09 이념 10 외세
11 껍데기 12 ㉢ 13 ㉡ 14 ㉠

05 꽃
p.66~68

01 ⑤ 02 ⑤ 03 꽃 04 ③ 05 '꽃'은 '나' 한 사람에게만 의미 있는 존재이지만, '눈짓'은 '우리' 서로에게 의미 있는 존재다. 06 ④

작품 한눈에 보기 ❶ 소망 ❷ 확대 ❸ 인식 ❹ 존재 ❺ 이름 ❻ 눈짓

01 이 시에는 반어법이 사용되지 않았으며 현실 문제에 대한 비판 의식도 드러나 있지 않다.
✗**오답 풀이** ① 인식의 주체가 '나 → 그 → 우리'로, 대상의 의미가 '몸짓 → 꽃 → 눈짓'으로 점층적으로 확대되고 있다. ② 3, 4연에서 '~고 싶다'를 반복하여 화자의 소망을 간절한 어조로 부각하고 있다. ③ '이름을 불러', ' 되고 싶다' 등의 시구를 반복, 변주하여 시적 의미를 강조하고 있다. ④ '의미 있는 존재'라는 추상적 관념을 '꽃'이라는 구체적인 자연물을 활용하여 형상화하고 있다.

02 화자는 '너'와 '나', '우리' 모두가 서로의 본질을 인식하고 서로에게 의미 있는 존재가 되기를 바라고 있다.
✗**오답 풀이** ① 화자는 존재의 본질 자체를 파악하려고 하는 것이 아니라 대상과 진정한 관계 맺기를 소망하고 있다. ③ 대상과의 관계 맺음에 관심이 있을 뿐이지 존재의 본질적 의미를 다각도로 고찰하고 있는 것은 아니다. ④ '의미 있는 존재'라는 추상적 관념을 '꽃'으로 형상화하고 있는 것이지 자연물에 대한 애정을 나타내고 있는 것은 아니다.

03 2연에서 인식의 주체인 '나'가 이름을 부르는 행위를 통해 대상을 인식함으로써 대상이 의미 있는 존재가 되었음을 뜻하는 시어는 '꽃'이다.

04 ㉢은 외형적, 피상적 모습이 아니라 개성적인 가치를 지닌 존재의 본질을 뜻한다.
✗**오답 풀이** ① ㉠은 이름을 부르기 전이므로 아직 관계를 맺기 전의 상황이다. ④ ㉣의 '나'는 '그'라는 인식의 주체에게 있어 인식의 대상이다.

05 '꽃'은 인식 주체인 '나'가 의미를 부여한 존재로, '나' 한 사람에게만 의미를 지닌다. 이에 비해 '눈짓'의 인식 주체는 '너'와 '나'를 포함한 '우리'로, '눈짓'은 '우리' 모두에게 서로 의미를 지닌 존재라고 할 수 있다.

06 〈보기〉에서 ⓐ는 존재의 의미를 드러내지 않는 보통의 사물 자체이며, ⓒ를 통해서 ⓐ는 ⓑ로 새롭게 인식된다. '이름'이라는 명명 행위를 통해 '너'는 '나'에게, '나'는 '너'에게 의미 있는 존재인 '꽃' 또는 '하나의 눈짓'이 된다고 했으므로, '나'와 '너'의 관계가 ⓐ와 ⓑ의 관계와 일치한다고 볼 수 없다.

01 변주 02 반어적 03 외형적 04 피상적 05 연상
06 몸짓 07 눈짓 08 인식 09 고찰 10 본질
11 ㉡ 12 ㉢ 13 ㉣ 14 ㉠

06 담쟁이 p. 70~72

01 ② 02 ⑤ 03 ① 04 벽 05 ⑤ 06 '우리'는 절망적인 상황에 좌절하고 포기하지만, '담쟁이'는 절망적인 상황에도 좌절하지 않고 의지적인 태도로 절망을 극복한다.

작품 한눈에 보기 ❶ 단호 ❷ 절망 ❸ 절망적 ❹ 손 ❺ 우리

01 '저것은 ~ 때'와 같은 문장 구조를 반복적으로 사용하고 있으나 처음과 끝에 동일한 문장을 반복하고 있는 것은 아니다.

✖오답 풀이 ① 담쟁이를 의인화하고 있다. ③ '벽', '담쟁이'에 상징적 의미를 부여하고 있다. ④ '푸르게 절망을 다 덮을 때까지'에서 색채 이미지로 절망을 극복하는 모습을 시각화하여 나타냈다. ⑤ '오른다, 나아간다, 올라간다' 등의 단호한 느낌의 서술어를 사용하여 현실을 극복하려는 담쟁이의 의지를 표현했다.

02 이 시는 '담쟁이'와 '우리'의 태도를 대비하여 '담쟁이'의 고난 극복 과정을 점차 심화하여 점층적으로 드러내고 있다. 즉 [A]~[D]에서 담쟁이의 모습을 점차 심화하여 제시한 것이지 앞부분에 담쟁이의 모습을 제시한 뒤 뒷부분에 정서를 드러낸 것은 아니다.

✖오답 풀이 ④ '여럿이 함께 손을 잡고'에서 연대하는 모습이, '담쟁이 잎 하나는 담쟁이 잎 수천 개를 이끌고'에서 선구자적 모습이 나타난다.

03 이 시는 벽을 오르는 담쟁이의 모습을 통해 절망에 굴하지 않고 극복하는 의지적인 태도를 말하고 있다. ①은 부정적인 현실에 대해 바람에도 흔들리지 않겠다는 의지적인 태도를 나타내고 있다.

✖오답 풀이 ② 자신의 삶을 부끄러워하며 성찰하고 있다. ③ 고향에 돌아왔지만 마음속 고향을 잃어버리고 상실감을 느끼고 있다. ④ 정처 없이 떠도는 나그네의 삶의 비애를 노래하고 있다. ⑤ '당신'에 대한 희생적 태도를 드러내고 있다.

04 이 시에서 '벽'은 살아가면서 만나게 되는 현실의 문제, 한계, 시련, 장애물 등을 상징한다.

05 ㉤은 절망적인 상황에 좌절하고 포기하는 모습을 나타낸 것이다.

✖오답 풀이 ㉠~㉣은 절망을 극복하는 담쟁이의 의지적인 모습을 나타낸다.

06 '벽'은 시련, 절망적 상황을 의미하는 시어로 '우리'에게 극복하기 어려운 현실로 느껴진다. 이에 '우리'는 '벽' 앞에서 좌절하고 타협하거나 포기하는 태도를 보이지만, '담쟁이'는 말없이 벽을 오르다 마침내 그 벽을 넘는 모습을 보인다.

01 ㉡ 02 ㉠ 03 ㉢ 04 ㉣ 05 단호
06 부여 07 선구자 08 연대 09 톨 10 뼘
11 떨구었다 12 ㉠ 13 ㉡ 14 ㉢

갈래 복합

01 길 | 초부가 p. 74~76

01 ③ 02 ③ 03 길은 화자가 열십자 복판에 서 있는 것처럼 갈 곳이 정해지지 않아 목적지 없이 끝없이 유랑하는 삶을 뜻한다. 04 ④ 05 지게 목발 06 ④

작품 한눈에 보기 ❶ 독백체 ❷ 대조 ❸ 방향성 ❹ 공중 ❺ 머슴살이 ❻ 짝

01 (가)에서는 갈 곳이 없어서 방향성을 상실한 화자의 절망감이 드러나 있고 (나)에서는 고단하게 살아가는 자신의 신세를 한탄하고 있으므로 (가), (나) 모두 화자가 처한 현실에 대해 부정적으로 인식하고 있음을 알 수 있다.

✖오답 풀이 ① (가)에서는 정서의 변화가 드러나지 않는다. ② (가), (나) 모두 대상에게 말을 건네고 있지만 대화하고 있는 것은 아니며 (가)에서는 말을 건네는 대상과 대조되는 처지로 인해 절망감이 커지고 있다. ④ (가), (나) 모두 이상향에 대한 추구가 드러나 있지 않다. ⑤ (나)의 화자는 머슴살이를 하고 있으므로 정처 없이 유랑하고 있다고 보기는 어렵다.

02 (가)는 'ㄱ, ㄹ' 음운의 반복, 종결 어미의 반복 및 3음보의 반복을 통해 운율을 형성하고 있으나 통사 구조의 반복은 나타나 있지 않다.

✖오답 풀이 ① 자연물인 까마귀에 화자의 정서를 투영하여 화자의 불안한 심리를 드러내고 있다. ② 기러기를 청자로 설정하여 말을 건네는 어투로 시상을 전개하고 있다. ④ 2

연에서 묻고 3연에서 대답하는 자문자답의 형식을 활용하고 있다. ⑤ 화자와 대조되는 부러움의 대상은 '기러기'이고, 갈 곳 없는 화자가 서 있는 공간인 '열십자 복판'과 기러기가 있는 '공중'을 대조하여 화자의 비애와 답답함을 강조하고 있다.

03 화자가 위치하고 있는 공간은 '열십자 복판'이고 이는 갈 곳이 정해지지 않아 목적지가 없음을 뜻한다. 이 속에서 화자는 정해진 목적 없이 유랑하는 삶을 살고 있다.

04 화자는 가난으로 인해 가족과 떨어져 지내는 것이 아니라 함께할 가족이 없는 것에 외로움을 느끼고 있다.

05 '지게 목발'을 통해 '나'의 직업이 나무꾼이라는 것을 짐작할 수 있다.

06 (가)의 화자는 열십자 복판에서 갈 곳을 몰라 방황하고 있는 자신과 대조적으로 공중에는 길이 없음에도 불구하고 길이 있는 것처럼 잘 가고 있는 ㉠을 보면서 '공중엔 길 있어서 잘 가는가?'라고 물으며 부러워하고 있다. 이와 달리 (나)의 화자는 '너도 또한 임을 잃고 임 찾아서 가는 길가'라고 하며 ㉡에 외로워하는 정서를 투영하고 있다.

어휘력 다지기   p.77

01 사모	02 털먹신	03 고대광실	04 다박머리 05 자탄
06 바이	07 유랑	08 팔자	09 비관 10 비애
11 이상향	12 ㉡	13 ㉢	14 ㉠

Ⅱ 산문 문학

알자! 알짜 개념 개념확인 문제   p.80~85

1 ④   2 ○   3 배경   4 (1) 위기 (2) 결말 (3) 발단 (4) 전개 (5) 절정   5 입체적   6 주동, 반동   7 전형적   8 간접 제시   9 ④   10 ㉠   11 자연적   12 X   13 (1) 1인칭 주인공 시점 (2) 전지적 작가 시점 (3) 1인칭 관찰자 시점   14 전지적 작가 시점   15 ⑤   16 ①, ②   17 연극, 영화   18 (1) 대화 (2) 독백 (3) 지시문   19 X   20 ①   21 (1) ㉡ (2) ㉠ (3) ㉣ ㉤ (4) ㉢ (5) ㉢   22 대사   23 ○   24 갑오개혁   25 ②   26 막연하다   27 행복   28 ⑤   29 ①

1 소설은 현실에 있음 직한 일을 바탕으로 작가가 상상하여 꾸며 쓴 이야기이다. 작가의 실제 경험이 담겨 있는 것은 수필이다.

8 점순이의 행동과 외양을 묘사하여 독자가 인물의 심리를 짐작하도록 하고 있다.

9 인물 간에 가치관 차이로 일어나는 갈등은 외적 갈등이다. 내적 갈등은 인물의 마음속에서 일어나는 갈등이다.

10 길동이 자신의 상황에 '한탄하면서 마음 둘 바를 몰랐다'는 것은 인물의 마음속에서 일어나는 심리적 갈등인 내적 갈등이다. 참고로 길동이 부형을 부르지 못하고 종들로부터 천대받는 것은 서자이기 때문으로, 인물과 사회와의 갈등을 보여 준다.

12 소설의 배경은 인물의 심리에 영향을 미치거나 심리를 간접적으로 드러낸다.

14 작품 바깥의 서술자가 인물의 내면 심리를 서술하고 있으므로 전지적 작가 시점이다.

15 수필은 글쓴이가 경험에서 우러나온 생각과 느낌을 자유롭고 솔직하게 표현한 글이다. 상상력과 허구성은 소설의 특징이다.

16 ③, ⑤는 수필, ④는 소설에만 해당한다.

19 희곡의 구성 단계는 '발단 – 전개 – 절정 – 하강 – 대단원'이다.

20 막과 장은 희곡의 구성단위이다. 시나리오의 구성단위는 장면(Scene)이다.

✘**오답 풀이** ② 시나리오는 희곡과 마찬가지로 등장인물의 대사와 행동을 통해 사건이 전개된다.

25 고전 소설에는 개성적 인물보다는 전형적 인물이 주로 등장한다.

28 동물을 의인화하여 인간 사회를 비판하고 있는 우화 소설로, 동물과 인간 간의 갈등을 그리고 있는 것은 아니다.

29 고전 수필에는 한문 수필도 포함된다.

01 사씨남정기

p. 86~92

01 ① **02** ③ **03** ④ **04** Ⓐ 자신은 타고난 체질이 허약해서 자녀를 낳을 수 없을 것이며, 일처일첩은 인륜의 당연한 도리이기 때문이다. Ⓑ 첩을 두는 것은 환난의 근본이 되기 때문이다. **05** ③ **06** ③ **07** ④ **08** ⑤ **09** ② **10** ① **11** ⓐ 신중, ⓑ 판단력 **12** ③

작품 한눈에 보기 ❶ 처첩 ❷ 참소 ❸ 신뢰 ❹ 가문 ❺ 첩

01 사 씨가 자식을 낳지 못해 근심하다가 직접 첩을 구하려 하는 것을 통해 남성 중심의 가부장적 가치관이 뿌리 깊게 자리 잡고 있었음을 알 수 있다.

02 (나)는 사 씨와 두 부인의 대화를 중심으로 사건이 전개되고 있다.

03 ㉣에서 사 씨는 '일처일첩', 즉 첩을 두는 것이 인륜의 당연한 도리라고 한 것으로 이를 통해 상대방인 두 부인의 부도덕함을 비판한 것은 아니다.

04 사 씨는 자신은 타고난 체질이 허약하여 혈기가 이전 같지 않고, 일부일첩은 인륜의 당연한 노리라고 하며 첩을 들여야 한다고 말하고 있다. 이에 반해 두 부인은 '집안에 첩을 두는 것은 환난의 근본'이라며 첩을 들여서는 안 된다고 말하고 있다.

05 유 한림은 사 씨의 성품을 믿기 때문에 교 씨의 말을 그대로 받아들이지는 않았지만 한편으로는 교 씨의 말을 일부 받아들이며 교 씨를 위로하고 있다. 따라서 교 씨를 전혀 믿지 않고 거짓으로 위로하고 있다고 볼 수는 없다.

06 교 씨는 사 씨의 말을 왜곡하여 사 씨가 자신을 시기하여 위협한 것처럼 꾸며 말하고 있다. 이는 교묘한 말로 유 한림을 속이려 하는 태도로, '아첨하는 말과 알랑거리는 태도'를 의미하는 '교언영색'이라고 평가할 수 있다.

✖**오답 풀이** ② '견문발검'은 사소한 일에 크게 성내어 덤빔을 이르는 말이다. ⑤ '오월동주'는 서로 적의를 품은 사람들이 한자리에 있게 된 경우나 서로 협력하여야 하는 상황을 비유적으로 이르는 말이다.

07 교 씨는 "첩의 촌스러운 노래와~드러냈던 것일 따름입니다."와 같이 자신을 낮추며 말함으로써 한림이 자신의 말을 신뢰하도록 하고 있다.

✖**오답 풀이** ② 교 씨는 사 씨가 여 태후와 척 부인의 고사를 언급했다고 말하며 자신이 위협받았음을 드러내고 있는 것

이지 자신의 주장에 권위를 부여하기 위하여 고사를 언급한 것이 아니다.

08 이 글의 유 한림과 사 씨, 교 씨는 각각 숙종과 인현 왕후, 희빈 장 씨를 빗댄 것으로 볼 수 있다. 〈보기〉에서 이 글은 숙종이 인현 왕후를 폐위한 사건을 풍자하려는 의도가 있다고 했으므로 유 한림의 태도를 통해 숙종을 변호하고 있다는 것은 적절하지 않다.

09 (바)는 서술자가 작품에 직접 개입하는 편집자적 논평이 나타나는 부분이다. 즉 (바)에 나타난 작중 상황에 대한 평가는 작중 인물의 주관적 판단이 아니라 서술자의 판단이다.

10 [A]에서는 동청의 과거부터 오늘날까지의 삶의 내력을 요약적으로 서술하고 있다.

✖**오답 풀이** ④ 동청의 외양과 특성을 언급하고 있을 뿐 외양 묘사를 통해 인물 간의 갈등을 형상화한 것은 아니다. ⑤ 동청의 삶의 내력을 서술하고 있으나 인물의 성격 변화는 드러나지 않는다.

11 유 한림은 차분하고 신중한 성격이지만 다소 판단력이 부족한 인물이다.

12 〈보기〉의 글쓴이는 '남정기'에 대해 하릴없이 지은 작품들과는 비교할 수 없기에 한문으로 번역했다고 하면서, '남정기'가 허황하거나 경박하고 화려한 다른 패관 소설과 다르다고 언급하고 있다. 따라서 이 글이 허황하고 화려하다는 것은 〈보기〉의 글쓴이가 평가한 내용으로 볼 수 없다.

어휘력 다지기 p. 93

01 참언	02 천거	03 추호	04 투기	05 책망
06 만류	07 비방	08 탕진	09 범인	10 천수
11 고혹	12 견문발검	13 내유외강	14 오월동주	

02 임경업전

p. 94~100

01 ① **02** ① **03** ③ **04** 금은을 청한 세자와 달리, 대군은 조선에서 잡혀 온 사람들을 청하며 백성을 먼저 생각하는 모습을 보였기 때문이다. **05** ④ **06** ④ **07** ⑤ **08** 충신 **09** ③ **10** ④ **11** 영웅적 면모, 전기적(비현실적) 요소 **12** ④

작품 한눈에 보기 ❶ 영웅 ❷ 비극 ❸ 김자점 ❹ 충절 ❺ 병자호란

01 이 글에서 공간적 배경이 세밀하게 묘사된 부분은 찾을 수 없다.

02 [A]에서 호왕은 '네 목숨이 내게 달렸거늘'에서 불리한

상황을 지적하고, '항복하면 왕을 봉하리라.'에서 보상을 제시하며 임경업의 항복을 회유하고 있다.

✘ **오답 풀이** ⑤ 호왕은 '네 목숨이 내게 달렸'다며 임경업을 위협하고 있다. 그러나 임경업은 병자년 당시의 상황을 환기하고 있으나, 자신의 절개를 드러내고 있을 뿐 상대방의 행동을 바꾸려 하는 것은 아니다.

03 ⓒ에서 호왕은 죽음을 코앞에 두고도 충성심과 절개를 잃지 않는 임경업을 높이 평가하고 있을 뿐, 임경업에 대한 우려나 안타까움을 드러내고 있지는 않다.

04 호왕이 세자와 대군을 보내 주겠다고 하며 소원을 말하라고 하자, 세자는 금은을 청한 데 비해 대군은 조선에서 잡혀 온 사람들을 청했다. 따라서 호왕이 대군을 기특히 여긴 것은 대군이 백성을 먼저 생각하는 마음을 기특히 여긴 것으로 볼 수 있다.

05 김자점의 흉계로 감옥에 갇힌 임경업은 옥졸들이 물도 주지 않는 상황에 탄식하면서도 "이는 필시 하늘이 나를 죽게 하심이니 누구를 원망하리오."라고 말한다. 따라서 임경업이 '상'을 원망한다는 것은 적절하지 않다.

06 임경업은 잡혀가면서 함께 고생해 온 격군들에게 은혜를 갚을까 하였는데 죽게 되었으니 각각 돌아가 잘 있으라는 말을 남긴다. 이는 자신의 위기 상황에서도 군사들에 대해 안타까워하는 임경업의 인간적인 면모를 보여 주는 부분으로 이를 청에 대한 적대감과 연결 짓는 것은 적절하지 않다.

07 ⓒ에서는 억울하게 잡혀가는 임경업이 슬퍼하는 모습을 보고 '산천초목(자연)'도 같이 슬퍼하였다고 말하고 있는데, 이는 임경업이 처한 상황에 대한 서술자의 주관적 논평에 해당한다.

08 '상'은 임경업을 모함하는 김자점의 말에 "무슨 연고로 만고 충신을 해하려 하는가?"라고 말하고 있고, 격군들은 억울하게 잡혀가는 임경업에게 "장군의 충성이 하늘에 사무쳤으니 설마 어떠하리오."라고 말하고 있다. 이로 보아 '상'과 '격군'은 모두 임경업을 충신으로 여김을 알 수 있다.

09 김자점은 경업을 잡아 가둔 이유를 묻는 상에게 어쩔 수 없이 역적이어서 잡아 가두었다고 했으나, 이에 대한 임경업이 "무엇이 부족하여 모반할 마음을 두어 나를 해코자 하느냐?"라고 하자 말을 하지 못한다. 따라서 김자점이 임금 앞에서 임경업이 역적인 이유를 밝히며 임경업과 대립한 것은 아니다.

10 '상'과 대군은 임경업을 충신으로 여기며 아꼈으나 김자점의 흉계를 막지는 못했다. 그러나 이것이 현실보다 명

분에 집착했기 때문이라고 볼 수는 없다.

11 〈보기〉에서 박 씨는 '옥화선'을 쥐고 불을 붙이는 도술을 사용하고 있다. 이는 고전 소설의 전기적(비현실적) 요소로, 박 씨가 초인적인 능력을 가진 영웅임을 보여 준다. [A]는 임경업이 옥에 갇혀 있다가 김자점의 흉계에 대해 알고는 옥을 바로 부수고 탈출하는 장면으로 임경업의 범상치 않은 영웅적 면모와 비현실적 요소가 나타난다.

12 [B]는 임경업이 상에게 북경에 잡혀간 일 이후에 일어난 사건을 요약적으로 제시한 부분으로 이전에 일어난 사건의 정황을 드러내고 있다.

어휘력 다지기   p. 101

01 ⓒ	02 ⓒ	03 ㉠	04 ㉣	05 계교
06 사은	07 하직	08 위세	09 대경	10 탄복
11 천행	12 신원	13 대역	14 매복	

---

03 홍계월전
p. 102~108

01 ② **02** ⑤ **03** ④ **04** 남장 **05** ③ **06** 천자는 평국이 여자라는 사실을 알게 되었음에도 그의 뛰어난 능력을 인정하며, 평국의 벼슬을 거두지 않았다. 즉, 천자는 평국을 성별에 관계없이 능력으로 평가하며 신뢰하고 있다. **07** ④ **08** ⑤ **09** ④ **10** ④ **11** ③ **12** ①

작품 한눈에 보기 ❶ 영웅 ❷ 남장 ❸ 천자 ❹ 영웅적

01 홍계월(평국)이 천자에게 올린 상소 중 '한림학사 겸 대원수~조정에 들어왔습니다.'에 홍계월이 어린 시절부터 고난을 겪은 과정, 남장을 하고 조정으로 들어오게 된 과정 등이 요약적으로 제시되고 있다.

02 계월이 과거에 장원 급제하는 것은 계월의 뛰어난 능력을 보여 주는 부분으로, 계월이 다시 위기에 처한 것을 보여 주는 것은 아니다. 계월이 이차적으로 겪은 위기는 계월이 남장을 한 사실을 들키게 되는 부분이라고 볼 수 있다.

03 ㉠에서 계월은 남장을 한 사실이 들키게 되었으니 본래의 여성의 모습으로 돌아가 규중에서 지내야 할 것이라고 생각하고 있다. 계월이 남장을 한 것은 당시에 여성이 사회적 역할을 하는 데에 제약이 있었기 때문이다.

04 (나)의 상소에서 계월은 부모와 이별한 후 집 안에서만 지내지 않기 위해 남장을 했음을 알 수 있고, (가)의 천자의 말을 통해 남장을 한 계월은 남자와 다름없이 전쟁터에서 활약했음을 알 수 있다.

05 평국은 '자식이 되어 부모의 명령을 어찌 거역하며, 천자의 하교를 어찌 배반하겠습니까?'라며 보국과의 혼인을 받아들이지만, '눈물을 흘리고 남자가 되지 못함을 한스럽게 여'긴 것으로 보아 혼인을 기뻐하며 받아들인 것은 아니다.

06 '문재와 무재를 겸비하고~어찌 벼슬을 거두겠는가?'라는 대사와 답서의 내용을 통해 평국이 여자라는 사실에도 그의 능력을 높이 평가하며 벼슬을 거두지 않는 천자의 모습이 나타나며, 이를 통해 평국을 성별에 관계없이 높게 평가하며 신뢰하는 태도를 엿볼 수 있다.

07 평국이 자신이 여자임을 밝혔음에도 천자는 평국에게 계속 벼슬을 할 것을 명한다. 이에 평국은 조정에 나가기 위해 조복을 갖추면서 자신이 여자임을 더 이상 숨길 필요가 없기에 여자의 옷차림 위에 조복을 걸친 것이다.

08 [A]에서 위국공은 보국을 평국의 배필로 삼으라는 천자의 제안을 수용할 뜻을 밝히며, 평국이 여공의 은혜를 입었던 지난날부터 평국과 보국이 과거 급제 후 전쟁터에 함께 나갔다 돌아온 사건을 요약적으로 제시하고 있다.

09 보국은 계월이 자신을 중군장으로 부리려 한다며 여공에게 하소연하고 있다. 이를 통해 보국은 공과 사를 제대로 구분하지 못하고, 가부장적 사고방식을 가지고 있음을 알 수 있다. 즉 보국은 아내인 계월이 남편인 자신에게 명령을 내리는 것을 탐탁지 않게 여기고 있는 것이다.

10 ㉡은 보국이 위기에 처한 상황으로, '아무에게도 도움을 받지 못하는, 외롭고 곤란한 지경에 빠진 형편'이라는 뜻의 '사면초가'라고 할 수 있다.
✘**오답 풀이** ① 충성을 다하여서 나라의 은혜를 갚음. ② 죽은 뒤에라도 은혜를 잊지 않고 갚음. ③ 두 사물이 비슷하여 낫고 못함을 정하기 어려움. ⑤ 적을 거침없이 물리치고 쳐들어가는 기세를 이르는 말

11 [A]에는 거칠 것 없이 전장을 누비는 홍 원수의 모습이 나타나 있다. ③은 김종서의 시조로 시련 속에서 굽히지 않는 무인의 호탕한 기개가 나타나 있다.
✘**오답 풀이** ① 이황의 〈도산십이곡〉 11수로 학문 수양에 대한 변함없는 의지를 노래하고 있다. ② 영천 이씨(정몽주 어머니)의 시조로 나쁜 무리와 어울리는 것에 대한 경계를 담고 있다. ④ 성삼문의 시조로 죽음을 각오한 굳은 지조를 노래하고 있다. ⑤ 길재의 시조로 망국의 한과 인생무상이 나타난다.

12 ㉢은 계월이 보국을 구출해 낸 다음, 평소 자신을 업신여긴 보국을 조롱하는 대사이다. 이는 당시 남성 중심의 유교적 사회 질서하에 있던 여성들에게 대리만족을 주는

것으로, 당대 시대상을 고려할 때 주요 독자층인 여성의 욕구가 반영된 것으로 볼 수 있다.

어휘력 다지기　　　　　　　　　　　　　　p. 109

01 규중	02 배필	03 위의	04 진맥	05 누설
06 연고	07 본색	08 고금	09 명의	10 상소
11 복색	12 생사고락	13 좌충우돌	14 파죽지세	

04 최척전　　　　　　　　　　　p. 110~116

01 ④　　**02** ⑤　　**03** ④　　**04** 옥영에게 훗날 최척과 재회하는 기쁜 일이 있을 것을 암시한다　　**05** ⑤　　**06** 우연성　　**07** ②　　**08** ②　　**09** ②　　**10** ⑤　　**11** ②　　**12** ②

작품 한눈에 보기　❶ 전쟁　❷ 사실성　❸ 재회

01 이 글에서는 실제로 일어날 법한 사실적인 성격의 사건이 펼쳐지고 있으며, 기이하고 비현실적인 요소는 두드러지지 않는다.

02 여유문과 돈우가 최척과 옥영에게 삶의 의욕을 갖게 해 주었다고 볼 수는 없다. 삶의 뜻을 잃었던 옥영이 마음을 바꾼 것은 장륙불의 꿈을 꾸었기 때문이다.
✘**오답 풀이** ①, ② 여유문은 최척의 하소연을 듣고 그를 데려간 뒤 용모가 빼어나고 말타기와 활쏘기를 잘하는 등 재주가 있는 최척을 아끼게 되었다. 돈우 또한 옥영을 구한 뒤 명민한 옥영을 마음에 들어했다. ③ 최척은 명나라 장수인 여유문을 따라 명나라로 가고, 옥영은 돈우를 따라 일본 나고야로 감으로써 공간적 배경이 확대되고 있다. ④ 최척과 옥영이 공간적으로 떨어져 있는 상황은 전쟁으로 이별한 인물의 처지를 효과적으로 보여 주고 있다.

03 ㉠에는 가족이 모두 해를 입어 의지할 데가 없어져 버린 최척의 상황이 제시되고 있으므로, '의지할 만한 사람이 아무도 없음'을 뜻하는 '사고무친'으로 나타낼 수 있다.
✘**오답 풀이** ① 고국의 멸망을 한탄함. ② 좋은 일에는 흔히 방해되는 일이 많음. 또는 그런 일이 많이 생김. ③ 남에게 입은 은혜가 뼈에 새길 만큼 커서 잊히지 아니함. ⑤ 재앙과 근심, 걱정이 바뀌어 오히려 복이 됨.

04 ㉡의 꿈에는 장륙불이 나와 '훗날 반드시 기쁜 일이 있을 것'이라며 죽어서는 안 된다고 했다. 이후 최척과 재회하는 사건이 전개되는 것으로 보아 ㉡의 '기쁜 일'은 옥영이 최척과 재회하는 일이라고 볼 수 있다.

05 최척은 일본인 배에서 들려오는 염불하는 소리를 들

고 그 구슬픈 소리에 자신의 신세를 생각하다가 퉁소를 꺼내 연주한다. 즉 최척이 염불하는 소리를 듣고 놀란 것은 아니며, 이후 조선말로 시를 읊는 소리에 놀란 것이다.

06 최척이 배를 타고 안남에 장사하러 갔을 때 그곳에는 일본인 상선 10여 척도 정박해 있었는데 이는 고전 소설의 우연성이 드러나는 부분이다. 이후 일본인 배에서 조선말로 시를 읊는 소리가 들려오고 이를 매개로 최척과 옥영이 재회하게 된다.

07 가족들을 잃고 이국땅을 떠돌던 최척은 퉁소로 슬픈 곡조를 불어 가슴속에 맺힌 슬픔과 원망을 풀어 보려 했다. 그러므로 ㉠에 가사를 붙인다면 그 내용은 헤어진 가족이나 아내에 대한 애틋한 그리움이 담겨 있을 것이다. ②에는 이별한 '당신'에 대한 생각을 떨치지 못할 것이라고 노래하고 있으므로 ㉠과 유사한 정서가 나타난다.
✖**오답 풀이** ① 가을 산중의 풍경 ③ 자연과 일체가 된 경지 ④, ⑤ 자연 속에서 은둔하려는 의지

08 [A]는 일본 배에서 들려오는 조선말로 시를 읊는 소리로, 옥영이 최척의 퉁소 소리를 듣고 읊은 것이다. 이는 고요하고 깊은 밤이라는 시간적 배경과 조응하여 애상적 분위기를 고조시키며, 옥영의 심리를 간접적으로 드러내면서 구슬프게 퉁소를 불던 최척을 놀라게 한다. 그러나 이를 통해 공간의 변화를 나타내고 있지는 않다.

09 최척과 옥영의 재회는 두 사람이 예상치 못했던 우연하고도 극적인 만남으로, 재회한 두 사람은 얼싸안고 뒹굴다가 눈물이 다하자 피눈물을 흘릴 만큼 기쁨과 감격을 보이고 있다.

10 최척은 중국 배, 옥영은 일본 배에 타고 있었으므로 이 점이 드러나도록 인물의 의상 등을 준비하는 것은 적절하다. 그러나 두 배의 사람들은 최척과 옥영의 재회에 놀라움과 감탄을 드러낼 뿐 갈등하고 있지는 않다.

11 ㉡의 퉁소 소리는 최척이 연주한 것이지만 최척이 ㉠을 이끌어 내기 위해 연주를 한 것은 아니다. 최척은 예상치 못한 ㉠을 듣고 몹시 놀라고 있다.

12 ㉢에서는 두홍의 성격을 서술자가 직접적으로 제시하고 있다. 나머지는 모두 인물의 행동 묘사나 대화를 통해 인물의 성격이나 심리를 간접적으로 제시하고 있다.

---

05 호질
p. 118~124

01 ④ **02** ⑤ **03** ④ **04** ② **05** ⑤ **06** ⑤ **07** 어허, 유자여! 더럽다. **08** ⑤ **09** 북곽 선생과 동리자가 밀회를 하는 모습을 통해 두 인물의 부도덕성을 보여 줌으로써 인물의 위선과 이중적인 면을 비판하고 있다. **10** ③ **11** ④ **12** ⑤ **13** 농부

작품 한눈에 보기 ❶ 우화 ❷ 범 ❸ 농부 ❹ 작가 ❺ 풍자 ❻ 행동

01 (라), (마)에서 북곽 선생과 동리자에 대한 정보를 서술자가 요약적으로 제시하고 있다.
✖**오답 풀이** ⑤ 언어유희를 통해 해학성이 드러나는 부분은 있지만 인물을 우스꽝스럽게 표현하고 있지는 않다.

02 이올은 이유를 들어 범에게 의원과 무당을 저녁거리로 권하고 있다.
✖**오답 풀이** ① 굴각은 저녁거리로 사람을 추천했고, 이올은 그중 의원과 무당을 추천했으므로 의견 대립을 보인다고 볼 수 없다. ② 동리자의 다섯 아들이 성이 다른 것은 동리자가 수절하지 않았음을 보여 준다. ③ 범은 의원과 무당을 모두 비판적으로 바라보고 있으므로 대조적으로 평가한다고 볼 수 없다. ④ 천자와 제후는 북곽 선생과 동리자의 실상을 알지 못하고 외면만 보고 높이 평가했으므로 사람을 평가할 때 내면을 중시했다고 볼 수 없다.

03 ㉠은 동음이의어를 활용한 언어유희가 사용된 표현으로, ④에는 언어유희가 사용되지 않았다.
✖**오답 풀이** ①, ③은 동음이의어에 의한 언어유희, ②는 발음의 유사성에 의한 언어유희, ⑤는 유사 음운의 반복에 의한 언어유희가 나타난다.

04 동리자는 절개가 높고 수절을 잘하는 부인으로 이름이 높았는데 실상은 다섯 아들의 성이 모두 달랐다는 것은 동리자가 겉과 속이 다른 인물임을 보여 준다. 이는 '겉으로 드러나는 언행과 속으로 가지는 생각이 다름'을 뜻하는 '표리부동'이라는 말로 나타낼 수 있다.
✖**오답 풀이** ① 난처한 일이나 불행한 일이 잇따라 일어남. ③ 마음과 마음으로 서로 뜻이 통함. ④ 처지를 바꾸어서 생각하여 봄. ⑤ 진심에서 우러나오는 변치 않는 마음

05 다섯 아들들은 어머니의 방에서 들려오는 북곽 선생의 목소리를 듣고도 "북곽 선생과 같은 점잖은 어른이 과부의 방에 들어올 리가 있겠나?"라고 하며 목소리 주인이 둔갑한 여우라고 여기고 있다. 이는 북곽 선생의 명성 때문에 상황을 제대로 파악하지 못하는 어리석은 모습이다.

06 (자)에서 북곽 선생은 범에 대한 두려움으로 비굴한

모습을 보이며 아첨하고 있을 뿐, 자신의 행동을 반성하고 있다고 볼 수는 없다.

07 똥구덩이에서 기어 나온 북곽 선생을 본 범이 "어허, 유자여! 더럽다."라고 말한 것은 범의 입을 빌려 당시 선비들을 직접적으로 비판한 것에 해당한다.

08 '하토의 천신'은 북곽 선생이 맡은 직책이 아니라 북곽 선생이 범 앞에서 자신을 낮추어 이른 말이다.

09 (바)에는 북곽 선생과 동리자가 방 안에서 몰래 만나는 모습이 나타난다. 명망 높은 유학자와 절개가 높다고 알려진 과부가 몰래 만나는 모습은 이들의 위선과 이중성을 보여 준다.

10 '범'은 인간을 심판하는 자가 아니라 작가를 대변해 질책하는 인물이며, 선비를 질책하기는 하나 교화한다고 볼 수는 없다.

11 범은 인간이 사강을 훈계하고 권고하지만, 오륜을 지키지 못해 형벌을 받는 사람이 많음을 지적하고 있다. 즉 범은 인간이 말과 달리 악행을 저지르는 경우가 많다는 점을 지적하고 있을 뿐 인간 세상의 형벌이 잔인하다고 한 것은 아니다.

12 북곽 선생은 범의 질책에 진정한 반성과 깨달음 없이 아부와 임기응변으로 위기를 모면하려 하고 있다. ⑤의 상황에서 실수를 아부로 얼버무리려 하는 '갑'의 태도가 이와 유사하다.

13 새벽 일찍 밭을 갈러 나온 농부는 북곽 선생과 대조적인 인물로, 북곽 선생이 농부의 질문에 자신의 비굴한 모습을 합리화하는 것을 통해 북곽 선생의 위선적인 모습을 재확인하게 한다.

어휘력 다지기 p. 125

01 굴복	02 대인	03 명망	04 정표	05 둔갑
06 훈계	07 슬하	08 비굴	09 신령스러운
10 조아리며	11 탐탁지	12 광명정대	13 교언영색	14 표리부동

06 **채봉감별곡** p.126~132

01 ① **02** ④ **03** ⑤ **04** ⑤ **05** 채봉을 첩으로 보내려는 이유는 김 진사가 과천 현감(벼슬)을 할 수 있고, 채봉이 호강을 할 수 있으며, 이 부인이 정경부인이 될 수도 있기 때문이다. **06** ② **07** ⑤ **08** ③ **09** 재상의 별실(허 판서의 첩)이 되기보다는 필성의 아내가 되고 싶다. **10** ⑤ **11** ① **12** 눈물이라, 눈물이라 **13** ② **14** 채봉과 필성이 다시 만나는 계기가 된다.

작품 한눈에 보기 ❶ 애정 ❷ 혼인 ❸ 돈 ❹ 거역 ❺ 주체적

01 김 진사와 이 부인의 대화로 사건이 전개되고 있다.
✘오답 풀이 ② 구체적 배경은 나타나 있지 않다. ③ 시간의 흐름에 따라 사건이 전개되고 있다. ④ 과장된 표현이나 비극성은 드러나지 않는다. ⑤ 인물의 대사 등에 사투리는 활용되지 않았다.

02 이 부인은 처음에는 딸 채봉을 허 판서의 첩으로 보내겠다는 김 진사의 의견에 반대하지만, 채봉이 허 판서의 첩이 되면 자신이 정경부인이 될 수도 있다는 말에 솔깃해하고 있다. 따라서 이 부인이 김 진사와 대립하지 않고 김 진사의 말을 따를 것이라고 짐작할 수 있다.

03 ㉠에서 김 진사는 첩이 되어도 호강만 하면 된다는 태도를 보이고 있다. 따라서 무슨 수단이나 방법으로라도 목적만 이루면 된다는 뜻의 '모로 가도 서울만 가면 된다'라는 속담을 이용하여 비판할 수 있다.
✘오답 풀이 ① 대수롭지 않은 일에 너무 크게 성을 내어 덤빔. ② 자기의 실력이 부족한 줄 모르고 도구가 나쁘다고 핑계 댐. ③ 자기가 잘못하고도 되려 화를 냄. ④ 일의 순서를 가리지 않고 성급하게 덤빔.

04 ⓔ는 허 판서의 본처를 의미한다.

05 김 진사는 돈과 권세만 중요시하는 인물로, (나)와 (다)에 채봉을 첩으로 보내려는 이유가 나타나 있다.

06 이 소설은 전지적 작가 시점으로 소설 밖의 서술자가 인물의 심리를 직접 설명하고 있다.

07 채봉은 부모에게 염려를 끼칠지라도 필성에 대한 마음을 지키겠다고 하고 있다.

08 (사)에서 채봉은 부모의 뜻을 따르지 않고 자신의 생각과 판단을 바탕으로 자율적으로 의사 결정을 하는 모습을 보이고 있다. 따라서 이러한 채봉의 모습은 〈보기〉에서 언급한 '근대성'을 보여 준다고 할 수 있다.

09 대화의 맥락상 '닭의 입'은 여염집 부인, 즉 장필성의

아내를 의미하고, '소의 뒤'는 재상의 별실, 즉 허 판서의 첩을 의미한다.

10 필성은 채봉을 만나기 위해 이방이 된 것으로 보아 사랑을 이루기 위해 적극적으로 행동하는 인물이다.

11 이 감사는 송이에게 관심과 배려를 보인 자상한 인물로, 송이와 필성이 재회할 수 있도록 도왔다.

✘오답풀이 ㄷ. 허 판서를 직접 응징한 것은 아니다. ㄹ. 송이의 재주를 알아보았지만 가르친 것은 아니다. ㅁ. 효를 행하도록 이끈 것은 아니다.

12 '눈물이라 하는 것은 인정의 지극한 이슬이라. 그러므로 억울하고 그리워도 눈물이요, 좋고 반가워도 눈물이라.'는 서술자가 직접 개입하여 송이의 눈물의 의미를 설명한 부분이다.

13 기생 송이가 된 채봉은 이 감사의 배려로 관아에 와서 지내다 필성과 재회한다. (아)에서 채봉이 이 감사에게 고마움을 드러내는 것으로 보아, 관아에 온 것은 고난이 아니라 채봉에게 도움이 되는 상황이었음을 알 수 있다.

14 이 감사(사또)는 채봉(송이)이 쓴 「추풍감별곡」을 보고 울며 잠든 채봉을 깨워 사정을 들은 후에 필성과 만나게 해 준다.

p. 133

01 ㉢	02 ㉣	03 ㉤	04 ㉠	05 소회
06 세도	07 거역	08 주선	09 곤경	10 신의
11 해코지	12 금지옥엽	13 결초보은	14 부귀공명	

현대 소설

01 고향

p. 134~140

01 ④ **02** ⑤ **03** ④ **04** 나는 그의 고단해 보이는 외모(신산스러운 표정) 때문에 처음에 느낀 거부감(반감)이 동정심으로 변하였다. **05** ④ **06** 술 **07** ① **08** ① **09** ② **10** ⑤ · **11** ④ **12** ③ **13** ③ **14** ⑤

작품 한눈에 보기 ❶ 액자 ❷ 기차 ❸ 유랑 ❹ 동질감 ❺ 조선

01 이 글은 액자식 구성으로 현재에서 과거의 이야기로 역행하고 있다.

✘오답풀이 ① (다)에서 '그'의 과거를 압축적(요약적)으로 제시하고 있다. ② 외화는 서술자가 소설 속에 있는 1인칭 시점, 내화는 서술자가 소설 밖에 있는 3인칭 시점이다. ⑤ (나)에서 '그'의 외양 묘사를 통해 힘들게 살아온 '그'의 처지를 암시하고 있다.

02 (다)에서는 '그'의 과거 내력을 제시하고 있는데, 이를 통해 (가), (나)에 나타난 '그'가 고향을 떠나 유랑하고 있는 상황에 필연성을 부여하고 있다.

03 ④는 사삿집보다 역둔토를 소작하는 것이 '떨어지는 것', 즉 이익이 더 많았음을 의미한다.

04 ㉠에서 '나'는 말을 거는 '그'에게 굳이 대답하기도 싫어했으나, '그'의 고단한 삶이 드러나는 얼굴과 신산스러운 표정을 보고 ㉡에서는 '그에게 대한 반감이 풀리는 듯'했다고 한다.

05 '그'는 황폐해진 고향을 보고 안타까움과 허탈, 분노를 느끼는 것이지 죄책감을 느끼는 것이 아니다.

06 '나'가 '그'에게 술을 따라 주는 것은 위로의 의미이며, 이를 통해 '그'와 '나' 사이에 공감대가 형성되고 있음을 알 수 있다.

07 ㉠은 황폐해진 고향을 보고 느끼는 회한, 비애, 분노, 안타까움의 눈물이다. 의심을 품는 것을 의미하는 '회의'의 감정은 드러나지 않는다.

08 ㉡은 '그'의 삶의 모습이 한 개인의 이야기가 아니라 당시 우리 민족의 삶을 대변함을 드러내는 표현이다. 실제 조선인의 생김새를 의미하는 것은 아니다.

09 ㉢에서 '그'는 혼인 말이 있던 여자가 자신과 비슷한 처지였다고 말하고 있다. 이와 의미가 통하는 것은 '어려운 처지에 있는 사람끼리 서로 가엾게 여김'을 의미하는 '동병상련'이다.

✘오답풀이 ① 마음과 마음으로 서로 뜻이 통함. ③ 처지를 바꾸어서 생각하여 봄. ④ 난처한 일이나 불행한 일이 잇따라 일어남. ⑤ 오래지 않은 동안에 몰라보게 변하여 아주 다른 세상이 된 것 같은 느낌

10 이 글은 1인칭 관찰자 시점으로 '나'는 관찰자의 입장에서 서술하고 있으나, '나'는 '그'에게 동질감과 동정, 연민을 느끼고 있으므로 '그'를 객관적으로 바라보고 있다고 볼 수 없다.

11 (아)에서 '그'는 그녀를 만났을 때, 눈물도 안 나오고 정종만 마시고 헤어졌다고 말하고 있다.

12 이 글은 '그'를 통해 식민지 상황에서 힘든 삶을 살아가는 조선 민중의 모습을 보여 주고 있다.

13 ㉠에서 '그'는 돌이킬 수 없는 지난 일에 이야기도 부질없다는 태도를 보이고 있다. 이는 '이왕 그릇된 일은 생각하여도 쓸데없다'는 뜻의 ③으로 나타낼 수 있다.

✗오답풀이 ① 겉만 번지르르하고 실속이 없음. ② 임시변통은 될지 모르나 그 효력이 오래가지 못할 뿐만 아니라 결국에는 사태가 더 나빠짐. ④ 아무리 애를 써도 보람이 없는 일. ⑤ 전체를 포괄적으로 보지 못하는 매우 좁은 소견이나 관찰을 비꼬는 말

14 [A]는 당대의 비참한 현실을 풍자적으로 드러낸 노래로, 해학적 성격과는 거리가 멀다.

어휘력 다지기 p.141

01 소출	02 주추	03 빈주먹	04 신작로	05 당도
06 유리	07 서슬	08 탕감	09 겅성드뭇	10 장구한
11 음산한	12 신산스러운		13 남부여대	14 동병상련

---

02 태평천하
p.142~148

01 ③　**02** ③　**03** 겉으로는 치켜세우는 듯하지만 실제로는 비꼬며 조롱하고 있다.　**04** ⑤　**05** ④　**06** ①　**07** ⑤　**08** ④　**09** 반어　**10** ③　**11** ②　**12** ④　**13** 일제 강점기를 태평천하라고 하는 윤 직원 영감의 왜곡된 현실 인식을 통해 이기적이고 반민족적인(친일적인) 행태를 풍자, 비판하고 있다.

작품 한눈에 보기 ❶ 풍자 ❷ 경어체 ❸ 풍자 ❹ 화적패 ❺ 일제 강점기 ❻ 반어적

01 이 글의 서술자는 전지적 시점에서 주관적으로 인물을 평가하며 서술하고 있으므로 객관적인 시선으로 사건을 전달한다고 볼 수 없다.

02 (나)에서 윤 직원 영감의 말투는 외양과 달리 경망스러운 느낌을 줌을 알 수 있다. 또한 인력거꾼과의 대화에서 우기는 모습으로 보아 조심성이 많다고 볼 수 없으며, 자신의 이익을 적극적으로 좇는 인물임을 알 수 있다.

03 [A]에서 서술자는 윤 직원 영감의 풍신에 대하여 예전이었으면 '일도의 방백'이었을 텐데 광대로 인식 착오를 하거나 캐러멜 대장 감으로 여긴다고 하고 있다. 이는 겉으로는 예찬하는 듯하지만 실제로는 희화화하면서 조롱하는 의

도로 볼 수 있다.

04 ㉣은 윤 직원 영감이 마음대로 인력거 삯을 깎아서 준 뒤 그 돈이 적지 않다고 우기는 모습이다.

05 이 글에서는 서술자가 경어체를 사용함으로써 독자와의 심리적 거리가 좁아져서 친밀감이 형성되고 있으며 서술자와 인물 사이에는 거리감이 생기고 있다. 이를 통해 자연스럽게 인물과 독자 사이에 대립 구도가 형성되고, 서술자는 독자와 가까운 위치에서 거리가 있는 인물을 조롱하며 풍자하는 효과를 거두고 있다.

06 이 글의 서술자는 겉으로는 윤 직원 영감의 심정을 이해하고 '웅장한 절규'나 '위대한 선언'과 같은 표현으로 그의 언행을 치켜세워 주는 것 같지만 이는 반어적인 표현으로 이면적으로는 비판과 공격의 의도를 지니고 있다.

07 (사)에서 윤 직원 영감은 '돈을 모으는 데 무얼 어떻게 해서 모았다는' 것은 상관할 바가 아니라고 여김을 알 수 있다.

08 ㉠은 윤 직원 영감의 아버지인 윤용규가 화적패에게 비명의 죽음을 당했을 때를, ㉡은 윤 직원 영감이 고난과 풍파 속에서 재물을 모으고 아버지의 죽음까지 겪은 일을 의미한다.

09 표현의 효과를 높이기 위해 실제 의도와 반대로 진술하는 것은 '반어'에 해당한다.

10 윤 직원 영감은 일제 강점기를 일제가 통치하며 공명한 정사를 하고, 조선을 보호해 주는 '좋은 세상', '고마운 세상'이라고 여기고 있다. 그러나 이는 '부자 놈의 자식'이 '떵떵거리고 편안허게 살' 수 있는 세상이기 때문이지, 누구나 자신의 재능을 펼치고 떵떵거릴 수 있는 세상이기 때문은 아니다.

11 윤 직원 영감은 종학이 사회주의 운동을 하다 잡혀간 일로 분노를 드러내는데, 집안사람들은 이에 숨도 크게 쉬지 못하고 조용히 있다가 윤 직원 영감이 지나치게 화를 내는 모습에 상성이 된 것 아닌지 의구심을 드러낸다. 그러나 윤 직원 영감과 집안사람들이 갈등하는 모습은 나타나 있지 않다.

12 '태평천하'는 식민지 현실에 순응하는 윤 직원 영감의 왜곡된 역사의식을 드러내는 말로, 유교적 이상 사회와는 거리가 멀다.

✗오답풀이 ①, ③ '태평천하'는 일제 강점기 우리 민족이 처한 현실과 상반된 표현으로, 반어적 표현에 해당한다. ②,

⑤ 윤 직원 영감의 반민족적이고 왜곡된 역사의식을 드러내어 당대 친일 지주 계층의 의식을 풍자하는 표현이다.

13 이 글에서는 일제 강점기를 '태평천하'라고 인식하는 윤 직원 영감을 통해 친일 지주 계층의 이기적이고 반민족적인 행태를 풍자하고 있으며 더 나아가서는 왜곡된 식민지 현실을 풍자하고 있다.

어휘력 다지기 p. 149

01 ㉣	02 ㉡	03 ㉠	04 ㉢	05 부지기수
06 선친	07 참섭	08 풍신	09 노상	10 나우
11 질펀히	12 ㉡	13 ㉢	14 ㉠	

03 아홉 켤레의 구두로 남은 사내 p. 150~156

01 ③ **02** ② **03** ⑤ **04** ④ **05** 사타귀에서 방울 소리가 나도록 **06** ⑤ **07** ④ **08** ③ **09** 부탁을 거절당해 상처 입은 자존심을 회복하기 위해서이다. **10** ③ **11** 표면적 갈등은 개인(나)과 개인(권 씨) 간의 갈등이며, 근본적 갈등은 개인과 사회와의 갈등이다. **12** ① **13** ④

작품 한눈에 보기 ❶ 관찰자 ❷ 강도 ❸ 자존심 ❹ 사회 ❺ 부재

01 (가)~(나)에서 작중 인물인 권 씨의 회상을 통해 과거의 사건이 제시되고 있다.

02 '나'는 권 씨네의 상황에 염려를 표할 뿐 권 씨를 위로해 주고 있지는 않다. 오히려 권 씨가 염려를 드러내는 '나'에게 염려할 것 없다며 위로하는 투로 말했다.

03 ㉠은 땅을 이미 전매 소유한 사람들에게 내린 부당한 조치이므로, 투기 목적으로 분양받은 사람들을 대상으로 한다고 볼 수 없다.

04 ㉢에는 당국의 불합리한 조치에 따라 서둘러 집을 지었음에도 집을 갖는다는 기쁨에 고마워하는 모습이 나타나 있다. 이는 권 씨가 불만이 없는 선량한 시민이었음을 보여 준다.

05 '사타구니에 방울 소리가 나도록'은 아주 급하게 뛰어가는 모습을 비유하는 속담으로 (가)에서 집을 짓기 위해 급하게 뛰어다닌 권 씨의 모습을 나타내고 있다.

06 군중은 '나'가 직접 목격한 것이 아니라 권 씨가 목격한 것이다. '나'는 권 씨의 절박한 상황이 그 비참한 군중들의 상황과 비슷하다고 느껴 권 씨가 말해 주었던 그 상황을 떠올린 것이다.

07 '나'가 병원에 전화해서 보증을 서겠다고 하는 것은 돈을 빌려줄 수 없다는 것을 의미하는 것으로, 권 씨의 부탁을 외면하는 태도이다.

08 병원 원장은 환자보다 돈을 중시하는 이해타산적인 사람이다. '어리석은 사람'은 문맥상 이해타산적이지 않은 사람을 의미한다.

09 권 씨는 '나'에게 어렵게 한 부탁이 거절당한 뒤 자존심을 세우기 위해 ㉠과 같이 말하고 있다.

10 '술 냄새'는 권 씨가 술기운을 빌어 강도짓을 하는 것임을 드러낸다. 즉 권 씨는 자신의 능력으로는 문제를 해결하기 어려운 사회에서 병원비를 마련하기 위해 술기운을 빌리려 한 것이므로, 술 냄새가 현재 상황에서 도피하려는 태도를 드러낸다고 볼 수는 없다.

11 이 글에는 표면적으로는 '나'와 권 씨의 외적 갈등이 나타난다. 그러나 이러한 갈등이 일어난 근본적인 이유는 선량한 개인이 살기 힘든 부조리한 사회 현실이라고 볼 수 있다.

12 강도인 권 씨를 '나'가 걱정하고 도와주고 있으므로 '주인과 손의 위치가 서로 뒤바뀐다'는 의미인 주객전도의 상황이라고 할 수 있다.

✗오답 풀이 ② 아무에게도 도움을 받지 못하는, 외롭고 곤란한 지경에 빠진 형편. ③ 어물어물 망설이기만 하고 결단성이 없음. ④ 귀가 솔깃하도록 남의 비위를 맞추거나 이로운 조건을 내세워 꾀는 말. ⑤ 아첨하는 말과 알랑거리는 태도

13 ㉠은 자신이 강도로 위장했다는 사실을 잊고 문간방으로 향하는 권 씨에게, 그가 강도임을 일깨우는 말이다. '나'는 권 씨가 문간방으로 들어감으로써 강도의 정체를 노출하는 것을 막기 위해 일부러 정체를 모르는 척한 것이다.

✗오답 풀이 ⑤ 현재 '나'는 앞에 있는 사람을 권 씨가 아닌 강도로 대해야 권 씨가 아무 일 없이 집으로 돌아올 수 있을 거라고 생각한다.

어휘력 다지기 p. 157

01 변통	02 촌지	03 해산	04 날품팔이	05 상책
06 낭패	07 간파	08 질겁	09 암만	
10 부산스럽게		11 엉겁결	12 ㉠	13 ㉡
14 ㉢				

꼴찌에게 보내는 갈채 p. 158~164

01 ⑤   02 ①   03 ⑤   04 환호하고픈 갈망   05 ④   06 ③
07 ②   08 비참한 꼴찌의 얼굴   09 ③   10 ①   11 ④   12
정직하게 최선을 다하는 마라톤 후속 주자들의 모습을 통해 고통
과 고독을 이긴 의지력 있는 자세의 가치를 전하고자 했다.

작품 한눈에 보기 ❶ 꼴찌 ❷ 환호 ❸ 감동 ❹ 정직 ❺ 의지력
❻ 환호

01 이 글은 글쓴이의 경험을 바탕으로 그에 대한 깨달음
을 진솔하게 표현한 수필이다. '나'와 주변 인물 간의 갈등
은 나타나 있지 않다.

02 글쓴이는 마음속 깊숙이 환호에의 갈망을 지니고 있
으나, 요새는 그런 갈망을 풀 기회가 없다고 말하고 있다.

03 ㉠에서 글쓴이는 차량 통제로 버스가 움직이지 않는
것에 대해 엉뚱하게도 버스 안내양에게 짜증을 내고 있다.
이러한 태도는 노여움을 애매한 다른 데로 옮김을 비유적
으로 이르는 '종로에서 뺨 맞고 한강에서 눈 흘긴다'라는 말
로 비판할 수 있다.
✘**오답 풀이** ① 말은 순식간에 퍼진다는 뜻으로, 말을 삼가야
함을 이름. ② 서로 똑같기 때문에 말다툼이나 싸움이 됨.
③ 하찮은 존재라 하더라도 지나치게 자극하면 반항하게
됨. ④ 주관하는 사람 없이 여러 사람이 자기주장만 내세우
면 일이 제대로 되기 어려움.

04 글쓴이는 마라톤 경기를 하고 있다는 말을 듣고 마라
톤의 선두 주자를 떠올리며 온몸의 세포가 살아나는 것 같
은 느낌을 받고, 선두 주자를 보고 싶어 한다. 이는 마라톤
선두 주자를 보며 잘 싸우는 운동 경기를 볼 때처럼 환호하
고픈 갈망을 풀 수 있다고 생각했기 때문이다.

05 마라톤 경기 상황을 대화를 활용해 표현하고 있지는
않다.
✘**오답 풀이** ② (마)의 '아아, 신나라'에 드러난다. ③ (바)에
글쓴이가 삼거리에 도착했을 때의 상황이 묘사되어 있다.

06 '나'가 삼거리에 도착했을 때는 이미 선두 주자가 그곳
을 지나간 뒤였으며, '나'는 그곳에서 라디오방 스피커를 통
해 마라톤 경기를 중계하는 소리와 군중의 환호 소리를 들
었다.
✘**오답 풀이** ② '나'는 삼거리에 인파가 진을 치고 있을 것이
라고 생각했지만 삼거리에 군중은 없었다. ④ '나'는 라디오
방 스피커를 통해 군중의 환호성을 들었을 뿐 군중과 함께

환호하지는 않았다. ⑤ '나'는 멀리서 후속 주자가 오는 것
을 무감동하게 바라봤다.

07 (마)에서 '나'는 마라톤의 선두 주자를 볼 생각에 기대
감과 흥분을 가지고 삼거리로 향한다. 그러나 (바)에서 선
두 주자들이 이미 지나간 것을 알고 맥이 빠지고 실망하고,
(사)에서는 후속 주자가 멀리서 오는 것을 보고 조금쯤 우
습고 불쌍하다고 생각한다.

08 (바)에서 '나'는 삼거리에 이미 1등을 한 마라토너가 지
나갔다는 것을 알고 실망하면서 남아 있는 후속 주자들에
대해 '영광의 승리자의 얼굴'이 보고 싶었던 것이지 '비참한
꼴찌의 얼굴'을 보고 싶었던 것은 아니었다고 한다. 꼴찌의
얼굴이 비참할 것이라는 인식을 통해 후속 주자들에 대한
화자의 업신여김을 엿볼 수 있다.

09 이 글은 글쓴이가 마라톤 대회에 참가했던 경험이 아
니라, 우연히 마라톤 경기의 후속 주자들을 본 경험을 담고
있다.

10 글쓴이는 마라톤 후속 주자를 보며 '무서운 고통과 고
독을 이긴 의지력'에 감동을 받고 깨달음을 얻은 것이지,
꼴찌일지라도 삶을 즐기는 모습이 필요하다고 한 것은 아
니다.

11 ㉣ '미신적인 연대감'은 꼴찌에 가까운 주자가 고통을
인내하며 고독하게 달리는 모습에서 글쓴이가 느끼는 동질
감을 의미한다.

12 글쓴이는 마라톤 후속 주자들이 고독하게 자기와의
싸움을 하는 모습을 위대하다고 여기며, 그런 의지력 있는
삶의 자세가 의미 있음을 전하고 있다.

어휘력 다지기 p. 165

01 ㉣   02 ㉠   03 ㉢   04 ㉡   05 고역
06 인파   07 미신적   08 의례적   09 조소   10 선두
11 맹렬히   12 ㉢   13 ㉡   14 ㉠

 북어 대가리 p. 166~170

01 ④   02 ④   03 ④   04 ⑤   05 현대인은 익명성을 지니고
살아가며 현대 사회에서는 진정한 소통이 단절되어 있다.   06 ③
07 ③   08 ③   09 ⑤

작품 한눈에 보기 ❶ 희곡 ❷ 창고 ❸ 운전수 ❹ 창고 ❺ 방향
성 ❻ 가치관

01 이 글은 희곡으로, 서술자 없이 인물의 행동과 대사로 사건이 전개된다.

02 '운전수'는 상자가 어디로 운반되는지, 무엇에 쓰이는 물건인지 모르는 채 주어진 역할만 수행하고 있는 상황으로, 상자의 운반처와 사용처를 실제로 알면서 모르는 척하고 있는 것은 아니다.

03 '자앙'이 잘못된 것을 바로 잡으려는 행동은 그의 정직함과 책임감을 보여 준다. 그러나 상자의 쓰임새나 목적은 알지 못한 채 자기가 맡은 일만 하려는 것이므로 인간의 고유한 가치를 되찾으려는 의지로는 볼 수 없다.

04 ⓐ는 상자 주인에게 상자가 바뀌었다고 시인하는 내용의 편지를 보내는 일, ⓑ는 '운전수'가 상자 주인과 통할 수 있다고 생각하는 일, ⓒ는 편지가 상자 전달 과정을 따라가 주인에게 전달되는 것, ⓓ는 부속품 상자가 한 군데로 모아지는 것을 의미한다. '운전수'는 상자의 목적지를 모르기 때문에 ⓑ와 ⓒ가 착각이라고 말하고 있다.

05 ㉠에는 '운전수'가 일을 하며 만나는 인물들과 서로 별명으로만 부른다는 것을 통해 현대인의 익명성이 드러나고 있다. 이는 '딸기코'와 '외눈깔'이 같은 정거장에서 상자를 취급하면서 서로 얼굴 한 번 보지 못한다는 것에서도 드러나듯 현대 사회의 소통 단절을 보여 주고 있다.

06 '자앙'의 물건을 다 가져가려는 것으로 보아, '다링'은 욕심이 많고 배려할 줄 모르는 성격이다.

07 '기임'은 '자앙'의 선물에 고마워하고 있으므로, ㉡을 빈정거리는 말투로 연기하는 것은 적절하지 않다.

08 '북어 대가리'는 물질의 가치를 중시하는 배금주의와는 상관이 없다.

09 '다링'은 단순히 '기임'과 떠나기 위해 짐을 싸는 것을 도와주는 것이다.

어휘력 다지기   p.171

01 상연	02 암전	03 착오	04 허무	05 고유
06 회의	07 냉철	08 일관	09 융통성	
10 우유부단한		11 가식적	12 위선적	13 전락
14 소외				

---

01 이옥설 | 떨어져도 튀는 공처럼   p.172~174

01 ① **02** ⑤ **03** ⓐ 잘못, ⓑ 좀먹는 무리들 **04** ① **05** 화자는 둥근 공과 같이 시련(좌절)에 굴하지 않는 모습으로 살고자 한다. **06** ④

작품 한눈에 보기   ❶ 유추   ❷ 반복   ❸ 깨달음   ❹ 나라   ❺ 시련
❻ 의지적

01 (가)는 잘못을 알았을 때 바로 고치는 삶의 자세, (나)는 시련에 굴하지 않는 삶의 자세에 대한 지향이 나타난다.

02 A는 행랑채를 수리한 경험이고, B는 A에서 유추한 인간사에 대한 깨달음, C는 B의 깨달음을 나라의 정치로 확장, 적용한 내용이다. 따라서 A가 원인이고 B, C가 그 결과라고 볼 수는 없다.

03 행랑채를 수리한 경험에서 얻은 깨달음을 인간사와 나라의 정치에 유추하여 적용하면, 비가 샌 지 오래되었으나 바로 고치지 않은 것은 잘못을 알고서도 바로 고치지 않은 것과, 나라에서 백성을 좀먹는 무리들을 그냥 놔둔 것에 대응된다.

04 ㉮에서 비가 샌 지 오래된 것은 수리비가 엄청나게 들었는데, ㉮ 뒤에서 한 번밖에 비를 맞지 않았던 것은 그 수리비가 많지 않았다고 하였다. 따라서 ㉮는 적은 힘으로 충분히 처리할 수 있는 일에 쓸데없이 많은 힘을 들이는 경우를 의미하는 '호미로 막을 것을 가래로 막는다'로 나타낼 수 있다.

05 (나)에서 화자는 '둥근 공'이 되어 살아 봐야겠다고 말하고 있다. ㉠에서 '떨어져도 튀어 오르는 공 / 쓰러지는 법이 없는 공'은 시련, 좌절에 굴하지 않는 모습이라고 할 수 있다.

06 '최선의 꼴'은 '둥근 공'을 의미한다. 그러나 '탄력의 나라의 왕자'는 쓰러지는 법이 없는 공의 생명력과 삶의 의지를 비유한 표현으로 공의 외양을 구체화한 표현으로 볼 수 없다.

어휘력 다지기   p.175

01 ⓒ	02 ⓒ	03 ⓔ	04 ㉠	05 지탱
06 모색	07 도탄	08 퇴락	09 연후	10 좀먹는
11 마지못해	12 ㉠	13 ㉡	14 ㉢	

www.ggumtl.co.kr

청소년들 모두가 아름다운 꿈을 이룰 그날을 위해
꿈을담는틀은 오늘도 희망의 불을 밝힙니다.

꿈틀 중학
문학 Ⅲ

대표 문학 작품 감상&문제 해결 훈련

• 중학생에게 꼭 필요한 문학 필수 개념을 빠짐없이 정리

• 중학생이 읽어야 할 대표적인 문학 작품을 제시하고 알차게 분석

• 수능형, 서술형을 포함한 다양한 유형의 문제를 풀며 실전에 대비

청소년들 모두가 아름다운 꿈을 이룰 그날을 위해
꿈을담는틀은 오늘도 희망의 불을 밝힙니다.

중학 국어

일등급 어휘력

교과서 어휘, 다의어, 동음이의어, 한자 성어, 속담,
관용어, 헷갈리기 쉬운 말, 국어 개념어

중학교 필수 어휘 **최다 수록** + 국어 영역별 **필수 개념어 수록** + 이해를 돕기 위한 **다양한 예문&문제** + 어휘력 향상을 위한 **최적의 학습 시스템**

네이버 웹툰 인기 작가, 현직 국어 교사
이가영(seri) 선생님의 유쾌 발랄한 고전시가 학습서!

만화로 읽는 수능 고전시가

이가영(seri) 지음 | 278쪽 | 18,800원

서울대 국어교육과 김종철 교수 추천

전국 서점 베스트셀러

온라인에 쏟아진 격찬들 ★★★★★

"어울릴 수 없으리라 생각한 재미와 효율의 조화가 두드러진다."

"1. 수능에 필요한 고전시가만 담겨져 있다. 2. 재미있다. 3. 설명이 쉽고 자세하다."

"미리 읽는 중학생부터 국어라면 도통 이해를 잘 못하는 고등학생들에게 정말로 유용한 멋진 책이다."

서울대 합격생의 비법을 훔치다!

서울대 합격생 공부법 / 노트 정리법 / 방학 공부법 / 독서법 / 내신 공부법

tvN 〈유 퀴즈 온 더 블록〉 출연

청소년 분야 베스트셀러

전국 중·고등학생이 묻고 서울대학교 합격생이 답하다   서울대생들이 들려주는 중·고생 공부법의 모든 것!

융합형 인재를 위한 교양서

이 정도는 알아야 하는 최소한의 인문학
과학 / 국제 이슈 / 날씨 / 경제 법칙

세상을 보는 눈을 키워 주는
가장 쉬운 교양서를 만나다!

★ 한국출판문화산업진흥원 이달의읽을만한책
★ 한국출판문화산업진흥원 청소년권장도서
★ 한국출판문화산업진흥원 우수출판콘텐츠 지원사업선정작

서울시 영등포구 당산로 50길 3 꿈을담는빌딩 6층 | 전화 1544-6533 | 홈페이지 dreamybook.co.kr